Arbeiten und Editionen zur Mittleren Deutschen Literatur. Neue Folge

Band 6

Arbeiten und Editionen
zur Mittleren Deutschen Literatur (AuE)

Neue Folge

Herausgegeben von Hans-Gert Roloff

Band 6

frommann-holzboog

Carla Winter

Humanistische Historiographie in der Volkssprache: Bernhard Schöfferlins ›Römische Historie‹

Stuttgart-Bad Cannstatt 1999

Abbildung auf dem Umschlag:
›Römische Historie‹ (Mainz 1505)
Stadtbibliothek Trier

Die Deutsche Bibliothek – CIP-Einheitsaufnahme

Winter, Carla:
Humanistische Historiographie in der Volkssprache : Bernhard
Schöfferlins ›Römische Historie‹ / Carla Winter. - Stuttgart-
Bad Cannstatt : frommann-holzboog, 1999
(Arbeiten und Editionen zur mittleren deutschen Literatur ; N.F., Bd. 6)
Zugl.: Trier, Univ., Diss., 1993/94
ISBN 3-7728-1933-8

© Friedrich Frommann Verlag · Günther Holzboog
Stuttgart-Bad Cannstatt 1999
Druck: Proff, Eurasburg
Einband: Held, Rottenburg
Gedruckt auf säurefreiem und alterungsbeständigem Papier

VORWORT

Das vorliegende Buch ist die überarbeitete Fassung meiner Dissertation, die vom Fachbereich II Sprach- und Literaturwissenschaften der Universität Trier im Wintersemester 1993/94 angenommen wurde.

Mein besonderer Dank gilt zunächst Herrn Prof. Dr. Walter Röll, der diese Arbeit fachlich anregte, sie seit ihrem frühesten Stadium stets hilfreich gefördert und mit Rat, Geduld und Zuversicht begleitet hat; ohne seine Unterstützung und sein Entgegenkommen wäre vieles nicht möglich gewesen. Herrn Prof. Dr. Christoph Gerhardt möchte ich herzlich für die Übernahme des Zweitgutachtens sowie wichtige Anregungen im Gespräch danken. Mein Dank gilt Herrn Prof. Dr. Dr. h.c. Hans-Gert Roloff für die freundliche Aufnahme meiner Arbeit in seine Reihe *Arbeiten und Editionen zur Mittleren Deutschen Literatur* sowie dem Verlag Frommann-Holzboog.

Wertvolle Unterstützung fand ich bei vielen Kolleginnen und Kollegen; Frau Anne Hackert, Herrn Dr. Simon Neuberg und Frau Dr. Brigitte Stuplich sei herzlich gedankt. Herrn Dr. Wolfram Windolph danke ich für vielfältige Hilfestellungen bei der Drucklegung.

Meinen Freundinnen und Freunden danke ich für ihre Zuneigung und ihre vielen Hilfestellungen. Ein Dank besonderer Art gilt schließlich meinem Sohn Janosch, der in Liebe und Verständnis manchen edlen Römer und auch mich ertragen hat.

Inhaltsverzeichnis

1 Einleitung:
Zu Autor und Werk – zum historischen und historiographischen Kontext

1.1 Hinweise zum Forschungsstand und zum methodischen Vorgehen

Die 1505 in Mainz bei Schöffer erschienene *ROmische historie vß Tito liuio gezogen* (›Römische Historie‹/RH)[1] stellt die erste umfassende deutschsprachige Darstellung der frühen römischen Geschichte nach überwiegend antiken Quellen dar; eine moderne Ausgabe liegt bislang nicht vor. Der mehr als 800 Seiten umfassende repräsentative Folioband, der mit 236 halbseitigen Holzschnitten ausgestattet ist, wurde mit zwei Ergänzungen und einem moderneren Holzschnittprogramm bis 1563 in 14 Auflagen gedruckt.[2]

Der Hamburger Altphilologe Walther Ludwig vermittelte 1986 als erster der interessierten wissenschaftlichen Öffentlichkeit eine Vorstellung der RH, die über die bis dahin vorherrschende Annahme einer Livius-Übersetzung oder Livius-Bearbeitung hinausgeht. Hierbei ist vor allem von Bedeutung, daß Ludwig einen gravierenden forschungsgeschichtlichen Irrtum sowie daraus resultierende Mißverständnisse über Bernhard Schöfferlin, den Verfasser der ersten beiden Teile der RH, grundlegend revidiert hat. Bernhard Schöfferlin erscheint nun nicht länger als erster deutscher Geschichtsprofessor in Mainz, sondern Autor und Werk werden

---

1 Benutzt wurde das Exemplar der Stadtbibliothek Trier 1/83 4^0.
2 Zu den Holzschnitten vgl. Walter Röll: Die Mainzer Offizin Schöffer und die Drucklegung der ›Römischen Historie‹ 1505. In: Gutenberg-Jahrbuch 1990, S. 89–117, S. 100 ff.; zur Druckgeschichte Ders.: Die Druckgeschichte der ›Römischen Historie‹ Bernhard Schöfferlins in Umrissen. In: ›Von wyßheit würt der mensch geert ...‹. Fs. Manfred Lemmer. Hrsg. v. Ingrid Kühn u. Gotthart Lerchner. Frankfurt/Main 1993, S. 205–225.

im Kontext von Schöfferlins beruflichen Beziehungen zum Hause Württemberg wahrgenommen.[3] Auch bieten Ludwigs Angaben zu Schöfferlins antiken Quellen eine gute Grundlage für weitere Quellen- und Textuntersuchungen.

Ungefähr zeitgleich mit Ludwigs Arbeiten, jedoch zunächst ohne Wissen um die Gemeinsamkeit des Forschungsgegenstandes, beschäftigte sich an der Universität Trier Walter Röll mit der RH. Aus einem Oberseminar zur frühneuzeitlichen Erzählprosa ging 1986 ein von der DFG gefördertes Forschungsprojekt zur RH unter seiner Leitung hervor. Nachdem Röll von den Forschungen Ludwigs erfahren hatte, klammerte er biographische Aspekte für die weitere Arbeit aus und beschäftigte sich – neben einer Untersuchung der programmatischen Vorrede Schöfferlins – vorrangig mit Fragen der Druckgeschichte des Werks und dessen Verbreitung.[4]

Zeitgleich hierzu arbeitete der Wiener Kunsthistoriker Erwin Pokorny in seiner Dissertation über das Holzschnittprogramm der RH; die 1991 abgeschlossene Arbeit liegt bislang nicht im Druck vor.[5] Auf die Illustrationen der RH geht auch Röll ein, der unter Hinweis auf eine in einem Holzschnitt untergebrachte Jahreszahl die Entstehungszeit der Holzschnitte auf das Jahr 1503/1504 – mithin nach Schöfferlins Tod (1501) – datiert.[6] Eine größere Zahl von Holzschnitten der Ausgabe Mainz 1505 folgt

---

3   Vgl. Walther Ludwig: Burgermeister und Schöfferlin. Untersuchungen zur Adelsbestätigung der Brüder Paul und Johann Stephan Burgermeister von Deizisau. In: Eßlinger Studien 25/1986, S. 69–131, S. 76 ff. sowie insb. Ders.: Römische Historie im deutschen Humanismus. Hamburg 1987 (Joachim-Jungius-Ges. Sbb. 5/1), S. 30 ff.

4   Walter Röll: Bernhard Schöfferlins Vorrede zum ersten Teil der ›Römischen Historie‹. In: ZfdA 117/1988, S. 210–223; Ders.: Die Erfolgsgeschichte eines frühen Bestsellers. ›Römische Historie‹ von 1505 in ganz Europa verbreitet. In: forschung 4/1989, S. 13–15; Ders.: Bernhard Schöfferlin. In: Die deutsche Literatur des Mittelalters. Verfasserlexikon. Hrsg. v. Kurt Ruh u.a., Bd. 8. [2]Berlin, New York 1992, Sp. 810–814, Sp. 811 f. (im folgenden zit. als [2]VL); Ders.: Schöfferlin, Bernhard. In: Literaturlexikon. Autoren und Werke deutscher Sprache. Hrsg. v. Walther Killy. Bd. 10. Gütersloh, München 1991, S. 350–353.

5   Erwin Pokorny: Der Beginn deutscher Livius-Ilustrationen. (Diss. masch.) Wien 1990; Angabe nach Röll 1992, Sp. 814.

6   Vgl. Röll 1990, S. 100 ff.

2

hierbei denen der italienischen Liviusausgabe von 1493 oder der lateinischen Ausgabe von 1495.[7]

Die Forschungen Ludwigs und Rölls zur RH ergeben zusammengesehen folgendes Bild:

– Die RH ist in den beiden ersten, von Schöfferlin stammenden Teilen nicht als Livius-Übersetzung oder Livius-Bearbeitung zu sehen, sondern stellt eine eigenständige, aus diversen antiken und mittelalterlichen Quellen gearbeitete Darstellung der römischen Geschichte von der Romgründung bis zum Ende des Zweiten Punischen Krieges dar. Das dritte Buch der RH bietet eine Übersetzung der vierten Dekade des Livius, um die Ivo Wittich, ein Kollege Schöfferlins am Reichskammergericht und Ordinarius der juristischen Fakultät in Mainz, die Darstellung Schöfferlins nach dessen Tode ergänzte.

– Der im kaiserlichen Recht promovierte Jurist Bernhard Schöfferlin war in führender politischer Funktion für das Haus Württemberg tätig. Er

---

7 Vgl. Röll 1990, Anm. 69. Christian Tümpel verweist darauf, daß die gesamte Barockikonographie entscheidend durch die Graphik und Buchillustration des 16. und 17. Jahrhunderts geprägt ist. Der bildende Künstler – so Tümpel – nahm die antiken Autoren, insbesondere Ovid, Livius und Valerius Maximus, hierbei in der Regel über die jeweiligen volkssprachigen Übersetzungen wahr; vgl. Christian Tümpel: Bild und Text. Zur Rezeption antiker Autoren in der europäischen Kunst der Neuzeit (Livius, Valerius Maximus). In: Forma et subtilitas. Fs. Wolfgang Schöne. Hrsg. v. Wilhelm Schlink u. Martin Sperlich. Berlin 1986, S. 198–218, S. 200 ff. Vor allem in den Rathäusern als Stätten städtischer Repräsentation findet sich gelegentlich Bildschmuck, der von den Holzschnitten der RH beeinflußt ist. Holzschnitte der RH von 1523 sind die Vorlage für ein Bandlaken mit acht Szenen um Scipio, Massinissa und Sophonisba, das zur Ausstattung des Lüneburger Rathauses gehört hat. Auch die Deckenmalereien der Gerichtslaube des Lüneburger Rathauses sind vom Bildprogramm der RH von 1523 beeinflußt; vier Schnitzwerke Alberts von Soest in der Großen Ratsstube in Lüneburg gehen auf Holzschnitte aus dem Nachfolgeband der RH, *Von Ankunfft vnd Vrsprung*, zurück; vgl. Klaus Alpers: Livische Figuren, Planeten-Götter und Wilde Männer. Historisch-archivalische Beiträge zu Lüneburger Kunstwerken. In: Lüneburger Blätter 23/1977, S. 41–69 mit den entsprechenden Abbildungen; zu *Von Ankunfft vnd Vrsprung* s. Kap. 1.2. Im kleinen Saal des Tübinger Rathauses gehen vier Fresken mit Gerechtigkeitsdarstellungen auf *Von Ankunfft vnd Vrsprung* zurück; s. auch Rudolf Huber: Alttübinger Bilder. Die Gerechtigkeitsdarstellungen im Rathaus, Die kleine Gerichtsstube, Der alte Karzer der Universität. Tübingen ohne Jahr, ohne Seitenzählung.

wurde sowohl vom Landesherrn, Graf Eberhard im Bart, als auch von dessen Mutter, Erzherzogin Mechthild von Österreich, sehr geschätzt, wie es diverse Privilegien und Vergünstigungen ausweisen. Durch seinen beruflichen Lebenszusammenhang hatte Schöfferlin Kontakt zu bedeutenden deutschen Humanisten. Die Entstehung der RH dürfte – wie Ludwig anhand der Leichenrede auf Graf Eberhard im Bart aufzeigt – in Bezug zum württembergischen Hof zu sehen sein.

– Nach der universitären Elementarausbildung in Heidelberg, einem Zentrum des frühen Humanismus im deutschen Südwesten, hielt sich Schöfferlin zum Studium des kaiserlichen Rechts längere Zeit in Italien auf. Dieser Studienaufenthalt ermöglichte Schöfferlin eine unmittelbare Begegnung mit dem italienischen Humanismus und den dortigen kulturellen Gegebenheiten.

– Noch vor Abschluß seiner Promotion hatte Schöfferlin Kontakte zum Hause Württemberg, hier jedoch zunächst zu der Stuttgarter Linie um Graf Ulrich von Württemberg. Die Bestellung Schöfferlins zum Begleiter der wissenschaftlichen Studien Heinrichs von Württemberg nach Italien und Frankreich belegt die Wertschätzung Schöfferlins am Stuttgarter Hof. In der Folgezeit wechselte Schöfferlin zu der politisch erfolgreicheren Uracher Linie der geteilten Grafschaft Württemberg.

– Untersuchungen zur programmatischen Vorrede Schöfferlins verweisen auf dessen Einbindung in die humanistische Bewegung sowie auf die Tradition der humanistischen Historiographie. Zur humanistischen Historiographie liegen neuere Untersuchungen von Rüdiger Landfester, Eckhard Keßler und Ulrich Muhlack vor,[8] die im Unterschied zur früher vorherrschenden Abwertung der humanistischen Geschichtsschreibung deren Bedeutung für die Herausbildung der modernen Geschichtswissenschaft

8 Rüdiger Landfester: Historia magistra vitae. Untersuchungen zur humanistischen Geschichtstheorie des 14. bis 16. Jahrhunderts. Genf 1972 (Travaux d'humanisme et renaissance 132); Eckhard Keßler: Petrarca und die Geschichte. Geschichtsschreibung, Rhetorik, Philosophie im Übergang vom Mittelalter zur Neuzeit. München 1978 (Humanistische Bibliothek; Reihe I, Bd. 25); Ulrich Muhlack: Geschichtswissenschaft im Humanismus und in der Aufklärung. Die Vorgeschichte des Historismus. München 1991.

betonen. Die mehr oder minder deutlich ausgeprägte Abkehr von universalhistorischer Geschichtsschreibung und heilsgeschichtlicher Deutung ermöglichte die stärkere Berücksichtigung innerweltlicher Deutungsschemata, wobei das exemplarische Herausstellen guten oder schlechten Handelns von herausragenden historischen Persönlichkeiten sowie dessen Begründung der Nachwelt als Beispiel für den individuellen und gemeinschaftlichen Lebensvollzug dienen sollte.

– Erste Untersuchungen zu kleineren Textpassagen deuten auf zeitgeschichtliche Bezüge der Geschichtsschreibung Schöfferlins hin. Während Ludwig 1987 die RH noch vorrangig als Darstellung der antiken römischen Geschichte gesehen hatte, verweist er 1991 anhand exemplarischer Belege auf den Zusammenhang zwischen der Darstellung Schöfferlins und zeitgeschichtlichen Phänomenen, hier insbesondere auf solche der württembergischen Landespolitik.[9]

– Auf der Grundlage einer älteren Arbeit über die Druckersprache in der Mainzer Offizin Schöffer[10] und aufgrund eigener Untersuchungen zu den in der Ausgabe gegebenen unterschiedlichen Graphien geht Röll von einer abgeschlossenen Reinschrift der ersten beiden Teile der RH aus, die nach dem Tode Schöfferlins der Mainzer Offizin durch das Haus Württemberg oder durch Ivo Wittich zugänglich gemacht wurde.[11]

– Die RH war ein großer Bucherfolg in ihrer Zeit; noch heute lassen sich zahlreiche Exemplare der verschiedenen Auflagen der RH in öffentlichen Bibliotheken nachweisen. Die RH stellte die Textgrundlage für weitere deutschsprachige Livius-Bearbeitungen sowie Teilübersetzungen ins Spanische und Niederländische dar.[12]

---

9 Walther Ludwig: Erasmus und Schöfferlin – vom Nutzen der Historie bei den Humanisten. In: Humanismus und Historiographie. Hrsg. v. August Buck. Weinheim 1991 (Rundgespräche und Kolloquien), S. 61–88, S. 74 ff.
10 Karoline Arens: Die Sprache in den deutschen Drucken Johann Schöffers. Ein Beitrag zur Geschichte der neuhochdeutschen Schriftsprache. (Diss.) Marburg 1917.
11 Vgl. Röll 1990, S. 97 ff., S. 106.
12 Siehe Röll 1989, S. 15 sowie Röll 1992, Sp. 812 mit den entsprechenden Nachweisen.

Zentrales Anliegen meiner Untersuchung ist die Beschäftigung mit dem Text der Editio princeps aus literaturwissenschaftlicher Sicht. Der literaturwissenschaftliche Zugang zu einem historiographischen Werk, das in der Tradition der humanistischen Geschichtsschreibung steht, erscheint hierbei insofern sinnvoll, als er einem wesentlichen Grundprinzip humanistischer Historiographie Rechnung trägt: der Bedeutung der Rhetorik für alle Bereiche humanistischen literarischen Schaffens, vor allem für die Geschichtsschreibung.[13]

Meine Verfahrensweise, die sich als Vergleich der Darstellung Schöfferlins mit seinen Quellen kennzeichnen läßt,[14] orientiert sich an derjenigen Ludwigs,[15] liegt darüber hinaus jedoch auch im Gegenstand begründet: Aussagen über die literarische Formung und die historisch-politischen Bedeutungen des Geschichtswerks Schöfferlins sind nur vor dem Hintergrund der ihm zugänglichen Überlieferung zu treffen; *inventio* und *dispositio* sind elementare Schritte in der geschichtsschreiberischen Praxis, über die Bedeutungen und auch Bedeutungsverschiebungen vermittelt werden. Dies bedeutet für die Textuntersuchung konkret, daß ich, wenn möglich, zunächst die in der Regel nicht genannten Quellen der jeweiligen Erzähleinheit ermittele. Vor dem Hintergrund der jeweiligen Quelle beschreibe ich Schöfferlins Bearbeitung, hier insbesondere Änderungen sowohl der konkret vorliegenden Quelle als auch die mit deren Einarbeitung potentiell einhergehende Abweichung von der livianischen Darstellung. Schöfferlins Text wird in einem weiteren Schritt sowohl stilistisch als auch inhaltlich analysiert. In die stilistische Fragestellung beziehe ich die literarische Formung (*elocutio*) durch Schöfferlin ein, wobei ich zur Beschreibung dieser Formung sowohl auf rhetorische Termini zurückgreife als auch Ergebnisse der neueren Erzählforschung zu berücksichtigen versuche.

13 Vgl. Keßler 1978, S. 21 f.
14 Zum Vergleich als Methode der Stilbetrachtung vgl. Hans-Gert Roloff: Stilstudien zur Prosa des 15. Jahrhunderts. Die Melusine des Thüring von Ringoltingen. Wien 1970 (Literatur und Leben. Neue Folge 12), S. 2 f.
15 Vgl. Ludwig 1987, S. 69 ff. sowie Ludwig 1991, S. 74 ff.

6

Bei der Auswahl des Materials orientiere ich mich an der programmatischen Vorrede Schöfferlins, die wesentliche Einblicke in das historiographische Selbstverständnis des Autors vermittelt.[16] Als wichtige Stationen der römischen Geschichte erscheinen die Gründung Roms und die frühe römische Königsherrschaft, die frühen Ständekämpfe, in denen um die politische Verfassung der Republik gerungen wurde, sowie die Punischen Kriege. In der Textuntersuchung habe ich mich auf ausgewählte Partien aus diesen Bereichen konzentriert.

Anhand des genannten Materials läßt sich mosaikartig ein Bild der Geschichtsschreibung Schöfferlins zusammenfügen, das – aus Einzelbeobachtungen zusammengesetzt – sich im Zuge der Textuntersuchung zu Aussagen über dessen Darstellungsstil und Darstellungsintention verdichtet. Insbesondere zu Beginn der Textuntersuchung habe ich die Geschichtsdarstellung Schöfferlins in ihrer Gesamtheit, d.h. ohne bewußte Vorstrukturierungen, betrachtet; im weiteren Verlauf der Textuntersuchung kommen verstärkt spezielle Fragestellungen zum Tragen. Die Untersuchung zu den Punischen Kriegen, ursprünglich als eigenständiger Teil der Textuntersuchung geplant, hat sich mir, nachdem wesentliche Darstellungsmuster in Hinblick auf die Königszeit und die Ständekämpfe erarbeitet worden sind, nicht als weiterer Komplex mit spezieller Fragestellung dargestellt. Die hier vorliegenden Ergebnisse wurden von daher weitgehend in die Untersuchungen zur Königsherrschaft, zu den Ständekämpfen und zu speziellen Fragestellungen einbezogen. Den ersten beiden Untersuchungseinheiten sind Zusammenfassungen beigegeben.

Bei Textzitaten aus der Ausgabe Mainz 1505 habe ich leicht normalisierend eingegriffen, indem ich die ⟨s⟩-Graphie vereinheitlicht habe, d.h. das Schaft-s, das in der Ausgabe initial und medial steht, wird durch das Rund-s ersetzt, das in der RH final steht. Beibehalten wurden ⟨i-j-y⟩-Graphie, Abkürzungszeichen, übergeschriebenes o sowie die ⟨u-v⟩-Graphie. Die für a und o durchgängig gegebene Umlautbezeichnung mit übergeschriebenem e wird der Umlautbezeichnung: Vokal mit übergeschriebenen Punkten, wie sie in der Ausgabe für u gegeben ist, angeglichen. Das

---

16 Vgl. Kap. 1.5.3.

Zeilenende wird durch ‖ gekennzeichnet; steht in der Ausgabe eine Virgel am Zeilenende, stehen entsprechend /‖.

Offensichtliche Setzfehler der Ausgabe werden verbessert und angemerkt. Ein Problem stellt die in der Ausgabe gegebene, noch inkonsistente Handhabung des Getrennt- bzw. Zusammenschreibens dar, da die Trennungsvirgel am Zeilenende lediglich fakultativ steht. Diese Virgel wird in der Transkription mit einem Trennungszeichen bezeichnet.

In Kursivschrift erscheinen bei mir die Textpassagen, die im Mainzer Druck in Auszeichnungsschrift stehen, also in der Regel die erste Zeile der Überschrift sowie die erste Zeile des Kapiteltextes. Im Druck wurde beim ersten Wort des Kapitels Platz für eine Initiale ausgespart, der Buchstabe in einer Minuskel jedoch angezeigt. Dieser findet sich bei mir in spitzen Klammern.

1.2 Zur Biographie Schöfferlins

Bernhard Schöfferlin, der Verfasser der ersten beiden Teile der RH, wurde 1436/38 in der Reichsstadt Eßlingen am Neckar geboren.[17] Sein Vater Conrad Schöfferlin war in Eßlingen zunächst als Richter, dann als Vorsitzender des städtischen Gerichts tätig; er gehörte dem Patriziat an und versteuerte 1458 das zweitgrößte Vermögen der Stadt.[18] Seine lateinische Bildung verdankte Schöfferlin vermutlich Niklas von Wyle, der 1447–69 als Stadtschreiber für Eßlingen tätig war und dort eine Lateinschule unterhielt.[19]

17 Zur Biographie Schöfferlins siehe Ludwig 1986, Ders. 1987 sowie Röll 1988, Ders. 1991, Ders. 1992.
18 Vgl. Ludwig 1987, S. 30 f.
19 Niklas von Wyle stand schon in seiner Eßlinger Zeit mit dem hohen Adel von Württemberg, mit der Pfalzgräfin Mechthild, mit Margarethe, der Frau des Grafen Ulrich von Württemberg, sowie mit Graf Eberhard im Bart in Beziehung. Ihnen widmete er zahlreiche Übersetzungen. 1469 verließ Wyle nach internen Auseinandersetzungen fluchtartig Eßlingen. Er erschien im selben Jahr als zweiter Kanzler bei Graf Ulrich von Württemberg. Zu dieser Zeit stand auch Schöfferlin in württembergischen Diensten, vgl. Paul Joachimsen: Frühhumanismus in Schwaben. In: Ders. Gesammelte

1454 immatrikulierte sich Schöfferlin an der Universität Heidelberg, wo er 1456 den Abschluß eines *baccalaureus artium viae modernae*,[20] 1461 (oder früher) den Grad des *magister artium* erwarb. Die Verhältnisse an der Heidelberger Universität und am Hof Friedrichs des Siegreichen beschreibt Birgit Studt in ihrer Dissertation über die Chronik des Heidelberger Hofkaplans Matthias von Kemnat.[21] Friedrich der Siegreiche gehörte zu den ersten Fürsten in Deutschland, die sich dem Humanismus gegenüber aufgeschlossen zeigten. 1452 hatte Friedrich eine Universitätsreform durchgesetzt, die die Gleichberechtigung der realistischen *via antiqua* mit der nominalistischen *via moderna* festlegte und die Lehre des römischen Rechts durch die Einrichtung einer legistischen Professur institutionalisierte.[22] Dem Gelehrtenkreis an Friedrichs

Aufsätze zu Renaissance, Humanismus und Reformation; zur Historiographie und zum deutschen Staatsgedanken. Ausgewählt u. eingeleitet v. Notker Hammerstein. Aalen 1970, S. 149–247, S. 169 ff.; Franz-Josef Worstbrock: Niklas von Wyle. In: ²VL, Bd. 6, 1987, Sp. 1016–1035 sowie Ders.: Niklas von Wyle. In: Deutsche Dichter der Frühen Neuzeit (1450–1600). Ihr Leben und Werk. Hrsg. v. Stephan Füssel. Berlin 1993, S. 35–50. Zu Widmung und Inhalt der Translatzen vgl. Eckhard Bernstein: Die Literatur des deutschen Frühhumanismus. Stuttgart 1978, S. 43 ff. In seiner Funktion als Mentor Schöfferlins erschien Niklas von Wyle in einem Brief an das Speierer Domkapitel, in dem er um eine Pfründe für Schöfferlin bat; vgl. Rolf Schwenk: Vorarbeiten zu einer Biographie des Niklas von Wyle und zu einer kritischen Ausgabe seiner ersten Translatze. Göppingen 1979 (GAG 227), S. 387 ff. sowie Walther Ludwig: Der Sohn des Grafen Eberhard im Bart von Württemberg heiratete eine Schöfferlin. In: Eßlinger Studien 26/1987, S. 37–45 (im folgenden: Ludwig 1987a).

20 Zum Universalienstreit und zur Spaltung der artistischen Fakultäten in Befürworter der *via antiqua* (Realismus) und der *via moderna* (Nominalismus) siehe Joachim Knape: Dichtung, Recht und Freiheit. Studien zu Leben und Werk Sebastian Brants 1457–1521. Baden-Baden 1992 (Saecula spiritalia 23), S. 28 ff.

21 Vgl. Birgit Studt: Fürstenhof und Geschichte. Legitimation durch Überlieferung. (Diss.) Köln, Weimar, Wien 1992 (Norm und Struktur. Studien zum sozialen Wandel in Mittelalter und früher Neuzeit 2), S. 8 ff.

22 Heidelberg ging hier anderen deutschen Universitäten voran. Zwar hatte Prag seit 1372 eine eigene juristische Fakultät, doch wurde das römische Recht in Prag nur ergänzend zum kanonischen Recht gelehrt. Für Köln gab es seit 1394 ein Privileg, wonach bis zu 20 Kleriker weltliches Recht studieren konnten. Die Kölner Universität besaß neben drei kanonischen auch zwei legistische Lehrstühle mit fester Besoldung. In Heidelberg fand die erste zivilrechtliche Promotion 1428 statt; die Universität Heidelberg bemühte sich seit 1444 um eine ständige Vertretung des römischen Rechts, das ab 1452 mit

Hof gehörten u.a. der italienische Humanist Petrus Antonius Finarensis, Jakob Wimpfeling und Peter Luder an.[23]

1456 bis 1460 hielt Peter Luder an der Universität Heidelberg Poetik-vorlesungen, in denen er das Lehrprogramm der *studia humanitatis* vertrat, wie er es während seines langen Italienaufenthalts und seiner Studien bei Guarino Veronese kennengelernt hatte.[24]

Die fürstlichen Universitätsgründungen und die Bestrebungen, humanistische Studien durchzusetzen, sieht Jan-Dirk Müller in Zusammenhang mit funktionalen Erfordernissen hinsichtlich der politischen Führung:

>»Gegenüber den alten *studia*, vorwiegend für den kirchlichen Nachwuchs bestimmt, schien das humanistische Bildungsprogramm geeigneter für die Ausbildung einer laikalen Führungsschicht des Territorialstaats [...] Neben sprachlich-rhetorischer Ausrichtung [...] versprach die Lektüre der antiken Autoren ein Realwissen, das im öffentlichen Leben zunehmend an Bedeutung gewann, sei es daß man bei den Rhetoren und Historikern Regeln politischer Technik, ein unmittelbar applikables Erfahrungswissen suchte, sei es daß die

zwei und ab 1498 mit drei Lehrstühlen vertreten war, vgl. Gerhard Ritter: Die Heidelberger Universität im Mittelalter. Ein Stück deutscher Geschichte. Heidelberg 1986 (Nachdr. d. Ausg. Heidelberg 1936), S. 438 ff.; zur Besonderheit der Universität Basel, an der man bewußt italienische Vorbilder nachzuahmen suchte und ergänzend zu den juristischen Studien eine Poetik-Dozentur einrichtete, siehe Knape 1992, S. 161 ff.

23 Vgl. Constance Proksch: Klosterreform und Geschichtsschreibung im Spätmittelalter. (Diss.) Köln, Weimar, Wien 1994 (Kollektive Einstellungen und sozialer Wandel im Mittelalter. Neue Folge 2), S. 130. Zu Petrus Antonius Finarensis vgl. Gerhard Ritter: Petrus Antonius Finarensis. In: AKG 26/1935, S. 89–103 sowie Jan-Dirk Müller: Der siegreiche Fürst im Entwurf des Gelehrten. Zu den Anfängen des höfischen Humanismus in Heidelberg. In: Höfischer Humanismus. Hrsg. v. August Buck. Weinheim 1989 (Mitt. d. Komm. f. Humanismusforsch. 16), S. 17–50. Zu Jakob Wimpfeling siehe Dieter Mertens: Jakob Wimpfeling. In: Literaturlexikon. Autoren und Werke deutscher Sprache. Hrsg. v. Walther Killy. Bd. 12. Gütersloh, München 1992, S. 341–342.

24 Vgl. Studt 1992, S. 41. Zu Peter Luder vgl. Frank Baron: Peter Luder. In: ²VL, Bd. 5, 1985, Sp. 945–959; Ders.: Peter Luder. In: Füssel 1993, S. 83–95, S. 86 f. sowie Alfred Noe: Der Einfluß des italienischen Humanismus auf die deutsche Literatur vor 1600. Ergebnisse jüngerer Forschung und ihre Perspektiven. Tübingen 1993 (Internationales Archiv für die Sozialgeschichte der deutschen Literatur, 5. Sb.), S. 50 f.

antiken Mathematiker, Geographen, Naturwissenschaftler zur Lösung praktisch-technischer Probleme herangezogen werden«.[25]

Benedikt Konrad Vollmann sieht den wichtigsten Beitrag des Humanismus zur Bildungsgeschichte darin, »daß die Universität, durch die humanistische Systemkritik gezwungen, sich selbst, ihre Unterrichtsgegenstände und -methoden zu reflektieren« begann, wodurch sie jenen Grad von geistlicher Beweglichkeit erlangte, »der es ihr ermöglichte, bis heute neue wissenschaftliche Fragestellungen zu akzeptieren und in ihr Lehrangebot zu integrieren«.[26]

Nach der universitären Ausbildung in Heidelberg führte das juristische Studium Schöfferlin nach Italien, nach Pavia und Ferrara; im März 1468 wurde er in Ferrara zum *Doctor iuris civilis* promoviert.[27]

Ein Studium der Rechtswissenschaft in Italien war zu Schöfferlins Zeit nicht ungewöhnlich, sondern für die Studenten der Rechtswissenschaft vielmehr eine Notwendigkeit, da sich das Studium der Legistik (ohne kanonisches Recht) an deutschen Universitäten in der Regel erst im späten 15. Jahrhundert durchsetzte und ein Abschluß des Jurastudiums in Italien

25 Vgl. Jan-Dirk Müller: Gedechtnus. Literatur und Hofgesellschaft um Maximilan I. München 1982 (Forschungen zur Geschichte der älteren deutschen Literatur 2), S. 43 ff., das Zitat S. 44.

26 Benedikt Konrad Vollmann: Renaissance und Humanismus. In: Das 16. Jahrhundert. Europäische Renaissance. Hrsg. v. Hildegard Kuester. Regensburg 1995 (Eichstätter Kolloquium 2), S. 19–31, S. 29.

27 Vgl. Irmgard Kothe: Dr. Ludwig Vergenhans und andere Württemberger an der Universität Ferrara. In: Württ. Vjh. 42/1926, S. 270–281, S. 274, S. 278 sowie Walther Ludwig: Südwestdeutsche Studenten in Pavia 1451–1500. In: Zeitschrift für württembergische Landesgeschichte 48/1989, S. 97–111, S. 108 f. Zur Lage der humanistischen Studien an der Universität Pavia siehe Agostino Sottili: Wege des Humanismus. Lateinischer Petrarchismus und deutsche Studentenschaften italienischer Renaissance-Universitäten. In: From Wolfram and Petrarch to Goethe and Grass. Studies in Literature in honour of Leonard Forster. Hrsg. v. Dennis H. Green, Leslie P. Johnson u. Dieter Wuttke. Baden-Baden 1982 (Saecula spiritalia 5), S. 125–149, S. 125 ff. sowie Ders.: Nürnberger Studenten an italienischen Renaissance-Universitäten mit besonderer Berücksichtigung der Universität Pavia. In: Nürnberg und Italien. Begegnungen, Einflüsse und Ideen. Hrsg. v. Volker Kapp u. Frank-Rutger Hausmann. Tübingen 1991 (Erlanger romanistische Dokumente und Arbeiten 6), S. 49–103. Zu Ferrara vgl. Ludwig 1987, S. 34 f.

oder Frankreich die Zugangsvoraussetzung für hohe Stellen im Staats- und Hofdienst war.[28] Erst im Zuge der Durchsetzung der Legistik gelang es den im kaiserlichen Recht ausgebildeten Juristen, die Klerikerjuristen aus ihren dominanten Stellen in der Verwaltung zu verdrängen und im Verlauf des 16. Jahrhunderts die Grundlagen für die Entstehung des Juristenmonopols in der Verwaltung und auch in der Rechtsprechung zu schaffen.[29]

Innerhalb der Universitäten standen die Juristen in einem Spannungsverhältnis zu den Theologen; sie wurden auch von führenden Vertretern des Humanismus angegriffen. Das ambivalente Verhältnis zwischen Rechtswissenschaft und Humanismus liegt nach Karl-Heinz Burmeister darin begründet, daß viele Humanisten als Angehörige einer historisch-philologisch-ästhetischen Bewegung den Juristen die bloße Anwendung klassischer lateinischer Rechtssprache statt des Bemühens um deren geistige Grundlagen vorwarfen.[30]

Der Gegensatz zwischen Humanisten und Juristen war in Italien deutlicher ausgeprägt als in Deutschland, wo sich das Rechtsstudium erst relativ spät innerhalb der Universitäten und nicht in eigenständigen Rechtsschulen wie in Italien durchsetzte. Vor dem Hintergrund der unterschiedlichen Ausgangsvoraussetzungen in Italien und Deutschland ist zu sehen, daß sich in Deutschland bereits in der Anfangsphase des rechtswissenschaftlichen Studienbetriebs, nämlich zu Beginn des 16. Jahrhunderts, eine humanistische Reformbewegung herausbildete, die in den zwanziger Jahren des 16. Jahrhunderts eine Reformierung des Jurastudiums in Hinblick auf humanistische Bildungsziele erreichte.[31] Eine wichtige Vermitt-

---

28 Auch Reuchlin war nach einem Studium in Frankreich Doktor der kaiserlichen (und nicht beider) Rechte; vgl. Stefan Rhein: Johannes Reuchlin. In: Füssel 1993, S. 138–155, S. 139.

29 Vgl. hierzu Knape 1992, S. 155 f.

30 Vgl. Karl-Heinz Burmeister: Das Studium der Rechte im Zeitalter des Humanismus im deutschen Rechtsbereich. Wiesbaden 1974, S. 14.

31 Zum Zusammenhang: Rezeption des römischen Rechts – Humanismus vgl. auch Berndt Hamm: Von der spätmittelalterlichen reformatio zur Reformation: der Prozeß normativer Zentrierung von Religion und Gesellschaft in Deutschland. In: Archiv für Reformationsgeschichte 84/1993, S. 7–82, S. 46 ff.

lungsfunktion nahmen hier die in Italien ausgebildeten deutschen Juristen ein, die an deutschen Universitäten für die Lehre zuständig waren. Hochschullehrer wie Sichardus in Basel oder Mutian in Erfurt, die zum Studium der antiken Schriftsteller anregten, stellten keine Ausnahmeerscheinungen dar: die Elite der deutschen Rechtswissenschaft war vom Humanismus durchdrungen.[32]

Seinen Studienaufenthalt in Italien hat Schöfferlin vor Erlangung seines Doktortitels unterbrochen; 1466 war er als Kanzler des jungen Grafen Heinrich von Württemberg tätig[33] und hielt sich in dieser Funktion im Dezember 1467 in Mainz auf.[34] Nach der Promotion war Schöfferlin auf Anweisung Ulrichs von Württemberg zwei Jahre als Betreuer der wissenschaftlichen Studien Heinrichs mit diesem in Frankreich und Italien.[35]

1471 heiratete Schöfferlin Adelheid Wildmann, die Tochter des verstorbenen württembergischen Kanzlers Mangold Wildmann. Diese wurde anläßlich ihrer Heirat von Eberhard im Bart aus der Leibeigenschaft entlassen. Graf Eberhard gewährte dem Ehepaar Steuerfreiheit.[36]

1472 ist Schöfferlin als Rat des Grafen Eberhard bezeugt; er wechselte aus nicht bekannten Gründen von der Stuttgarter zur Uracher Linie des Hauses Württemberg. 1476 war er Procurator; 1478–82 stand er als Kanzler im Dienst der Mutter Eberhards, der für die Förderung der deutschen

---

32 Vgl. Franz Wieacker: Privatrechtsgeschichte der Neuzeit unter besonderer Berücksichtigung der deutschen Entwicklung. ²Göttingen 1967, S. 155.
33 Ludwig 1987, S. 33 geht davon aus, daß Schöfferlin und Graf Heinrich von Württemberg sich 1464 anläßlich einer Reise Heinrichs nach Siena zu Papst Pius II. kennengelernt hatten, die Heinrich auch nach Pavia führte. Vermittelt wurde diese Bekanntschaft vermutlich durch den aus Eßlingen stammenden Eichstädter Domherrn Johann Burgermeister von Deizisau, der Heinrich begleitete.
34 Vgl. Röll 1992, Sp. 810.
35 Zu den Studienaufenthalten Heinrichs in Italien und an der Universität Paris vgl. Ludwig 1987, S. 36. Zu Heinrich von Württemberg, der im Gegensatz zu Eberhard im Bart eine umfangreiche gelehrte Bildung erhielt, vgl. auch Paul Sappler: Heinrich von Württemberg. In: ²VL, Bd. 3, 1981, Sp. 923–924. Heinrich von Württemberg wurde 1490 von Eberhard im Bart auf der Feste Hohenurach mit der Begründung, er sei geisteskrank, festgesetzt; er lebte dort bis zu seinem Tod 1519.
36 Vgl. Ludwig 1987, S. 37.

Literatur bekannten Erzherzogin Mechthild von Österreich,[37] deren Wertschätzung ihm zahlreiche Privilegien und finanzielle Vorteile brachte.[38] Schöfferlin war dem Hof Mechthilds vier Jahre verbunden.

Nach deren Tod 1482 war Schöfferlin abermals Rat bei Graf Eberhard im Bart; 1488 wurde er von Eberhard zum Rat auf Lebenszeit ernannt. 1485 war Schöfferlin als Assessor am württembergischen Hofgericht tätig; 1495 nahm er neben Johannes Reuchlin und Dietrich von Plieningen am Reichstag zu Worms teil. 1495 war Schöfferlin Beisitzer des Reichskammergerichts, zunächst in Frankfurt, dann in Worms; in dessen Sitzungspausen arbeitete er auch als Richter für den Schwäbischen Bund im Auftrag der Städte. Der Nachfolger Herzog Eberhards II., Herzog Ulrich von Württemberg, nahm Schöfferlin 1499 als Rat wieder in seine Dienste.[39] Eine Tochter Schöfferlins scheint mit einem unehelichen Sohn Eberhards I. verheiratet gewesen zu sein.[40] 1501 starb Schöfferlin; 1505 erschien bei Johann Schöffer in Mainz die RH.

Schöfferlins Kontakte zum deutschen Humanismus ergaben sich vor allem in Zusammenhang mit seiner beruflichen Tätigkeit für das Haus Württemberg. So war er befreundet mit Johannes Reuchlin,[41] der auch im Dienst Eberhards I. stand. Reuchlin fertigte ebenfalls Übersetzungen antiker Werke für Eberhard an, so eine Verdeutschung der ersten olynthischen Rede des Demosthenes, die er Eberhard anläßlich des

---

37 Rottenburg, der Witwensitz Mechthilds, war mehrere Jahrzehnte hindurch ein literarischer Mittelpunkt Südwestdeutschlands. In ihrem Dienst standen zeitweilig Niklas von Wyle, Anton von Pforr, Johannes Hartlieb und Heinrich Steinhöwel; vgl. Franz Manz: An Mechthilds Musenhof. In: Der Sülchgau. Hrsg. v. Sülchgauer Altertumsverein. Bd 11/1967, S. 33–40. Zu Mechthild siehe auch Bernhard Theil: Literatur und Literaten am Hof der Erzherzogin Mechthild in Rottenburg. Zs. für württembergische Landesgeschichte 42/1983, S. 125–144 sowie Wilfried Barner: Humanismus an Rhein und Neckar. In: Literatur im deutschen Südwesten. Hrsg. v. Bernhard Zeller u. Walter Scheffler. Stuttgart 1987, S. 13–27, S. 19.
38 Näheres siehe Ludwig 1987, S. 37f.
39 Näheres zur Absetzung Eberhards II. siehe Ludwig 1991, S. 81 sowie Kap. 1.4.1.
40 Vgl. Ludwig 1987a.
41 Zur Freundschaft zwischen Schöfferlin und Reuchlin vgl. Ludwig 1986, S. 79 sowie Ders. 1987, S. 40f.

Wormser Reichstages 1495 übersandte.[42] Für Reuchlin selbst war – und dies wirft ein bezeichnendes Licht auf den Umgang mit der Antike – für die Wahl seines Gegenstands der zeitgeschichtliche Bezug wichtig; er verdeutschte Demosthenes in Hinblick auf die zeitgenössischen politischen Verhältnisse.[43]

Am Reichskammergericht arbeitete Schöfferlin mit Dietrich von Plieningen[44] zusammen, der aus dem Heidelberger Humanistenkreis stammte, selbst eine beachtliche Anzahl von Übersetzungen verfertigte und seinerseits in engem Kontakt zu dem früh verstorbenen Rudolf Agricola stand.[45] Auch mit Johannes Vergenhans (Naucler),[46] dem Kanzler des

---

42 Reuchlins Verdeutschung der ersten olynthischen Rede des Demosthenes (1495). Hrsg. v. Franz Poland. Berlin 1899 (Bibliothek älterer deutscher Übersetzungen 6). Zur Reuchlin-Forschung vgl. Stefan Rhein: Reuchliniana II. Forschungen zum Werk Reuchlins. In: WRM 13/1989, S. 23–44 sowie Ders.: Johannes Reuchlin. In: Füssel 1993, S. 138–155.

43 Siehe Poland 1899, S. VI (Einleitung) sowie S. 2 (Reuchlins Übersetzung). Auf den durch die Auswahl des Gegenstandes hergestellten Zeitbezug verweist auch Niklas Holzberg für die Übersetzungen Willibald Pirckheimers. Das Bewußtsein der Humanisten um die Möglichkeit der Übertragung der Inhalte der antiken Vorlage auf die zeitgenössische Situation wird bei Pirckheimer besonders deutlich, insofern als er, nachdem er sich im Reuchlinstreit zu weit vorgewagt hatte, in der Folgezeit zunächst primär ›erbauliche‹ Texte übersetzte und erst später mit seinen Übersetzungen wieder in das tagespolitische Geschehen eingriff; vgl. Niklas Holzberg: Willibald Pirckheimer. Schwierigkeiten humanistischer Tätigkeit in der Reichsstadt. In: Literatur in der Stadt. Bedingungen und Beispiele städtischer Literatur des 15. bis 17. Jahrhunderts. Hrsg. v. Horst Brunner. Göppingen 1982 (GAG 343), S. 143–166, S. 149 ff.

44 Zu Dietrich von Plieningen vgl. Max Siller: Dietrich von Pleningen. Des Senece Trostung zú Marcia. Eine schwäbische Übersetzung aus dem frühen 16. Jahrhundert. Text, Glossare, Untersuchungen. (Diss. masch.) Innsbruck 1974, S. 324 ff. sowie Annette Gerlach: Das Übersetzungswerk Dietrichs von Pleningen. Zur Rezeption der Antike im deutschen Humanismus. (Diss.) Frankfurt/Main, Berlin, Bern, New York, Paris, Wien 1993 (Germanistische Arbeiten zu Sprache und Kulturgeschichte 25), S. 32 ff.

45 In Hinblick auf den Heidelberger Humanistenkreis weist Franz Josef Worstbrock auf die Verdienste Agricolas hin und auf dessen Empfehlung, die alten Geschichtsschreiber in die Volkssprache zu übersetzen, um hierdurch ein höheres Bildungsniveau zu erreichen, siehe Franz Josef Worstbrock: Zur Einbürgerung der Übersetzung antiker Autoren im deutschen Humanismus. In: ZfdA 99/1970, S. 45–81, S. 58.

Grafen Eberhard und Verfasser einer lateinischen Weltchronik, sowie mit dessen Bruder Ludwig Vergenhans hatte Schöfferlin zumindest beruflichen Kontakt. Auf seine Tätigkeit am Reichskammergericht ging die Verbindung zu Ivo Wittich zurück, der die ersten beiden Teile der RH um eine Übersetzung der bis dahin bekannten Teile der vierten Dekade des Livius ergänzte.[47]

1.3 Zur ›Römischen Historie‹

Die 1505 bei Johann Schöffer in Mainz[48] erschienene RH stellt in den beiden ersten, von Schöfferlin stammenden Teilen keine Livius-Übersetzung oder Livius-Paraphrase dar, sondern eine eigenständige, aus diversen antiken und mittelalterlichen Quellen gearbeitete deutschsprachige Darstellung von der Romgründung bis hin zum Ende des Zweiten Punischen Krieges in Prosaform.

Die RH kann zu einer Gruppe von Texten gerechnet werden, die als ›weltliche gegenständliche Prosa‹ bezeichnet und weltlicher (Prosa-)Dichtung einerseits und geistlicher Prosa andererseits gegenübergestellt wird.[49] Von weltlicher Dichtung kann die RH durch ihre grundsätzlich gegebene Bindung an die geschichtliche Überlieferung geschieden

---

46 Zu Naucler und dessen Chronik vgl. Paul Joachimsen: Geschichtsauffassung und Geschichtsschreibung in Deutschland unter dem Einfluß des Humanismus. Aalen 1968 (Neudr. d. Ausg. Leipzig 1910), S. 91–104.

47 Ivo Wittich aus Hammelburg in Unterfranken immatrikulierte sich 1473 in Leipzig zum Studium der Rechtswissenschaften, wo er Conrad Celtis kennenlernte. 1487 gab Wittich zusammen mit Frediano Pighinucci eine Ausgabe des Florus heraus. 1491 ernannte ihn Berthold von Mainz zu seinem Rat und Diener; 1495 wurde er durch dessen Protektion erster kurmainzischer Assessor am neugegründeten Reichskammergericht. 1499 wurde Wittich Professor des kanonischen Rechts an der Universität Mainz, 1504 Ordinarius. Er starb im Dezember 1507. Vgl. Ludwig 1987, S. 7.

48 Zur Verlagstätigkeit der Schöffer siehe Röll 1990, S. 89 ff.

49 Vgl. Anne Betten: Grundzüge der Prosasyntax. Stilprägende Entwicklungen vom Althochdeutschen zum Neuhochdeutschen. Tübingen 1987, S. 40 ff.

werden;[50] von der geistlichen Prosa durch ihren weltlichen Gegenstandsbereich und ihre weltlichen Deutungsmuster. Auf Probleme einer Gliederung insbesondere der mittel- und frühneuhochdeutschen Prosaliteratur in bestimmte Textsorten hat Anne Betten in neuerer Zeit hingewiesen.[51] Rechnet man die RH im Rahmen der ›weltlichen gegenständlichen Prosa‹ zum Unterpunkt Geschichtsschreibung, so muß hinzugefügt werden, daß sie sich hinsichtlich ihres narrativen Darstellungsstils und der Beschränkung ihres Gegenstandes von der dort angeführten Chronikliteratur wie beispielsweise der Weltchronik Schedels unterscheidet.[52] Die Abgrenzung zur weltlichen (Prosa-)Dichtung ist für das Mittelalter problematisch, was sich auch daran zeigt, daß Betten den Troja-Stoff sowie Hartliebs *Alexander* ohne nähere Erläuterungen zur Prosadichtung rechnet.[53]

Die aristotelische Unterscheidung zwischen Dichtung als Mitteilung des wahrscheinlich Möglichen und Geschichtsschreibung als Wiedergabe wirklichen Geschehens war dem Hochmittelalter vor der im 13. Jahrhundert einsetzenden Aristoteles-Rezeption nur in undeutlichen Reflexen

50 Kurt Ruh hat anläßlich einer Würzburger Tagung die Unterscheidung zwischen Poesie und Gebrauchsliteratur vertreten. Nach dieser Unterscheidung zählt die RH zweifellos zur Gebrauchsliteratur, deren »erklärter Zweck in der Vermittlung von Wissen und Wahrheit besteht«. Nach dieser Klassifizierung zählt auch das theologisch-erbauliche Schrifttum, bei Betten eine eigenständige Kategorie, zur Gebrauchsliteratur. Vgl. Kurt Ruh: Poesie und Gebrauchsliteratur. In: Poesie und Gebrauchsliteratur im deutschen Mittelalter. Würzburger Colloquium 1978. Hrsg. v. Volker Honemann, Kurt Ruh, Bernhard Schnell u. Werner Wegstein. Tübingen 1979, S. 1–13, S. 1 f.
51 Vgl. Betten 1987, S. 13 ff.; ausführlich hierzu: Joachim Knape: ›Historie‹ in Mittelalter und früher Neuzeit. Begriffs- und gattungsgeschichtliche Untersuchungen im interdisziplinären Kontext. Baden-Baden 1984 (Saecula spiritalia 10), S. 93–101.
52 Zur Abgrenzung zwischen Chronik und Historie vgl. Knape 1984, S. 102 ff.
53 Betten 1987, S. 56. Zur Gattungsfrage von Hartliebs *Alexander* vgl. auch Trude Ehlert: Deutschsprachige Alexanderdichtungen des Mittelalters. Zum Verhältnis von Literatur und Geschichte. Frankfurt/Main, Bern, New York, Paris 1989 (Europäische Hochschulschriften; Reihe I, Bd. 1174), S. 268 ff., die im Rahmen der historiographischen Textsorten auf Verbindungen des *Alexander* zur Fürstenspiegelliteratur hinweist.

gegenwärtig;[54] und auch diese klärte im Spätmittelalter und in der Renaissance die oben genannte Unterscheidung nicht wesentlich, da die Trennungslinie nicht zwischen Historie und Dichtung, sondern zwischen Dichtung und reiner Fiktion gezogen wurde.[55]

Wie Petra Fochler anhand der Troja-Literatur im 16. Jahrhundert zeigt, bildet sich im Zuge der humanistischen Bestrebungen auf die antiken Quellen zurückzugreifen, ansatzweise ein historisch-kritisches Bewußtsein heraus, das zur Trennung zwischen Poesie und Historiographie und zur Differenzierung der Überlieferung nach wahr und falsch führte.[56]

Als Kennzeichen der literarischen Situation im 15. Jahrhundert beschreibt Barbara Weinmayer die rezeptive Ausrichtung der Literatur, d.h. die Aneignung überlieferter Texte in den für die Zeit maßgeblichen Formen der Prosaauflösung sowie der Übersetzung.[57] In Hinblick auf die Übersetzung, die nicht zuletzt durch das Wirken der Humanisten häufig Übersetzung aus dem Lateinischen war, führt Weinmayer aus, daß die allmähliche Durchsetzung der Volkssprache hierbei einem Kurs folgte, den sie als dialektische Auseinandersetzung mit der Latinität begreift: der Akt der Übersetzung impliziere einerseits die Anerkennung der lateinischen Vorbilder, die jedoch andererseits durch die Übersetzung als normative Vorbilder abgelöst würden.

In der im schwäbischen Frühhumanismus gegebenen Übersetzungskontroverse, die gemeinhin mit den Stichworten ›Wort-für-Wort-Übersetzung‹

---

54 Vgl. Fritz Peter Knapp: Historie und Fiktion in der spätscholastischen und frühhumanistischen Poetik. In: Fs. Walter Haug und Burghart Wachinger. Hrsg. v. Johannes Janota, Paul Sappler, Frieder Schanze, Konrad Vollmann, Gisela Vollmann-Profe u. Hans Joachim Ziegeler. Bd. 1. Tübingen 1992. S. 47–61, S. 49 ff.

55 Näheres hierzu siehe Knapp 1992, S. 56 ff.

56 Vgl. Klemens Alfen, Petra Fochler, Elisabeth Lienert: Deutsche Trojatexte des 12.–16. Jahrhunderts. Repertorium. In: Die deutsche Trojaliteratur des Mittelalters und der Frühen Neuzeit. Materialien und Untersuchungen. Hrsg. v. Horst Brunner. Wiesbaden 1990, S. 116 ff. sowie Petra Fochler: Fiktion als Historie. Der trojanische Krieg in der deutschen Literatur des 16. Jahrhunderts. Wiesbaden 1990 (Wissensliteratur im Mittelalter 4), S. 8 f., S. 174.

57 Vgl. Barbara Weinmayer: Studien zur Gebrauchssituation früher deutscher Druckprosa. Literarische Öffentlichkeit in Vorreden zu Augsburger Frühdrucken. München 1982 (MTU 77), S. 7 sowie Betten 1987, S. 57 ff.

oder ›Sinn-um-Sinn-Übersetzung‹ (Niklas von Wyle vs. Heinrich Steinhö-wel) skizziert wird, sieht Weinmayer nicht lediglich einen Streit um den Weg richtigen Übersetzens, sondern vielmehr die Markierung kontroverser Bildungsansprüche, die mit Fragen der Zutrittskompetenz des Publikums zur lateinischen Bildungswelt in Zusammenhang stehen. Niklas von Wyle steht für Weinmayer hierbei wie kein anderer der deutschen Frühhumanis-ten als Exponent der normativen Gültigkeit des neuen, nicht-scholasti-schen Lateins und seiner Autoren.[58] Indem er das lateinische Sprachsy-stem ohne Abänderung ins Deutsche übertragen wollte, formulierte er normativ Zutrittsbedingungen, denen das Publikum zu genügen habe. Der zunächst elitäre Anspruch wurde von Niklas von Wyle jedoch päd-agogisch gewendet, indem er geltend machte, daß die Literatur das ihr gemäße Publikum erziehe; eine im vorhinein zu niedrig angesetzte Zu-trittsschwelle führe zur Disqualifikation der Literatur. Auch Anne Betten stellt in Hinblick auf die Übersetzungskontroverse, die sich bereits im 14. Jahrhundert abzeichnete, die Texttreue und Schulung an der lateinischen Sprache einerseits und den Adressatenbezug andererseits als Bezugspunkte der Übersetzungsfrage heraus und betont, daß die Stilkontroverse sich nicht auf die ›Deutschheit‹ der Übersetzungssprache beziehe.[59]

Der Anlaß zur Entstehung der RH liegt nicht darin begründet, daß Schöfferlin 1504 eine von Ivo Wittich gestiftete Geschichtsprofessur inne-hatte und gewissermaßen studienbegleitend ein geschichtliches Lehrbuch in der Volkssprache verfaßte,[60] sondern ist – wie Ludwig anhand der von Konrad Summenhart gehaltenen Leichenrede auf Eberhard im Bart zeigt – vielmehr mit Schöfferlins beruflicher Tätigkeit in Zusammenhang zu sehen; Eberhard im Bart, der aufgrund einer väterlichen Verfügung nicht lateinkundig war, regte eine umfangreiche Übersetzungsliteratur an.[61]

---

58 Vgl. Weinmayer 1982, S. 142 ff.
59 Vgl. Betten 1978, S. 55 f.
60 Vgl. Ludwig 1987, S. 6 f.
61 Zum Auftrag Eberhards vgl. Ludwig 1987, S. 30 ff.; zum Bildungsbestreben Eberhards vgl. auch Müller 1982, S. 39.

Die von Schöfferlin geplante Darstellung der römischen Geschichte bis hin zur Monarchie ist wohl als dessen wissenschaftlich-literarisches Lebenswerk anzusehen, wobei die finanzielle Absicherung des Unternehmens durch die nicht unbeträchtlichen beruflichen Einkünfte Schöfferlins gesichert war. Die in seiner ersten Vorrede thematisierte Auseinandersetzung mit Grundgedanken humanistischer Historiographie sowie der Versuch, diese theoretischen Ansprüche in der konkreten Darstellung einzulösen, lassen über den fürstlichen Auftrag hinaus auf eigenständige Interessen des Autors schließen.

Die maßgeblichen Quellen, die Schöfferlin für seine Darstellung benutzte, sind Livius und Dionys von Halikarnaß;[62] daneben ermittelte Ludwig Florus, Orosius, Eutrop, Valerius Maximus, Plinius, Plutarch, Macrobius, die Livius-Periochen, Pomponius Mela sowie Poggios *De nobilitate*.[63]

Für die frühe römische Königszeit und die frühen römischen Ständekämpfe erweist sich der Titel der RH als irreführend, insofern als Livius' *ab urbe condita libri* nicht primäre Grundlage der Darstellung sind, sondern in gleichem Umfang – so weit die Überlieferung reichte – die *Antiquitates Romanae* (AR) des Dionys von Halikarnaß, vermutlich in der 1480 in Treviso gedruckten lateinischen Übersetzung des Lampugnino Birago, von Schöfferlin hinzugezogen wurden.[64]

Bereits dieser Umstand deutet daraufhin, daß es nicht Schöfferlins Intention war, einen ›deutschen Titus Livius‹ zu schaffen, wie das Werk in der zeitgenössischen Rezeption von dem bayerischen Geschichtsschreiber und Humanisten Aventinus bezeichnet wurde.[65]

---

62 Vgl. Ludwig 1987, S. 56. Welche Liviusausgabe des 15. Jhs. Schöfferlin benutzte, ist nicht bekannt. Nach Ludwig 1991, Anm. 36 folgen alle Liviusausgaben des 15. Jhs. der Editio princeps von 1469, deren Vorlage ein Abkömmling des von Petrarca korrigierten codex Mus. Brit. Harleianus 2493 (A) war, vgl. Kap. 1.4.1.1.
63 Vgl. Ludwig 1987, S. 53 ff.
64 Ludwig 1987, S. 56 geht davon aus, daß die AR in breitem Umfang eingearbeitet sind.
65 »Dergleichen tuet Virgilius mit der frumen frauen Dido und Aeneas, wie dan auch anzaigt ist in dem deutschen Tito liuio, im andern tail der *römischen historien*«; Aventin, *Baierische Chronik*, zit. nach Knape 1984, S. 388. Die *Baierische Chronik* liegt mir derzeit nur in der von Georg Leidinger herausgegebenen gekürzten Ausgabe

Schöfferlin sah die livianische Darstellung der römischen Geschichte nicht als verbindlich an, sondern wollte diese ergänzen und verändern, die römische Geschichte auf der Grundlage der ihm zugänglichen Quellen gewissermaßen neu schreiben. Hierbei ist von besonderem Interesse, daß die Historiographie nicht nur Spiegel der Geschichte ist, sondern ihrerseits auch Geschichte bewirkt, »indem sie durch historische Begründungszusammenhänge institutionelle Daseinsbedingungen und Lebensvollzüge stabilisierte und Veränderungen erklärte« sowie auch auf gesellschaftlich wünschenswerte Entwicklungen hinweisen konnte.[66]

Berücksichtigt man, daß Schöfferlin zu Beginn seiner Darstellung Schedel/Alt nutzte,[67] so läßt sich die von Ludwig angegebene Entstehungszeit der RH dahingehend präzisieren, daß als *terminus post quem* 1493 angegeben werden kann.

Die Frage, wie Schöfferlins Manuskript zum Verleger Schöffer nach Mainz kam, behandelt Röll, der eine abgeschlossene Reinschrift des Textes annimmt, die – eventuell vermittelt durch Ivo Wittich – dem Verleger Schöffer von der Familie des Verfassers bzw. vom Hause Württemberg als Druckvorlage zugänglich gemacht wurde.[68] Hinsichtlich des von Röll hier angenommenen Grades der Abgeschlossenheit der Reinschrift sind nach meiner Untersuchung Abstriche bezüglich der Kapiteleinteilung und der Überschriften zu machen.[69] Livius ist lediglich in zwei kurzen Textpassagen von Johann Gottfried, der aus dem Heidelberger Humanistenkreis um Johann Dalberg stammte, unmittelbar vor Schöfferlin ins Deutsche übersetzt worden.[70]

---

vor; die von Knape zitierte Stelle ist hier nicht zu finden; Johannes Aventinus. *Baierische Chronik*. Hrsg. v. Georg Leidinger. Düsseldorf, Wien [2]1975 (Nachdr. d. Ausg. Jena 1926).

66 Vgl. Studt 1992, S. 2.

67 Vgl. Röll 1990, S. 97 sowie Kap. 2.1.3.

68 Vgl. Röll 1990, S. 100, S. 106.

69 Vgl. Kap. 4.5.

70 Livius, a.u.c. 30,30,2–31,9 sowie a.u.c. 4,3,2–5,6; vgl. Worstbrock 1970, S. 64; zu Johannes Gottfried vgl. auch Ders.: Johannes Gottfried. In: [2]VL, Bd. 3, 1981, Sp. 141–143 sowie Gerlach 1993, S. 20f. Die RH ist somit eine der ersten deutschsprachigen gedruckten Bearbeitungen eines antiken Historikers; zuvor (1489)

1568 gab Zacharius Müntzer in Frankfurt am Main eine weitere deutschsprachige Darstellung der römischen Geschichte *Titus Liuius Vnd: Lucius Florus. Von Ankunfft vnd Vrsprung deß Römischen Reichs* heraus, die in zwei Auflagen bei Feyerabend erschien. Das Reichskammmergericht sprach die Rechte am Text jedoch dem Straßburger Verleger Rihel zu, der den Band bis 1637 vierzehnmal herausgab. Da sowohl der Frankfurter als auch der Straßburger Band in weiten Teilen der RH folgen, ist die Darstellung Schöfferlins und Wittichs 130 Jahre lang auf deutsch verbreitet worden.[71]

Hinzu kommt die Übersetzung eines Teils der RH, die in eine spanische Livius-Übersetzung integriert wurde, sowie eine Übersetzung ins Niederländische, die bis 1646 mindestens in sechs Auflagen erschien. Auch die erste schwedische Livius-Übersetzung von 1626 fußte über *Von Ankunfft vnd Vrsprung* partiell auf dem Text von Schöfferlin/Wittich.[72] Der große Erfolg der RH läßt sich an der Zahl der erhaltenen Exemplare ablesen; Röll geht anhand einer Umfrage von über 700 erhaltenen Exemplaren in den Bibliotheken Mitteleuropas und Amerikas aus; hinzu kommen noch zahlreiche Exemplare in Privatbesitz.[73]

In einer bislang nicht veröffentlichen Arbeit zur RH führt Röll Zeugnisse für die Bedeutung des Bandes im 16. und 17. Jahrhundert an.[74] So diente die RH aufgrund einer Verfügung des Rats in Straßburg nach der Reformation als Lehrbuch für den nun in deutscher Sprache abzuhaltenden Unterricht. In einer 1535 ebenfalls bei Schöffer erschienenen römischen Kaisergeschichte *Ab excessu divi Augusti* nach Tacitus ging der Übersetzer Jakob Mycillus, der auch als Livius-Übersetzer der Bücher 43–45 für Schöffer tätig war, in einer Widmung auf die RH ein, die er als Vorlage zu seinem Unternehmen bezeichnete.

---

ging nur die Valerius-Maximus-Bearbeitung Heinrichs von Mügeln in Druck, siehe Ludwig 1987, Anm. 10.

71 Vgl. Röll 1989, S. 14 sowie Ders. 1992, Sp. 811 f.
72 Vgl. Kap. 1, Anm. 12.
73 Vgl. Röll 1989, S. 14 f.
74 Röll, Wirkungsgeschichte (maschinenschriftl.).

1.4 Die politische Situation in Württemberg und auf Reichsebene

Die Einbeziehung der württembergischen Landespolitk und elementarer Fragen der Reichspolitik halte ich insofern für sinnvoll, als damit zu rechnen ist, daß Schöfferlins berufliche Tätigkeit und die hier gewonnenen politischen Erfahrungen sich in seiner Darstellung der römischen Geschichte widerspiegelten; hierauf verweist auch Ludwig mit exemplarischen Belegen.[75]

1.4.1 Die Regierungszeit Eberhards im Bart und Eberhards II.

Die Grafschaft Württemberg war im 15. Jahrhundert eine imponierende fürstengleiche Macht; die Erhebung Eberhards I. zum Herzog durch Kaiser Maximilian 1495 belegt die Bedeutung der Grafschaft und ihres Regenten im Reich.[76]

Als wesentliche Ereignisse, die zum Ende des 15. Jahrhunderts der Geschichte des südwestdeutschen Raumes einen neuen Akzent gaben, bezeichnete Volker Press den Regierungsantritt Maximilians I. 1493 (seit 1486 Römischer König) und die hiermit zusammenhängende Sicherung der habsburgischen Erbfolge in den österreichischen Vorlanden sowie die Gründung des Schwäbischen Bundes 1488.[77]

Württemberg war aufgrund familiärer Streitigkeiten innerhalb des Herrscherhauses seit 1441 geteilt; Ludwig (Uracher Linie) hatte den Teil zur Rechten des Neckars, Ulrich (Stuttgarter Linie) den Teil zur Linken des

---

75 Vgl. Ludwig 1991, S. 81 f.
76 Vgl. Fritz Ernst: Eberhard im Bart. Die Politik eines deutschen Landesherrn am Ende des Mittelalters. Darmstadt 1970 (Reprograph. Nachdr. d. Ausg. Stuttgart 1933), S. 1 sowie Christoph Friedrich von Stälin: Württembergische Geschichte. Bd. 3. Schwaben und Südfranken. Schluß des Mittelalters 1261–1496. Aalen 1975 (Neudr. d. Ausg. Stuttgart 1856), S. 638 f.
77 Vgl. Volker Press: Die territoriale Welt Südwestdeutschlands 1450–1650. In: Die Renaissance im deutschen Südwesten zwischen Reformation und Dreißigjährigem Krieg. Bd. 1. Karlsruhe 1986, S. 17–61, S. 17.

Neckars zugesprochen bekommen; die Stadt Stuttgart und einige andere Besitzungen verblieben den Brüdern gemeinschaftlich.

Zwischen Ulrich von Württemberg und der Stadt Eßlingen entstanden Zwistigkeiten wegen des von der Stadt erhobenen Zolls. Graf Ulrich von Württemberg schickte der Stadt Eßlingen im August 1449 einen Fehdebrief, den die Stadt Eßlingen, die Häupter der Stadt sowie dort ansässige bedeutende Humanisten wie Heinrich Steinhöwel und Niklas von Wyle mit ähnlichen Fehdebriefen erwiderten.[78] Noch im August kam es zu gegenseitigen Gebietsverheerungen und anderen Eskalationen.[79]

Graf Ludwig (Urach) starb im September 1450; er hinterließ zwei unmündige Söhne, Ludwig und Eberhard, sowie zwei Töchter, Mechthild und Elisabeth, für die Graf Ulrich die Vormundschaft ausübte. Da der junge Ludwig vier Jahre nach seinem Regierungsantritt starb, wurde für den noch nicht mündigen Eberhard erneut ein Vormundschaftsrat eingesetzt.

Der Regierungsantritt Eberhards I. stand unter dem Zeichen der erwähnten familiären Streitigkeiten: während Ulrich V. als rechtmäßiger Vormund Eberhards versuchte, die sich mit der Mündigkeit Eberhards ergebende Übernahme der Herrschaft durch Eberhard im Uracher Landesteil zu verzögern, gelang es Eberhard mit Hilfe der Städte im Uracher Teil Ulrichs Vormundschaft aufzuheben und sich gewissermaßen im ›Staatsstreich‹[80] die Landesherrschaft zu sichern.[81]

Hiermit ist ein Merkmal der württembergischen Politik dieser Zeit angedeutet: Die politische Partizipation der Landstände wurde durch die

---

78 Vgl. Eckhard Bernstein: Die Literatur des deutschen Frühhumanismus. Stuttgart 1978, S. 76. Zur Sozialstruktur in Eßlingen, die dadurch gekennzeichnet ist, daß – bei Beteiligung der Zünfte am Stadtregiment – soziale Harmonie zwischen Zünften und Patriziat herrschte, vgl. Otto Borst: Geschichte der Stadt Eßlingen. ²Eßlingen 1972, S. 114ff.

79 Näheres von Stälin 3, 1856, S. 478 f.

80 Näheres Ernst 1933, S. 8.

81 Zum Einfluß der Städte vgl. auch von Stälin 3, 1856, S. 505 f.; dort auch eine ausführliche Beschreibung des Vormundschaftsvertrags.

Notwendigkeit von Vormundschaftsregierungen infolge von Thronstreitigkeiten im Hause Württemberg ausgelöst bzw. begünstigt.[82]

Die umsichtige Politik Eberhards in der Folgezeit und auch die ungünstigen Verhältnisse im Stuttgarter Teil führten zu einer Annäherung der beiden Linien; eine mögliche Wiedervereinigung der beiden Gebiete wurde erstmals seit der Teilung 1473 im Uracher Vertrag in Aussicht gestellt.

Die Vereinigung der beiden Gebiete wurde – trotz der immer noch gegebenen internen Spannungen – 1482 im Münsinger Vertrag auf Druck des Grafen Eberhard im Bart beschlossen: Eberhard im Bart übte die Regierungsgewalt für das ganze Land aus, blieb jedoch durch wenige Rechte Eberhards des Jüngeren, des Sohnes von Ulrich V., in dieser Regierungsgewalt beschränkt. Weitere Verträge und Vereinbarungen bestärkten und bestätigten die Position des Grafen Eberhard im Bart.

Ein Problem blieb jedoch trotz dieser Erfolge bestehen: das Problem der Erbfolge. Ausgangssituation hierbei war, daß Eberhard I. – selbst ohne legitimen Erben – nach den oben genannten Verträgen durch Eberhard den Jüngeren oder dessen Nachkommen beerbt werden konnte. Im Eßlinger Vertrag von 1492 wurde für den von Eberhard im Bart befürchteten Fall der Nachfolge Eberhards des Jüngeren eine Regelung gefunden, die die Regierungsgewalt Eberhards des Jüngeren durch einen ihm beigeordneten landständischen Ausschuß beschränkte, der die Regierungsgeschäfte im wesentlichen führen sollte.[83]

1468 unternahm Eberhard im Bart eine halbjährige Pilgerfahrt nach Jerusalem; 1469 eine Reise nach Venedig. Im Juli 1474 heiratete Graf Eberhard im Bart Barbara, die Tochter des Markgrafen Ludwig von Mantua aus dem Hause Gonzaga.[84] 1477 gründete er in Verbindung mit seiner Mutter Mechthild die Universität Tübingen.[85] Eberhard stand mit vielen Gelehrten seiner Zeit in Verbindung, so mit Marsilio Ficino, dem

---

82 Vgl. von Stälin 3, 1856, S. 603 f., S. 726 f.; vgl. auch Press 1986, S. 21.
83 Ernst 1933, S. 42.
84 In dieser Angelegenheit ist Schöfferlin als Gesandter Eberhards in Mantua bezeugt, vgl. Ludwig 1991, Anm. 30.
85 Vgl. Press 1986, S. 21.

neuplatonischen Philosophen und Leiter der florentinischen Akademie, mit Martin Prenninger (Uranius), der als einer der größten Juristen galt, mit Gabriel Biel, einem berühmten Theologen.[86]

Im Februar 1482 unternahm Eberhard im Bart eine Romreise zu Papst Sixtus IV. in Begleitung von Johannes Vergenhans und Johannes Reuchlin. Seit 1481 bemühte sich Eberhard um eine Reform der Heeresorganisation; mit besonderem Interesse widmete er sich seit 1488 auch dem Fuhrwesen, dem Ausbau der Artillerie und der Befestigung des Landes. Die Reform der Heeresorganisation befestigte Eberhards Stellung im Schwäbischen Bund, der über das damals beste Heer Deutschlands verfügte. Die Bedeutung, die Eberhard auf militärischem Gebiet hatte, ging über Württemberg und über den Schwäbischen Bund weit hinaus.

1492 gründete Eberhard das Stift St. Peter der Brüder vom gemeinsamen Leben in unmittelbarer Nähe seines Schlosses bei Tübingen. Für die Ausgestaltung des deutschen Humanismus, seine im Vergleich zu Italien deutlich stärkere christliche Prägung, war die aus den Niederlanden kommende Bewegung der *devotio moderna* (›Brüder vom gemeinsamen Leben‹) von größter Bedeutung. Nikolaus Staubach wertet die *devotio moderna* als einen für die europäische Gesellschaftsentwicklung an der Schwelle zur Moderne höchst bedeutsamen Versuch, »in bewußter, rationaler Planung eine Form religiösen Gemeinschaftslebens zu organisieren, die das auf ein christliches Persönlichkeitsideal gerichtete Verhaltenstraining des einzelnen durch die Dynamik und Bindung der Gruppenexistenz unterstützen und fördern sowie für die laikale Umwelt normbildend wirksam machen sollte«.[87]

Als wichtigste organisationstechnische Stütze dieses Reformexperiments bezeichnet Staubach die Schriftlichkeit, die neben den Erzeugnissen aus der Kopiertätigkeit eine reiche biographische und historiographische Literatur sowie bestimmte ›devote Gattungen‹ wie etwa die Epistel an die

---

86 Vgl. hierzu Herbert Meyer: Eberhards Stellung innerhalb des deutschen Früh-Humanismus. In: Graf Eberhard im Bart von Württemberg im geistigen und kulturellen Leben seiner Zeit. Stuttgart 1938, S. 25–44.

87 Nikolaus Staubach: Pragmatische Schriftlichkeit im Bereich der Devotio moderna. In: FMSt 25/1991, S. 418–461, S. 423.

Mitglieder des Ordens hervorgebracht habe.[88] Da die Haltung der Devoten zum Buch sich vorrangig auf dessen Nutzen richtete, wurde von der heidnischen antiken Überlieferung vor allem das historiographische und moralische Schrifttum, häufig in Form von Exempeln, exzerpiert.[89] In Deventer, dem Zentrum der devotio, wurden Nikolaus von Cues und Erasmus von Rotterdam in der klassischen Rhetorik ausgebildet; auch Wimpfelings Lehrer Dringenberg erhielt hier seine elementare Bildung im Sinne der *sapiens et eloquens pietas*.[90]

Nach 1401 wurden ausgehend vom nördlichen Rheinland in Deutschland viele Zentren der Brüder vom gemeinsamen Leben gegründet, denen in der Regel Internatsschulen sowie Schülerheime angegliedert waren. Deventer, Münster und Schlettstadt galten als schulische Zentren.[91] In Konzeption und Durchführung des devoten Gemeinschaftslebens, vor allem in Hinblick auf dessen Sozialisationstechniken, spricht Staubach von einer für die Zeit neuen Intensität und Konsequenz des Zugriffs auf den einzelnen und die Gemeinschaft.[92]

1495 wurde Eberhard I. zum Herzog erhoben; bereits vier Monate später erließ er mit seiner ›Landesordnung‹ die erste umfassende Gesetzgebung für sein Land. Sie galt hauptsächlich der Verwaltung, aber auch dem Privatrecht und schloß mit der Errichtung von Fruchtkästen, die in Zeiten der Teuerung den Armen zugute kommen sollten.[93] 1496 starb Eberhard im Bart.

88 Vgl. Staubach 1991, S. 424; S. 440 ff.
89 Vgl. Staubach 1991, S. 425; S. 449 ff.
90 Vgl. Wilhelm Kölmel: Aspekte des Humanismus. Münster 1981 (Aevum christianum 14), S. 70.
91 Vgl. Heinz Otto Burger: Renaissance – Humanismus – Reformation. Deutsche Literatur im europäischen Kontext. Berlin, Zürich 1969 (Frankfurter Beiträge zur Germanistik 7), S. 38 ff., S. 54 f.
92 Vgl. Staubach 1991, S. 455.
93 Vgl. Ernst 1933, S. 103 f.

Im März 1496 trat Graf Eberhard II. die Regentschaft in Württemberg an, in seinen Regierungsvollmachten allerdings durch das noch von Eberhard im Bart eingesetzte Regiment wesentlich beschränkt.[94]

Bereits kurze Zeit nach seinem Regierungsantritt gab es die ersten Streitigkeiten zwischen Eberhard II. und dem Regiment, die sowohl mit Eberhards Plänen, seine Gemahlin Elisabeth, eine geborene Markgräfin zu Brandenburg, vom Hof zu entfernen, als auch mit dem von ihm beabsichtigten Krieg gegen Herzog Georg von Bayern in Zusammenhang standen. Auch mit den noch von Eberhard im Bart eingesetzten Räten gab es Auseinandersetzungen, in deren Verlauf Johann Reuchlin fluchtartig Württemberg verließ und in den Dienst des Bischofs von Worms Johann von Dalberg wechselte.[95]

Nach weiteren Zerwürfnissen wurde am 25. März 1498 ein Landtag nach Stuttgart einberufen, auf welchem die Vertreter des Regiments von Eberhard II. die Einhaltung der Bestimmungen des Eßlinger Vertrages hinsichtlich der Vollmachten des Regiments forderten. Am 30. März schließlich errichtete das Regiment eine Regimentsordnung zur Behebung von Mißständen, in der u.a. Verbote gegen die Erzwingung von Ehen, gegen Verdrängung von Untertanen aus dem Lande,[96] Bestimmungen über eine ordentliche Handhabung der Klöster, die Aufstellung eines unbestechlichen Gerichts sowie landrechtliche Verfügungen festgeschrieben wurden.

Graf Eberhard II. flüchtete in die Reichsstadt Ulm; wenig später kündigten Kanzler, Regiment, Räte sowie anderes Hofpersonal Graf Eberhard II. und verpflichteten sich auf die neue Regimentsordnung. Die neue Regierung besetzte zahlreiche Schlösser im Land und erbat von Kaiser

---

94 Vgl. hierzu und zum folgenden Christoph Friedrich von Stälin: Württembergische Geschichte. Bd. 4. Schwaben und Südfranken vornehmlich im 16. Jahrhundert. Stuttgart 1975 (Nachdr. d. Ausg. Stuttgart 1873), S. 1–41.

95 Vgl. Ludwig 1986, S. 79; zum Briefwechsel zwischen Schöfferlin und Reuchlin über Eberhard II. vgl. ebd. Naukler beglückwünschte Reuchlin zu seiner Flucht, »weil es immer schwer sei, bei der Viper ruhig zu schlafen«; zit. nach von Stälin 4, 1873, S. 11.

96 Vgl. Schöfferlins Herausstellung der Vertreibung in der Coriolan-Erzählung Kap. 3.2.1.

Maximilian die Anerkennung des noch unmündigen Ulrich, eines Sohnes des Grafen Heinrich von Württemberg. Bereits am 28. Mai entschied Maximilian, Eberhard II. das Fürstentum Württemberg zu entziehen, weil dieser »mannigfaltig schwere, böse und unziemliche Händel geübt habe«; er übergab das Fürstentum dem 11-jährigen Ulrich von Württemberg, für den ein Vormundschaftsrat bestellt wurde.[97] Die Handlungen des Regiments gegen Eberhard II. billigte Maximilian in einem Ausschreiben an das Reich ausdrücklich als »erber, aufrecht und redlich«.[98]

1.4.2 Die Frage der Reichsordnung

Die Frage der Reichsordnung trat auch infolge der außenpolitischen Bedrohung durch die Türken immer stärker in den Vordergrund; nach Angermeier kann man das 15. Jahrhundert geradezu als Jahrhundert der Reichsreform bezeichnen.[99] Einen bedeutenden Schritt auf dem Wege zur Reichsreform stellte der Wormser Reichstag von 1495 dar, an dem auch Schöfferlin teilnahm.[100] Die Reichsreform wurde aus zwei verschiedenen Reformbewegungen gespeist, von denen die kaiserliche die Idee des Imperiums, die ständische die Idee des Reichsverbandes betonte.

Im Mittelpunkt der Auseinandersetzungen stand die Frage nach der Stellung des Ständetums in der Reichsverfassung.[101] Hintergrund der Reichsreformbewegung war die Diskrepanz zwischen der Rechtsfülle der monarchischen Gewalt und der geringen Durchsetzbarkeit dieser Rechtsbefugnisse aufgrund fehlender Macht, aufgrund eines unzureichend ausgestatteten Verwaltungsapparates, nicht zuletzt auch aufgrund der Größe des Reichs und seiner territorialen Organisationsstruktur.

Auf dem Wormser Reichstag von 1495 vertrat der mit Graf Eberhard im Bart befreundete und ebenfalls im Schwäbischen Bund organisierte

---

97 Zit. nach von Stälin 4, 1873, S. 18.
98 Zit. nach von Stälin 4, 1873, S. 19.
99 Vgl. Heinz Angermeier: Die Reichsreform 1410–1555. Die Staatsproblematik in Deutschland zwischen Mittelalter und Gegenwart. München 1984, S. 14.
100 Vgl. Röll 1992, Sp. 350.
101 Vgl. Angermeier 1984, S. 29 ff.

Erzbischof von Mainz Berthold von Henneberg und mit ihm die ständische Partei in der Frage der Reichsreform die Konzeption eines von Ständen besetzten und rechtlich entsprechend ausgestatteten Reichsregiments, bestehend aus einem königlichen Präsidenten, sechs kurfürstlichen Räten, acht Räten aus den Reichsprovinzen und zwei städtischen Räten.[102] Ergänzend zu diesem Reichsregiment sollte ein Reichskammergericht geschaffen werden, das zur Streitschlichtung unter den Ständen und zur Anordnung von Kriegsmaßnahmen befugt sein sollte. Ziel dieser ständischen Konstruktion war die Ablösung der personalen Herrschaft der monarchischen Gewalt und deren Ersetzung durch ein sich selbst tragendes und sich ergänzendes System rechtschaffender Organe, die Errichtung eines ›Justizstaates‹ unter der Verantwortung der Reichsstände.[103]

Obgleich Berthold sich nicht durchsetzen konnte, ist bemerkenswert, daß auch in dem Gegenentwurf Maximilians die Übertragung politischer Macht auf Verwaltungsbehörden vorgesehen war; das Bedürfnis nach einer rational organisierten Ausübung politischer Macht war somit offenbar generell vorhanden.

Die Bedeutung des 1495 verabschiedeten Landfriedensgesetzes lag insbesondere im juristischen und konstitutionellen Bereich. Durch das grundsätzlich und zeitlich unbeschränkte Fehdeverbot verwies man den gesamten Bereich öffentlichen und privaten Zusammenlebens auf Rechtsnormen; der Schritt von der Reichsgewohnheit zur staatlichen Ordnung wurde vollzogen.

Die Übertragung der Exekutive auf den Reichstag bedeutete trotz des Einberufungsrechts des Königs einen gravierenden Einbruch in die königliche Gewalt. Der Reichstag wurde zu einem Komplementärorgan der Reichsgewalt; wichtige Regierungsmaßnahmen und Herrschaftsrechte wie z.B. der Abschluß von Bündnissen, Beschlüsse über Krieg und Frieden oder über das Aufgebot von Reichstruppen konnte der König nur noch gemeinsam mit dem Reichstag fassen.

---

102 Vgl. Angermeier 1984, S. 169f.
103 Vgl. Angermeier 1984, S. 170.

Die Einrichtung des von den Ständen getragenen Reichskammergerichts stellte einen wichtigen Schritt hin zu den ständischen Reformvorstellungen dar, auch wenn Maximilians Stellung zum Reichskammergericht (Besoldung der Richter durch eine Reichssteuer oder durch Maximilian; Setzung der Gerichtstage und -orte) umstritten war.

1.5 Historiographische Traditionen

In seiner programmatischen Vorrede strich Schöfferlin die geschichtsschreiberischen Leistungen der Antike als vorbildlich heraus[104] und stützte sich für seine Darstellung vorwiegend auf antike Autoren, insbesondere auf Titus Livius und Dionys von Halikarnaß. Die spätmittelalterliche Geschichtsschreibung ziehe ich heran, da die Grundlagen der humanistischen Historiographie vor dem Hintergrund und in der Auseinandersetzung mit der mittelalterlichen Geschichtsschreibung formuliert wurden. Die Prinzipien humanistischer Historiographie sollen durch eine Analyse der programmatischen Vorrede Schöfferlins verdeutlicht werden.

1.5.1 Römische Geschichtsschreibung

Die Entwicklung der römischen Geschichtsschreibung begann mit der sogenannten Annalistik, die aus kultischen Bedürfnissen erwuchs.[105] Rolf Sprandel unterscheidet fünf noch im Spätmittelalter wirksame Motive der Begründung historiographischer Arbeit, die in die antike Hochkultur zurückreichen: aus der Vorgeschichte außerhalb der Antike den Heldenpreis, der auch in der antiken Literatur am Anfang stand; Geschichtsschreibung als literarische Kunst (Herodot); Geschichtsschreibung zur Erkenntnis der Gesetzmäßigkeit der Geschichte (Thukydides); Geschichtsschreibung als moralische Aufgabe, als ›Kritik des Lebens‹

---

104 Vgl. Kap. 1.5.3.
105 Vgl. Ernst Breisach: Historiography. Ancient, Medieval and Modern. London 1983, S. 42 f.

(Tacitus) und Geschichtschreibung als Kennzeichen menschlicher Zivilisation (Sallust).[106]

Der sich in der ersten Hälfte des vierten Jahrhunderts v.Chr. in der griechischen Geschichtsschreibung[107] abzeichnende Wandel zur rhetorischen Geschichtsschreibung, der sich auch in der römischen Geschichtsschreibung widerspiegelte, war für die antike römische Historiographie von großer Bedeutung. Merkmale der rhetorischen Geschichtsschreibung, die auch als peripatetische Geschichtsschreibung bezeichnet wird, bestehen in der dramatisierenden Durchformung des Erzählstoffes, in der Gestaltung geschlossener, auf ein bestimmtes Erzählziel konzipierter Erzählungen, in der Einführung von Überraschungsmomenten (Peripatien) und der Einfügung affektisch geprägter Szenen.[108]

Fragen nach den Ursachen des allmählichen Verfalls des römischen Staates und nach den Voraussetzungen der vergangenen römischen Größe prägten das Geschichtsbild der römischen Geschichtsschreiber, denen die altrömische *res publica* aufgrund der *mores antiqui* als vollkommener Staat erschien, wobei sie die Verfallserscheinungen des Staates in

---

106 Vgl. Rolf Sprandel: Chronisten als Zeitzeugen. Forschungen zur spätmittelalterlichen Geschichtsschreibung. Köln, Weimar, Wien 1994 (Kollektive Einstellungen und sozialer Wandel im Mittelalter. Neue Folge 3), S. 193 f.

107 Zur griechischen Geschichtsschreibung vgl. Hugo Preller: Geschichte der Historiographie unseres Kulturkreises. Materialien, Skizzen, Vorarbeiten. Bd. 1. Aalen 1967, S. 112 ff.; Renate Zoepffel: Griechische Geschichtsschreibung. In: Geschichtsschreibung. Epochen – Methoden – Gestalten. Hrsg. v. Jürgen Scheschkewitz. Düsseldorf 1968, S. 29–44. Als wesentliche Bedingung für die neue Art der Geschichtsbetrachtung durch Herodot bestimmt Christian Meier die Herausbildung einer isonomen, also einer von einer breiten Schicht der Bevölkerung getragenen Verfassung, die eine neue Art von Orientierung und Rationalität voraussetze; vgl. Christian Meier: Die Entstehung der Historie. In: Geschichte – Ereignis und Erzählung. Hrsg. v. Reinhart Koselleck u. Wolf-Dieter Stempel. München 1973 (Poetik und Hermeneutik V), S. 251–305, S. 297. Vgl. auch Wolfgang Schuller: Die griechische Geschichtsschreibung der klassischen Zeit. In: Geschichtsdenken und Geschichtsbild im Altertum. Hrsg. v. José Miguel Alonso-Núñez. Darmstadt 1991 (WdF 631), S. 90–112, (Originalbeitrag 1987), S. 108 f.

108 Vgl. Erich Burck: Die Erzählungskunst des Titus Livius. Zweite um einen Forschungsber. verm. Aufl. Berlin, Zürich 1964, S. 204.

Zusammenhang mit dem Verlust der altrömischen Sittlichkeit brachten.[109] Diese Zusammenschau von geschichtlicher und sittlicher Entwicklung erklärt auch die Bedeutung, die dem *exemplum* in der römischen Geschichtsschreibung zukam und deren insgesamt stark belehrenden, moralisierenden Impetus.[110]

Die römische Geschichtsschreibung wurde insbesondere im Zeitalter des Augustus gepflegt; Augustus förderte Vergil, der mit seiner Aeneis historischen Stoff, die Einigung Italiens, episch behandelte, sowie – bis zu dessen Relegation – Ovid, der in seinen Metamorphosen die Lehre von den Weltaltern ausbreitete und zusammen mit Vergil die für die augusteische Zeit charakteristische heidnische Eschatologie wesentlich prägte.[111]

Von den Historikern der augusteischen Zeit fordern Livius und Dionys eine gesonderte Behandlung, da beide Autoren von Schöfferlin zur Darstellung der römischen Geschichte breit herangezogen wurden.

1.5.1.1 Die Geschichtsschreibung des Titus Livius

Titus Livius wurde um 59 v.Chr. in Padua geboren; er starb ungefähr 17 n.Chr. in Padua, einer bedeutenden Stadt in Oberitalien, die erst 49 v.Chr. römisches Municipium wurde. Im Unterschied zu anderen römischen Geschichtsschreibern übte Livius kein militärisches oder politisches Amt aus;[112] aus begüterter Familie stammend, konnte er seinem Lebenswerk, der Darstellung der römischen Geschichte, ohne zusätzliche berufliche Belastungen nachgehen.

Das Geschichtswerk des Livius umfaßte ursprünglich 142 Bücher; die Darstellung reichte von der Gründung Roms bis zur Zeit des Drusus (9 v.Chr.). Livius hat an dieser umfangreichen Darstellung der römischen

---

109 Vgl. Viktor Pöschl: Die römische Auffassung der Geschichte (1959). In: Alonso-Núñez 1991, S. 177–199, hier S. 178 ff.

110 Zum *exemplum* vgl. Hildegard Kornhardt: Exemplum. Eine bedeutungsgeschichtliche Studie. (Diss.) Göttingen 1936; Karlheinz Stierle: Geschichte als exemplum – Exemplum als Geschichte. In: Kosselleck/Stempel 1973, S. 347–375.

111 Vgl. Preller 1967, S. 273 ff.

112 Zu Livius als politischem Laien vgl. Friedrich Klingner: Livius. In: Wege zu Livius. Hrsg. v. Erich Burck. Darmstadt 1976 (Wege der Forschung 132), S. 48–67, S. 59 ff.

Geschichte über 40 Jahre lang gearbeitet.[113] In antiker Zeit hatte das Geschichtswerk des Livius sehr großen Erfolg: so hat Plinius in der Vorrede seiner Naturgeschichte Livius herausgestellt; er diente Lucan als Hauptquelle; bei Tacitus finden wir Livius mehrfach erwähnt und auch Valerius Maximus benutzte Livius zur Darstellung der *exempla*. Bereits in antiker Zeit wurden häufig Auszüge und Exzerpte aus dem umfangreichen Werk des Livius angefertigt.[114]

Das Geschichtswerk des Livius entstand nach den Bürgerkriegen im Zeitalter der augusteischen Restauration. Die Frage, wie Livius zur augusteischen Restauration politisch stand, ist in der Forschung kontrovers behandelt worden. Unabhängig von der Frage der Einstellung, die Livius zu Augustus hatte, ist mit Erich Burck festzuhalten, daß es sich sowohl bei Livius als auch bei Vergil um ein »Geschichtsdenken der großen und einfachen Begriffe« handelt, die nach der Zeit der Bürgerkriege die Funktion hatten, den Lesern die »Klarheit des Deutens, die Sicherheit des Wertens und die Ruhe vertieften Fühlens« wiederzugeben und zu erhalten.[115]

Ausgehend von der göttlichen Bestimmung Roms zur Vorherrschaft über alle Länder der Erde stand für Livius der Aufstieg Roms in Verbindung mit dem altrömischen Tugendsystem. Hierzu zählte Livius vor allem *virtus*, hier in der Bedeutung ›Tapferkeit‹, *pietas*, *fides*, *iustitia*, *clementia* und *moderatio*. In diesen charakterlichen Dispositionen, die Livius nicht einer Schicht der Bevölkerung, sondern dem römischen Volk in seiner Gesamtheit zuschrieb, sah er die eigentlich geschichtsbildenden Kräfte und richtete seine Darstellung auf das Herausstellen dieser Tugenden

---

113 Zur Überlieferung vgl. Alfred Klotz: Livius. In: Paulys Realencyclopädie der classischen Altertumswissenschaften. Neue Bearbeitung. Begründet v. Georg Wissowa. Hrsg. v. Wilhelm Kroll. Bd. 13.1. Stuttgart 1960 (Nachdr. d. Ausg. Stuttgart 1926), Sp. 816–850, Sp. 820 (im folgenden zit. als RE).

114 Vgl. Klotz, RE 13.1, Sp. 824; hier insbesondere die Periochen sowie das Werk des Florus.

115 Erich Burck: Livius als augusteischer Historiker. In: Ders. 1967, S. 96–143, S. 139.

aus.[116] So stellte Burck in Hinblick auf die Darstellung des Sturzes der Decemvirn anhand eines Vergleichs der Fassung der Sullanischen Annalistik und der Fassung des Livius fest, daß Livius das Schwergewicht der Darstellung von der ursprünglich dominierenden sozialen und juristischen Problematik auf eine ethische Basis verschoben hatte, so daß die Opposition gegen die Decemvirn nicht mehr als Aufbegehren der entrechteten *plebs* gegen das herrschende Regime, sondern als Bekenntnis des gesamten römischen Volkes zu den ethischen Grundlagen des römischen Staates erschien.[117]

Als charakteristische Stilmerkmale bei Livius benennt Burck die Klarheit der Gliederung, die Konzentration, die Dramatisierung und Verinnerlichung der Handlung sowie die starke innere Beteiligung.[118] Die mit der peripatetischen Geschichtsschreibung in Verbindung zu sehende dramatische Durchformung des Erzählstoffs wird insbesondere in den Einzelerzählungen, den kleinsten Baugliedern des Werks, deutlich.[119] Walsh hat für die Beschreibung von Schlachten und Kriegszügen ebenfalls die dramatisierende Formung des Stoffes hervorgehoben, wobei er für Livius insbesondere ein Element der Darstellung besonders herausstreicht: die Beschreibung der Affekte sowohl bei den Siegern als auch bei den Besiegten.[120]

Wesentlicher Bestandteil von Livius' Geschichtsdarstellung sind die Reden, die den hohen Stellenwert von Livius bedingten.[121] Die Reden

---

116 Vgl. Breisach 1983, S. 63ff: »Clearly, for Livy the rise of a state was based on its people possessing a number of proper character traits (*virtutes*) and not, as for Polybius, on a proper constitutional arrangement« (S. 64).

117 Vgl. Burck: Livius als augusteischer Historiker, in: Ders. 1967, S. 97ff.

118 Erich Burck: Wahl und Anordnung des Stoffes; Führung der Handlung (Originalbeitrag 1966). In: Ders. 1967, S. 331–351, S. 331.

119 Burck: Wahl und Anordnung, in Ders. 1967, S. 341.

120 Vgl. P.G. Walsh: Die literarischen Methoden des Livius (Originalbeitrag 1961). In: Burck 1967, S. 352–375.

121 Vgl. auch die Widmungsvorrede zur RH: »Danñ Liuius vor allen anderñ (dye von
‖ der Römer vnnd ander Nacion geschichten vnd kriegen geschrieben haben) den fur
‖ zuge (vnd als Hercules) vnder allen starcken vnnd platz beheldeth / Als der Ihene
‖ der Im lesen nicht verdrossen / sunder lieplich vnd frolich / Auch im außsprechen
‖ dapffer vnd großmutig wirdt erfunden / keyner ist vnder allen den Ihenen / dye ‖

tragen dazu bei, den Charakter einer Person oder einer Gruppe zu zeichnen; sie geben darüber hinaus dem Bericht einen dramatischen, lebendigen Ausdruck.[122] Im Unterschied zu Dionys von Halikarnaß, der lange Reden bevorzugte, vermied Livius lange Reden, da sie den Ablauf der Ereignisse unterbrechen.[123] Indirekte und direkte Rede werden genutzt; wenn der indirekten Rede eine direkte gegenübersteht, gibt diese häufig Livius' eigene Gedanken oder die von ihm gebilligten wieder.[124] Als Novum gilt, daß Livius neben den deliberativen Reden auch das *genus demonstrativum* und das *genus iudicale* nutzte.[125]

In den Reden nutzte Livius rhetorische Figuren: Sentenzen finden sich hierbei in der Regel bei als erfahren gezeichneten Figuren wie Hannibal; Asyndeta, Anaphern, rhetorische Fragen, Apostrophen und Ausrufe begegnen in erregten und leidenschaftlichen Reden.[126] Anhand eines Vergleichs der Reden bei Livius und seinem griechischen Vorbild Polybios kommt Bornecque zu dem Ergebnis, daß Livius seine Quelle deutlich abgewandelt hat, zum einen aus patriotischen Erwägungen, zum anderen jedoch aus literarischen Gründen: »Er will in den Aufbau mehr Klarheit bringen, mehr Profil in die gedankliche Entwicklung, mehr Überzeugungskraft in die Wahl der historischen Beispiele, mehr Abwechslung

---

Historien ye beschriben haben / der die Oren der menschen mit seinen reden vnd Ora ‖ cion (die allenthalben in disem Büch eyn geflochten seyn) volküllicher moge erfullen ‖ keiner / der das hertz vnd gemudt der mensch͂ / mehr durchdringen vnd leichtlicher ‖ zü frewde zorñ vñ mitleyd͂ bewegen mage / dañ Liuius / Deßhalbeñ er wol billich ‖ alleñ anderñ in Historien fur gesetzt vnd für den besten vnd nützlichsten gehalden ‖ wirdt«.

122 Vgl. Henri Bornecque: Die Reden bei Livius (frz. Originalbeitrag 1933). In: Burck 1967, S. 395–414, S. 403.
123 Nach Heinri Bornecque sind von den 407 erhaltenen Ansprachen in direkter Rede 182 nicht länger als fünf Zeilen der Teubner-Ausgabe, 75 halten sich zwischen sechs und zehn Zeilen, 67 zwischen elf und 25, 35 zwischen 25 und 50, 32 zwischen 51 und 100; nur 15 Reden umfassen mehr als 100 Zeilen, vgl. Bornecque in Burck 1967, S. 395–414, S. 395. Eine vergleichbare Auswertung für Dionys liegt mir nicht vor.
124 Vgl. Bornecque in Burck 1967, S. 397.
125 Vgl. Bornecque in Burck 1967, S. 398.
126 Bornecque in Burck 1967, S. 407 f.

36

in das Stimmungskolorit, und ganz allgemein mehr Leben, Bewegung, Pathos«.[127]

Im Mittelalter wurde Livius zwar zitiert oder nachgeahmt (so von Einhard, Lambert von Hersfeld, Johann von Salisbury oder Vincenz von Beauvais), die herausragende Bedeutung, die er in antiker Zeit hatte, kam ihm jedoch nicht mehr zu. Dies wird neben den Überlieferungsverlusten vor allem mit dem Rombild der Epoche zusammenhängen, das aufgrund der Translationenlehre von der römischen Kaiserzeit geprägt war, während die republikanische Komponente der römischen Geschichte allenfalls am Rande Beachtung fand.[128]

Mit der zunehmenden Eigenständigkeit und politischen Autonomie der in Italien entstandenen Stadtstaaten fand die republikanische Komponente der römischen Geschichte wieder verstärkt Beachtung.

Petrarca hat durch seine Arbeit am Livius-Text auch als Philologe für die kommenden Generationen der Humanisten richtungweisend gewirkt.[129] Infolge des Umfangs von *ab urbe condita* war das Werk nur in Abschriften einzelner Dekaden auf das Mittelalter gekommen; zu Petrarcas Zeit waren nur noch die erste und dritte Dekade getrennt bekannt. 1328 brachte der Kanonikus der Kathedrale von Chartres, Landolfo Colonna, nach Streitigkeiten mit dem Kapitel die Abschrift eines Livius-Codex mit der vierten Dekade nach Avignon. Petrarca, der zu dieser Zeit in Avignon lebte, veranlaßte alsbald eine Abschrift der bis dahin nicht bekannten vierten Dekade und verband nun die erste, dritte und vierte Dekade zu einem Werk.[130] Petrarcas Livius wurde zur Grundlage der ersten Liviusdrucke und gab der Livius-Philogie ungeahnten Aufschwung und eine neue Basis.

---

127 Bornecque in Burck 1967, S. 414.
128 Vgl. hierzu insbesondere Alphons Lhotsky: Das römische Altertum im Geschichtsbilde des Mittelalters. In: Ders.: Historiographie, Quellenkunde und Wissenschaftsgeschichte. Wien 1972 (Alphons Lhotsky. Aufsätze und Vorträge 3). Wien 1972, S. 9–25, S. 13 ff.
129 Vgl. hierzu und zum folgenden Keßler 1978, S. 66 ff.
130 Vgl. Giuseppe Billanovich: Petrarca and the textual tradition of Livy. In: Journal of the Warburg and Courtauld Institutes. Vol. 14/1951, S. 137–209, S. 146.

Ein Ergebnis der Bemühungen Lorenzo Vallas war die Editio princeps der *ab urbe condita libri*, die 1469 in Rom erschien. Nach der Erstausgabe Rom 1469 für die erste und dritte Dekade[131] ist in den ersten Jahren fast jedes zweite Jahr eine neue Livius-Ausgabe zu verzeichnen.[132] Das gleiche gilt für die Ausgabe Basel 1531 der Bücher 41–45.[133] Übersetzungen in die Volkssprachen liegen ebenfalls früh vor: 1338 übersetzte Boccaccio die dritte Dekade ins Italienische;[134] zwischen 1353 und 1359, wahrscheinlich jedoch vor 1356, übersetzte Pierre Bersuire im Auftrag des französischen Königs Jean le Bon die erste, dritte und neun Bücher der erst kurz zuvor gefundenen vierten Dekade ins Französische (Erstdruck Paris 1487);[135] 1496 haben wir den ersten spanischen Livius-Druck zu verzeichnen (Salamanca 1496);[136] 1600 die erste englische Ausgabe; um 1490 die Übersetzung zweier Livius-Reden ins Deutsche sowie Schöfferlins Darstellung 1505; 1541 die Übersetzung aus dem Deutschen ins Niederländische.

Das neuerwachte Interesse an dem Geschichtswerk des Livius und insbesondere an dessen politischen Implikationen wird deutlich in den um 1519 abgeschlossenen *Discorsi sopra la prima deca di Tito Livio* des Niccolò Machiavelli,[137] der in Anlehnung an die livianische Darstellung seine Lehre von Gesellschaft und Staat ausbildete. Auf der Folie der römischen Geschichte, insbesondere der Geschichte der römischen

---

131 Vgl. Britsh Museum. General catalogue of printed books to 1955. Compact edition. Bd. 15. New York 1967, Sp. 166 (im folgenden zit. als BMC).

132 Vgl. BMC 15, Sp. 166 ff.

133 Vgl. BMC 15, Sp. 170.

134 Boccaccio übersetzte vermutlich auch die vierte Dekade ins Italienische, Näheres vgl. August Buck, Max Pfister: Studien zu den ›volgarizzamenti‹ römischer Autoren in der italienischen Literatur des 13. und 14. Jahrhunderts. München 1977 (Abhandlungen der Marburger gelehrten Gesellschaft 1/1977), S. 73 ff.

135 BMC 15, Sp. 193. Der Livius-Übersetzung Bersuires wurde die französische Übersetzung von Brunis *De primo bello punico* durch Jean Le Begue angeschlossen, die in der zweiten Ausgabe, Paris 1515, den chronologisch richtigen Platz zwischen der ersten und dritten Dekade erhielt.

136 Vgl. BMC 15, Sp. 193.

137 Zur Abfassungszeit und Entstehungsgeschichte vgl. ausführlich August Buck: Machiavelli. Darmstadt 1985 (Erträge der Forschung 226), S. 78 ff.

Republik, diskutierte Machiavelli die Probleme der staatlichen Ordnung, die zu der Situation in dem Stadtstaat Florenz in Beziehung gesetzt wurden. Ausgehend von der Lehre vom Kreislauf der Verfassungen, die Machiavelli dem 6. Buch der Weltgeschichte des Polybios entnahm und modifizierte,[138] betrachtete Machiavelli die Verfassung der römischen Republik als gemischte Verfassung, in der die königliche Macht nicht vollständig verdrängt, sondern auf die beiden Konsuln übertragen wurde und sah dies sowie die sich anschließenden politischen Auseinandersetzungen zwischen *plebs* und Senat als konstitutiv für die Vollkommenheit der römischen Republik an.[139]

1.5.1.2 Die Geschichtsschreibung des Dionys von Halikarnaß

Der Grieche Dionys von Halikarnaß kam um 30 v.Chr. nach Rom; er unterhielt eine Rhetorenschule und lebte mindestens 22 Jahre in Rom.[140] Neben den *Antiquitates Romanae* (AR) verfaßte er auch rhetorische Abhandlungen. Die AR sind während seines Aufenthalts in Rom entstanden und im Jahr 7 v.Chr. erschienen;[141] sie reichen von den Anfängen Roms bis zum Beginn des Ersten Punischen Krieges, enden also mit dem Zeitpunkt, den Polybios als Beginn seiner Darstellung gewählt hatte.[142]

Die ersten 10 Bücher sind in nahverwandten und einander ergänzenden Hss. erhalten; das 11. Buch liegt unvollständig in einigen Hss. des 15. Jahrhunderts vor; der Rest der zweiten Dekade ist verloren.[143] Die AR sind – wie Eduard Schwartz in RE als Mangel anführt – im Kontext der rhetorischen Geschichtsschreibung zu sehen. Franz Halbfas kennzeichnete die AR ebenfalls mit negativen Implikationen als »ein Produkt der rein rhetorischen Geschichtsschreibung«[144] und betonte:

---

138 Vgl. Buck 1985, S. 86.
139 Vgl. Buck 1985, S. 88.
140 Vgl. Preller 1967, S. 280 f.
141 Vgl. Eduard Schwartz: Dionys von Halikarnaß. In: RE 5.1. Stuttgart 1958 (Nachdr. d. Ausg. Stuttgart 1903), Sp. 934–961.
142 Zu den Drucken vgl. BMC 7, Sp. 364.
143 Vgl. Eduard Schwartz RE 5.1, Sp. 961.
144 Vgl. Franz Halbfas: Theorie und Praxis in der Geschichtsschreibung bei Dionys von Halikarnaß. (Diss.) Münster 1910, S. 15, das folgende Zitat S. 30.

»Historiker in unserem Sinne ist Dionys also nicht. Es fehlt ihm an den notwendigsten Voraussetzungen. Er hat kein geschichtliches Verständnis [...] Alles in allem darf wohl festgestellt werden, daß er auf die inhaltliche Seite bei seiner Arbeit nicht die notwendige Sorgfalt verwendet hat. Ganz anders steht es mit der formalen Seite, der äußeren Ausarbeitung seines Stoffes. Dionys ist Künstler, oder vielmehr er will Künstler sein«.

Wesentliche Unterschiede im Geschichtsdenken des Titus Livius und des Dionys von Halikarnaß hat Wilfried Papst herausgearbeitet.[145] Er bezeichnet das Geschichtsdenken des Titus Livius als ›indirekt senatorisch‹ und in dem Sinne politisch tendenziös. Demgegenüber betont er für Dionys, daß dieser die in der Überlieferung vorgegebene Idealisierung des Senats nicht übernommen, sondern im Senat primär die politische Interessenvertretung der Aristokratie gesehen habe, der er v.a. in der Beschreibung der Ständekämpfe die politische Aufrichtigkeit der *plebs* und die Berechtigung ihrer Forderungen gegenübergestellt habe.[146] Durch Veränderungen und Umstellungen, durch Zusätze und Einschübe, Akzent- und Gewichtsverschiebungen, durch Aspektwechsel, Abstufungen und Nuancierungen zeige Dionys »konkret die wirtschaftlichen, rechtlichen, sozialen und politischen Mißstände und Ungerechtigkeiten in der Zeit der Ständekämpfe auf und führt sie in der Form von für ihn historischen Tatsachen auf die – seiner Meinung nach – wirklichen Ursachen zurück«. Dabei habe Dionys die römische Geschichte in einem Maß umgestaltet und umgedeutet, wie es für Livius nicht nachweisbar sei.

1.5.2 Die spätmittelalterliche Geschichtsschreibung

Seit dem 13. Jahrhundert läßt sich eine Zunahme der Landesgeschichtsschreibung und der Geschichtsschreibung in den Städten beobachten; in den Metropolen des Reichs, von Lübeck, Köln, Nürnberg bis hin zu Augsburg, entwickelte sich im späten 13. und frühen 14. Jahrhundert eine

---

145 Wilfried Papst: Quellenkritische Studien zur innerrömischen Geschichte der älteren Zeit bei T. Livius und Dionys von Halikarnaß. (Diss. masch.) Innsbruck 1969.
146 Vgl. hierzu und zum folgenden Papst 1969, S. 190ff., das folgende Zitat S. 190.

umfängliche Geschichtsschreibung, die mit dem politischen und wirtschaftlichen Aufstieg der Städte verbunden war.[147]

Constance Proksch begreift die Alphabetisierung und Scholarisierung breiter Gesellschaftsschichten, besonders des städtischen Bürgertums, als wesentliche Veränderungen der Voraussetzungen für die spätmittelalterliche Geschichtsschreibung.[148] Sie verweist in diesem Zusammenhang auf die verstärkte Tätigkeit der Bettelorden in den Städten, die ihrerseits das früher dominierende benediktinische Mönchtum in den Hintergrund drängten.

In zunehmendem Maße traten Laien in der Geschichtsschreibung hervor: um 1350 stehen einem Laiengeschichtsschreiber noch 20 Geistliche als Geschichtsschreiber gegenüber; um 1460 beträgt dieses Verhältnis 50:70. Diese Entwicklung ist verbunden mit einem deutlichen Anstieg der Geschichtsschreibung in der Volkssprache: um 1350 liegt das Verhältnis zwischen lateinsprachiger und deutschsprachiger Geschichtsschreibung noch ungefähr bei 20:4; um 1460 bei 70:70.[149] Auch auf die historiographischen Gattungen hatte das Vordringen der Laiengeschichtsschreiber Einfluß: »Über die Hälfte aller Laien beschränkt sich auf ausgesprochen ständisch oder institutionell ihnen zugehörige Werke: Stadt- und Dynastiegeschichte«.[150] Die Universalchronistik mit ihrer heilsgeschichtlichen Ausrichtung stellte für die Stadtchronisten häufig

---

147 Vgl. Jürgen Wolf: Konrad Bollstatter und die Augsburger Geschichtsschreibung. Die letzte Schaffensperiode. In: ZfdA 125/1996, S. 51–86, S. 51.
148 Vgl. hierzu Proksch 1994, S. 15. Zur Entwicklung der Stadtgeschichtsschreibung, zum Verhältnis zwischen Klerikern und Laien als Trägern vgl. auch Volker Honemann: Die Stadtschreiber und die deutsche Literatur im Spätmittelalter und der frühen Neuzeit. In: Zur deutschen Literatur und Sprache des 14. Jahrhunderts. Dubliner Colloquium 1981. Hrsg. v. Walter Haug, Timothy R. Jackson u. Johannes Janota. Heidelberg 1983 (Reihe Siegen. Beiträge zur Literatur- und Sprachwissenschaft 45). S. 320–353, S. 322f. Zum Einfluß der Bettelorden auf die städtische Chronistik vgl. auch Volker Henn: ›Dye historie is ouch als eyn spiegell zo vnderwijsen dye mynschen ...‹. Zum Welt- und Geschichtsbild des unbekannten Verfassers der Koelhoffschen Chronik. In: Rheinische Vierteljahresblätter 51/1987, S. 224–249, S. 225f.
149 Vgl. Proksch 1994, Anm. 42. Vgl. auch Sprandel 1994, S. 17f.
150 Sprandel 1994, S. 18.

lediglich noch einen äußeren Rahmen dar, in dem vorrangig profane geschichtliche Ereignisse beschrieben wurden.[151] Es entstanden Mischformen, die einen universalen Rahmen mit regionaler Geschichtsschreibung kombinierten, so etwa die *Deutsche Chronik* des Straßburger Geistlichen Jakob Twinger von Königshofen, der einen Abriß der Geschichte seit Erschaffung der Welt, geordnet nach Kaiser- und Papstgeschichte, sowie Bistums- und Stadtgeschichte bot.[152]

Max Wehrli sieht die spätmittelalterliche Historiographie zunehmend von einem neuen aktuellen Interesse getragen:

>»Sie ist nicht mehr oder nicht mehr nur ein frommes Anschauen der großen Zeitordnungen, vielmehr gilt ein neues *tua res agitur*; sie ist Selbstdokumentation, Mittel der Selbstidentifikation, der politischen Auseinandersetzung, aufgezeichnete Erinnerung zum Nachruhm, zur Mahnung, aus dem einfachen Bedürfnis, ein Erlebtes zu fixieren«.[153]

Auch Jürgen Wolf verweist darauf, daß die Geschichtsschreibung

>»mehr als nur Aufzeichnung von Vergangenheit und Gegenwart [ist – C.W.]. Im Spannungsfeld zwischen Verfasser, Auftraggeber und Adressat spielte stets die Propaganda für die eigene Sache, d.h. den König, den Fürsten oder

---

151 Zu Gattungen mittelalterlicher Geschichtsschreibung vgl. Odilo Engels: Geschichte, Historie. Begriffsverständnis im Mittelalter. In: Geschichtliche Grundbegriffe. Historisches Lexikon zur politisch-sozialen Sprache in Deutschland. Hrsg. v. Otto Brunner, Werner Conze u. Reinhart Kosseleck. Bd. 2. Stuttgart 1975, S. 610–624, S. 612 ff. sowie Franz-Josef Schmale: Funktionen und Formen mittelalterlicher Geschichtsschreibung. Eine Einführung. Mit einem Beitrag v. Hans-Werner Goetz. Darmstadt 1985 (Die Geschichtswissenschaft). Zur Universalgeschichtsschreibung siehe Karl Heinrich Krüger: Die Universalchroniken. Turnhout 1976 (Typologie des sources du moyen âge occidental 16) sowie Kurt Gärtner: Die Tradition der volkssprachigen Weltchronistik in der deutschen Literatur des Mittelalters. In: 500 Jahre Schedelsche Weltchronik. Akten des interdisziplinären Symposions vom 12./14. April in Nürnberg. Hrsg. v. Stephan Füssel. Nürnberg 1994 (Pirckheimer-Jahrbuch 1994), S. 57–71.

152 Max Wehrli: Geschichte der deutschen Literatur vom frühen Mittelalter bis zum Ende des 16. Jahrhunderts. Stuttgart 1980 (Geschichte der deutschen Literatur von den Anfängen bis zur Gegenwart 1), S. 827 f.; vgl. auch Wolf 1996, S. 62 f.

153 Wehrli 1980, S. 824.

wie hier die Stadt eine wichtige, nicht selten sogar die entscheidende Rolle«.[154]

Charakteristisch für die spätmittelalterliche Geschichtsschreibung ist die Freude an Neuigkeiten, das Streben nach Kurzweil und ein Hang zum Fabulieren.[155] Die größere Bedeutung des erzählerischen Moments deutete sich bei den Bettelmönchen an, die in ihren Predigten auf die Papst-Kaiserchronik des Dominikaners Martin von Troppau und die von diesem beeinflußten ›Martinschroniken‹ zurückgriffen, die den historischen Stoff für den Predigtzweck anekdotenreicher als beispielsweise das *Speculum historiale* des Dominikaners Vincenz von Beauvais[156] oder die *Historia scholastica* des Petrus Comestor boten. Ihre populäre Erzählweise setzte sich bei den Stadtchronisten fort, wobei nicht wenige Bettelmönche zu den frühesten Chronisten der Städte gehörten, wie der Lübecker Franziskaner Detmar oder der Ulmer Dominikaner Felix Fabri. Herbert Grundmanns negative Einschätzung der ›Martinschroniken‹[157]

---

154 Wolf 1996, S. 51 f.
155 Vgl. Proksch 1994, S. 13 sowie Sprandel 1994, S. 22 ff.
156 Rudolf Weigand hat sich in seiner Untersuchung zu Vinzenz von Beauvais mit der volkssprachigen Rezeption des Werks beschäftigt und dargelegt, daß das Kompendium sich nicht für ein volkssprachiges Publikum eignete, dem Kenntnisse und Fähigkeiten fehlten, das Handbuch mit Gewinn zu nutzen. Hingegen haben die Chronisten für ihre Arbeit auf das *Speculum historiale* in mehr oder minder starkem Ausmaß zurückgegriffen, siehe Rudolf Weigand: Vincenz von Beauvais. Scholastische Universalchronik als Quelle volkssprachiger Geschichtsschreibung. (Diss.) Hildesheim, Zürich, New York 1991 (Germanistische Texte und Studien 36), S. 280 f.
157 »In diesen gleichförmigen, oft fortgesetzten ›Martins-Chroniken‹, die das Feld der Welthistorie im Spät-Ma. beherrschten, ist das alte synchronistische Schema insofern beibehalten, als die gleichzeitigen Päpste und Kaiser mit ihren Taten nebeneinanderstehen. Der dadurch zugemessene Raum wird unkritisch und zusammenhanglos mit dürftigem Stoff gefüllt und gern mit Anekdoten gewürzt. [...] Populär lehrhaft, aber weder wissenschaftlich noch politisch noch wahrhaft historisch interessiert, haben diese schematischen Bettelmönchs-Kompendien in fast epidemischer Verbreitung, bald auch in die Volkssprachen übersetzt, jahrhundertelang den geschichtlichen Sinn eher erstickt als gefördert«, vgl. Herbert Grundmann: Geschichtsschreibung im Mittelalter. In: Deutsche Philologie im Aufriß. Hrsg. v. Wolfgang Stammler. Bd. 3. Zweite überarb. Aufl. Berlin 1967, Sp. 2221–2286, Sp. 2238. Eine andere Bewertung der Bettelmönchs-Kompendien findet sich schon bei Joachimsen 1910, S. 7 f.

wird – wie Birgit Studt anhand der *Flores temporum* belegt – den vielfältigen Verwendungsmöglichkeiten der Chronik nicht gerecht, die als offene Gebrauchsform betrachtet und auf die unterschiedlichsten Verwendungszusammenhänge adaptiert und in ihnen eingesetzt werden konnte.[158]

Das Streben nach Kurzweil, das als historiographisches Motiv in einer 1390 von Hermann von Lerbeck verfaßten Chronik der Bischöfe von Minden erstmals in der Exordialtopik eines geschichtlichen Werkes erscheint,[159] führte zum Einfügen von Novellen, Sentenzen, Versen und Liedern sowie zu einer Dramatisierung des Geschehens mit zumeist erfundenen wörtlichen Reden oder Dialogen.[160] Sprandel bezeichnet die Diskrepanz zwischen der Wahrheitsforderung des Prologs und der Ausgestaltung des Inhalts als charakteristisches Merkmal spätmittelalterlicher Geschichtsschreibung und stellt eine Auflockerung im Verhältnis zur historischen Wirklichkeit fest:

>»Die spätmittelalterliche Geschichtsschreibung in Deutschland ist als historiographische Epoche zu sehen, in der eine Reihe von Eigentümlichkeiten des mittelalterlichen literarischen Lebens zu einem Höhepunkt gelangen: Eine Fabulierfreude, die literarische Gattungsgrenzen sprengt, ein Sinn für Topik, die sich wandelnden Mentalitäten ebenso anpaßt wie Wächter für traditionelle Normen ist, so oder so aber leichtfüßig unterlaufen werden kann. Die Geschichtsschreibung ist vergleichbar mit einer letztlich orientalischen Novellenliteratur, getragen von einem neuen, leichten, lockeren Zeitverhältnis. Man will Zeit kürzen, Zeit schenken. Sie ist verbunden mit einer Auflockerung im Verhältnis zur historischen Wirklichkeit, die weniger als vorher den Charakter eines bloßen Mediums zu heilsgeschichtlichen Erwartungen, zu moralischen Normen und politischen Zwängen besitzt.«[161]

Die Pest, die Deutschland in kurzen Abständen 1348/49 heimsuchte, führte zu einem Abbruch der historischen Überlieferung; die Neuansätze städtischer Geschichtsschreibung in der zweiten Hälfte des 14. Jahrhun-

---

158 Vgl. Studt 1992, S. 48 ff., S. 263 ff., S. 376.
159 Vgl. Sprandel 1994, S. 207 ff.
160 Vgl. Sprandel 1994, S. 216.
161 Sprandel 1994, S. 219.

derts stehen häufig in Verbindung mit innerstädtischen Unruhen, den Zunftkämpfen:

> »Das Erlebnis der Bedrohung der Ratsverfassung und -verwaltung, der rechten Ordnung in der Stadt, weckt das Bedürfnis, nicht nur die Ereignisse selbst, sondern die städtische Geschichte überhaupt festzuhalten. Der Rat veranlaßt deshalb die Weiterführung bzw. Neuanlage von deutschsprachigen Prosastadtgeschichten, die sich, den Stadtbüchern beigefügt, als öffentliche Geschichtsschreibung des Rates zur Stadtchronik verdichten«.[162]

Im 15. Jahrhundert erlebte die Stadtgeschichtsschreibung einen weiteren Aufschwung, wobei eine Verlagerung der Historiographie in den literarischen Bereich und an einen mehr privaten Ort zu konstatieren ist; ein eher persönliches Interesse veranlaßte geschichtsbewußte Bürger zu geschichtsschreiberischer Tätigkeit.[163] In einem eigentümlichen Kontrast zu dem Prozeß quantitativen Auswachsens der spätmittelalterlichen Historiographie stehen die Klagen humanistischer Historiographen, die die deutsche Historiographie vernachläßigt sahen und den kulturellen Rückstand gegenüber Italien beklagten.[164] Das in diesen Klagen dokumentierte Selbstverständnis der humanistischen Historiographen steht für Sprandel mit der Öffnung gegenüber italienischen Einflüssen in Zusammenhang, die »irgendwie eine Fehleinschätzung, eine Ausblendung der einheimischen historiographischen Kultur zur Voraussetzung oder zur Folge hatte«.[165]

---

162 Proksch 1994, S. 18.
163 Vgl. Proksch 1994, S. 20.
164 Vgl. Sprandel 1994, S. 205.
165 Sprandel 1994, S. 206.

1.5.3 Grundprinzipien humanistischer Historiographie:[166] Schöfferlins programmatische Vorrede zur RH

Die humanistischen Geschichtsschreiber waren mit einer dualistischen Erkenntnistheorie konfrontiert, die – sowohl in der platonischen als auch in der aristotelischen Philosophie wurzelnd – die europäische Wissenschaftsgeschichte bis in das 18. Jahrhundert hinein durchzog:[167] Die wahre Erkenntnis als höhere Form des Erkennens richtete sich auf Allgemeines, Abstraktes, Notwendiges; sie wurde aus den Prinzipien der Vernunft abgeleitet; die wahrscheinliche Erkenntnis richtete sich auf Einzelnes, Konkretes, Dynamisches und beruhte auf Erfahrung. In der Hochscholastik galt das Axiom *scientia non est singularium* uneingeschränkt.[168] Entsprechend rangierten Theologie und Philosophie am oberen Ende, die Geschichte hingegen am unteren Ende der Skala der nach der jeweiligen Erkenntnisart abgestuften Wissenschaften. Im Humanismus erfuhr die Geschichtsschreibung eine bedeutende Aufwertung, da ihr praktisch-pädagogischer Nutzen, die Exemplifizierung praktischer Wahrheiten, höher veranschlagt wurde als die philosophische Herleitung bzw. Begründung dieser Wahrheiten.[169] In diesem Sinne stellte Lorenzo

---

166 Zum Humanismus siehe August Buck: Zur Lage der Renaissance- und Humanismusforschung in Vergangenheit und Gegenwart (1978). In: August Buck. Studia humanitatis. Gesammelte Aufsätze 1973–1980. Hrsg. v. Bodo Guthmüller, Karl Kohut u. Oskar Roth. Wiesbaden 1981, S. 38–47; Ders.: Überlegungen zum gegenwärtigen Stand der Renaissanceforschung (1980). In: Guthmüller/ Kohut/ Roth 1981, S. 68–93. Zum Problem der Periodisierung vgl. Hanna-Barbara Gerl: Einführung in die Philosophie der Renaissance. Darmstadt 1989, S. 6–11 sowie Hans-Gert Roloff: Thomas Naogeorg und das Problem von Humanismus und Reformation. In: L'humanisme allemand (1480–1540). XVIIIe Colloque international de Tours. München, Paris 1979 (Humanistische Bibliothek; Reihe I, Bd. 38), S. 455–475. Eine Gruppierung der unterschiedlichen Forschungsansätze findet sich bei Eckhard Keßler: Das Problem des frühen Humanismus. Seine philosophische Bedeutung bei Coluccio Salutati. München 1965, S. 15 ff.; zum Einfluß des italienischen Humanismus vgl. auch Noe 1993. Zur humanistischen Historiographie vgl. Anm 9.

167 Vgl. hierzu und zum folgenden Muhlack 1991, S. 67 ff.

168 Vgl. Knapp 1992, S. 59 f.

169 Zur Stellung der *historia* im mittelalterlichen Bildungssystem vgl. Laetitia Boehm: Der wissenschaftstheoretische Ort der historie im früheren Mittelalter. In: Speculum historiale. Geschichte im Spiegel von Geschichtsschreibung und Geschichtsdeutung.

Valla nicht nur die Rhetorik, sondern auch die Geschichtswissenschaft über die Philosophie.[170]

Im Humanismus wurden verstärkt die Voraussetzungen zur historischen Methodik geschaffen, indem sich – aus der Programmatik der Wiederbelebung des klassischen Altertums – eine historische Philologie entwickelte, die ihrerseits die Voraussetzung für die Entwicklung der historischen Methodik darstellte.[171] Ihre schulmäßige Systematik erhielt die Quellenkunde erst in der Mitte des 18. Jahrhunderts.[172]

Betrachten wir vor diesem Hintergrund Schöfferlins Vorrede zur RH, in der dieser Hinweise zu Zweck und Gestaltung seiner Geschichtsschreibung sowie zu dem intendierten Adressatenkreis gab.[173] Eine ausführliche Untersuchung dieser Vorrede in Hinblick auf deren Verankerung in der Tradition humanistischer historiographischer Topoi hat Walter Röll 1988 veröffentlicht.[174] Im folgenden beziehe ich mich auf diese Untersuchung, wobei ich vorrangig diejenigen Aussagen Rölls behandele, die ich ergänzen möchte oder anders beurteile.

Die Funktion der Vorrede ist in der Vorverständigung des Autors mit dem Lesepublikum über Grundzüge der Darstellung zu sehen. Ebenso wie den Titel rechnet Eberhard Lämmert das Vorwort aufgrund seiner ›vorausweisenden Ordnungskraft‹ zu den ›einführenden Vorausdeutungen‹, die zum Verständnis der künftigen Vorgänge anleiten und Erwartungen wecken sollen. Lämmert betont, daß es sich beim Vorwort »um ein

---

Fs. Johannes Spörl. Hrsg. v. Clemens Bauer, Laetitia Boehm u. Max Müller. Freiburg, München 1965, S. 663–693 sowie Hans-Werner Goetz: Die ›Geschichte‹ im Wissenschaftssystem des Mittelalters. In: Schmale 1985, S. 165–213.

170 Vgl. Landfester 1972, S. 143.
171 Aus der Berücksichtigung der historischen Philologie ergeben sich für die historische Methodik folgende Postulate: a) vollständige Sammlung aller erreichbaren Dokumente, wodurch die Geschichtswissenschaft erstmals eine systematische Vorstellung davon gewinnt, was historische Quellen sind bzw. wie eine quellenmäßig fundierte Darstellung auszusehen hat; b) die historisch-kritische Aufbereitung dieser Dokumente sowie c) die Feststellung des Erkenntniswertes dieser historischen Quellen; vgl. Muhlack 1991, S. 352 ff.
172 Vgl. Muhlack 1991, S. 384.
173 Edition der Vorrede bei Ludwig 1987, S. 76 ff. sowie Röll 1988, S. 221 ff.
174 Vgl. Röll 1988.

47

unmittelbareres Zwiegespräch zwischen dem Erzähler und seinen Zuhörern [handelt – C.W.], unmittelbarer jedenfalls als ihre Korrespondenz während des zu erzählenden Handlungsverlaufs«.[175] Dem entspricht die Verwendung des Präsenz, das hierbei »Ausdruck der Unmittelbarkeit der auf den Leser gerichteten Rede« ist.[176]

Schöfferlins Vorrede ist in zwei Teile untergliedert, die durch ein Paragraphenzeichen als textgliederndes Merkmal voneinander geschieden sind: einen ersten allgemeineren Teil über den Nutzen der geschichtlichen Studien und einen zweiten Teil mit spezielleren Informationen zur Übersetzungstechnik und zu den Quellen.[177]

Im allgemeineren Teil beantwortete Schöfferlin die Frage, was einem *weltlichen man* am besten zu *vernunfft*, zu *manheit* (›Tapferkeit‹) und zu einem *tugenrichen leben* verhelfen könne, mit dem Hinweis auf die Geschichtenlektüre[178] bzw. Geschichtsschreibung, die er sogleich näher qualifizierte als ›wahre Geschichtsschreibung‹, als Geschichtsschreibung nach Art der Römer, die nicht nur Fakten aneinanderreiht, sondern sich mit allen für den Geschichtsablauf relevanten Faktoren beschäftigt. Während Röll hier primär die Hervorhebung des Wahrheitspostulats der Geschichtsschreibung herausstellt,[179] möchte ich betonen. daß Schöfferlin eine Auseinandersetzung mit gängigen geschichtsschreiberischen Traditionen vornahm und die Qualität seiner Geschichtsdarstellung betonte;

---

175 Vgl. Eberhard Lämmert: Bauformen des Erzählens. [8]Stuttgart 1991, S. 147.
176 Vgl. Franz K. Stanzel: Theorie des Erzählens. [4]Göttingen 1989 (UTB 904), S. 145.
177 Zur rhetorischen Formung vgl. Röll 1988, S. 212.
178 Der Kollektivsingular *Geschichte* vereinnahmte erst gegen Ende des 18. Jahrhunderts den Begriff der *Historien*, die als Geschichtenbücher Vergangenes, Beispielhaftes oder Lehrreiches für die Gegenwart und Zukunft erzählten. Nach Knape prägte sich erst mit der Französischen Revolution eine Geschichtsphilosophie aus, die einen Bedeutungsraum *Geschichte* als Handlungsfeld und Tat eröffnete, zuvor war *historia* Erzählung von Ereignissen, die Summe des Überlieferten, siehe Knape 1984, S. 11 ff. Vgl. auch Christoph Daxelmüller: Narratio, Illustratio, Argumentatio. In: Exempel und Exempelsammlungen. Hrsg. v. Walter Haug u. Burghart Wachinger. Tübingen 1991, S. 77–94, S. 77: »bis ins 18. Jahrhundert hinein galt Geschichte im Sinne Philipp Melanchthons als Summe moralisch vorbildhafter Geschichten«.
179 Vgl. Röll 1988, S. 213; vgl. auch ebd., Anm. 11. Auch Landfester 1972, S. 95 sieht diese Passage der Vorrede lediglich in Zusammenhang mit dem Wahrheitspostulat.

einer Geschichtsschreibung, die bemüht ist, über die bloße Reihung von Fakten hinaus die Gründe und Ursachen menschlichen Handelns freizulegen. Nur eine solche Geschichtsschreibung konnte nach Schöfferlins Meinung den *weltlich man* zur Einsicht führen, denn: »wa das nit beschicht / möcht syn / das sich vff historien zů geben / kleine frucht gebar« (RH Ir).

Der Kreis der Angesprochenen wird im weiteren näher bestimmt als »[jeder, der – C.W.] sich in ritterlichen oder weltlichen sachen üben soll vnnd můß« (RH Ir), »yder / der in der welt syn wil« (RH Ir) sowie »[jeder – C.W.] der von gott dem almechtigen darzů angesehen vnnd verornet ist / das ‖ er land oder stett regieren sol« (RH Ir). Hier wird deutlich, daß Schöfferlin mit seiner Darstellung jene nichtgeistliche Schicht ansprechen wollte, die in irgendeiner Form am Regiment beteiligt war oder sein wollte, neben den Herrschenden also vorwiegend die Schicht der in der Regel juristisch ausgebildeten Beamten und Räte, zu der er selbst gehörte. Als Anwendungsbereiche nannte Schöfferlin »[lernen – C.W.] wie man sich zů tugenten keren / schand vnd ‖ laster flyhen vnnd myden soll« (RH Ir), »[Beispiel nehmen – C.W.] wie im ‖ gezym syn leben zeschicken in allem dem das im begegnet vnd zů handen gat / wie er ‖ es zů gůttem loblichen end pringen müg / vnd das nit allein in kriegen / vnd in stry- ‖ ten / sonder ouch in Retten / vnnd in allen burgerlichen sachen / die sich in landē vnd ‖ stetten begeben mügen« (RH Ir), »in kurtzen iaren erlangē vernunfft ‖ vnd geschiklicheit / das er sich on zwyfel in allem dem das im in synem leben zůstet / dester ‖ [RH Iv] weißlicher vnnd fürsichtigklicher halten / im selber vnnd andren nutz schaffen Eer ‖ vnnd lob erlangen mag« (RH Irf.). Hier wird der Grundgedanke der *historia magistra vitae*, d.h. der Exempelcharakter der geschichtlichen Studien und damit das ›pragmatische Potential der Geschichtsschreibung‹,[180] besonders hervorgehoben.

Auch in dem anschließenden Satz bezog sich Schöfferlin auf die Qualität der Geschichtsschreibung: das Wissen um die Errichtung der

---

180 Der Terminus bei Studt 1992, S. 2; zum Nutzen als Topos humanistischer Historiographie siehe Landfester 1972, S. 131 ff.

Republik oder das Wissen um Scipios Einnahme der Stadt Karthago ist nicht sinnvoll, wenn nicht *causa, consilium* und *actum* in die Darstellung eingehen.[181]

Anhand des Scipio-Beispiels führte Schöfferlin hierbei an, welche Fragen eine sinnvolle geschichtliche Darstellung den Leserinnen und Lesern vor Augen führen muß, um sie als exemplarische Geschichtsschreibung in der individuellen und sozialen Lebensbewältigung zu unterstützen. Analog zu der Adressatenbestimmung richtete Schöfferlin das Schwergewicht nicht auf die individuelle, sondern auf die gesellschaftliche Nutzanwendung – der Nutzen der geschichtlichen Studien für die politisch Verantwortlichen wurde somit erneut deutlich hervorgehoben.[182] Die herausragende Stellung, die Schöfferlin Scipio hier zuwies, ist im italienischen Humanismus vorgebildet.

Im zweiten Teil der Vorrede nannte Schöfferlin sich unter Angabe seines juristischen Titels als Verfasser[183] und strich heraus, daß er seine Darstellung der römischen Geschichte in der Volkssprache verfaßt. Die Darstellung der römischen Geschichte sollte dem gemeinen Nutzen dienen und der deutschen Nation zu Lob und Ehre gereichen, wobei die zeitgenössische Vorstellung der *translatio imperii* die Verbindungslinie zwischen der frühen römischen Geschichte und der deutschen Nation gewährleistete. Röll verweist des weiteren auf die Verbindung zwischen Nation und Volkssprache.[184]

---

181 So auch Röll 1988, S. 213f.
182 Zu Parallelstellen bei Leonardo Bruni, Guarino Veronese und Peter Luder vgl. Röll 1988, S. 214. Zur sozialen Lebensbewältigung als Topos humanistischer Historiographie siehe Landfester 1972, S. 136 ff.
183 Die Herausstellung des juristischen Titels steht möglicherweise mit der Betonung der Nation und der Translationentheorie in Zusammenhang. Die Rezeption des römischen Rechts verband sich in Deutschland mit dem Reichsgedanken, der durch die Rezeption eine Fundierung erhielt: »Das universale Verständnis des rezipierten römischen Rechts entspricht genau dem Verständnis des Reiches, die Vorstellung der fortdauernden Geltung des römischen Rechts der Vorstellung einer Fortdauer des römischen Reiches«; Muhlack 1991, S. 110.
184 Vgl. Röll 1988, S. 215f. Hier auch Hinweise zur Tacitus-Rezeption in Deutschland, zur Bedeutung der *monarchia* und zur Translationentheorie. Zum Begriff der deutschen Nation und seinen politischen Implikationen vgl. auch Alfred Schröcker:

Das Stichwort ›gemeiner Nutzen‹, das Schöfferlin auch in seiner geschichtlichen Darstellung als Ziel politischen Handelns postulierte, war im gesamten Mittelalter der Begriff für den obersten Staatszweck, wobei nach römischem Recht und scholastischer Staatstheorie die Staatsautorität den Auftrag hatte, Inhalt und Anwendung dieses Leitbegriffs zu bestimmen.[185] Staatsautorität und gemeiner Nutzen waren jedoch, abgesehen von der averroistischen Staatslehre nicht identisch; als staatsbegründendes politisches Ziel stand der gemeine Nutzen über dem Nutzen der Obrigkeit und konnte auch gegen die Herrschenden in Anspruch genommen werden.

Im Spätmittelalter verstanden sich ständische Einrichtungen wie z.B. der Schwäbische Städtebund zunehmend als Vertreter bzw. Träger des Gemeinwohls; der gemeine Nutzen wurde genossenschaftlich interpretiert und zur Legitimation eigenständigen politischen Handelns gegebenenfalls auch gegen die Obrigkeit verwandt.[186] Bei den Reichsstädten korrelierte der Anspruch auf politische Beteiligung mit einer grundsätzlich staatsbejahenden Tendenz; ständische Gruppierungen qualifizierten sich »nicht als Vertreter bloßer Partikularinteressen, sondern grundsätzlich befähigt und bereit zu allgemeinpolitischen Konzeptionen und Denkkategorien«.[187] Diese begriffliche Akzentverschiebung zur genossenschaftlichen Interpretation des gemeinen Nutzens ist zu bedenken, wenn Schöfferlin, der als Richter eine ständische Gruppierung vertrat, in seiner Darstellung die Orientierung am gemeinen Nutzen als Leitziel politischen Handelns postulierte.

Dem Gemeinnutz läßt sich der Eigennutz als der in der ständischen Gesellschaft exponierte Negativbegriff sozialen Verhaltens gegenüberstellen; insbesondere in den Schriften gegen die Monopolgesellschaften

---

Die deutsche Nation. Beobachtungen zur politischen Propaganda des ausgehenden 15. Jahrhunderts. Lübeck 1974, S. 219 ff.

185 Vgl. hierzu und zum folgenden Winfried Eberhard: ›Gemeiner Nutzen‹ als oppositionelle Leitvorstellung im Spätmittelalter. In: Renovatio et reformatio. Wider das Bild vom ›finsteren‹ Mittelalter. Fs. Ludwig Hödl. Hrsg. v. Manfred Gerwing u. Godehard Ruppert. Münster 1985. S. 195–214.

186 Vgl. Eberhard 1985, S. 206 ff.

187 Eberhard 1985, S. 213.

zu Beginn des 16. Jahrhunderts ist der Vorwurf des Eigennutzes in der Regel zu finden.[188] Die Bewertung von Eigennutz und Gemeinnutz »läßt sich als Kern des Normensystems einer Gesellschaft bezeichnen, die durch die Vorstellung einer prinzipiell stabilen Ordnung, die funktionale Zuweisung wichtiger Aufgaben an bestimmte Gruppen der Gesellschaft und die Vorstellung einer prinzipiellen schöpfungsbedingten Harmonie geprägt ist«.[189]

Im Anschluß an die zweigliedrige Formel »dem gemeinē nutz ‖ zů gůt. zů lob vnd eer / tütscher nation« (RHIv), die Schöfferlin durch die chiastische Stellung besonders hervorhob, stellte er die römische Geschichte erneut vor: die frühe römische Königsherrschaft, die Herrschaft der *consules*, die Herrschaft der Volkstribunen und die Zeit der Monarchie, die durch den griechischen Begriff *monarchia* von der frühen Königsherrschaft abgehoben ist. Auffällig ist hier die Interpretation Schöfferlins, daß die ›Zunftmeister‹ in den frühen Ständekämpfen die höchste politische Gewalt errungen habe.

Nach der Betonung der Verdienste der Deutschen,[190] die auf die patriotischen Strömungen des deutschen Humanismus verweist,[191] ging

---

188 Vgl. Winfried Schulze: Vom Gemeinnutz zum Eigennutz. Über den Normenwandel in der ständischen Gesellschaft der frühen Neuzeit. In: HZ 234/1986, S. 691–626, S. 600.
189 Schulze 1986, S. 601.
190 Vgl. Röll 1988, S. 215f.
191 Dieter Wuttke bezeichnet die Entdeckung kultureller Leistungen der nationalen Vergangenheit sowie die Schaffung eigener Werke im Bereich von Kunst und Wissenschaft, die die antiken Vorbilder erreichen oder übertreffen sollen, als Schwerpunktbereiche der kulturellen Erneuerungsbewegung in der *aetas Maximiliana*; siehe Dieter Wuttke: Conradus Celtis Protucius. In: Füssel 1993, S. 173–199, S. 192. Die patriotischen Bestrebungen sind in Verbindung mit dem ›Barbarenvorwurf‹ der italienischen Humanisten zu sehen; nach Franz-Josef Worstbrock erwies sich die Barbarenverschmähung »indes für die Betroffenen als das fruchtbarste Motiv, ein eigenes deutsches Vergangenheitsbild zu erstellen: Aus apologetischer Haltung entstand das Interesse an der deutschen Früh- und Vorzeit«; Franz-Josef Worstbrock: Über das geschichtliche Selbstverständnis des deutschen Humanismus. In: Historizität in Sprach- und Literaturwissenschaft. Vorträge und Berichte der Stuttgarter Germanistentagung 1972. Hrsg. v. Walter Müller-Seidel in Verbind. mit Hans Fromm u. Karl Richter. München 1974, S. 499–519, S. 517.

Schöfferlin auf den Übersetzungsstil und die Quellen ein.[192] Die Wort-
für-Wort-Übersetzung, wie sie u.a. Schöfferlins Mentor Wyle propagierte,
lehnte Schöfferlin ab, zum einen wegen des Umfangs der Quellen, zum
anderen jedoch aus inhaltlichen Gründen, vor allem wegen der Darstellung heidnischer Gebräuche bei Livius. Hinsichtlich der inhaltlichen
Restriktionen möchte ich erwähnen, daß der mit Eberhard im Bart befreundete Berthold von Henneberg[193] 1485 jede Übersetzung ins
Deutsche der strengen Zensur unterworfen sehen sollte, um den Gefahren
entgegenzuwirken, die sich aus der nun leicht zugänglichen Lektüre für
die seelische Verfaßtheit der Leser und Leserinnen ergeben könnten.[194]
Übersetzungen in die Volkssprache waren demnach kein unproblematisches Unterfangen.[195] Des weiteren ist Röll zuzustimmen, der davon
ausgeht, daß Schöfferlin hier Rücksicht auf ein jugendliches Publikum
nahm, zumal an Eberhards Hof junge Adlige erzogen wurden.[196]

Eine Absage an die Fabel- und Ritterbücher, deren Lektüre aufgrund
ihres fiktionalen Charakters keinen Nutzen bringe, führt zum Schluß. Die
Betonung der *utilitas* der geschichtlichen Studien ist vor dem Hintergrund
der Entwicklungen in der spätmittelalterlichen Geschichtsschreibung zu

---

192 Zum ›Bienengleichnis‹ vgl. Röll 1988, S. 216f. Hinzuzufügen ist, daß Schöfferlin
     unmittelbar im Anschluß an das Bienengleichnis jedoch auch den *delectabilia*-Aspekt
     einbrachte, indem er in topischer Bescheidenheitsformel seiner Hoffnung Ausdruck
     verlieh, daß seine Darstellung auch literarisch-ästhetischen Ansprüchen genügen
     möge (»lieplich zühören / süßlich luten«, RH Iv)
193 Vgl. Kap. 1.4.2.
194 Zu den Bedenken gegenüber der Lektüre volkssprachiger Werke vgl. Füssel 1986,
     S. 71 ff.; die Zensurmaßnahme Bertholds ebd., S. 75.
195 Vgl. auch die Zensurbestimmungen des Trienter Index von 1546; siehe Fritz
     Wahrenburg: Funktionswandel des Romans und ästhetische Norm. Stuttgart 1976,
     S. 14f. Die Zensurbestimmungen begründeten sich kirchlicherseits durch die Gefahr
     häretischer Auslegung; siehe Freimut Löser, Christine Stöllinger-Löser: Verteidigung
     der Laienbibel. Zwei programmatische Vorreden der österreichischen Bibelübersetzer
     der ersten Hälfte des 14. Jahrhunderts. In: Überlieferungsgeschichtliche Editionen und
     Studien zur deutschen Literatur des Mittelalters. Fs. Kurt Ruh. Hrsg. v. Konrad
     Kunze, Johannes G. Mayer u. Bernhard Schnell. Tübingen 1989, S. 245–313, S. 253f.
196 Vgl. Ernst 1933, S. 24.

sehen. Es folgt eine *captatio-benevolentiae*-Formel, mit der Schöfferlin seine Vorrede beschloß.[197]

Die Vorrede gibt Aufschluß darüber, wie Schöfferlin sein Werk verstand und genutzt wissen wollte; sowohl vom Stoff als auch von der intendierten Adressatengruppe läßt sich eine Einschätzung der RH vornehmen, die auf Aussagen des Autors beruht. Schöfferlins Auseinandersetzung mit historiographischen Traditionen, die Qualifizierung seiner Geschichtsschreibung als recht und wahr, deren Zuordnung zur Tradition der römischen Geschichtsschreibung sowie die ansatzweise Diskussion methodischer Fragen[198] und die kritische Distanz zu Erdichtetem verweisen auf ein historiographisches Selbstverständnis des Autors, das sich der Ermittlung und exemplarischen Vermittlung historischer Wahrheit verpflichtet sieht. Die Betonung der exemplarischer Vermittlung könnte dazu führen, die RH in die Nähe der Fürstenspiegel zu rücken, wozu die Annahme eines fürstlichen Auftraggebers durchaus passen würde. Mit den Fürstenspiegeln teilt die RH die Konzentration auf die Nutzanwendung der Historie für politisch Verantwortliche. Hinsichtlich ihres Gegenstands und ihrer Anlage unterscheidet sich die RH jedoch von den Fürstenspiegeln, insofern als der geschichtliche Ablauf in einem Staatsgebilde aufgezeigt wird und nicht historische Exempel beliebig aneinandergereiht werden. Dies verweist möglicherweise auf ein neues

---

197 Vgl. hierzu Röll 1988, S. 217f.

198 Nach Werner Goez ist die deutsche Historiographie bis in die Mitte des 16. Jahrhunderts in Fragen der Quellenmethodik von Giovanni Nannis *Commentaria super opera diversorum authorum* (Rom: Eucharius Silber 1498) abhängig. Es handelt sich hierbei um eine Fälschung, in der Nanni selbsterfundene Quellen mit einem aufwendigen wissenschaftlichen Kommentar edierte. Fünf Jahre nach Erscheinen der *Commentaria* läßt sich die Benutzung des Bandes in Deutschland nachweisen. Auch Naucler benutzte Nanni zur Formulierung seiner methodischen Prinzipien; vgl. Werner Goez: Die Anfänge der historischen Methoden-Reflexion in der italienischen Renaissance und ihre Aufnahme in der Geschichtsschreibung des deutschen Humanismus. In: AKG 56/1974, S. 25–48.

Verständnis historischer Exempla, wie es Keßler für Petrarca diskutierte.[199]

Eine zeitgenössische Rezeption der Vorrede findet sich bei Ludwig von Eyb, einem Neffen Albrechts von Eyb, im Sendbrief seiner 1507 erschienenen Biographie Wilwolts von Schaumburg.[200] Auch Aventin nutzte in seiner Vorrede zum ersten Buch der ›Baierischen Chronik‹ Schöfferlins programmatische Vorrede.[201]

---

199 Vgl. Keßler 1978, S. 107 ff., S. 113: »Mit dem Nachweis der Nützlichkeit seines eigenen Exempla-Gebrauchs stellt nun Petrarca in der Tat die spätmittelalterliche Exemplatheorie auf den Kopf, indem er das Exemplun in eine der mittelalterlichen Tradition entgegengesetzte Handlungstheorie einordnet. Handeln ist für Petrarca nicht mehr Anwendung von zuvor erkannten, unhistorisch und allgemein gültigen Pinzipien auf die in sich bestimmungs- und sinnlose historische Situation – wobei das Beispiel zum pädagogisch-illustrierenden Anwendungsfall der Norm wird – sondern ist der Akt der inneren wie äußeren Wirklichkeitserkenntnis und -bewältigung, die erst sekundär und intersubjektiv in den Rang überindividueller, allgemeinerer Strukturen erhoben werden kann, – wobei das Exemplum als mittelbares, nachvollziehbares Handeln zum induktiven Einzelfall wird, der die der menschlich-historischen Welt innewohnende Objektivität erfahren läßt«.

200 Die Geschichten und Taten Wilwolts von Schaumburg. Hrsg. v. Adelbert von Keller. Stuttgart 1859 (StlV 50), S. 1. Zu Ludwig von Eyb siehe Helgard Ulmschneider: Ludwig von Eyb. In: ²VL, Bd. 5, 1985, Sp. 1006–1015; zur Vorrede vgl. Horst Wenzel: Exemplarisches Rittertum und Individualgeschichte. Zur Doppelstruktur der ›Geschichten und Taten Wilwolts von Schaumburg‹ (1446–1510). In: Geschichtsbewußtsein in der deutschen Literatur des Mittelalters. Tübinger Colloquium 1983. Hrsg. v. Christoph Gerhardt, Nigel F. Palmer u. Burghart Wachinger. Tübingen 1985, S. 162–174.

201 Vgl. »Von wegen solcher Erfahrung sind die Alten vernünftiger denn die Jungen, weil sie mehr wissen [...]« mit »Halten wir nicht / darumb die alten für wyser ...« (RH Ir). »Denn in den alten Historien wie in einem Spiegel besiehet ein jeglicher das Leben der andern und nimmt sich also Ebenbild, wird ohne seinen Schaden erinnert, was er tun oder lassen soll, was ihm übel oder wohl ansteht« paraphrasiert »wer aber flyßlich geschichten vnnd alt historien lißt [...]«; Aventin, Baierische Chronik, Ed. Leidinger, S. 7f.

55

2 Textuntersuchung I:
Schöfferlins Darstellung der frühen römischen Königsherrschaft

Das erste Buch der ersten Dekade beinhaltet bei Livius die Gründung Roms, die frühe römische Königsherrschaft sowie die Vertreibung der Könige aus Rom. Es umfaßt – nach moderner Kapitelzählung –[202] insgesamt 60 Kapitel, die in den frühen italienischen Drucken auf ca. elf Folioblättern einspaltig wiedergegeben werden.

In der RH nimmt das erste Buch der ersten Dekade 20 Folioblätter ein; in den Text sind jedoch 26 Kapitelüberschriften eingezogen sowie 20 halbseitige Holzschnitte integriert. Auch ist die Drucktype (Frakturschrift), die Schöffer für die RH verwandte, deutlich größer als die Antiquaschrift der lateinischen Ausgaben.

Schon aus der genannten Zahlenrelation ergibt sich, daß als generelle Bearbeitungstendenz Schöfferlins die Kürzung gegenüber der livianischen Darstellung festzuhalten ist, wie der Autor dies in der programmatischen Vorrede auch angekündigt hatte.

Im folgenden möchte ich mich auf die Darstellung der Regierungszeit des Romulus, Tullus Hostilius, Servius Tullius sowie des Tarquinius Superbus konzentrieren, da Schöfferlin hier die AR des Dionys breit

---

202 Die moderne Kapitelzählung führte Janus Gruter 1612 (Druck 1628) ein, siehe Tite-Live. Histoire romaine. Bd. 1. Hrsg. v. Jean Bayet. Zehnte überarb. Aufl. Paris 1971, S. CXXVII, Anm. 1. Die Textzitate aus Livius basieren auf dieser Ausgabe bzw. auf den Folgebänden. Die Textzitate aus Dionys stammen aus der lateinischen Übersetzung *Dionysii Halicarnassei originum sive antiquitatum Romanorum libri* (*X cum XI imperfecto*), übersetzt durch Lappus Birago Flor., Treviso: Bernhardinus Delvere 1480. Zur Orientierung über die AR benutze ich des weiteren die entsprechende Ausgabe der ›Loeb classical Library‹, in der dem griechischen Originaltext eine englische Übersetzung beigegeben ist; The Roman Antiquities of Dionys of Halicarnassus. With an english translation by Earnest Cary on the basis of the version of Edward Spelman. 7 Bde. London 1968ff. (The Loeb classical Library 319).

einarbeitete und sich in diesen Kapiteln Reden finden. Die Charakterzeichnung des fünften römischen Königs Tarquinius Priscus möchte ich hinzunehmen, da sich hier bedeutsame Abweichungen von Livius finden.

2.1 Die Darstellung bis zur Regierungszeit des Romulus

Der trojanische Ursprung der Römer, die Genealogie der albanischen Könige und die Geschehnisse bis hin zur Einrichtung des römischen Königtums und zur Ernennung des Romulus zum ersten römischen König werden in der RH in fünf Kapiteln auf drei Folioblättern dargestellt.[203] Diesen ersten fünf Kapiteln der RH entsprechen die ersten acht Kapitel des ersten Buches *ab urbe condita* (a.u.c. 1,1–1,8).

Neben geringfügigen Kürzungen des livianischen Textes wie z.B. der Kürzung in der Darstellung des trojanischen Ursprungs (a.u.c. 1,1–1,3) oder der verkürzten Wiedergabe der kriegerischen Auseinandersetzung zwischen Aeneas und Turnus (a.u.c. 1,1,6–1,2,6), die – wie unten dargelegt – auf Einarbeitung einer anderen Quelle beruht, ist vor allem die Kürze des dritten Kapitels auffällig.[204]

Zielpunkt der ältesten Sagengeschichte des römischen Volkes war für Schöfferlin die Königswahl des Romulus, auf die im folgenden detailliert einzugehen ist. Dies ist daran zu erkennen, daß sich hier die erste Rede findet. Auch sind in dem Kapitel zur Königswahl erstmals die AR des Dionys von Halikarnaß benutzt; einem solchen Quellenwechsel kommt wie bereits angedeutet – große Bedeutung zu.

2.1.1 Der trojanische Ursprung und die Genealogie der Könige

Das erste Kapitel der RH (RH IIr f.), in dem unter der Kapitelüberschrift »*Wie die Romer iren vrsprung von den Troianern haben.*« die Vorge-

---

203   Vier halbseitige Holzschnitte RH IIv, IIIr, IIIv, IIIIr.
204   Vgl. unten Kap. 2.1.3.

schichte der Romgründung behandelt wird, entspricht thematisch dem livianischen Bericht a.u.c. 1,1,1–1,3,11.

In der livianischen Darstellung des trojanischen Ursprungs des römischen Staatswesens einschließlich der Genealogie der albanischen Könige findet sich sowohl chronikartiger, die historischen Fakten aneinanderreihender Erzählstil als auch narrative Darstellungspassagen.[205] Zu den narrativ geprägten Passagen gehört die Schilderung der Ankunft des Aeneas in Laurentum, die Darstellung der kriegerischen Auseinandersetzung zwischen den Latinern/Trojanern und den Rutulern/-Etruskern; chronikartig wird diesem die Genealogie der albanischen Könige angeschlossen.

Entsprechend seiner Grundhaltung, die älteste Sagengeschichte des römischen Volkes mit der gebotenen Zurückhaltung des Historikers darzustellen,[206] erwähnte Livius zwei Überlieferungsversionen (a.u.c. 1,1,6 ff.) und verwies hinsichtlich der Genealogie auf die unklare Zuordnung des Ascanius bzw. des Silvius (a.u.c. 1,3,2 f.).

Als wesentliche Abweichung von der livianischen Darstellung ist festzuhalten, daß Schöfferlin die Ereignisse nach der Ankunft des Aeneas in Laurentum inhaltlich anders gestaltete.[207] Während Livius zunächst

---

205 Zur Unterscheidung siehe Werner Schiffer: Theorien der Geschichtsschreibung und ihre erzähltheoretische Relevanz (Danto, Habermas, Baumgartner, Droysen). Stuttgart 1980 (Studien zur Allgemeinen und Vergleichenden Literaturwissenschaft 19), S. 28 ff.

206 Vgl. Livius Praefatio, a.u.c. 6: »Quae ante conditam condendamue urbem poeticis magis decora fabulis quam incorruptis rerum gestarum monumentis traduntur, ea nec adfirmare nec refellere in animo est«.

207 Vgl. RH IIr: »〈〉*Lle die ye von der romer hysto-* ‖ rien geschriben haben / sind des eynmündig / das ir ‖ vrsprung von den Troianern her komen / die nach ‖ der zerstörung Troie mit Eneas flüchtig in Ytali- ‖ en komen syen zů den zytten Als Latinus ein küng ‖ in ytalien gewesen ist / des müter Carmentis genät ‖ Latinisch bůchstaben vnd sprach. von erst erdicht ‖ vnd fundē hat / der selb küng Latinus hett ein schö- ‖ ne tochter genant Lavinia / die was Turno dauni ‖ des küngs son von Tuscia / Da ietzo Florentz Se- ‖ nis vnd ander Stett gelegē sind vermehelt / Aber da Eneas in das land kam / ward ‖ sie durch iren vatter Enee dem Troianer ouch vermehelt / Davon ein swerer krieg ‖ zwüschē dē genantē Turno vnd Eneas entstůnd / dan yetlicher wolt Laviniā des ‖ küngßtochter haben in dem selbigen krieg Eneas zů letst Turnū in einem kampf ze ‖ tod schlůg / behielt Laviniā / vnnd buwet nach

59

die Aufnahme des Aeneas durch Latinus anhand der oben erwähnten beiden Überlieferungsversionen beschrieben hatte, die kriegerischen Auseinandersetzungen aufspaltete und im Verlauf des ersten Kampfs König Latinus, im Verlauf des zweiten auch Aeneas selbst sterben ließ, endete für Schöfferlin der Krieg mit dem Tod des Turnus, dem Bau der Stadt Lavinium sowie einer Aufspaltung resp. Verdopplung der Königsherrschaft zugunsten des Latinus, der in Laurentum weiterhin regierte, sowie zugunsten des Aeneas, der in Lavinium herrschte. Diese von Livius abweichende Deutung des historischen Geschehens beruht zum Teil auf der Einarbeitung einer mittelalterlichen Tradition, die sich in der Chronik Frutolfs von Michelsberg in der Überarbeitung und Fortsetzung Ekkehards von Aura (FE) findet.[208]

Aus einem kurzen Bericht wie dem der FE gestaltete Schöfferlin eine Erzählung, die im Unterschied zur livianischen Darstellung und zur FE weitgehend durch Personalisierung des historischen Geschehens gekennzeichnet ist. Personalisierung liegt zunächst vor, wenn dem auch von Livius bezeugten König Latinus Carmentis als Mutter hinzugefügt wurde, die im livianischen Bericht später als Mutter des Evander in der Rolle der

---

irem namen ein stat Lavinia genät / ‖ da er syn künglich wesen hett / mit den troianern / die mit im in das land kommē wa- / ren / da mit er synem sweher Latino kein überlast tett / vnd die frömbden vnd heim- ‖ schen desterbaß in einikeit / beliben möchten Also belib der küng Latinus inn der stat ‖ Laurentū da er vormals syn gewonlichen stat vnd wesen gehalten het«.

208 Ekkehardi Chronicon Universale. Bearb. v. G. Waitz, in: MGH. SS. 6, S. 1–16, S. 33–265, S. 44: »Aeneas fugiens de Troia venit ad Italiam cum viginti navibus, ut dicunt, anno tercio post excidium Troiae, licet quidam dicant, eum venisse anno septimo, seque coniunxit affinitatis gratia cum Latino, filio Fauni, rege Latinorum, accepta filia eius Lavinia in uxorem, interfecto Turno, Dauni Tuscorum regis filio, qui eam desponsaverat; sicque Frigas Italosque populos unitos nominavere Latinos, et iam ex tunc et deinceps quamvis in pauperrimo regno locoque angusto, qui dicebatur Agro Laurentum regnaverunt. Mortuo autem Latino, regnavit Aeneas annis tribus, fecitque castellum quod ex nomine uxoris suae Lavinium appellavit. Qui dum sevissimus esset ac crudelissimus belligerator et nulli parceret, ob tantam impietatem a Deo ictu fulminis percussus interiit«.

Schicksalsverkünderin erscheint (a.u.c.1,7,8).[209] Sodann wurde Lavinia als Tochter des Königs Latinus eingeführt, die mit Turnus verlobt gewesen sei, auf Betreiben ihres Vaters jedoch mit Aeneas verheiratet wurde, ohne daß Schöfferlin Gründe für den Sinneswandel des Vaters anführte.[210] Lavinia wurde hierbei von Schöfferlin mit dem Epitheton *schön* bezeichnet, was ebenfalls auf Personalisierung des historischen Berichts hindeutet.

Aus der Verbindung zwischen Aeneas und Lavinia entstand nach Schöfferlin ein Kampf zwischen Aeneas und Turnus, weil beide Lavinia für sich beanspruchten. Nach dem Sieg über Turnus baute Aeneas die Stadt Lavinium[211] und es kam zu einer historisch weder durch Livius noch durch FE bezeugten Aufspaltung der Königsherrschaft: Latinus regierte in Laurentum, Aeneas in Lavinium.

In der auf Vergil fußenden epischen Tradition läßt sich diese Einzelheit belegen: In dem Aeneissupplement des Maffeo Vegio ist die Doppelherrschaft des Aeneas und des Latinus Bestandteil des Friedensvertrags, der zwischen den Trojanern und Latinern geschlossen wurde. Diesen Vertrag formulierte Aeneas nach dem Sieg über Turnus und die Rutuler.[212] Über das Schicksal des Latinus schwieg Schöfferlin sich im

---

209 Vgl. hierzu FE, 42: »Post hunc filius eius Faunus, qui fuit pater Latini, cuius mater Carmentis Nicostrata Latinas litteras creditur repperisse. [...] Regnante tamen Latino, qui Latinam linguam correxit Latinosque de nomine suo vocavit«. Die Hinzuziehung der Carmentis als Erfinderin der lateinischen Sprache, nicht als Schicksalsverkünderin, ist jedoch auch in Zusammenhang mit dem Interesse der Humanisten an den Wissenschaften, insbesondere an deren Anfängen, zu sehen. Darüberhinaus konnte Schöfferlin durch den Hinweis auf Carmentis bereits im Eingangskapitel Vertrautheit mit der antiken römischen Kultur dokumentieren.

210 Vgl. die Motivierung bei Livius a.u.c., 1,1,8f.

211 Schöfferlin nannte die Stadt Lavinia, möglicherweise in flüchtiger Umsetzung der Passage »quod ex nomine uxoris suae Lavinium appellavit« (FE, 44).

212 Analog zur Darstellung des Vergil, als dessen Fortsetzer sich Vegio begriff, sind hier jedoch die Latiner zunächst auf Seiten des Turnus am Kriege beteiligt. Nach dem Sieg über Turnus bzw. die Rutuler formuliert Aeneas in der Version Vegios einen Friedensvertrag, dessen Kernpunkt die doppelte Herrschaft ist (Vegio, V. 383 ff.; Das Aeneissupplement des Maffeo Vegio. Hrsg. v. Bernd Schneider. Weinheim 1985.). Das Aeneissupplement des Maffeo Vegio wurde bereits in der handschriftlichen Tradition als 13. Buch der Aeneis in die Vergilmanuskripte aufgenommen und 1471

folgenden aus; von Aeneas wird berichtet, daß er noch drei Jahre lebte und aus der Ehe mit Lavinia einen Sohn hinterließ.[213]

Als Begründung für den Bau der Stadt Lavinium und damit auch indirekt für die Aufspaltung der Königsherrschaft führte Schöfferlin an, daß Aeneas seinem Schwiegervater Latinus nicht zur Last fallen wollte; außerdem habe er gehofft, daß die Fremden und Einheimischen so künftig umso besser in Frieden zusammenleben könnten. Es ist festzuhalten, daß Schöfferlin entgegen seiner auch im folgenden belegten Praxis der verkürzten Darstellung eine doppelte Königsherrschaft in Laurentum und Lavinium beschrieb und – indirekt über den Bau der Stadt – auch eigens motivierte.[214] Das offenkundige Interesse Schöfferlins an dem Phänomen geteilter Herrschaft, das auch im folgenden festzustellen ist, führe ich auf die Gegebenheiten in Württemberg zurück.

Hinsichtlich der Genealogie der Könige orientierte sich Schöfferlin weiterhin an der FE. So nahm er abweichend von der livianischen Darstellung (a.u.c. 1,3,1 ff.) die genealogische Zuordnung des Silvius als auch des Ascanius analog zu FE vor:[215] Silvius wurde ein Sohn der Lavinia, Ascanius ein Sohn der Creusa.

---

im Druck mit der Aeneis verbunden (Schneider 1985, S. 13). Ins Deutsche übersetzt wurde das Aeneissupplement des Maffeo Vegio zweimal; die erste Übersetzung stammte von Thomas Murner (Grüninger 1505), die zweite von Karl Ludwig Kannengießer (1842); zu den Hss. sowie weiteres vgl. Schneider 1985, insb. S. 24ff. Aufgrund des Entstehungsorts (Pavia 1428) sowie aufgrund des großen Erfolgs dieses Supplements und seiner Einbindung in die Vergilausgaben halte ich es für durchaus möglich, daß Schöfferlin, der auch in Pavia studiert hatte, hier eine Version der Trojanersage bot, die Vergil und seinem Fortsetzer Vegio entsprach. Dem widerspricht nicht, daß Schöfferlin sich an anderer Stelle kritisch zur Vergiltradition stellte, vgl. Kap. 2.1.5 dieser Arbeit.

213 RH IIr: »Nach dem ‖ lebt Eneas nit me dan dreü iar / vnd verließ nach im einen son von Lavinia gebo- ‖ ren / der ward genant Silvius / Nůn het er einen sun mit im in Ytalien gepracht / ‖ Ascanius genant / von der ersten frowen Creusa die in Troia geporn / vnnd küng ‖ Priamus tochter was / der selbig Ascanius / was ouch genāt Iulus von dem. (als ‖ ettlich schriben). der stam Iulij des ersten keysers kōmē ist«.

214 Vgl. hierzu Schöfferlins Bewertung der Doppelherrschaft in dem Kapitel über die Ermordung des Remus.

215 Livius legte sich hinsichtlich der Abkunft des Ascanius nicht fest (a.u.c. 1,3,2), bezeichnete jedoch Silvius als Sohn des Ascanius (a.u.c. 1,3,6).

Die Orientierung an FE ermöglichte es Schöfferlin, über Livius hinaus Angaben zu den Regierungszeiten der einzelnen Könige zu machen, auf die er jedoch im Verlauf der Chronologie, vermutlich wegen der unterschiedlichen genealogischen Reihung in FE und bei Livius, schließlich verzichtete. Aus FE stammt ebenfalls der Hinweis auf den Bau der Stadt Capua; die aitiologischen Angaben zur Entstehung der Namen ›Tiber‹ und ›Aventinus‹ finden sich sowohl in FE als auch bei Livius (a.u.c. 1,3,8 f.). Maßgeblich für Schöfferlin ist nun jedoch Livius, wie es die Eigennamen zeigen: gegen Aremius Silvius als albanischen König (FE, 47) entschied er sich für Romulus Silvius (a.u.c. 1,3,9).

Die Stiländerung, die sich durch die Übernahme der genealogischen Reihe in Schöfferlins Darstellung ergab, wurde vom Erzähler/Autor[216] eigens angezeigt: »der gena- ‖ loij vnd gepurt ich kürtzlich überlouffen wil« (RH IIr). Diesen als Regieanweisung zu kennzeichnenden Erzählereinschub, der der Verständigung mit dem Lesepublikum dient, plazierte Schöfferlin an die Stelle, an der auch bei Livius die genealogischen Zusammenhänge mit wenigen aitiologischen Ergänzungen lediglich aneinandergereiht wurden (a.u.c. 1,3,6 ff.). Die Regieanweisung steht als direkte Ansprache im Präsens.[217]

216 In der RH kann man von einem auktorialen Erzähler sprechen, der seine Erzählung mit seinem Raisonnement, seinen Reflektionen und Kommentaren begleitet (vgl. Lämmert 1991, S. 67). Obgleich die Unterscheidung zwischen Erzähler und Autor grundsätzlich sinnvoll ist, fasse ich in der RH den Erzähler nicht als fiktive, vom Autor geschiedene Person auf, da m.E. die Gattungszugehörigkeit zur nicht-fiktionalen Literatur die Identität zwischen Erzähler und Autor begründet. Zur Erzählerfigur siehe auch Olive Sayce: Prolog, Epilog und das Problem des Erzählens. In: Probleme mittelhochdeutscher Erzählformen. Marburger Colloquium 1969. Hrsg. v. Peter F. Ganz u. Werner Schröder. Berlin 1972, S. 63–72.
217 *überlouffen wil* fasse ich insofern als Präsens auf, als ich davon ausgehe, daß in diesem Fall die voluntative Bedeutung von *wil* mit Infinitiv gegeben ist. Die grundsätzlich mögliche futurische Bedeutungskomponente nehme ich hier nicht an, da sie übergenau die zeitliche Dimension des Erzählens bezeichnen würde. Vgl. Paul/Moser/Schröbler, Mittelhochdeutsche Grammatik, § 298.

Als wesentliches Stilmerkmal der RH sind die für die Prosa der Zeit kennzeichnenden zwei- und mehrgliedrigen Formeln zu nennen.[218] Das Gros der zweigliedrigen Formeln in diesem Kapitel findet sich in der Darstellung der Genealogie der albanischen Könige; ihm kommt gliedernde Funktion zu. Insbesondere die zweigliedrigen Verbformeln *gebuwen vnd genät ward* (RH IIr), *fiel vnd ertranck* (RH IIr), *starb vnnd begraben ward* (RH IIr), jeweils am Satzende, markieren auch rhythmisch Haltepunkte in der genealogischen Reihung, die zur Erhaltung der Aufmerksamkeit der Leserinnen und Leser beigetragen haben dürften.

Auch substantivische Formeln finden sich, so *stat vnd wesen* (RH IIr), *gewalt vnnd würde* (RH IIr), *genaloij vnd gepurt* (RH IIr). Während die erstgenannte zweigliedrige Formel dem Typus des Hendiadyoin entspricht,[219] weisen die Substantive in den beiden folgenden Formeln semantische Unterschiede auf. *gewalt vnd würde* kann man mit Hermann Gumbel als kollektive Verbindungen bezeichnen,[220] während *genaloij vnd gepurt* eher tautologisch wirken. Liegt eine logische Abhängigkeit des einen Substantivs vom anderen vor, dergestalt, daß das eine das andere voraussetzt oder zur Folge hat,[221] wird die Formel als Epexegese bezeichnet, die »logisch subordinierte Begriffe parataktisch auseinanderlegt, um sie deutlicher hervortreten zu lassen«.[222] Bei den oben genannten Verbformeln läßt sich eine der Epexegese verwandte Erscheinung beobachten,[223] insofern als *fallen* und *ertrinken* sowie *erbau-*

---

218 Die Forschungsdiskussion über die Zwei- und Mehrgliedrigkeit findet sich zusammengefaßt bei Roloff 1970, S. 175 ff. Zu den Formeln vgl. auch Erika Bauer: Zweigliedrigkeit und Übersetzungstechnik. In: Würzburger Prosastudien II. Untersuchungen zur Literatur und Sprache des Mittelalters. Fs. Kurt Ruh. Hrsg. v. Peter Kesting. München 1972 (Medium Aevum 31), S. 175–192, S. 175 ff.

219 Vgl. Roloff 1970, S. 177.

220 Hermann Gumbel: Deutsche Sonderrenaissance in deutscher Prosa. Strukturanalyse deutscher Prosa im 16. Jahrhundert. Hildesheim 1965 (Reprograph. Nachdr. d. Ausg. Frankfurt/Main 1930), S. 186 unterschied kollektive Verbindungen (*auflouf vnd empörung*), synonymische Verbindungen (*gehaiß vnd befelch*) und antithetische Verbindungen (*essen vnd trinken*).

221 Dies könnte man für *gewalt vnd würde* anführen.

222 Arbusow, Colores Rhetorici, zit. nach Roloff 1970, S. 177.

223 So die Formulierung bei Roloff 1970, S. 179.

en und *benennen* nicht tautologisch aufzufassen sind, sondern ebenfalls eine Abhängigkeit der Vorgänge voneinander bezeichnet wird.[224] Insbesondere diese zwei- und mehrgliedrigen Formeln sind stilistisch nicht als *amplificatio* anzusehen, sondern zeigen jeweils näher zu erläuternde Abhängigkeitsverhältnisse der Verben untereinander an, die in einer mehrgliedrigen Formel zusammengeschoben und verkürzt präsentiert werden. Im Unterschied zu der von Hans-Gert Roloff untersuchten Melusinenprosa, die bezüglich der Mehrgliedrigkeit im Verbbereich vor allem tautologische Formeln wie *bitt vnd beger* oder *ansehen vnd aneschowen* aufweist, scheinen Verbformeln in der RH semantisch vielschichtiger zu sein.[225]

Besondere Sorgfalt hat Schöfferlin auf den Eingangssatz seiner Darstellung verwendet, wobei neben dem Rückbezug auf die programmatische Vorrede, speziell seine Aussagen zur Verwendung der ihm zugänglichen Quellen, die als Quellenbeglaubigung und als Wahrheitsbeteuerung fungieren,[226] insbesondere der Satzschluß rhetorisch geformt ist: der den Satz abschließende Relativsatz schließt mit dem zweigliedrigen Prädikat *von erst erdicht vnd fundē hat*, dem das zweigliedrige Objekt *Latinisch bůchstaben vnd sprach* voransteht; der Satz schließt demnach mit zwei Vierhebern.

Der erste Satz oder vielmehr die einleitenden Sätze der geschichtlichen Darstellung sind auch insofern interessant, als sie an der Gelenkstelle

---

224 Vgl. Roloff 1970, S. 179.
225 Wie schwierig es ist, die Art der Formel zu ermitteln, sei an folgendem Beispiel verdeutlicht; es scheint mir gut geeignet zu sein, da es sich inhaltlich auf den Rechtsbereich bezieht. In der Formulierung »das sie dann in für den son zů dem tod verurteilen / vnd richtē wölten« (RH IXr) sind die Infinitive tautologisch, wenn man *richten* als Tätigkeit des Rechtsprechens ansieht und synonym zu *verurteilen* begreift. Nimmt man jedoch *richten* in der Bedeutung ›an jmd. ein Urteil vollziehen‹ (Lexer II, Sp. 435), findet die sich oben angesprochene logische Abhängigkeit der Verben wieder, insofern als das Verurteilen Voraussetzung des Vollstreckens ist.
226 Zur Quellenberufung siehe Uwe Pörksen: Der Erzähler im mittelhochdeutschen Epos. Formen seines Hervortretens bei Lamprecht, Konrad, Hartmann, In Wolframs ›Willehalm‹ und in den Spielmannsepen. Berlin 1971 (Philologische Studien und Quellen 58), S. 61 ff., zur Wahrheitsbeteuerung, ebd. S. 75 ff.

zwischen Vorrede und historiographischer Darstellung stehen und in solcher Position ein ›Eintauchen‹ in die erzählte Welt ermöglichen sollen. Herausragende Bedeutung kommt hierbei dem Tempus zu.

Nach Harald Weinrich lassen sich in Hinblick auf das Erzählen grundsätzlich zwei Tempusgruppen unterscheiden, die Unterschiedliches leisten, nämlich Besprechen und Erzählen von Welt.[227] Zur ersten Tempusgruppe gehören für das Deutsche wesentlich Präsens und Perfekt (auch Futur), zur zweiten Imperfekt und Plusquamperfekt, deren Unterschiedlichkeit im Rezeptionsvorgang Weinrich speziell am Beispiel der Einleitungs- und Schlußformeln des Märchens verdeutlicht.[228] Eine Mischung erzählender und besprechender Tempora ist nach Weinrich insbesondere für die Geschichtsschreibung charakteristisch. Weinrich stellt fest:

> »Der Geschichtsschreiber hat nun das gleiche zweifache Verhältnis zur Vergangenheit, das wir alle haben, aber er hat es, wenn er sich seiner Rolle bewußt ist, in eminentem Maße. Er ist einerseits Erzähler des Vergangenen, Geschichtenerzähler wollen wir ruhig sagen [...] Aber der Geschichtsschreiber ist gleichzeitig Wissenschaftler. Er begnügt sich nicht damit, die Vergangenheit zu erzählen, sondern er will sie auch verstehen, erklären, deuten lehren oder was immer. Sagen wir es in einem Wort: er will sie besprechen. Alle Geschichtsschreibung hat dieses Doppelgesicht, daß sie zugleich erzählt und bespricht. So benutzt sie auch die Tempora der beiden Tempusgruppen, und zwar um so konsequenter, je klarer das historische Bewußtsein des Geschichtsschreibers ausgebildet ist«.[229]

Für Jost Trier ist das Imperfekt das Tempus der Entängstigung, des Entlastetseins von Verantwortung und Beteiligung, während das Perfekt ein Signal für aktuelle Auseinandersetzung mit Tatbeständen und Ergebnissen von Handlungen darstellt.[230] Nellmann begreift den Tempus-

---

227 Harald Weinrich: Tempus. Besprochene und erzählte Welt. Stuttgart 1964 [2. völlig neubearb. Aufl. Stuttgart 1971], S. 26ff.

228 Vgl. Weinrich 1964, S. 59ff.

229 Weinrich 1964, S. 84f.

230 Vgl. Jost Trier: Stilistische Fragen der deutschen Gebrauchsprosa. Perfekt und Imperfekt. In: Germanistik in Forschung und Lehre. Vorträge und Diskussionen des Germanistentages in Essen 21.–25. Oktober 1964. Hrsg. v. Rudolf Henß u. Hugo

wechsel zum Autorpräsens vorrangig als Eingriff des Erzählers, der der Gliederung des Erzählten dient.[231]

Betrachten wir den Eingang von Schöfferlins geschichtlicher Darstellung so finden wir im ersten Satz ausschließlich Tempora des Besprechens (Präsens und Perfekt), denen im zweiten Satz Tempora des Erzählens (Präteritum und Plusquamperfekt) folgen, wobei – und dies ist erzähltechnisch nicht unbedeutend – Personen der erzählten Welt im ersten Satz besprechend eingeführt werden, so daß in der sich anschließenden Erzählung die Haltung des Besprechens nachklingt. Im Unterschied zur programmatischen Vorrede, die ebenfalls besprechend ist, ist der Autor/Erzähler jedoch bereits im ersten Satz in den Hintergrund getreten. Bei Livius liegen die Verhältnisse insofern anders, als im gesamten ersten Kapitel, deutlich in a.u.c. 1,1,6 f., eine besprechende Grundhaltung des Historikers in Hinblick auf die Überlieferung vorliegt, die bei Schöfferlin nur rudimentär ausgeprägt ist (»als ettlich schriben«).

2.1.2 Die Geburt der Zwillinge Romulus und Remus und deren Aussetzung

Das zweite Kapitel der RH, in dem Romulus' und Remus' Geburt, Aussetzung und deren weiteres Schicksal berichtet werden, entspricht thematisch dem vierten Kapitel des ersten Buches a.u.c. Schon Livius zeigte eine gewisse Distanz gegenüber der Sagenüberlieferung; Schöfferlin drängte diese Elemente noch weiter zurück, indem er die vermeintlich göttliche Abkunft der Zwillinge bzw. die Vergewaltigung der Rhea Ilia nicht übernahm (a.u.c. 1,4,2: »Vi compressa Vestalis cum geminum partum edidisset, seu ita rata seu quia deus auctor culpae honestior erat, Martem incertae stirpis patrem nuncupat«; RH IIv: »⟨d⟩*An Ilia ward dar nach swanger in dem sy-* ‖ benden iar vnwissent von wem vnd gebar

---

Moser. Berlin 1965. S. 195–208, insb. S. 195 ff. Die Forschungsdiskussion über die Tempora ist zusammengefaßt bei Betten 1987, S. 115 ff.

231 Vgl. Eberhard Nellmann: Wolframs Erzähltechnik. Untersuchungen zur Funktion des Erzählers. Wiesbaden 1973, S. 77 ff.

zwyling«) sowie die Erzählung von der Wölfin, die Livius noch andeutete (a.u.c. 1,4,6), explizit als Fabel bezeichnete (RH IIv).[232]

Die Angabe des Zeitpunktes der Schwangerschaft, die Bestrafung der Vestalin sowie insbesondere die Namensform ›Rhea Ilia‹ können nicht aus der livianischen Darstellung gezogen sein, da Livius keine Zeitangabe machte, von der Vestalin lediglich berichtete, daß sie in Haft gebracht worden sei, und als Namensform ›Rhea Silvia‹ überlieferte. Die entsprechende Passage in FE lautet:

> »Erant autem ei duo filii, Sergestus et Rhea, quae et Ilia est dicta [...] Quae stupro subdita et gravida inventa, dum scelus suum excusare nititur, a Marte se compressam mentitur. Quae cum duos geminos peperisset, septimo anni regni patrui, iuxta legem viva defossa est in terra, pueros vero rex iussit exponi. Quos iuxta ripam Tyberis vagiantes Faustulus, regii pastor armenti, inveniens, ad uxorem suam Accam Laurentiam detulit, quae ob rapacitatem corporis questuosi propter pulchritudinem a vicinis appellabatur Lupa. Unde et adhuc meretricum cellae lupanaria dicuntur. Acca vero pueros nutriens, inter alios pastores conversari docuit. Unde et a poetis finguntur a lupa in silva lactati et nutriti. Pueri vero Remus et Romulus cum adolevissent, collecta pastorum et latronum manu, Amulium apud Albam in ultionem matris interficiunt, et avum suum Numitorem in regnum constituunt« (FE, 48).

Der Bezug auf die FE-Tradition kann infolge des hohen Grades an Übereinstimmung zwischen beiden Textstellen als gesichert gelten. Zwar weisen auch Schedel/Alt die entsprechende Zeitangabe (LIII), die genannte Bestrafung der Vestalin und den Beinamen ›Ilia‹ (LVI) aus, doch wurde hier die Erzählung von der Wölfin, die die Kinder gefunden

---

232 RH IIv: »die fand ‖ ein hyrt / Faustulus genät / der sie von Miniglicher schön wegē der ‖ kind heym trůg / die wurden von syner hußfrowen Laurentia gesögt / vnd ufferzo- ‖ gen / die selb frow was ouch lupa geheissen / das ist zů latin sovil gesprochen als ein ‖ wölfin / Da her die fabel entsprungen ist / das die kind von einer wölfin gesögt vnnd ernert syen«.

Otto von Freising, Chron. II, 1–2, bezeichnete ebenfalls die Fabel von der Wölfin als widernatürlichen Vorgang und führte sie auf den Beinamen ›Lupa‹ zurück, wobei er jedoch auch auf dessen Bedeutung ›Prostituierte‹ verwies, vgl. Ottonis Episcopi Frisingensis Chronica sive Historia de duabus civitatibus. Hrsg. v. Adolf Hofmeister. Hannover, Lippstadt 1912 (Scriptores rerum germanicarum in usum scholarum 45), S. 70f.

und genährt habe, als Bestandteil der Überlieferung integriert und nicht als unwahrscheinliche Sage kommentiert (LVI).[233] Bemerkenswert ist, daß Schöfferlin die Rettung der Kinder mit deren Schönheit begründete, wobei Schönheit nach mittelalterlicher Tradition mit edler Herkunft in Zusammenhang steht.

2.1.3 Die Darstellung der Wiedereinsetzung des Numitor

Das folgende dritte Kapitel der RH besteht aus lediglich einem Satz,[234] in dem die Wiedereinsetzung des Numitor in die albanische Königswürde berichtet wird. Die Überschrift »*Wie Faustulus der hyrt die zweyling Romulū vnd* ‖ *Remum an der tyber fand vnd syner hußfrowen Lupa* genant zů tzihen gab.« (RH IIIr) beruht auf dem folgenden Holzschnitt.

Dieses Kapitel ist in mehrfacher Hinsicht aufschlußreich. Zunächst ist die hochgradige Verkürzung der livianischen Darstellung festzuhalten. Livius berichtete in den thematisch entsprechenden Kapiteln (a.u.c. 1,5,1–1,6,2) zunächst die Gefangennahme und Verurteilung des Remus durch König Amulius, die Ermordung des Amulius, die Rettung des Remus durch Romulus und Numitor und schließlich die Wiedereinsetzung des Numitor in die königliche Würde durch Bestätigung des Volkes (a.u.c. 1,6,2).

Im Vorgriff auf die weitere Textuntersuchung sei bereits hier erwähnt, daß Schöfferlin in der Darstellung der Königsherrschaft des Romulus von Livius (a.u.c. 1,7,1 ff.) abwich, die Herrschaftslegitimation via Volkswillen eigens betonte und durch Einarbeitung der AR des Dionys erzählerisch gestaltete. Vor diesem Hintergrund fällt besonders auf, daß in diesem dritten Kapitel über die Wiedereinsetzung des Numitor die Frage der Herrschaftslegitimation nicht behandelt bzw. den jugendlichen Personen Romulus und Remus die Herrschaftslegitimation zugesprochen wurde.

---

233 Die Schedelsche Weltchronik. Nach der Ausgabe von 1493. Mit einem Nachwort von Rudolf Pörtner. Dortmund 1978 (Die bibliophilen Taschenbücher 64).

234 RH IIIr : »⟨a⟩*Ls nun Romulus vnd Remus zu iren tagen* ‖ kamen irs stammes vnnd geburt bericht wurden / schlügen sie Amuliū ‖ ze tod / vnd satzten iren anherren Numitorem wider in syn rich das was ‖ in der statt Alba genant«.

Quelle dieser Darstellung ist nicht Livius, sondern Hartmann Schedels Weltchronik in der deutschen Bearbeitung von Georg Alt,[235] so daß mit einem Terminus post quem 1493 für eines der Eingangskapitel zu rechnen ist. Bei Schedel/Alt lautet die Passage:

> »do sie aber zu iren tagen komen haben sie amu ‖ lum irñ vetter den könig ertödt. vnd Numitorem irñ anherñ wider in das reich ein- ‖ gesetzet. derselb wardt aber in dem nachfolgenden iar abgethan. vnd also der na- ‖ men der Lateinischen oder Albanischen könig außgelösscht. do man under xxi. köni ‖ gen vi^c.xxvij. iar geregiert het.« (LVIr).

Die auffällige Kürze der Darstellung in der RH gibt zu denken. So ist zunächst fraglich, ob der Text von Schöfferlin stammt oder ob er – aus Gründen, über die sich wiederum spekulieren ließe – von seiten des Verlegers resp. Korrektors der ersten beiden Schöfferlin-Teile der RH stammt. Hiermit in engem Zusammenhang ist die Frage nach der Kapitelgestaltung Schöfferlins zu stellen bzw. die Frage nach dem Anteil der Offizin einerseits, des Autors andererseits an der Textgestalt, wie sie die Editio princeps Mainz 1505 bietet.[236]

Röll geht davon aus, daß es durch Verschiebungen zu diesem dritten Kapitel gekommen sei, dergestalt, daß der Kapiteltext, der eigentlich zum dritten Kapitel gehört, nämlich die Aufnahme der Kinder durch Faustulus und Laurentia, in das zweite Kapitel gerutscht sei, oder aber der Verleger/Korrektor aufgrund des vorhandenen zweiten Holzschnitts, der ebenfalls die Kindesaussetzung behandelt, eine Lücke im Text unter Rückgriff auf Schedel/Alt notdürftig geschlossen habe. Die letztgenannte Vermutung, der Verleger habe hier eine Lücke notdürftig geschlossen, greift nicht, da Schöfferlin Schedel/Alt auch im folgenden zur Darstellung der frühen römischen Geschichte nutzte.[237]

Das zweite Kapitel kann durch den Hinweis auf die Sage von der Wölfin bzw. deren Zurückführung auf den Beinamen der Laurentia als inhaltlich abgeschlossenes, wenn auch kurzes Kapitel bezeichnet werden.

---

235 Vgl. Röll 1990, S. 97.
236 Vgl. hierzu Kap. 2.1.4. sowie 2.2.
237 Vgl. Kap. 4.5.

70

Der komprimierte Ausdruck *für fündling* (RH IIv) kann ein Hinweis darauf sein, daß Schöfferlin analog zu FE die Beschreibung der Rettung der Kinder durch den Hirten Faustulus unmittelbar anschließen wollte. Das zweite Kapitel steht in enger Verbindung zum ersten Kapitel, was in der syntaktischen Überlappung zwischen beiden Kapiteln deutlich wird.[238] Die Geschehnisse in Alba hingegen werden im dritten Kapitel formuliert, ohne daß eine Überschrift dies anzeigen würde. Wenn es aufgrund des vorliegenden zweiten Holzschnittes zu diesem dritten Kapitel gekommen ist, so ist anzunehmen, daß die Wiedereinsetzung des Numitor in die albanische Königswürde sowie die Gründung der Stadt Rom, die Schöfferlin in Hinblick auf die Verhältnisse in Alba breit motivierte, ursprünglich zusammengehörten und vom Verleger aufgrund der durch den vorliegenden Holzschnitt begründeten Notwendigkeit, ein weiteres Kapitel zu gestalten, getrennt wurden. Die Überschrift des dritten Kapitels stammt dann nicht von Schöfferlin.

Angesichts der syntaktischen Verschränkung des ersten und zweiten Kapitels und der bereits angedeuteten Zweifel in Hinblick auf eine auf Schöfferlin zurückgehende, im Druck durchgängig realisierte Kapiteleinteilung ist zu erwägen, ob Schöfferlin nicht ein oder zwei größere Kapitel, den trojanischen Ursprung und die Gründung Roms bzw. die Wahl des Romulus, als Eingang seiner Darstellung vorgesehen hatte.

---

238 Vgl. den Schluß des ersten Kapitels »[...] Es fügt sich aber anders. ‖« (RH IIv) und den Beginn des zweiten Kapitels »⟨d⟩*An Ilia ward dar nach swanger in dem sy* ‖ *benden iar unwissent von wem vnd gebar zwyling* (RH IIv). *Dan* ist hier kausale Konjunktion wie auch RH IIr: »Davon ein swerer krieg [...] entstund / dan yetlicher wolt Laviniä des ‖ küngßtochter haben«. Nach Betten 1987, S. 95 ist *denn/dann* als kausale Konjunktion nach Ansätzen im Althochdeutschen seit dem 15. Jh. wieder stärker belegt, wenngleich *wann/wenn* noch in alter Häufigkeit kausal verwendet wird.

2.1.4 Die Gründung Roms und die Ermordung des Remus

Das vierte Kapitel der RH, das die Gründung Roms und die Ermordung des Remus behandelt, entspricht thematisch der livianischen Darstellung a.u.c. 1,6,3–1,7,3.

Bei Livius ist die Schilderung der Auseinandersetzung zwischen den Brüdern wegen des Namens der Stadt und wegen der Königsherrschaft das Kernstück der Darstellung. Aufgrund von Herrschsucht (»regni cupido«, a.u.c. 1,6,4) sei es zu einem erbitterten Streit zwischen Romulus und Remus und ihren Anhängern gekommen, da das zur Klärung angestrengte Auspizium nicht eindeutig interpretierbar war. In diesem Streit fällt Remus, wobei Livius die Version favorisierte, die Romulus für die Ermordung seines Bruders verantwortlich machte (a.u.c. 1,7,2). Als auslösend für die Ermordung des Remus bezeichnete Livius, daß Remus – um seinen Bruder wegen seiner Befestigung der Stadt zu verspotten – über die Befestigungsmauer gesprungen sei. So erlangte Romulus die Alleinherrschaft in Rom.

Schöfferlin gestaltete sein viertes Kapitel in Anlehnung an die oben skizzierte Darstellung, wobei er jedoch nicht die Auseinandersetzung um die Königsherrschaft als Hintergrundmotiv für die Ermordung des Remus übernahm, sondern lediglich den Mauersprung des Remus als auslösend für den Brudermord bezeichnete.[239]

Auffällig ist zunächst, daß Schöfferlin – in Anlehnung an die livianische Darstellung (a.u.c. 1,6,3) – den Entschluß zur Stadtgründung sorgfältig motivierte; ein Verfahren, das er auch bei der Gründung der

---

239 RH IIIv: »da zertrůgē sich / die gebrůder in vneinikeit mit einander / dan Remus verspottet / das gebüw / syns ‖ brůders Romuli. Das was ein schütti mit einem engen graben so klein das Remus ‖ darüber sprang vnnd klam / das verdroß Romulū so hart / das er synen brůder Re ‖ mum ze tod schlůg / Daby vns am ersten zů verston gebē wirt / das ein yetlich Rych ‖ nit wol ein ebengnosen / vnd gemeynet erlyden mag Es gibt ouch anzeigē der kriegi ‖ schen statt Rom der muren vnnd graben / von erst mit menschlichem blůt von brů- ‖ derlicher hand vergossen bemaset vnd gewycht wurden«.

Stadt Lavinium angewandt hatte.[240] Die Motivierung der Gründung nimmt im vierten Kapitel ungefähr die Hälfte des Kapitels ein; in Anbetracht des bisher beobachteten verkürzten Darstellungsstils muß diese Breite verwundern. Die von Schöfferlin angeführte Begründung für den Bau der Stadt Rom, die Liebe der Zwillinge zu der Gegend, in der sie aufgewachsen sind, geht in der Tradition auf Florus zurück: »Ipse fluminis amator et montium, apud quos erat educatus, moenia nouae urbis agitabat« (Florus I,5)[241], findet sich mit der in der RH gegebenen weiteren Begründung, der Enge der Stadt Alba, in der Romulusbiographie Petrarcas.[242]

Bei Schöfferlin folgt kurz die Auseinandersetzung der Brüder um die Befestigungsanlage und die Ermordung des Remus. In der das Kapitel abschließenden Kommentierung betonte Schöfferlin nicht moralische, sondern politische Aspekte des Geschehens: politische Herrschaft müsse eindeutig zugeordnet sein, konkurrierende Herrschaftsansprüche gleichgestellter Personen (»ebengnosen / vnd gemeynet«, RH IIIv) seien dem Gemeinwesen auf Dauer nicht zuträglich. Des weiteren nahm Schöfferlin in seinem Kommentar auf die Wehrhaftigkeit und das Machtstreben Roms Bezug. Die Bezeichnung der Tat als Blutweihe geht auf Schedel/Alt zurück.[243] Das Hervorheben der Problematik einer Doppelherrschaft ist

---

240 RH IIIV: »⟨d⟩O nun *Romulus vnd Remus sich ein zyt ent-* ‖ hielten by irem anherren Numitor in der statt Alba / hetten sie als noch ‖ ein liebe zů den bergen / darin sie erzohen vnd Faustulo dem hyrten irem ‖ verwendten vatter des vichs gehüt hetten / Darumb vnnd ouch das sie ‖ irem anherren keinen übertrang tetten / zohen sie an das selb gebyrg / vnd samloten ‖ von den hyrten / vnnd eynwoner der selben berg ein volck / mit der zů tůn vnnd hilff. ‖ buwten sie ein eigen kleine statt vff dem berg der yetzo / Mons Palatinus genannt ‖ wirt / die wirdt nach inen Roma geheissen«.
241 Florus Oeuvre. 2. Bde. Hrsg. von Paul Jal. Paris 1967.
242 »Inde autem quod ingentibus animis angustum avitum regnum videretur, Alba avo derelicta ipsi, vel infantie cunabula vel periculi sui locum amantes, ad iacienda illic nove urbis fundamenta festinant«, Francesco Petrarca: Romulus. In: *De viris illustribus*. Bd. 1. Hrsg. v. Guido Martellotti. Florenz 1962 (Edizione nationale delle opere di Francesco Petrarca II), S. 8.
243 »Diss was das erst ‖ opffer dardurch er die befestigung diser newen statt mit seinē plůt geweyhet hat.« (BL. LVIr).

m.E. auf die politische Situation in der Grafschaft Württemberg zu beziehen, die zum Ende der Regierungszeit des Grafen Eberhard im Bart überwunden war.

Die Kommentierung zeigt, daß Schöfferlin Romulus wegen des Brudermords nicht in der Form abwertete, wie es die patristische Tradition in Anlehnung an Kain und Abel vorgab[244] und wie es noch Otto von Freising (Chron. II, 3) getan hatte. Bei Petrarca gehörte Romulus – wie oben angeführt – zu den *viri illustri*;[245] Machiavelli (Disc. I,9) rechtfertigte Romulus' Handeln ebenfalls aus politischen Erwägungen.[246] Seine Sichtweise, daß die Gründung eines Staates nur Sache eines einzelnen sein könne, ähnelt der Kommentierung Schöfferlins. Eine Negativcharaktisierung der Romulusfigur war für Schöfferlin nicht angezeigt, da er im folgenden Kapitel die Vorzüge des Romulus breit schilderte, um die Königswahl zu motivieren.

Auch diese Kommentierung weist die für das Besprechen kennzeichnenden Präsensformen auf, während die Erzählung selbst im Präteritum steht. In der Einleitung der Kommentierung sind die Leserinnen und Leser durch das Personalpronomen *uns* als Adressaten markiert; die Publikumsanrede im *pluralis societatis*, die Erzähler und Publikum

---

244 Vgl. De civ. dei 3,6; Sancti Aurelii Augustini Episcopi: *De civitate dei libri XII.* Hrsg v. Emanuel Hofmann. New York, London 1970 (Nachdr. d. Ausg. Prag u.a. 1899; Corpus scriptorum ecclesiasticorum latinorum 30).

245 »Sic auspicato horrida et ut proprie dicam pastoralis regia, mox futura aurea, in Palatino monte construitur et, fratre quidem auspiciis victo, Romuli solius ex nomine urbi nomen inditum, orbi postmodum populisque et regibus formidandum. Ceterum seu hinc orto certamine, seu contempto fratris edicto Remus nova menia transcendens interficitur et, sive imperii cupiditas sive ille iustitie rigor fuit, variat enim in multis vetustissime rei fides, unus Romulus regni frena sortitus patrios simul externosque sacrorum ritus instituit, regiumque habitum et insignia ac lictores duodecim sibi assumpsit, et novas leges edidit, unicum et populi glutinum et pacis ac concordie fundamentum«, Petrarca, Romulus in: Martellotti 1962, S. 8.

246 Niccolò Machiavelli: *Discorsi sopra la prima deca di Tito Livio.* Politische Betrachtungen über die alte und die italienische Geschichte. Übersetzt u. eingeleitet v. Friedrich von Oppeln-Bromkowski. 2. durchges. Aufl. hrsg. v. Erwin Faul. Köln 1965. (Klassiker der Politik. Neue Folge 2).

verbindet, gilt als vertraulich.[247] Der Exempelcharakter der Erzählung, die nicht als Negativexempel für Machtgier o.ä. fungiert, wird durch die unpersönliche Passivumschreibung hervorgehoben.

2.1.5 Die Einrichtung des Königtums und die Institutionen des Romulus

Während Livius die Königsherrschaft des Romulus als Folge der Ermordung des Remus in Zusammenhang mit den Auspizien und dem Konflikt zwischen Romulus und Remus beschrieben hatte, wurde das römische Königtum bei Dionys (AR I,85ff.) durch eine Entscheidung des römischen Volkes herbeigeführt und partiell legitimiert.[248] Diese Version übernahm Schöfferlin; er gestaltete anhand der AR die Rolle des Numitor als Ratgeber des Romulus, die Wahlrede des Romulus sowie die Reaktion des römischen Volkes auf diese Rede, wobei er die Darstellung des Dionys insbesondere in der Rede des Romulus wesentlich verkürzte. Hierzu nutzte er die indirekte Redeform, die den Gesprächsakt von seiner strengen Bindung an den Geschehensablauf befreit.[249] Im folgenden sei die Struktur der Quelle skizziert:

Dionys stellte bereits zu Beginn seiner Darstellung den Einfluß des Numitor deutlich heraus (AR I,85), indem er beschrieb, daß dieser den Zwillingen Land zur Gründung der Stadt zuwies, weil Alba Longa übervölkert war, aber auch, um sich unliebsamer Untertanen zu entledigen. Im Zuge der Gründung Roms erwähnte Dionys den Streit der Brüder um die Vorrangstellung in der neuzugründenden Kolonie; die Bevölkerung spaltete sich in zwei sich feindlich gesinnte Lager, die jeweils einen der Zwillingsbrüder unterstützten. Um Abhilfe zu schaffen, begaben sich die Brüder abermals zu Numitor, der seinerseits zum Abhalten von Auspizien riet. Diese waren jedoch in der auch bei Livius beschriebenen Weise nicht

---

247 Vgl. Nellmann 1973, S. 47ff.
248 Zu den unterschiedlichen Versionen vgl. Paul M. Martin: L'idée de royauté à Rome. De la Rome royale au consensus républicain. Clermont-Ferrand 1982, insb. S. 44f.
249 Auf die erzähltechnischen Möglichkeiten, die sich durch die indirekte Rede ergeben, verweist Lämmert 1991, S. 234.

eindeutig interpretierbar, so daß es zum Bürgerkrieg kam, in dessen Verlauf etliche Neubürger und auch Remus starben. Daraufhin geriet Romulus in so große Verzweiflung, daß er aufgeben wollte, doch seine Pflegemutter Laurentia unterstützte ihn, und er gründete die neue Stadt. Dionys erwähnte im folgenden noch die Version, daß Remus infolge des Mauersprungs getötet worden sei, schrieb die Tat jedoch nicht Romulus zu. Romulus ließ Häuser und öffentliche Gebäude errichten und verpflichtete die Menschen zur Arbeit (AR I,88).

Nachdem die Stadt ausreichend mit Wohnungen und öffentlichen Gebäuden versehen war, hielt Romulus unter Anleitung seines Ahnherren Numitor vor der von ihm einberufenen Volksversammlung eine ausführliche Rede, die Dionys in indirekter und direkter Form gestaltete. Ins Zentrum dieser Rede des Romulus stellte er – im indirekten Teil – die Notwendigkeit politischer Herrschaft, den Zusammenhang zwischen Regierungsform und Glück/Wohlfahrt oder Unglück/Untergang der Bürger sowie den von Älteren und Weiseren stammenden Hinweis auf die drei Regierungsformen, die jedoch Mängel und Fehler aufwiesen, so daß die Wahl zwischen ihnen sich als schwierig erwiese.[250] In direkter Rede schloß Dionys dann im wesentlichen Bescheidenheitstopoi an: Romulus werde sich den Wünschen der Volksversammlung beugen; er könne regieren, aber auch gehorchen; ihm sei Ehre genug erwiesen, daß er als Führer die Kolonie gegründet habe und die Stadt seinen Namen trage.[251] Nachdem das Volk sich beraten hatte, wählte es Romulus zum König, zum einen aufgrund der Tradition (albanische Königsherrschaft) und

---

250 »caeterum se audire multas esse apud graecos apudque barbaros rerum publicarum formas. Tres vero ex omnibus esse ab eis qui utantur summe laudatas nec ullam earum tamen esse sinceram. Verum paestes adesse quasdam unicuique ingenitas, ita ut difficilis optime electio. Iubebatque eos per ocium consultantes dicere utrum se ab uno gubernari an a paucis vellent? An et constitutis legibus populo ammittere rei publicae patrocinium« (AR II,3).

251 »Honorem enim quos dedistis ducem me primum Coloniae designantes deinde est nomen Vrbi ex meo imponentes satis est mihi. hos enim mihi neque bellum externum neque intestina seditio neque omnia decora macerans tempus unquam est ablaturum neque ulla fortuna alia iratior sed et viventi mihi et vita functo his honoribus perfrui per omne aevum reliquum licebit« (AR II,3).

aufgrund seiner königlichen Abstammung, zum anderen aufgrund seiner Verdienste und Fähigkeiten. Bevor die Wahl gültig werden konnte, wurden jedoch abermals Auspizien abgehalten (AR II,5).

Die Bescheidenheitstopoi gestaltete Dionys zwar in direkter Rede und hob sie dadurch hervor; sie machten bei ihm jedoch lediglich einen Teil einer eher politischen Rede aus. Schöfferlin übernahm sie als tragenden Bestandteil in seine Romulus-Rede, stellte ihnen thesenartig die Notwendigkeit der Ausübung politischer Herrschaft sowie die drei Regierungsformen voran.[252] Den Hinweis auf die allen drei Regierungsformen inhärenten Fehler und Mängel übernahm Schöfferlin nicht. Ebenfalls im Unterschied zu Dionys betonte der Romulus Schöfferlins als Entscheidungskriterium in Hinblick auf die auszuwählende Regierungsform die Orientierung am gemeinen Nutzen und brachte somit an dieser Stelle einen Leitbegriff in die Romulus-Rede ein, der dazu dient, die Bescheidenheit, aber auch das politische Verantwortungsgefühl des Romulus zu symbolisieren.

Analog zur Romulus-Rede des Dionys gehört die Romulus-Rede Schöfferlins zur Gattung der deliberativen Reden:[253] Vordergründig möchte Romulus seine Zuhörer dazu bewegen, eine Form der politischen

---

252 RH IIIr: »⟨d⟩*Arnach belib Romulus allein der schickt sich* ‖ durch vnderwysung syns anherrenn Numitoris / das in das gemeyn ‖ volck lieb hett / Da er das merckt. Hielt er yen für die statt mocht on ein ‖ wesenlich regiment nit bestandt haben / darumb wer not das sie gedech- ‖ ten / was regiment sie annemen wölten Sie fünden dry wesenliche regiment / in allē ‖ landen vnd stetten / an ettlichen orten Regierte ein herr oder küng. So würden ouch ‖ ettliche regiment durch ein anzal person besetzt / vnd der wenig / So sehen sie zům dry ‖ ten / das an ettlichen orten eine gantze menge vnnd volck regiert also / was dem me- ‖ renteil geviel / dem geing man nach / was nůn inen gemeint syn wölt / das solten sie ‖ im zůerkennen geben / vnd nit ansehen syn person Sonnder den gemeynen nutz Er ‖ künd regieren So künd er ouch andren gehorsam vnnd vndertenig syn. Im wer da ‖ mit eren gnöh bewisen das sie die statt Rom nach synem namen genent hetten / da- ‖ mit / mocht syn so lang die statt Rom stůnde nymmer mer vergessen werdē / des wer ‖ er danckbar hett daran benögen / vnd satze füro das Regiment / zů ir fryen wal«.

253 Vgl. Heinrich Lausberg: Elemente der literarischen Rhetorik. Eine Einführung für Studierende der klassischen, romanischen, englischen und deutschen Philologie. ⁵München 1976, § 22.

Herrschaft einzurichten, da er ohne diese den Bestand des Gemeinwesens gefährdet sieht. Im *exordium* der Romulus-Rede Schöfferlins steht somit die aristotelische These, daß ohne die Institutionalisierung einer Form der politischen Herrschaft kein Gemeinwesen bestehen könne. Während Dionys diese These jedoch breit paraphrasiert und in der *narratio* die weisen Männer, die Romulus die wesentlichen Regierungsformen genannt hätten, als *auctoritates* angeführt hatte, verkürzte Schöfferlin Redeeingang und *narratio*, indem er sogleich die drei Regierungsformen anführte, die sich historisch als die wesentlichen erwiesen hätten. Im Unterschied zu Dionys verzichtete er auf die Berufung auf *auctoritates*. Unmittelbar anschließend setzte Schöfferlin die *communicatio*,[254] die Frage an die Bevölkerung, welche der drei Regierungsformen sie annehmen wollte. Diese Frage wiederholte Schöfferlin im Schluß der Rede emphatisch.[255]

Die *captatio-benevolentiae*-Formeln, die Schöfferlin der Frage analog zu Dionys zur Seite stellte, heben die persuasive Absicht der Rede hervor und lassen den Redezweck deutlich werden: Zweck der Rede ist die Wahl des Romulus zum ersten römischen König. Diese implizite Aufforderung steht scheinbar im Widerspruch zum Schluß der Rede, in dem Romulus der Bevölkerung die freie Wahl der Regierungsform erneut anheimstellte. Schöfferlins Romulus-Rede weist eine semantische Vielschichtigkeit auf, die dadurch zustandekommt, daß die *voluntas* des Sprechers nicht deckungsgleich mit dem Thema der Rede, der *ductus* der Rede nicht eindeutig gestaltet ist.[256] Vordergründig ist der *ductus* der Rede als *ductus simplex* zu bestimmen: Wirkabsicht und Thema der Rede stimmen überein, da es Romulus um die Einrichtung der politischen Herrschaft geht. Seine Partei-Meinung (Einrichtung des Königtums) verbirgt er hinter der *communicatio* an die Bevölkerung, welche Herrschaftsform diese einzurichten gedenkt. Die *dissimulatio*,[257] die Umwandlung der eigenen Überzeugung in eine eigenes Unwissen oder Unentschlossenheit wider-

254 Zur communicatio vgl. Lausberg 1976, § 439 sowie Nellmann 1973, S. 172.
255 Zur Emphase vgl. Lausberg 1976, § 288 f.
256 Vgl. Lausberg 1976, § 66.
257 Vgl. Lausberg 1976, § 428.

spiegelnde Frage, verweist jedoch auf einen weiteren *ductus* der Rede, der durch Nicht-Übereinstimmung zwischen Planung und Thema gekennzeichnet ist, wobei sowohl Anklänge an den *ductus figuratus* (Vermeidung des *ductus simplex* aus Schamgefühl/Bescheidenheit) als auch an den *ductus subtilis* (Behandlung des Themas mit der Absicht, beim Publikum eine gegenteilige Wirkung zu provozieren) zu konstatieren sind.

In einer kurz gehaltenen Rede zeigte Schöfferlin auf, wie Romulus sich durch eine kluge, auf die Affekte zugeschnittene Rede politische Herrschaft erwarb. Dienten die eingelegten Reden in der antiken Historiographie dem Zweck, politische Situationen und Entscheidungen in den relevanten Punkten zu beleuchten,[258] hat Schöfferlin in seiner Romulus-Rede das *docere* zugunsten des *movere* deutlich zurückgedrängt.

Wie Paul M. Martin anmerkt, gestaltete Dionys die Einführung der Monarchie als eine *creatio ex nihilo*;[259] hierzu gehörte auch die breite Belehrung der sich konstituierenden Bürgerschaft über ihre Wahlmöglichkeit und die Betonung der Notwendigkeit der Wahl. Schöfferlin übernahm zwar den von Dionys überlieferten Wahlakt, jedoch nicht dessen Intention. Er schrieb für ein Publikum, das sowohl mit den Verfassungsformen als auch mit der Notwendigkeit der Ausübung politischer Herrschaft vertraut war; seine Intention war von daher nicht eine breite Belehrung über elementare politische Fragen, auch wenn die historische Situation einer sich konstituierenden Bürgerschaft eine solche Intention durchaus nahegelegt hätte.

Die eigentliche Bedeutung des Wahlakts und damit ein möglicher Grund für den Quellenwechsel zu Dionys scheint mir darin zu liegen, daß Schöfferlin den ersten römischen König mit der höchsten Legitimation ausstatten wollte, die nach gängiger Staatslehre denkbar war: der Wahl durch das Volk.

Nach Ernst Reibstein wurde die Idee der Volkssouveränität spätestens vom 14. Jahrhundert an ausgebildet; als Kräfte, die diese Ausprägung befördert haben, bezeichnet Reibstein in der Philosophie den Ockhamis-

---

258 Vgl. Landfester 1972, S. 116.
259 Vgl. Martin 1982, S. 43 f.

mus, in der kirchlichen Politik den Konziliarismus und im Bereich der weltlichen Kultur den Humanismus.[260] Die Idee der Volkssouveränität diente in der ersten Phase ihrer Aktualisierung nicht der Zersetzung der fürstlichen Gewalt, sondern dem Nachweis ihrer Unabhängigkeit und Eigenständigkeit.

Ein früher Vertreter ist Marsilius von Padua mit seinem *Defensor pacis*, der trotz kirchlichen Bannspruchs breit rezipiert wurde. In Anlehnung an Aristoteles stellte Marsilius in dieser Schrift die verschiedenen Entstehungsursachen der Staatsgewalt dar, wobei das Wahlreich ihm als beste Verfassungsform galt.[261] In Hinblick auf den Quellenwechsel zu Dionys ist auch zu bedenken, daß in Deutschland die Königswahl – wenn auch nicht durch das Volk – die gängige Praxis war.

In der Darstellung der Reaktion des römischen Volkes auf die Rede des Romulus nahm Schöfferlin Änderungen gegenüber der Darstellung des Dionys (AR II,4) vor.[262] Dionys gestaltete eine direkte Rede als kollektive Antwort der Bevölkerung, Schöfferlin blieb bei der indirekten Form, in der er auch schon die Romulus-Rede formuliert hatte.[263]

---

260 Vgl. Ernst Reibstein: Volkssouveränität und Freiheitsrechte. Texte und Studien zur politischen Theorie des 14. – 18. Jahrhunderts. Band I. Hrsg. v. Claus Dieter Schott. Freiburg, München 1972 (Orbis Academicus. Sonderband I/1), S. 20 ff.

261 Siehe Reibstein 1972, S. 32 f.

262 »Illi autem consultantes inter se ita responderunt. At nos quidem status novi nihil indigemus. Sed quae probatum a patribus fuisse optimum accepimus, eum ipsi minime commutabimus. Quin sententia sequemur veterum quam maiori sane prudentia constitutam existimamus. Neque enim fortunae paenitet neque iure accusare possumus eam quae nobis sub regibus praebuit bonorum maxima libertatemque et in alios imperium. De forma igitur rei publicae haec sentimus. Eum autem honorem nemini magisquam tibi convenire existimamus cum regii generis virtutisque causa tumque usi te duce fuimus Coloniae deducendae, gravitatem quoque in te multam cognoscimus multamque sapientiam. Non sermone ipsi discentes potius quae experti opere« (AR II,4).

263 RH IIIIr: »da ‖ die römer sollich erber fürhalten von Romulo verstůnden / darab namen sie groß ge ‖ vallen / vnd gaben im zů erkennen Er were ein vrsacher vnd stiffter diser statt / so er- ‖ [RH IIIIv] kenten sy syn vernunfft vnd synen vlyß vnd gutten willen / den er Arm vnd rychen ‖ teglichs erzoigte / das sie keins andern regirers begerten denn syn. Es were inen biß- ‖ her vnder synem regiment wol ergangen / hofften sie es solt fůro ouch beschehen Also ‖ wardt Romulus von inen in syner iugent zů einem küng vffgeworffen / vnd erwelt ‖ der hielt sich so manlich

Inhaltlich lassen sich folgende Änderungen gegenüber Dionys festhalten: während Dionys die Bevölkerung zunächst die Tradition der Königsherrschaft und erst in zweiter Linie die Verdienste des Romulus als Entscheidungskriterien anführen ließ, zentrierte Schöfferlin seine Darstellung auf die Herrscherpersönlichkeit, indem er sowohl die Stadtgründung, die Romulus zugeschriebenen Herrschertugenden als auch dessen bisherige Regentschaft als Entscheidungskriterien der Wahl geltend machte.

In dieser szenischen, durch Rede und Gegenrede gekennzeichneten Darstellung dient die Reaktion der römischen Bevölkerung der Personenzeichnung des Protagonisten. Diese Form der vom Erzähler scheinbar unbeeinflußten, gewissermaßen objektiven Personenzeichnung mittels Personenrede[264] möchte ich in ihrer erzählerischen Funktion kurz betrachten, da Schöfferlin sie auch im folgenden häufig nutzte.

Hier greift ein schon in der Antike bewußter Unterschied der Erzählweisen (*diegesis* und *mimesis*),[265] der in der neueren Erzählforschung als Opposition zwischen berichtender und szenischer Darstellung diskutiert wird. In der neueren Erzählforschung gehört hierzu auch die Opposition zwischen Erzähler- und Reflektorfigur. Die Reflektorfigur steht im Unterschied zum auktorialen Erzähler mit dem Lesepublikum nicht in einer kommunikativen Beziehung.[266] Durch sie wird die Mittelbarkeit des Erzählens verdeckt und die Illusion geschaffen, man habe unmittelbar Einblick in das Geschehen, indem man die Geschehnisse mit den Augen und dem Bewußtsein der Reflektorfiguren wahrzunehmen glaubt. Dies kann zu einer höheren Glaubwürdigkeit des Erzählten führen. Mit der Einschränkung, daß hier keine neue Erzählweise konstituiert wird, sondern der auktoriale Erzähler weiterhin präsent ist und die Erzählweise dominiert, ist festzuhalten, daß Schöfferlin in der hier betrachteten szenischen Darstellung neben dem auktorialen Erzählen auch Möglichkeiten personalen Erzählens nutzte, die in Hinblick auf den Vermittlungs-

vnd weißlich / das die statt / vnd burger vnder im teglich zů ‖ namen«.
264 Vgl. Lämmert 1991, S. 201.
265 Vgl. Stanzel 1989, S. 191.
266 Vgl. Stanzel 1989, S. 194.

und Rezeptionsprozeß der in der neueren Erzählforschung behandelten Reflektorfigur ähneln.

In einem kurzen Erzählkommentar schloß Schöfferlin eine Bewertung der Königsherrschaft des Romulus an, die er im Anschluß an die Darstellung der Institutionen emphatisch wiederholte. Als Herrschertugenden des Romulus erscheinen *vernunfft*, *vlyß* und *gutter wille* sowie als übergeordnete Tugenden in Verbindung mit dem konkreten Regierungshandeln, hier der Einrichtung von Senat und Heer, *weißheit* und *manheit*. Neben *vernunfft* und *vlyß*, die sich als *ratio* und *diligentia* zunächst auf die rationalen Fähigkeiten der Herrscherperson beziehen,[267] darüber hinaus aber durchaus auch praktisch-politische Fertigkeiten bezeichnen können, fügte Schöfferlin eigenständig als weitere Tugend den »gutten willen / den er Arm und rychen ‖ teglichs erzoigte« (RH IIIIv) ein, worunter neben ›Wohlwollen‹ (*benevolentia*) insbesondere ›soziale Gerechtigkeit‹ als Herrschertugend zu verstehen ist.[268] *weißheit* und

---

267 Vgl. hierzu auch die Tugendlehre des Thomas von Aquin, der *Klugheit* als Bestandteil auch der praktischen Vernunft begriff und als Ausgangspunkt dreier Wissenschaften beschrieb, nämlich als Ausgangspunkt der Politik (Wissenschaft des Gemeinwohls), der Ökonomik (Wissenschaft des Haus- und Familienwohls) und der Monastik (Ordnung des persönlichen Wohls). *Klugheit* zielt hier insbesondere auf die sozialen Lenkungsaufgaben und die Regierungskunst des Fürsten, die *virtus et ars regnativa*, wird als vollkommene Klugheit besonders herausgestellt, s. Alois Dempf: Die Politik des Thomas von Aquin. In: Republica Christiana. Politisches Denken des orthodoxen Christentums im Mittelalter. Sacerdotium ac imperium. John of Salisbury. Thomas von Aquin. Wilhelm von Ockham. Konzilstheoretiker. Hrsg. v. Peter von Sivers. München 1969. (Geschichte des politischen Denkens 1506), S. 73–102, hier S. 91 ff.

268 Die Interpretation des ›gutten willens‹ als soziale Gerechtigkeit wird durch den Kontext nahegelegt. Nach Bernhard Kirchgässner: Wirtschaft und Bevölkerung der Reichsstadt Eßlingen im Spätmittelalter. Nach den Steuerbüchern 1360–1460. Eßlingen 1964 (Eßlinger Studien 9), S. 161 bezieht sich die Formulierung ›arm und reich‹ nicht primär auf vermögensmäßig Getrennte, sondern auf Patriziat und Zünfte. Zur Gerechtigkeit als Herrschertugend vgl. auch Norbert Bayrle-Sick: Gerechtigkeit als Grundlage des Friedens. Analyse zentraler politisch-moralischer Ideen in Antonio de Guevaras Fürstenspiegel. Nach der Übersetzung des Aegidius Albertinus. In: Politische Tugendlehre und Regierungskunst. Studien zum Fürstenspiegel der frühen Neuzeit. Hrsg. v. Hans-Otto Mühleisen u. Theo Stammen. Tübingen 1990 (Studia Augustana 2), S. 9–69, insb. S. 30 ff. Die von Bayrle-Sick herausgestellten

manheit – sapientia et fortitudo – runden den Romulus zugeschriebenen Tugendkatalog ab und werden als die zentralen Tugenden genannt, auf denen jegliche Herrschaft basiere.

Im folgenden behandelte Schöfferlin die politischen Institutionen, die Romulus im Anschluß an die Wahl eingerichtet hatte: das Asyl, den Senat und das Heer und fügte als gesetzgeberische Maßnahme die Verfügung über die Tätigkeit der Bürger in der Landwirtschaft hinzu.

In die Darstellung der Institutionen ist ein Exkurs über Geistes- und Tugendadel, der durch eine Aneinanderreihung von Sentenzen geprägt ist, sowie eine politische Bewertung der Herrschaft des Romulus einge-schoben.[269] Ludwig hat Poggios Dialog *De nobilitate* als Quelle für die Reflexion über den Tugendadel nachgewiesen.[270]

Der Exkurs ist durch besprechendes Tempus von der Erzählung abge-setzt; die Ansprache der Leser und Leserinnen ist in dem Indefinitpro-nomem *man* realisiert. Da in dem Exkurs einleitend das Verhalten des

---

Charakteristika bezüglich der Auffassung der Herrschertugend *iustitia*, in der er eine Synthese zwischen stoischer Gerechtigkeitslehre und biblisch-patristischen Auffas-sungen sieht, dürften ideengeschichtliches Allgemeingut der Zeit sein. Besonderen Wert legt Bayrle-Sick auf die Betonung der thomasischen *iustitia legalis*, d.h. auf die Gemeinwohlgerechtigkeit neben der Tausch- und Verteilungsgerechtigkeit. Gemein-wohlgerechtigkeit bedeutet nach Bayrle-Sick die Verpflichtung des Herrschers, die Teile, d.h. die egoistischen Interessen der Einzelnen, zum sozialen Ganzen hin zu ordnen (S. 32).

269 RH IIIv: »Das schrib ich darumb dz nymand ze vil ‖ geüde / von synen altvordern / das sie römer gewesen syen / dan es hat einen ringen ‖ vrsprung / vnnd wan man wyter hindersich greiffen wil. So fyndt man ouch das ‖ Eneas von dem die ersten küng zů Rom herkömen syen Troia die statt über geben ‖ vnd damit im selber sicherheit von den kriechen erlangt / das er mitsampt / synen huß ‖ genossen vnnd zů gehörigen in ander lannd ziehen vnnd schiffen möcht / Also ist er in ‖ Ytalien kommen Aber manheit weyßheit / vnd ander tugent haben die römer edel ge- ‖ macht Die machen noch ein yeden warlich Edel / dan wer gůt vnd recht edel syn wil / ‖ hilfft nit das er vom edlē stāmē geborn ist. Es můß syn eigen tatt uñ tugend würckē ‖ Es werdē offt / von gůttē vñ [vū] edlē vettern böse unertige kynd vñ von bösen wider gůt ‖ ti kynd geborn / Aber tugent bringt adel / die über windt / vñ zempt alle ding«.

270 Vgl. Ludwig 1978, S. 65 f.

Aeneas besprochen wird, stehen diese Passagen im Perfekt, während Schöfferlin dann wieder im Präsens die Bedeutung der Tugend hervorhob. Die Darstellung des Asyls und dessen Bewertung durch Schöfferlin fußt auf dem Bericht des Livius (a.u.c. 1,8,5);[271] die Hinweise auf die beratende Funktion des Senats[272] und die Einrichtung des Heeres – einschließlich der volksetymologischen Ableitung des Begriffes ›milites‹ aus dem Zahlwort ›mille‹ – stammen aus der FE-Tradition.[273] In Zusammenhang mit der Darstellung des Asyls gab Schöfferlin einen Kommentar zu dem zweifelhaften Ursprung Roms, der in Zusammenhang mit der von den italienischen Humanisten beanspruchten Dominanz der italienischen Kultur zu sehen ist. Auffällig ist, daß das Asyl, das für die mittelalterliche Stadt zu den eigentümlichen und erstrangigen Freiheiten der Stadtrechte gehörte,[274] nicht positiv kommentiert wird.

Die Abwertung des Aeneas als Verräter seines Vaterlands ist angedeutet bei Livius a.u.c. 1,1,1 und ist als eine im Mittelalter wirkmächtige Tradition zu sehen, die konträr zu der ebenfalls verbreiteten vergilischen Tradition des pius Aeneas stand.[275] Hans Fromm verweist darauf, daß

---

271 Zur Bewertung des Asyls durch Schöfferlin vgl. auch Otto von Freising, Chronica, II, VI (S. 74): »Romulus contractis undecumque pastorum, predonum ac latronum copiis, quibus etiam asilum construxit, crudeli ortu regnum tocius orbis futurum caput iniciavit. Unde Iuvenalis:
Et tamen, ut longe repetas longeque revolvas
Nomen, ab infami gentem deducis asilo.
Maiorum quisquis primus fuit ille tuorum
Aut pastor fuit, aut illud quod dicere nolo.«
272 Vgl. FE, 50: »Tunc centum ex senatoribus elegit, quorum consilio ageret omnia, quos senatores ob senectutem, et patres ob similitudinem curae nominavit«.
273 Vgl. FE, 50: »Mille etiam pugnatores elegit, quos a numeros milites appellavit«
274 Vgl. Knape 1992, S. 374ff.
275 Nach Hans Fromm: Eneas der Verräter. In: Fs. Walter Haug und Burghart Wachinger. Hrsg. v. Johannes Janota, Paul Sappler, Frieder Schanze, Konrad Vollmann, Gisela Vollmann-Profe u. Hans-Joachim Ziegeler. Bd. 1. Tübingen 1992, S. 139–163, S. 142, Anm. 10 wird diese Stelle in der Livius-Philologie nicht durchgängig im Sinne des Landesverrats interpretiert; die Zurückhaltung von Livius führt Fromm darauf zurück, daß die ›Aeneis‹ kurz zuvor erschienen war. In der patristischen Tradition steht der kultisch verehrte Aeneas im Zentrum der Kritik (Fromm 1992, S. 147f.), wobei die vergilische Tradition negativ belastet wurde,

beide Traditionen im Mittelalter in Zusammenhang mit der *veritas*-Diskussion zu sehen sind.[276]

Eine differenzierte Sicht der unterschiedlichen Überlieferungsversionen gesteht Fromm Sigismund Meisterlin zu, der in seiner *Cronographia Augustensium* (1456 lateinisch abgeschlossen und wenig später für den Rat in die Volkssprache übersetzt) die Überlieferung thematisierte, nach der Augsburg als Gründung des Aeneas anzusehen sei. Der zu dem Kreis um Sigismund Gossembrot und Hartmann Schedel gehörende Benediktiner setzte sich hier differenziert mit Vergil auseinander; er zeigte, wo die Traditionen zusammenliefen (Gründung von Padua), wo sie auseinandergingen und wo sich Vergil als der weniger glaubwürdige Zeuge erwies.[277]

In Hinblick auf die Gründung der Stadt Augsburg durch Aeneas, eine der vielen mittelalterlichen Sagen, die Aeneas als Stadtgründer für sich beanspruchten, heißt es hier ähnlich wie später bei Schöfferlin:

»[...] so schwanckelt aber die vrsach von den Troyern / wie wol das ist das es gar aine klaine ere wär der stat Augspurg vnd den burgern ob man spräch sy hetten iren vrsprung oder gepurd / her von Enea oder seiner gesellschaft / der da auss Frigia ist auff schiffen in welsche land gefürt worden / Oder von Anthenor So doch Eneas ein flüchtigir man ist gewesen. wie wol jn Virgilius starck nänt durch zů smaychens willen / wenn er maint Octauianum von seinem geschlecht geporn sein / Aber die andern sprechent er sey ain verrätter seines vaterlands / vnd ein böser zauberer / vnd der auch sein aignü

indem man dem Flüchtling Feigheit vor dem Feind unterstellte. Quellenkritische Äußerungen Schöfferlins zu Vergil auch RH XCIIIr: »Es ist ‖ ein vnwar erdicht ding / das Virgilius von Dido schribt / wie Eneas der Troianer ‖ zů ir komen sy vnd sie erworben hab / Dañ nach rechter rechnung der iar / So haben ‖ Dido vnnd Eneas nit zů einer zyt gelebt / Vnd befindt sich in allen bewerten hysto ‖ rien / das Dido ein schöne erliche wise küngin gewesen ist / vnd nach irem abgang ha- ‖ ben die von Cartago keinen herren mer angenömen Sonnder regiert durch hundert ‖ Senatores / by dem Regiment die Statt größlich [Stattgrößlich] zugenömen hat / vnd haben das land ‖ Affrica vil zů ir gehorsami bracht«.

276 In diesem Zusammenhang stehen auch Fromms Beobachtungen, daß das vergilische Aeneasbild sich vorzugsweise in der deutschen Versdichtung, die Verrätertradition sich vorwiegend in der Prosa findet.

277 Vgl. Fromm 1992, S. 158f.

frawen Creusam seinen göttern geopffert hat / Titus Livius spricht / Eneas vnd Anthenor habent Troijen verratten [...] Hye vmb ich verwundern bin. was lobs / was ere / was laymet müg zů gezogen werden den Augspurgern / ist das man spricht / sy habent von sollichen verrättern jren anfanck oder vrsprung / Es sey dann. das man es vmb sollichs sprechen wöll / Die stat Augspurg damit alt zu machen. des doch kain nott ist / wan ain sollichs sy vil elter gefunden wirt / als ich dann her nach clärlicher sagen will«.[278]

Eine direkte Abhängigkeit Schöfferlins von Meisterlin läßt sich aus der zitierten Passage zwar nicht schließen, doch ist die analoge Behandlung des Aeneas als zwielichtiger Gründerfigur auffällig und und könnte auf Verbindungen Schöfferlins zum Augsburger Humanistenkreis hindeuten. Auch Aventin äußerte sich in der Folgezeit kritisch zum trojanischen Ursprung deutscher Volksstämme.[279] Die genealogischen Bestrebungen Maximilians I. richteten sich hingegen auf die Verbindung der Habsburger mit den Trojanern.[280]

Die von Schöfferlin beschriebene Verordnung über die Tätigkeit der Bürger in der Landwirtschaft,[281] ist nicht von Livius, sondern von Dionys (AR II,27) überliefert; die Begründung dieser Maßnahme gestaltete Schöfferlin jedoch abweichend von Dionys. Während Dionys den Sinn der Gesetzesmaßnahme in der Zügelung der Leidenschaften, in der Verhinderung illegitimer Liebschaften und in der Verhinderung gegenseitigen Unrechts infolge von Habgier gesehen hatte, betonte Schöfferlin die Notwendigkeit der Versorgung mit Lebensmitteln und die Funktion

---

278 Textabdruck bei Fromm 1992, S. 158 f.
279 »Es ist eine große Torheit, ja Schande, daß etliche unserer teutschen Herren und Fürsten von Troja herstammen wollen, während doch lauter Verräter davon nur nach Italien, nit aber in diese Länder gekommen sind, gleich als ob niemand vor Troja in Teutschland gewesen wäre« (Aventin, *Bairische Chronik;* Ed. Leidinger, S. 28).
280 Vgl. Alphons Lhotsky: Apis Colonna. Fabeln und Theorien über die Abkunft der Habsburger. Mit einem Exkurs zur *Cronica Austriae* des Thomas Ebendorfer. In: MÖIG 55/1944, S. 171–245, S. 173 ff.
281 RH IIIIv: »Füro satzt vnd veror- ‖ net Romulus das yederman er wer edel oder nit sich vff den ackerbuw geben vnnd ‖ sich mencklich (.nyemant vßgescheiden.) dar in üben solt. wan er erkannt wol das es ‖ den burgern zů der lybßnarung nott was / vnd das der mensch kein besser noch erbe ‖ rer übung haben möcht / das ouch zů manheit / vnnd krieg nieman tugenlicher wer / ‖ dan der in arbeit erzogen wurd«.

der Arbeit für die Erziehung des Menschen zu Tapferkeit und Wehrfähigkeit. Letzteres geht wiederum zurück auf Dionys, der – neben der Tätigkeit in der Landwirtschaft – die Pflicht zur militärischen Ertüchtigung als Aufgabe des freien Römers herausstellte. Eine positive Bewertung der Arbeit findet sich auch in der von Graf Eberhard im Bart erlassenen württembergischen Landesordnung.[282]

Sowohl in der kollektiven Personenrede des römischen Volkes als auch in dem Erzählerkommentar über den Tugendadel finden sich gehäuft zwei- und dreigliedrige Formeln, die positive Eigenschaften des Romulus sowie den Wert der Tugend herausstellen.

2.1.6 Das weitere politische Handeln des Romulus

Die Sage um den Raub der Sabinerinnen wird in der RH in zwei Kapiteln dargestellt.[283] Den Raub der Sabinerinnen berichtete Schöfferlin im wesentlichen nach Livius (a.u.c. 1,9,1 ff.); die Zahl der geraubten Frauen arbeitete er nach Dionys (AR II,30) ein. Die Darstellung Schöfferlins weist gegenüber der livianischen Darstellung wesentliche Kürzungen auf.

Während Livius ausführlich die Gesandtschaften und deren Botschaft an die Nachbarvölker sowie deren ablehnende Reaktion beschrieben hatte (a.u.c. 1,9), erwähnte Schöfferlin lediglich eingangs die Bitte der Römer um Ehefrauen und die Ablehnung dieser Bitte durch die benachbarten Völker. Hatte Livius den Plan des Romulus, Spiele abzuhalten, in deren Verlauf die römischen Soldaten die Frauen der Nachbarn rauben sollten, primär innenpolitisch dadurch motiviert, daß Romulus den Zorn der

---

282 Vgl. Eberhard Isenmann: Die deutsche Stadt im Spätmittelalter 1250–1500. Stadtgestalt, Recht, Stadtregiment, Kirche, Gesellschaft, Wirtschaft. Stuttgart 1988, S. 246.

283 »Wie die romer mit gewalt yrer nachburen wieber na ‖ men vnnd tochter raubten.« (RH Vr) – der Kapitelüberschrift folgt ein halbseitiger Holzschnitt, der den Frauenraub darstellt, sowie »Wie sich ein ferlicher krieg tzwüschen den romern vnd ‖ den Sabinen vnnd ire nachburen erhübe / von deß raubß wegen der frowen vnd ‖ iungfrowen / durch die doch zületsz der unwil gestilt wardt.« (RH Vv) – der Kapitelüberschrift folgt ein halbseitiger Holzschnitt, der das Eingreifen der Frauen in den Kampf illustriert.

Soldaten über die Ablehnung der Bittgesuche besänftigen wollte (a.u.c. 1,9,6), motivierte Schöfferlin Romulus' Plan staatspolitisch, indem er – auf den Bestand des Gemeinwesens erneut anspielend – Romulus erwägen ließ, daß lediglich eine gesicherte Nachkommenschaft Voraussetzung für den Erhalt des Gemeinwesens darstellt. Livius wies in seiner Darstellung eigens darauf hin, daß in der römischen Bevölkerung soziale Unterschiede existierten, hier dergestalt, daß die Plebejer den Patres die besonders schönen Frauen zuzuführen hatten (a.u.c. 1,9,11); Schöfferlin überging dies und berichtete lediglich davon, daß Romulus die schönste Frau zugedacht wurde.[284] In seinem Kommentar zur Erzählung[285] strich Schöfferlin heraus, daß er nicht wisse, wie der Frauenraub zu verantworten sei, verwies jedoch darauf, daß man Romulus zum einen als Heiden, zum anderen als eine der seither erlassenen Gesetze naturgemäß nicht kundige Person entschuldigen könne.[286] Der Erzählkommentar bezieht sich somit zugleich kritisch als auch verteidigend auf das Verhalten einer Figur der Erzählung, wobei – wie auch im folgenden in der Darstellung der Lucretia – die Unwissenheit der Figuren in Hinblick auf verbindliche zeitgenössische Vorstellungen entschuldigend angeführt wird. Den sich anschließenden Krieg zwischen Römern und Sabinern berichtete Schöfferlin vorwiegend nach Livius (a.u.c. 1,11,5ff.); Einzelheiten wie der Hinweis auf den tarpejischen Felsen wurden aus der FE-Tradition (FE, 50) ergänzt.

Die Rede der Sabinerinnen, die zur Aussöhnung zwischen den Parteien führte, ist die Umsetzung der livianischen Rede (a.u.c. 1,13,1ff.). Da es sich um eine der wenigen Textpassagen handelt, die fast wörtlich übernommen wurde, soll diese hier näher betrachtet werden:

---

284 Vgl. Livius a.u.c. 1,11,2.
285 RH Vr: »wie das zuverantwurtten sy / waiß ich nit es sye dan das die notturfft romulū als ‖ einē heyden. (der noch der keyserlichen gesatz syderher gemacht vnwissen was.) ent- ‖ schuldigen müg«.
286 Diese Argumentation, die den zeitlichen Abstand zwischen den antiken Protagonisten und den zeitgenössischen Sitten- und Moralvorstellungen thematisierte, wiederholt sich in der RH; vgl. hierzu die entsprechenden Kapitel ›Lucretia‹ und ›Virginia‹.

Livius a.u.c. 1,13,1 ff.: »Tum Sabinae mulieres, quarum ex iniuria bellum ortum erat, crinibus passis scissaque ueste, uicto malis muliebri pauore, ausae se inter tela uolantia inferre, ex transuerso impetu facto dirimere infestas acies, dirimere iras, hinc patres, hinc uiros orantes, ne se sanguine nefando soceri generique respergerent, ne parricidio macularent partus suos, nepotum illi, hi liberum progeniem. ›Si adfinitatis inter uos, si conubii piget, in nos uertite iras: nos causa belli, nos uolnerum ac caedium uiris ac parentibus sumus; melius peribimus quam sine alteris uestrum uiduae aut orbae uiuemus.‹ Mouet res cum multitudinem tum duces; silentium et repentina fit quies; inde ad foedus faciendum duces prodeunt […]«. RH Vvf.: »In dē hett sich Romulus / mit ‖ den römern ouch versamlet / vñ geschach ein hertter stryt zwüschen inen enmittē vff ‖ dem marck zů Rom / das übel zů můt / den iunckfrowen die gen Rom hin in kōmen ‖ warē / dan sie sahen vff einer syten die veter vñ brůder / vff der andern sytten ire man ‖ von den sie ietzo swanger warē / vñ kynd empfangen hetten / einander todschlahen / ‖ Des überwand sie zůletstt / der ellendig iamer das sie mit zerspreitem har / bloß enmit ‖ [RH VIr] ten zwüschē die zwů parthyen lüffen sie anschreyend vff beid syten wendeth [werdeth] den tzorn ‖ vff vns / wir syn vrsach des kriegs vnnd todschlags zwüschen vnsern vettern vnnd ‖ mennern. Besser ist / das wir sterben / denn an üch wittwen oder verlassen weysen le- ‖ ben solten Begerten das sie von dem stryt lassen vnnd sich güttlich vereinen wölten. ‖ Also wurden die manliche hertzen / durch wyplich treher vnd flehen bewegt […]«.

Auch bei fast wörtlicher Übernahme der Rede der Sabinerinnen wird deutlich, daß Schöfferlin mittels geringfügiger Abweichungen von der livianischen Vorlage eine andere Situation zeichnete, als Livius sie überliefert hatte. Durch wenige, aber wirkungsvolle dramatisierende Elemente hatte Livius das Handeln der Sabinerinnen als mutige und heroische Tat der sabinischen resp. römischen Frauen zur Verhinderung des Krieges gezeichnet, die Reaktion der kämpfenden Parteien (»silentium et repentina fit quies«, a.u.c. 1,13,4) verstärkte nochmals das Pathos der skizzierten Situation.

Schöfferlin veränderte das Pathos der livianischen Darstellung, indem er die Dramatik der Situation anders gestaltete, wobei er vor allem ein von Livius abweichendes Frauenbild zeichnete. Im Unterschied zur livianischen Darstellung handelten Schöfferlins Sabinerinnen primär aus emotionaler Betroffenheit, die der Autor durch die Erwähnung der

Schwangerschaft der Frauen vor der Rede, also noch in der Situationsbeschreibung, deutlich herausstrich. Diese Erwähnung basiert zwar auf Livius (a.u.c. 1,13,2), dort aber war die Tatsache der Nachkommenschaft bereits ein wesentliches Argument der sabinischen Frauen, den Krieg einzustellen. Dieses Argument, die Ehre der künftigen Kinder zu bewahren, erscheint in der livianischen Darstellung in indirekter Rede vor der direkten; es ist inhaltlich mit dem altrömischen Ahnenkult und der Bedeutung der *familia* in Zusammenhang zu sehen und von daher für Livius von hoher Bedeutung, da die Sabinerinnen durch ihr Eingreifen in den Krieg letztlich die Ehre für die nachfolgenden Generationen zu bewahren halfen. Formal gestaltete Livius die Szene wie folgt: der Situationsbeschreibung des Kampfs bzw. der Schilderung der Bedingungen des mutigen Eingreifens der Frauen folgt eine Rede, in deren indirektem Teil zunächst Redezweck und Argumente für die Beendigung des Krieges genannt wurden, dem sich im direkten Redeteil die Aufforderung an die Kriegsparteien anschloß, die kriegerischen Handlungen auf die Sprecherinnen zu richten, wobei die Rede hier eindeutig dem *genus subtilis* zuzurechnen ist, das Thema der Rede mithin die gegenteilige Handlung hervorrufen soll. Durch die Voranstellung der indirekten Rede wird die kurze direkte Rede in den Fokus des dramatischen Geschehens gerückt.

Im Unterschied zu Livius stellte Schöfferlin die Eigengefährdung der Frauen nicht pointiert heraus; die Gefahr der Situation wird in der RH implizit deutlich in der Redehaltung der Frauen (»sie anschreyend«), die die Emotionalität betont. Die den Sabinerinnen zugewiesene direkte Rede ist bis auf geringfügige Verkürzungen im Redeeingang die Umsetzung der direkten Rede der Vorlage. Auch Schöfferlin stellte dieser direkten Rede eine indirekte Rede zur Seite, die den eigentlichen Redezweck verdeutlichte. Im Unterschied zu Livius stellte er diese Rede jedoch der direkten Rede nach, wodurch die direkte Rede nicht mehr in dem Maße den dramatischen Höhepunkt bildet wie in der livianischen Darstellung. Der indirekte Redeteil beinhaltet zudem keine weiteren Argumente für das Einstellen der Kampfhandlungen. Eine unmittelbare Reaktion der kämpfenden Parteien, wie Livius sie überlieferte, gestaltete Schöfferlin nicht aus; dem im folgenden beschriebenen Friedensschluß geht eine kurze Zusammenfassung der Erzählung aus der Sicht des Erzählers voraus, die den Nutzen tränenreichen weiblichen Flehens betont. Ein solcher Blickwinkel auf das historische Geschehen ist für Livius nicht denkbar.[287]

Die im folgenden skizzierte Doppelherrschaft der Könige sowie die Ermordung des sabinischen Königs stellte Schöfferlin abweichend von Livius dar, der Romulus nicht für den Tod des Titus Tatius verantwortlich gemacht hatte.[288] Die lapidare Skizzierung des Todes des Titus Tatius geht vielmehr auf eine in der FE-Tradition stehende Vorlage zurück,[289] wobei festzuhalten ist, daß Schöfferlin, der sowohl den Brudermord als auch den Raub der Sabinerinnen kommentiert hatte, hier auf eine Bewertung der von ihm dem ersten römischen König zugeschriebenen

---

287 RH VIr: »Also wurden die manliche hertzen / durch wyplich treher vnd flehen bewegt / das sie ‖ von dē stryt liessen vñ zů der tading griffen / die geschach in der maß / das die Sabini ‖ mit irem küng Tatio ire statt [sttat] Cures genāt / verliessen / vnd mit irem lyb vñ gůt gen ‖ rom hin in zugen zů iren tochtermanen / vñ da burger wurdē / mit dē geding / das die ‖ Römer vnder Romulo / vnd die Sabini vnder Tatio irem küng syn soltē / davon ‖ wardt rom aber großlich gemert / vnnd nam zů / an lüt vnnd macht / aber das regi- ‖ ment der zweyer küng in einer statt mocht ouch keinen bestand haben / wan Tatius ‖ ward kurtz dar nach / durch romulus zů tůn tod geschlagen / vnnd ein wesen in rom ‖ gemacht / die all Romulo vndertenig waren / der gab den frowen vmb ir gůttat die ‖ sie inn dem stryt begangen hetten / fryheit / das inen die man vff dem weg wychen / ‖ vnd sie sunst in ander weg ouch eren solten / vnd das kein man / sie zů der andern ar- ‖ beit dan zů spinnen neyen vnd weben nötten solten. Ouch das kein man syn hußfro- ‖ wen verstossen oder von im scheiden möcht / dan vmb dry sach / Die erst wa sie dem ‖ man oder kynd nach irem leben stalt. Die ander wa sie ir eebrechenn. Die dryt wa sie ‖ heimlich oder valsch schlüssel hetten als das Plutarcus schrybt«.
288 Nach Livius, a.u.c. 1,14,1 ff. bekriegten Verwandte des Titus Tatius eine Gesandtschaft der Laurenter. Diese klagten vor Titus Tatius, der jedoch dem Einvernehmen mit den Seinen mehr Gewicht beimaß als der Klage der Gesandten. Die von den Laurentern geforderte Bestrafung der Verwandten des Königs traf somit ihn selbst. Inmitten eines Tumults wurde er ermordet. Romulus soll diese Ermordung des Titus Tatius gelassen getragen haben, zum einen aufgrund der unzuverlässigen Partnerschaft, zum anderen aus Gründen der Gerechtigkeit. In der Folge erneuerte er das Bündnis zwischen Rom und Laurentum.
289 »Qui cum post non multum tempus vita excederet, sive ut quidam ferunt, ab ipso Romulo extingueretur, Romani et Sabini unus efficiuntur populus« (FE, 50).

Verantwortung für die Ermordung seines Mitkönigs verzichtete. Stattdessen schloß Schöfferlin eine positiv zu bewertende Maßnahme des Romulus, nämlich die Verfügung über die den Frauen gebührende Achtung, sowie die drei Ehescheidungsgründe nach Plutarch an.

Zur Darstellung des Todes des ersten römischen Königs kombinierte Schöfferlin Informationen aus den Darstellungen des Livius (a.u.c. 1,15,9 ff.), des Dionys (AR II,56) sowie aus der FE-Tradition (FE, 50) in einer eigenständigen Bearbeitung, die in der RH in ein Kapitel gefaßt ist.[290]

Auch hier drängte Schöfferlin das überlieferte wundersame Geschehen von der Entrückung des Romulus während eines Unwetters zugunsten rationaler Erklärung zurück. Die Andeutungen von Livius, Dionys sowie die Erklärung in FE[291] aufgreifend, gestaltete Schöfferlin die Ermordung des Romulus, die er darauf zurückführte, daß Romulus' Charakter sich infolge der vielfältigen Siege über die Nachbarvölker zum Negativen hin verändert habe. Die Kriege gegen die Fidenaten (a.u.c. 1,14,4ff.) und Veienter (a.u.c. 1,15,1ff.) in Hinblick auf den für die Römer glücklichen Ausgang lediglich andeutend, schob Schöfferlin Informationen aus der Darstellung des Dionys summarisch ein (»in hertem zwang vñ straff hielt«, RH VIv.), ohne jedoch wie Dionys hier bereits explizit das Thema

---

290 RH VIr: »*Wie romulus der ersth küng syn end nam vnd heym-* ‖ lich erschlagen wardt.
[RH VIv] ⟨d⟩*Ar nach hett Romulus mit synen nachpuren* ‖ vil krieg vnd zanck / die er doch durch syn grosse weißheit / vnd manheit ‖ all zů gůttem end pracht / vnd ritterlich erobert davon er ettwas wůchß ‖ in hochmůt / vnd die Römer ouch in hertem zwang uñ straff hielt. Dar- ‖ umb ward er von inen vff ein tag in einem grossen ungewitter by dem See Caprea ‖ genant ouch tod geschlagen / des sie doch kein red haben wolten / vnnd erdachten die ‖ fabel das Romulus ir küng von den götten in denn himel enzucket / zů einem gott ‖ wordē wer / und hieß im hymel Quirinus / das hielten die veter der gmeind für / die ‖ an synem tod nit schuld hettē / die selben buwten Romulo ein tempel als andern iren ‖ götten / dar in sie in anrůfften vnd ereten / mit opfer vnnd andern wie da zemal ir ge- ‖ wonheit was als Romulus syben vnd dryssig iar zů Rom regiret vnd ir küng ge- ‖ wesen was«.

291 FE, 50: »Romulus, a quo Romanum coepit imperium, regnavit annis triginta octo, et apud paludem Capreae fulmine ictus 7. Kal. Aug. nusquam comparauit, et suadente Iulio Proculo, qui illium in augustiore forma sibi apparauisse et pro numine se adorari precepisse dicebat, ad deos transisse creditus est, et Quirinus consecratur. Quidamtamen dicunt, ob asperius ingenium a senatu eum fuisse discerptum«.

des tyrannischen Regiments zu berühren.[292] Im Unterschied zu Dionys konzentrierte Schöfferlin seine Darstellung der charakterlichen Veränderung des Romulus jedoch auf *hochmůt* (*superbia*) und benannte somit eine Eigenschaft, die – in keinem mittelalterlichen Lasterkatalog fehlend – als Ausgangspunkt aller Sünden gedeutet wurde.[293]

Analog zu Dionys und der FE spezifizierte Schöfferlin in einem weiteren Schritt den Kreis der für die Ermordung des Romulus Verantwortlichen: die *veter* erdachten die *fabel* von der Entrückung des Romulus, während die *gmeind* an Romulus' Tod unschuldig war. Ohne die Schuldfrage explizit zu klären, deutete Schöfferlin hier an, daß er die römische Bevölkerung nicht als politisch homogenes Gebilde begriff, sondern daß er politische Spannungen in der römischen Bevölkerung erkannte, die aus Standesunterschieden gespeist wurden und deren Befriedung den sozial Höherstehenden ein Anliegen war.

2.1.7 Zusammenfassende Betrachtung zur Königsherrschaft des Romulus

In der Darstellung der Königswahl und Regierungszeit des Romulus häufen sich erstmals Umdeutungen der livianischen Geschichtsdarstellung, die über das bislang konstatierte Maß an geringfügigen Abweichungen hinausgehen und als substantielle Veränderungen der livianischen Dar-

---

292 Implizit ist mit dem Verweis auf superbia als Charaktereigenschaft des Herrschers das Thema Tyrannis allerdings angeschnitten; so stellte bereits Herodot eine Verbindung zwischen Hybris und Neid und dem Verfall des Königtums her. Im Anschluß an Augustinus galt im Mittelalter als allgemeines Kennzeichen des Tyrannen die *superbia* im Gegensatz zu christlichen Tugenden wie *humilitas* und *pietas*; vgl. hierzu: Hella Mandt: Tyrannis, Despotie. In: Geschichtliche Grundbegriffe. Historisches Lexikon zur politisch-sozialen Sprache in Deutschland. Hrsg. v. Otto Brunner, Werner Conze u. Reinhart Koselleck. Stuttgart 1990. Bd. 6, S. 651–705, insb. S. 662 f.

293 Vgl. Wolfgang Hempel: ›übermuot die alte …‹. Der superbia-Gedanke und seine Rolle in der deutschen Literatur des Mittelalters. Bonn 1970 (Studien zur Germanistik, Anglistik, Komparatistik 1), insb. S. 12 ff. Die Tradition, nach der Romulus infolge seines Hochmuts von den Römern erschlagen worden ist, findet sich auch bei Sebastian Brant, *Freiheitstafel*, 12. Strophe, vgl. Knape 1992, S. 376.

stellung erscheinen. Diese Umdeutung der livianischen Überlieferung basiert in der Regel auf der Einarbeitung der Paralleldarstellung des Dionys von Halikarnaß.

Die Einrichtung der römischen Monarchie interpretierte Schöfferlin als Ergebnis eines Wahlakts der römischen Bevölkerung, dem eine Rede des Romulus vorausging. Die Herausstellung der Wahl ist hierbei zum einen in Angleichung an die zeitgenössische politische Praxis im Reich zu sehen; zum andern erscheint jedoch auch die Vermutung, daß Schöfferlin die römische Königsherrschaft mit der höchstmöglichen Legitimation versehen wollte, nicht abwegig, zumal die zeitgenössische Herrschaft in Kontinuität zur römischen Antike gesehen wurde.

Schöfferlin stellte die Figur des Herrschers heraus. Als Herrschertugenden des Romulus erscheinen *vernunfft* und *vlyß* sowie als übergeordnete Tugenden *weißheit* und *manheit*. Als weitere Tugend fügte Schöfferlin vermutlich eigenständig den *gutten willen den er Arm und rychen teglichs erzoigte* ein, worunter insbesondere soziale Gerechtigkeit zu verstehen ist. Zur positiven Stilisierung des Romulus gehört des weiteren die Orientierung am gemeinen Nutzen, der scheinbar bereitwillige Verzicht auf politische Macht sowie die Uneigennützigkeit politischen Handelns. Diese Tugenden werden sowohl in Reden als auch durch Reflektorfiguren dokumentiert; in Kommentierungen werden sie eigens hervorgehoben. In der christlichen Tradition verwerfliche Handlungen des Protagonisten wie etwa der Brudermord oder der Frauenraub werden als politische Notwendigkeiten gerechtfertigt.

Negative Herrschertugenden wie *superbia* finden sich am Rande erwähnt. Die ambivalente Haltung der Bevölkerung zur politischen Führung wird angedeutet, wobei soziale Unterschiede in der Bevölkerung dem Autor bewußt sind.

2.2 Das von Schöfferlin entworfene Königsbild

Das in der Darstellung der Regierungszeit des Romulus entworfene
Königsbild Schöfferlins sehe ich durch die folgenden Aspekte charakterisiert:
– Der König ist prinzipiell ein guter Regent. Er vereinigt in sich herr-
scherliche Tugenden, wobei neben den traditionellen Tugenden *pax* und
iustitia insbesondere die soziale Gerechtigkeit des Königs herausgestellt
wird. Sein Handeln ist am Gemeinwohl orientiert.
– Die Gemeinwohlgerechtigkeit des Herrschers steht im Dienste der
Sicherung des sozialen Friedens.
– Die Bevölkerung kann als Widerpart des Königs erscheinen; die sozialen Unterschiede zwischen Patriziat und Plebs sind dem Autor bewußt.

2.2.1 Der gute König und seine Tugenden

Die von Schöfferlin betriebene Umdeutung der livianischen Überlieferung
hin zum guten Regenten möchte ich an zwei Beipielen, an der Zeichnung
des Tullus Hostilius sowie an der Zeichnung des Tarquinius Priscus,
belegen. In beiden Fällen sind in Schöfferlins Darstellung bemerkenswerte
Abweichungen von der livianischen Überlieferung gegeben; in beiden
Fällen wird ein positives Königsbild vorgestellt.

In der Personenzeichnung des dritten römischen Königs, Tullus Hostilius, wich Schöfferlin deutlich von Livius ab. Livius hatte Tullus Hostilius
negativ als ungestümen, kriegssuchenden König (»ferocior etiam quam
Romulus fuit«, a.u.c. 1,22,2) charakterisiert, der den Krieg mit den
Albanern suchte und seine Gesandten entsprechend instruierte (a.u.c.
1,22,4). Die Vermeidung des Krieges zwischen Albanern und Römern
führte Livius auf das Eingreifen des Albaners Mettius Fufetius[294] zurück, der nach dem Tod des Albanerkönigs Cluilus zum Diktator gewählt
worden war. Dieser forderte Tullius Hostilius zu einem Treffen auf und

---

294 Die in der RH gegebene Namensform Mettius Suffetius findet sich auch bei Petrarca,
Tullus Hostilius; vgl. Kap. 2, Anm. 116.

schlug vor, einen Weg zu suchen, wie man über Herrschaft und Knechtschaft ohne großes Blutvergießen entscheiden könnte (a.u.c. 1,22,7–9).
Durch Zufall gab es in beiden Heeren Drillingsbrüder, die gegeneinander
um die Herrschaft kämpfen sollten. Nach Abhaltung der Zeremonien
(a.u.c. 1,24,4–9) kam es zu dem Kampf der Horatier und Curiatier.

Schöfferlin leitete seine Darstellung der Regierungszeit des Tullus
Hostilius mit einer Charakterisierung ein, die vor allem das von Livius
nicht überlieferte sozialpolitische Engagement des dritten römischen
Königs betonte. Neben der finanziellen Unterstützung der Armen stellte
Schöfferlin die Vorbildhaftigkeit des römischen Königs heraus:

> »zů synen zy- ‖ ten hett sich Rom aber vast gemert vnnd waren vil armer
> burger inn der statt / den ‖ kein teil an den ackern gebē was / noch an sie
> reichen mocht / die ouch weder huß noch ‖ hoff hetten den erzoigt Tullus
> syn miltikeit / vnd teilt vnder sie die acker / die dē küng ‖ klichen statt zů
> geornet waren / die ersatzt er mit synem vatterlichen erb / vnd damit ‖ die
> armen ouch hüser buwen mochten / erweytert er aber Rom vnd zoch in den
> berg ‖ Mons Celius genant den ließ er fassen mit einer mur vnd im selber
> ein wonung dar ‖ uff machen / damit er andren burgern vrsach gebe / ouch
> da hin zebuwen / davon er- ‖ langt er grossen gunst / vnnd willen von denn
> burgern in sonnder von den armen.« (RH VIIv)

Quelle hierfür ist der Bericht des Dionys (AR III,1), der jedoch auf das
ungestüme Wesen des Königs hinwies. Abweichend von Dionys und
Livius wies Schöfferlin in seiner Personendarstellung Tullus Hostilius als
stolzen Mann aus, der als erster der römischen Könige ein purpurnes
Kleid und andere königliche Insignien getragen habe.[295] Quelle hierfür
ist Schedel/Alt (»[...] vnnd er hat zu erst vnder den römischen königen

---

295 RH VIIv: »⟨n⟩*Ach Numa Pompilio als der ouch nit man*- ‖ lich lybßerben hinder im
verlies ward dem gemeinen Römischen volck ‖ der gewalt / vnnd kur ein andern
küng zů keisen zů gelassen / die erwelten ‖ Tullum hostiliū des vatter sich by
Romulo inn denn kriegen gar ritter- ‖ lich gehalten hett / vnd ouch erschlagen ward.
Darumb im vnd dē gantzen geschlecht ‖ zů eeren ein eygner tytel in ein stein zů
Rom gehowen was zů ewiger gedechtnuß / da ‖ mit syner gůttat nit vergessen würd
/ diser küng was ein stoltzer mā / der purper kleid ‖ vnd andre küngklich zierd von
erst / vnder den Römischen küngen trůg«.

‖ sich des purpurklaids vnd zierlicher klainat der wirdigkeit zegeprauchen angefan- ‖ gen«, Schedel/Alt, LVIv).

Abweichend von Livius, der Tullus Hostilius in Hinblick auf den Krieg zwischen Römern und Albanern eine aktive Rolle zugeschrieben hatte, gab Schöfferlin den Albanern die Schuld an der Entstehung des Krieges.[296] Schöfferlin orientierte sich hier wiederum an Dionys, der ebenfalls dem Albanerkönig die Verantwortung für die Entstehung des Krieges zugeschrieben hatte (AR III,2). Der Krieg zwischen Albanern und Römern wurde durch diese Umdeutung als gerechter Krieg interpretiert. Die oben genannten Verhandlungen zwischen Mettius Suffetius und Tullus Hostilius sowie insbesondere die in Hinblick auf die Kriegsvermeidung positive Rolle des Mettius überging Schöfferlin; Mettius Fufetius erscheint in der RH erstmals in der Darstellung des Friedens mit Alba und unmittelbar anschließend als Verräter.

Das im weiteren beschriebene Vorgehen der Römer gegenüber den unterlegenen Bewohnern der Stadt Alba deutete Livius an anderer Stelle an, nämlich zum einem als Vertrag vor dem Kampf der Drillingsbrüder (a.u.c. 1,24,3) sowie zum anderem als Resultat nach dem Sieg der Römer (a.u.c. 1,26,1). Bei Dionys und in FE erscheint der Friedensschluß in anderer Form als bei Schöfferlin, so daß in diesem Kapitel mit einer weitgehend eigenständigen Gestaltung Schöfferlins zu rechnen ist. In der Rede des Königs Tullus vor dem Senat und den Vornehmsten der Stadt Alba, in der ein für Alba milder Frieden vorgeschlagen wird,[297] griff

---

296 RH VIIv: »Da aber Rom von iar zů iar wůchß vnd also zů nam an der grosse vnd an macht / ‖ da wůchß ouch der nyd in iren nachpuren vnnd anstössern in den von der statt Al- ‖ ba do vor Rumulo der künglich stat vnnd wesen gehalten ward / die verdroß / das ‖ [RH VIIIr] Rom als ein nuw wesen in hoher eren stůnd / denn Alba. davon sich ein unwil nach ‖ dem andern begab / Also wie wol sie vnder einander fast gefründt waren / so kamen ‖ sie doch zů offem krieg der wert so lang byß sie vff beid syten grossen schaden namen«.

297 RH IXr: »⟨d⟩Arnach berufft der kung Tull⁹ den Senat ‖ vnd die besten von der statt Alba. §Erzelend so nach langer zwy- ‖ tracht die göt der statt Rom das glück vnnd den sig zůgeben hetten ‖ dar vmb Alba fürter in gehorsam vnnd gewalt der Römer ston solt / ‖ so wolt er doch ansehen ir herkommen vnnd die stat Alba. (als die ‖ sighafften den überwunden pflegen zů tůn.) den Römern nit zinßbar machen / ‖ ouch inen ir alt herkömen Ratt vnd regimēt nit enderen sonder allein des von inen ‖

97

Schöfferlin indirekt auf den Bericht des Dionys zurück, der jedoch den albanischen Hauptmann Mettius Fufetius Einzelheiten des Friedensschlusses kritisch berichten ließ.[298] Vor dem Hintergrund des milden Friedensschlusses erscheint der von Mettius ausgehende Abfall Albas von Rom als umso größere Undankbarkeit gegenüber den Römern und wurde von Schöfferlin auch dementsprechend gezeichnet: »vnnd ward undanckbar der gůttat / die im ‖ Tullus der küng von Rom vnnd der gantzen statt Alba bewisen hett« (RH IXv).

Der im folgenden beschriebene Verrat des Mettius und das Verfahren gegen diesen wird in der RH sehr verkürzt präsentiert; die von Livius überlieferte Anklagerede des Tullus übernahm Schöfferlin nicht (a.u.c. 1,28,4 ff.). Der Verrat des Mettius, von Livius auch als Folge des Mißlingens der Friedensbemühungen der Albaner gesehen (a.u.c. 1,27,1), erscheint in der RH lediglich durch die negativen Charaktereigenschaften des albanischen Hauptmanns bestimmt. Schöfferlin steigerte den Verrat noch, indem er Tullus Hostilius unmittelbar vor dem Kampf die Albaner eigens als Bundesgenossen werben ließ.[299] Den Ablauf des Kampfes gab Schöfferlin sehr verkürzt wieder; seine Darstellung der Schlacht und des Verrats des Mettius gehen zurück auf Petrarca, der Mettius Fufetius auch

benügig ze sein / das sie die Römer für ir obern erkanten / vnnd inen in ir nöten trü- ‖ wen bystand tetten / er gab ouch metio suffetio der ein gemeiner houptmä des kriegs ‖ vnnd der statt Alba gewesen was / zů / das er sein ampt widertragen vnd der gemei- ‖ nen statt vor sein solt / Die von Alba waren mit worten danckbar / vnnd bestůnd al- ‖ so / dry iar«.

298 Mettius Fufetius faßte unmittelbar vor dem Beginn des Krieges gegen die Fidenaten und Veienter den Plan, den Römern nicht die von Tullus Hostilius angeforderte militärische Hilfe zu leisten, sondern sie zu hintergehen, um die staatliche Souveränität Albas wiederherzustellen. Diesen Plan verkündete Mettius den Vornehmsten der Stadt Alba. Schöfferlin griff Einzelheiten wie die Führung der Stadt durch Mettius aus dieser Rede heraus, schrieb sie aber einer anderen Person, in diesem Fall dem Gegner, zu.

299 Nach Livius a.u.c. 1,26,1 gehörte die Hilfeleistung im Kriegsfall zu den Verpflichtungen des Besiegten, so daß Tullus Hostilius sich den Beistand der Albaner nicht erbitten mußte, sondern diesen anordnen konnte.

lediglich in Hinblick auf seinen Verrat in die Biographie des Tullus Hostilius einbrachte.[300]

Die Bestrafung des Mettius stellte Schöfferlin sehr verkürzt dar, wobei er entgegen der livianischen Darstellung, in der das Urteil als Willkürmaßnahme des Tullus Hostilius und als Verbrechen gegen die Menschlichkeit gekennzeichnet wurde (a.u.c. 1,28,5 ff.), das Urteil ausdrücklich als rechtmäßig darstellte und eine persönliche Willkür des Königs somit ausschloß.[301]

Die Behandlung Albas stellte Schöfferlin in Anlehnung an Dionys dar (AR III,29), der hier jedoch eine direkte Rede des Tullus vor den bereits ausgebürgerten Albanern gestaltete. In dieser Rede ließ Dionys Tullus den Albanern das Bürgerrecht, die politische Gleichberechtigung in Rom, aber auch die Schleifung ihrer Stadt verkünden; Dionys charakterisierte Tullus positiv, indem er den König den Ärmeren von Alba Geld versprechen ließ, so daß sie in Rom bauen könnten. Schöfferlin gestaltete Tullus' Rede vor den Albanern in indirekter Redeform. Sie zeigt Tullus als klug abwägenden Herrscher, der – um den Frieden zwischen beiden Völkern besorgt – die Albaner in die römische Bürgerschaft aufnimmt. Die

---

300 »Hoc maxime modo Alba Rome in ditionem, quasi mater filie in imperium, venit. Dehinc Metius Suffetius Albanorum dux, se apud suos odiosum sentiens, quod libertatem fortunasque omnium in tam paucis manibus posuisset, ut in gratiam rediret, Fidenates ac Veientes, pollicitus se se illis in tempore affuturum laturumque opem, in romanum bellum impulit. Quo cum a Tullo evocatus ex federe cum exercitu advenisset, pugnaque inita, neutram totus in partem inclinare ausus, proximum se in collem contulisset exspectaturus rei exitum, Romanis novitate trepidantibus Tullus exclamat, ut ab utroque intelligeretur exercitu, suo id consilio iussuque geri, ut a tergo hostes adoriretur, quo dicto et suis metu transfugii dempto et suspitione hostibus iniecta, victoriam maturavit. Post quam, cum ille gratulabundus romanis sua signa coniugeret, rex gravibus verbis increpitum gravi itidem ne iniusto tamen puniit supplicio. Nempe: ut divisus enim huc illuc proditoris animus fuerat, sic quadrigis in diversum actis discerpi corpus iubet, Albamque subverti et cognatum populum Romam transvehi atque in Celio monte constitui, ubi ipse sibi etiam sedem legit«, Petrarca, Tullus Hostilius in: Martellotti 1962, S. 21 f.

301 RH Xr: »da er überzügt ward / vnd sich ‖ nit entschülgen kunt / gab das recht / das man syne glider an zwen wegen binden die ‖ von einander furen / vnd in also tzwey ryssen solt / An der straff ließ sich der küng be- ‖ nügen / das er den andren die mit Metio in dem veld waren / nit argers zůfůgt.«

gleichzeitige Schleifung der Stadt klammerte Schöfferlin sowohl aus der Rede des Tullus aus als auch aus dessen Redeintention, indem er die Schleifung der Stadt zu einem späteren Zeitpunkt mit eigener Begründung stattfinden ließ. Die finanziellen Versprechen des Tullus gegenüber den Albanern übernahm Schöfferlin nicht in seine Rede.

Abweichend von Livius ist das Ende des Tullus Hostilius gezeichnet. Während Livius die Krankheit des Königs und die sich daraus ergebende charakterliche Veränderung breit schilderte (a.u.c. 1,31,1 ff.), erwähnte Schöfferlin lediglich dessen Krankheit und den in das Haus einschlagenden Blitz und schloß: »Selig wer er vff erden gewesen / wa sich syn end mit dem leben verglychet hett« (RH Xr). Diese Darstellung ist mit Livius' Personenzeichnung nicht vereinbar.

Die Herkunft und Charakterzeichnung des fünften römischen Königs, Tarquinius Priscus, gab Schöfferlin abweichend von Livius wieder, der den Charakter des Tarquinius und dessen Ehefrau Tanaquil vorwiegend negativ gezeichnet hatte (a.u.c. 1,34,1 ff.).

Nach Livius war Lucumo – oder, wie er sich später nannte, Tarquinius Priscus – Sohn des Korinthers Demaratus; er lebte im Gebiet der Etrusker, die ihn trotz seines ererbten Reichtums als Sohn eines eingewanderten Verbannten verachteten. Lucumo heiratete Tanaquil, eine Frau hoher Abstammung, die sich ihrerseits nicht damit abfinden konnte, daß ihr Ansehen nach der Eheschließung weitaus geringer war als zuvor. Sie überredete ihren Ehemann nach Rom zu ziehen, da in dem jungen Gemeinwesen Tapferkeit und Tüchtigkeit mehr als das Herkommen gelte. In Rom angekommen, nahm Tarquinius Priscus die Römer durch seine Gefälligkeiten und Freigiebigkeit für sich ein; er erlangte so auch schnell die Freundschaft des Königs Ancus Marcius, der ihn als Vormund seiner fast erwachsenen Kinder einsetzte. Nach dem Tod von Ancus Marcius (a.u.c. 1,35,1 ff.) drängte Tarquinius auf Einberufung einer Volksversammlung, die den neuen König wählen sollte; die Söhne des Ancus Marcius schickte er zum anberaumten Termin auf die Jagd. Vor der Volksversamlung bewarb sich Tarquinius Priscus als erster römischer König förmlich und mit Erfolg um die Königswürde (a.u.c. 1,35,2). Er wählte 100

Bürger zu den Vätern hinzu, die als *patres minorem gentium* (a.u.c. 1,34,6) die zuverlässige Partei des Königs in der Kurie bildeten.[302]

Die negative Personenzeichnung, die Livius vorgeben hatte, übernahm Schöfferlin nicht. In der RH erscheint Tarquinius Priscus als ein ehrgeiziger Mann, der aus eigenem Entschluß und nicht durch Manipulation seiner auf hohes Sozialprestige bedachten Ehefrau[303] von Korinth nach Rom zog, um sein Glück zu machen.[304] Die näheren Umstände der Erbschaft thematisierte Schöfferlin nicht. Nach Schöfferlin erlangte Tarquinius aufgrund seines positiven Verhaltens in Rom die Freundschaft des Königs Ancus Marcius, der ihn als Vormund seiner noch unmündigen Kinder einsetzte. Wegen seiner Vernunft und Freigiebigkeit wählte man ihn nach dem Tod des Ancus Marcius zum König.[305] Die von Livius

---

302 Die Art und Weise, wie nach Livius Tarquinius Alleinerbe des Demaratus wurde, trug ebenfalls indirekt zur negativen Charakterisierung des Tarquinius bei und verband darüberhinaus den fünften römischen König mit dem letzten römischen Königs der frühen Zeit: Nach Livius (a.u.c. 1,34,2ff.) hatte Tarquinius einen Bruder, der jedoch noch vor dem Tod des Demaratus verstarb. Dieser hinterließ eine Frau, die, als Demaratus starb, schwanger war, so daß dieser von der Existenz seines Enkelkinds etwas wußte. Infolgedessen wurde dieses Enkelkind, dem der Namen Egerius gegeben wurde, im Testament des Demaratus nicht bedacht; der Knabe wuchs in Armut auf, während Tarquinius in Reichtum und Überfluß lebte. Dieser Egerius regierte später das von den Römern eroberte Collatia; er war der Vater des Tarquinius Collatinus, des Ehemanns der Lucretia.

303 Zu dem Prodigium und dessen Deutung durch Tanaquil vgl. Kap. 4.1.

304 RH XIIv: »⟨t⟩*Arquinius priscus der funfft küng zu rom was* ‖ vnd ouch in ytalien ein herkommē frömbd man / des eltern waren von der ‖ statt Corintho in kriechenland geporn / an gůt vast rich des vatter Lucu- ‖ mo genant / mocht in Corinthia sinē vatterland nit fürgang haben / da er nůn starb ‖ vnd Tarquinius syn son vernam der römer gewonheit / das sie die frömbden in ir ‖ statt wol dulden mochten / ouch die römer mer für Edel hielten / der vernunfft man- ‖ heit vñ tugent / in eigen wercken erschin / dañ die von altem stammē geborn waren / vnd doch mit den wercken dem nit glich tetten / sonder ir altvordern gůttat by in erle- ‖ schen liessen / dz gab im ein trost / er möcht zů rom zů hohen eren kömen / deßhalb zoch ‖ er mit eigem willen / on bezwungen da hin / mit syner hußfrowen. Tanaquil«.

305 RH XIIv: »Er hielt sich ouch mit syner hußfrowen in rom so erlich vnd so wol dz ‖ mēcklich ab inen gevallē hett / vñ kam bald in gnad vñ früntschafft des küngs Anci ‖ Marcij by dē hielt er sich so ritterlich / das man deñ sigk den Ancus marcius gegen sy ‖ nen fyndē erlangt / mer Tarquinio dañ im / zů maß Ancus Marcius [marcus] satzt in ouch in ‖ synē testament für einen fürminder syner kynd die (als

---

deutlich abweichende Charakterisierung basiert auf Dionys (AR III,47 ff.), der ebenso wie Cicero (*De Re Publica* II,19) offenkundig einer anderen Tradition folgte als Livius.[306] Hier ist eine indirekte Quellenkritik Schöfferlins festzustellen, der sich durch den Einschub »deßhalb zoch ‖ er mit eigem willen / on bezwungen da hin« (RH XIIv) von der livianischen Darstellung distanzierte.[307]

In den beiden betrachteten Fällen entwarf Schöfferlin entgegen der ihm vorliegenden livianischen Überlieferung ein positives Königsbild, wobei er abermals Freigiebigkeit und ein wohlwollende Unterstützung der unteren Bevölkerunsgschichten propagierte. In der Darstellung des Tullus Hostilius werden die römischen Expansionskriege gegen Alba als gerechte Kriege interpretiert; der König erscheint auch gegenüber den Besiegten als milder Herrscher. Auch in der Darstellung des Tarquinius Priscus ist Schöfferlin bemüht, den Charakter des fünften römischen Königs von jeglichen Ambivalenzen freizuhalten. Die Königsherrschaft des Servius Tullius bot Schöfferlin im folgenden weitere Möglichkeiten, ein Bild des idealen Monarchen zu entwerfen.

2.2.2 Die Betonung der Gemeinwohlgerechtigkeit

Die Gemeinwohlgerechtigkeit des guten Regenten steht in Zusammenhang mit seinem Bemühen um den sozialen Frieden. Sie kann jedoch – wie Schöfferlin in seiner Darstellung der Königsherrschaft des Servius Tullius aufzeigte – zu politischen Krisen führen, die der gute Könige durch die Kraft seiner Rede zu meistern versucht. Die politische Rede wird bei Schöfferlin erneut in ihrem Manipulationspotential deutlich.

---

vorgemelt ist) noch nit zů iren ‖ iaren kŏmen waren / Er bracht es aber mit syner wernunfft / vnd mit synē gůt / des ‖ er vast milt was darzů / das er vor den kinden zů einem römischē küng erwelt ward.«

306 Vgl. Agnes Kirsopp Michels: The Drama of the Tarquins. In: Latomus 10/1951, S. 13–24, S. 14 f.

307 Indirekte Quellenkritik findet sich auch in dem Kapitel über Servius Tullius; vgl. unten Kap. 2.2.2.

Im Unterschied zu Livius, der die Gefährdung der Herrschaft des Servius Tullius im wesentlichen auf den Ehrgeiz des jungen Tarquinius bzw. auf den Ehrgeiz von dessen Frau Tullia zurückführte (a.u.c. 1,46 ff.),[308] konnte Schöfferlin durch die Einarbeitung der AR (III,72 ff.) den Gegensatz zwischen den Reichen und Mächtigen einerseits und dem gerechten König andererseits herausstellen sowie die sozialpolitischen Maßnahmen des Servius Tullius in Beziehung zu dessen Regierungskrise setzen.

Zu Beginn seiner Darstellung der Königsherrschaft des Servius Tullius nannte Schöfferlin entgegen seiner sonstigen Gepflogenheiten seine Quelle »schribt Dionysius Hilicarnasseus« (RH XVv); die Quellenanangabe sichert m.E. die im folgenden beschriebene Umdeutung der Überlieferung.

Der Schilderung der Königsherrschaft voran steht die Biographie des Servius Tullius, die ebenfalls auf Dionys (AR IV,1 ff.) basiert.

In der Darstellung der ersten Gefährdung der Herrschaft des Servius Tullius sowie der Festigung seiner Position orientierte sich Schöfferlin an dem entsprechenden Bericht des Dionys (AR IV,8 ff.). Dionys ging sehr ausführlich die Gefährdung der Herrschaft des Servius Tullius durch Patrizier und Senatoren ein und spaltete die Festigung seiner Position in zwei Schritte auf. Schöfferlin verkürzte seine Vorlage erheblich und erreichte durch Kürzungen und Änderungen eine Akzentverschiebung von der Frage der Legitimität der Herrschaft des Servius Tullius zu dem politischen Gegensatz zwischen Reichen und Mächtigen einerseits und einem gerechten, dem gemeinen Nutzen dienenden König andererseits, den er als Ursache der politischen Krise sah.[309]

---

308 Livius überlieferte lediglich, daß die Landverteilung gegen den Willen der Väter geschehen sei, a.u.c. 1,46,2.

309 RH XVv: »Do nůn Servius tul- ‖ lius ettliche iar wol regiert / wan er was gespräch gůttig vnd von grosser vernunfft / ‖ das nyemant syn regiment schelten mocht / da geschahen doch vil reden von ettlichē ‖ die im der eren vergunden / das er nit recht erwelt wer / das zůfürkommen sůcht er zu ‖ vor den gunst des gemeinen volcks / wan es was noch vorhandē ein groß veld / von ‖ ackern vnnd gůttern / die der gemeinen statt zugehörten / die teilt er vnder die armen ‖ burger / die nit mit gůttern versehen waren das sie buwen mochten / Vnd fasset noch ‖ dry bühel in zů der statt Rom mit eyner muren / die waren genāt / Der ein Exquilie. ‖ Der ander Collis

In Anlehnung an Livius leitete Schöfferlin die Darstellung der Gefährdung des Servius Tullius mit der Frage der fehlenden Zustimmung für das Königtum des Servius Tullius durch das Volk ein, ohne die bei Livius gegebene Bindung an den jungen Tarquinius als Aufrührer zu übernehmen (a.u.c. 1,46,1). Dies ermöglichte ihm im folgenden, die sozialpolitischen Maßnahmen des Servius Tullius vorzuziehen, die bei Dionys erst in der Rede des Servius vor der Volksversammlung stehen und als politische Zugeständnisse in Verbindung mit der Festigung seiner Position zu sehen sind. Hierdurch wirkt das soziale Wirken des Servius Tullius in der RH uneigennützig und daher glaubwürdig.

Anlaß zur Einberufung der Volksversammlung ist bei Schöfferlin der Widerstand der Reichen und Mächtigen gegen sozialpolitische Maßnahmen des Königs, nämlich die Verteilung des der Stadt zugehörenden Landes an arme Bürger, die Neuordnung der Besteuerung nach Vermögen und Besitz sowie die Erweiterung der Stadt. Dies überlieferten sowohl Livius als auch Dionys; darüber hinaus entnahm Schöfferlin den AR den Hinweis darauf, daß Servius Tullius den Armen Geld aus seinem Vermögen gab, damit sie in der Lage waren, auf dem ihnen zugeteilten Land Ackerbau zu betreiben (AR IV,9), die Information, daß Servius Tullius selbst eine Wohnung in dem erweiterten Gebiet nahm (AR IV,13), die Zahl der Steuerpflichtigen (AR IV,22) sowie den wichtigen Hinweis auf das der Neuordnung zugrundeliegende Prinzip der Gleichbehandlung (AR IV,19). Bemerkenswert ist, daß Schöfferlin eine politische Maßnahme des

viminalis / Der dryt Collis Quirinalis / daruff gab er den armen ‖ burgern hoffstett zebuwen / vnd tett alle vermügliche hilff darzů / das sie buwen mo- ‖ chten [mo- ‖ thten] / Darzu macht er im selber ouch ein küngklich wonung / an das selb ort der statt ‖ vnd ließ die graben vmb die gantzen statt wyter machen / Nůn was biß zů synen zy- ‖ ten zů Rom gewonheit gewesen / was man tůn oder warzů man stüren solt / so tett ‖ ein houpt als vil als das ander / das endert er / vñ macht das ein yeder stür geb nach ‖ vermügen vnd anzal syns gůts / das hielt er ouch in reysen vnd andren ufflegungē ‖ der burger / da mit es glich zůgieng Er stürt vier vnnd achtzigtusent von burgern in ‖ der statt / vñ puren die in der Römer marck ir wonung hetten / mit sollicher ordnung ‖ erlangt er grossen gunst von dem gemeinen volck / Aber die rychen vñ möchtigen het ‖ ten darab verdriessen / vnd süchtend weg / wie sie in endren möchten.«

Königs nicht darstellte, die sowohl Livius (a.u.c. 1,43,10 ff.) als auch Dionys (AR IV,20) überlieferten: die Neuordnung des Stimmrechts zugunsten der Reichen und Mächtigen als Ausgleich für die ihnen auferlegten Verzichtsleistungen. Es ist zu vermuten, daß Schöfferlin diese Neuerung nicht mit dem von ihm betonten Grundsatz der sozialen Gleichbehandlung in Einklang sah und von daher überging.

Die Einberufung der Volksversammlung geht zurück auf den Bericht des Dionys (AR IV,9), wobei Schöfferlin das Auftreten des Servius Tullius analog zu Dionys konzipierte (»nit in küngklicher watt / sonder in gemeynē kleydern«, RH XVv). Die schlichte Kleidung deutet die Bereitschaft des Königs zum Rücktritt an. Die Rede, die Schöfferlin Servius Tullius vor der Volksversammlung halten ließ, ist ein Zusammenschnitt der beiden Reden bei Dionys (AR IV,9; IV,11), bei Schöfferlin jedoch in indirekter Redeform.

Bei Dionys kommen diese folgendermaßen zustande: eine erste Rede vor dem Volk hält Servius Tullius, nachdem er von den Plänen der Senatoren erfahren hat, ihn zu entmachten und ein Interregnum einzurichten. Da sich der Widerstand des Senats bei Dionys auf die Frage der Legitimität der Herrschaft des Servius Tullius beschränkt, ist die Darstellung der Situation, in der Servius Tullius die Herrschaft übernommen hat, und die Rechtfertigung dieser Maßnahme Gegenstand dieser ersten Rede. Die Verkündung sozialpolitischer Maßnahmen hat eine breite Zustimmung des Volkes zur Folge.

Die erneute Einberufung der Volksversammlung und die zweite Rede des Servius Tullius stehen abermals mit dem Widerstand des Senats in Zusammenhang; Servius Tullius sichert sich die ausdrückliche Zustimmung der Bevölkerung zu seinem Königtum. Gegenstand der zweiten Rede ist eine Anklage der Senatoren und Patrizier, die sich aus eigennützigen Motiven gegen das sozialpolitische Wirken des Servius Tullius stellen und das Königtum für die Söhne des Ancus Marcius wiederherstellen wollen.

In der RH wird die Frage der Legitimität der Herrschaft des Servius Tullius zwar auch behandelt, von diesem jedoch bereits zu Beginn seiner Rede primär als Vorwand gedeutet, unter dem die Senatoren die

Wiederherstellung ihrer Privilegien zu erreichen suchen.[310] Schöfferlin stellte schon im Redeeingang die soziale Gerechtigkeit des Königs als Grund der politischen Krise heraus.[311] Es folgt eine breite Schilderung

310 Die Legitimität der Herrschaft des Servius Tullius von seiten des Senats war für Schöfferlin in gewissem Sinn gegeben, insofern als er die Vorgeschichte der Macht-übernahme, die Ermordung des Tarquinius Priscus, nach Livius gestaltet hatte, der von einer vorläufige Tolerierung der Königsherrschaft des Servius durch den Senat ausging (a.u.c. 1,41,7).

311 RH XVbv: »das zů fürkōm ‖ men ließ der küng Servius tullius dem gantzen Römischen volck zů samen bieten / ‖ vnd erschyn vor inen nit in küngklicher watt / sonder in gemeynē kleydern / ließ ouch ‖ [RH XVIr] weder axten noch růten im nach gewonheit der küng vortragen / Stůnd in die höhi. ‖ das in yderman sehen vñ hören mocht. §Erzelende wie er durch syn recht vñ loblich ‖ regiment / da mit er sich geflissen hett / ein glycher küng armen vnd rychen ze syn / von ‖ dem Senat vnd ettlichen mechtigen der stat Rom verhaßt würd / dardurch sie weg ‖ sůchten / (Sid er allein von dem Senat zů gelassen vnnd von dem gemeynen Römi- ‖ schen volck nit erwelt wer.) eynen andren küng zů kiesen / Nůn wer syn wil noch ge- ‖ můt nie gewesen / wider willen der gmeynd sich in die küngkliche würde zutringen / so ‖ aber die mortlich tatt / die durch die sün Anci Marcij an Tarquinio synem sweher ‖ gegangē wer / dz sie in so schentlich hett lassen todschlahē / dardurch syn hußfrow die ‖ küngin Tanaquil vñ ir beider kind verwißt vñ in ellend versetzt werē / so hett er inen ‖ zů trost vñ hanthabung / dz sie die übeltetter nit ouch verderptē umbbröchtē oder zů ‖ dē mynstē vß der statt Rom vertribē vñ veriagtē. Ouch dz sie durch sollich übeltat (. ‖ als sie ouch vnderstanden hetten). nit zů küngklicher würd kemen das dem gantzen ‖ Römischen volck zů schad vnd schmach deinet hett Sich des künglichen regiments / ‖ mit willen vñ zulassen des gantzen Senats vnder-standen / dañ in der uffrůr möcht ‖ es den verzug nit haben das ein gemeine wal geschech / Nůn hett er sich gern geflissen ‖ durch gůt ordnung ein loblich regiment / vñ pollicy in der statt Rom zemachen das ‖ yederman glich gemeß vnd littenlich wer / So er aber sehe / dz er damit kleinen danck ‖ vñ nit anders dañ nyd vñ haß erlangte / stůnd syn gemůt (sover es der gemeynd ein ‖ gefallen wer). der küngklichen würd abzetretten / darzů mochten sie synenthalb on ir- ‖ rung die sün Anci Marcij erhohen / vnnd dem Senat damit den willen machen wie ‖ wol in erbarmet Tanaquil vnnd ire kinder / dañ zusorgen wer das sie in das ellend ‖ vertriben / oder villicht / noch ergers mit inen gehandelt würd / Damit der stam Tar ‖ quinij (von dem der statt Rom groß er vnnd macht zůgestanden wer). gantz vertil ‖ get würd / dañ so der übeltetter in anfang ein mal durch boßheit synen willē erlangt / ‖ vnd sich verschempt hett / Wer kein vffhören da oder besserung zů warten / dañ das ‖ er durch sollich weg für vnd für geing. Ye doch so bekante er wol / das die wal eins rö- ‖ mischen küngs zů inen stůnd / den wölt er befelhen sollichs zů bedencken vnnd die kur ‖ eins andern küngs setzen zů irem fryen willen«.

106

der Situation, in der Servius Tullius die Herrschaft übernommen hatte. Anschließend ließ Schöfferlin Servius Tullius abermals die zentralen Motive des politischen Konflikts benennen:

> »Nůn hett er sich gern geflissen ‖ durch gůt ordnung ein loblich regiment / vñ pollicy in der statt Rom ze machen das ‖ yederman glich gemeß vnd littenlich wer« (RH XVIr).

Hieran schloß Schöfferlin das Rücktrittsangebot des Königs an, das er diesen jedoch mit der Wiedereinsetzung der Söhne des Ancus Martius und einer Stärkung der Senatsposition verbinden ließ, wobei eine Sentenz abermals die verbrecherischen Machenschaften der Martius-Söhne deutlich herausstellte. Abschließend stellte Servius Tullius der Wahlbevölkerung die Wahl eines anderen Königs anheim und verdeutlichte durch die Rückgabe seiner Amtsinsignien seine politische Glaubwürdigkeit.[312] Die bei Dionys zu findende Drohung des Servius Tullius, sich im Falle seiner Abwahl das Leben zu nehmen, übernahm Schöfferlin nicht.

Ebenso wie die Romulus-Rede ist auch die Rede des Servius vor der Volksversammlung als taktisch kluge Rede zu bezeichnen. Mit der Bestimmung des Redeziels, die Pläne der Reichen und Mächtigen zu vereiteln, und dem für einen König ungewöhnlichen Auftreten in schlichter Kleidung stellte Schöfferlin die Bedeutung der sich anschließenden Rede einleitend heraus. Mit einer breiten Schilderung der Situation, in der Servius die Königsherrschaft übernahm, ließ Schöfferlin den sechsten römischen König rechtfertigen, daß er ohne Zustimmung des Volks die Herrschaft übernommen hatte. Diese Schilderung, die dem römischen Volk die verbrecherischen Machenschaften der Söhne des Ancus Martius nochmals vor Augen stellte, nutzte Servius Tullius im folgenden, indem er – analog zu Dionys – dem Senat den Willen zur Inthronisation der Martius-Söhne unterstellte; in der sich anschließenden Sentenz betonte der König erneut den schlechten Charakter der potentiellen Regenten. Dennoch stellte Servius Tullius abschließend dem Volk die

---

312 RH XVIr: »In dem nam er die küngklich kron ze- ‖ pter vnd ander küngklich zierd / legt das von im vnd übergab das dem Römischen ‖ volck / stůnd darnach vff dem küngklichen stůl als ob er hinweg gon / vnnd sich ‖ der bürdi entladen wölt«.

freie Wahl des römischen Königs anheim und gab der Gemeinschaft der Bürger die Amtsinsignien zurück.

Die Reaktion des Volkes auf die Reden des Servius Tullius wurde von Dionys insofern als manipuliert dargestellt, als die Zustimmung zur Königsherrschaft von Anhängern des Königs ausging, die sich in der Volksmenge verteilt hatten und ein Votum der Bevölkerung forderten. Schöfferlin deutete diese Möglichkeit an; die Zustimmung des Volks ist in der RH jedoch insgesamt glaubwürdig dargestellt und wird durch die Rückgabe der Amtsinsignien an Servius Tullius dokumentiert, wobei der Hinweis, daß das Volk Servius Krone und andere Amtsinsignien geradezu aufdrängen mußte, zusätzlich den rücktrittswilligen König zeigte:

>>Es waren aber ettlich vnd der vil die im gūttes gundten vñ ‖ lieb hetten / ob es von eygner bewegnuß geschech / oder ob es also zūgericht were weiß ‖ ich nit. Die schryen lut vnnd batten in offentlich das er die hußfrowen vnnd die kind ‖ Tarquinij nit also verlassen noch die künglich würd übergeben wölt / wan sie in für ‖ ein erwelten küng allweg gehalten vnd [and] mit swigendem willen darzū gehalten [gehallen] vnnd ‖ syn wal bestetiget hetten / Dise bewegten die andren von der gmeynd / das sie deßgly- ‖ chen ouch tetten / vnnd im mit gewalt die künglichen kron wider vff satzten mit pur- ‖ per vnd ander küngklicher zier bekleyte mit grossem murmeln vñ geschrey wider den ‖ Senat / vnd die rychen<< (RH XVIr).

Die Reaktion des Servius Tullius auf die Zustimmung des Volkes zu seiner Herrschaft beschrieb Schöfferlin abweichend von Dionys; während bei Dionys Servius Tullius zunächst einen Wahltermin festlegte und dem Volk Wahlversprechen gab (AR IV,12), ließ Schöfferlin Servius Tullius zunächst auf die Ernsthaftigkeit seines Rücktrittswillens verweisen.

Aufgrund des Bittens der Bevölkerung und deren bereitwilliger Unterstützung wolle er sich jedoch weiterhin der Bevölkerung zur Verfügung stellen und sich mit der Bürde des Amtes beladen. Mit dem Verweis auf die von ihm beabsichtigte Förderung des gemeinen Nutzens, der Beteuerung der Gleichbehandlung von Reichen und Armen sowie dem Hinweis auf die Möglichkeit sanktionsloser Beschwerde gegenüber königlichen Verfügungen stellte sich Servius Tullius abschließend als idealen Herrscher dar, wobei Anklänge an die Romulus-Darstellung

(Orientierung am gemeinen Nutzen, soziale Gerechtigkeit) auffällig sind.[313] Der epiloghafte Ausblick auf die weitere Regierungszeit verstärkt diesen Aspekt.[314]

Die Reden des Servius Tullius vor dem Volk weisen ein hohes Maß an semantischer Vielschichtigkeit auf, die Schöfferlin in seinem Erzählen auch offenlegte. So stehen das von Schöfferlin eigens bezeichnete Redeziel, die Pläne des Senats zu durchkreuzen und die Macht zu behalten, und das Rücktrittsangebot in einem deutlichen Kontrast, der durch Servius' Reaktion auf die Zustimmung des Volkes noch weiter vertieft wird. Die scheinbare Rechtfertigungsrede des Servius entpuppt sich – jenseits der vordergründigen Semantik – als Anklagerede gegen den Senat: durch die Pläne zur Inthronisation der Martius-Söhne stellte dieser sich gegen einen uneigennützigen König, der durch seine scheinbare Absicht zum Rücktritt zum einen, sein uneigennütziges Wesen zum anderen seinen Respekt vor der Entscheidung des Wahlbevölkerung dokumentierte. Dieser redegewandte König hatte es in der Darstellung Schöfferlins nicht nötig, dem Volk mit Selbstmord zu drohen; für den

313 RH XVIr: »Da das geschach stilt sie Servius Tullius der küng mit der ‖ hand wyter reden / wie wol er im fürgesetzt hett sich der grossen bůrd nit mer zů bela- ‖ den vnd in rüw on nyd als ein ander burger ze leben / Noch dañ so er iren gůtten wil- ‖ len den sie gegen im erzoigten sehe vnd erkant / damit er dan des nit vndanckper wer / ‖ wölt er sich den küngklichen würd wider annemen vnnd beladen vnd sich flyssen wie ‖ er mocht den gemeynen nutz zůfürdren / Arm vñ Rychen / ein glicher küng syn / Bit- ‖ tende ob yemant beswerd oder mißfallen hett an den ordnungen von im gemacht / ‖ das er deßhalb keynen nyd zů im tragen wölt / dañ er das nyemant zů leyd oder dar ‖ [RH XVIv] umb getan hett / das er yemant für den andren meynen oder besweren wölt / Son- ‖ der allein dem gemeinen nutz zů gůt / vñ das frid vnd einikeit deßterbaß vnder dem ‖ Römischen volck / belyben / vnnd ir regiment bestendig syn möcht«.

314 Vgl. RH XVIv: »Dardurch befest- ‖ net Servius Tullius syn wal / dz im der Senat / der anfangs darzu gewilgot hett ‖ kein widerwertikeyt mer bewisen torst / vñ regiert darnach vil iar mit grossem gunst ‖ des Römischen volcks. Er macht vil ordnung vnnd satzung dem gemeynen nutz ‖ dienende vnd verpracht vil Costlicher buw an der statt Rom. Er heilt sich ouch frid- ‖ lich gegen den nachpuren Also das er by synen leben nit mer dañ ein krieg hett / mit ‖ den von Etruria / dar in er meingfaltig syn manheit vnd wießheit bescheint vñ den ‖ mit / sig vnd lob zů gůttem end pracht«.

humanistisch geprägten Autor Schöfferlin genügte hier die Kraft des Wortes, die politische Krise zu meistern. In Hinblick auf die *ars oratoria* betont Jan-Dirk Müller, daß diese im Spätmittelalter als Äquivalent militärischer Macht aufgefaßt wurde:

> »Reden-Können wird als notwendige Ergänzung ›ritterlich‹-militärischer Tugenden topischer Bestandteil des Fürstenlobs. Die Macht der Rede ist die friedliche Alternative zu einer politischen Praxis, die im ›ritterlichen‹ Handeln aufgeht; wer über sie gebietet – als Inbegriff aller Tätigkeiten in Rat, Diplomatie, Verwaltung -, ist ein erfolgreicherer Politiker als der Militär und kann gleiches Ansehen beanspruchen.«[315]

Die von Schöfferlin vorgenommenen Umdeutung der Überlieferung präsentiert abermals einen Herrscher, der um den sozialen Frieden bemüht ist, indem er sich an der Gemeinwohlgerechtigkeit orientiert und sich in seiner Politik vorrangig den ärmeren Schichten der Bevölkerung verpflichtet sieht. Hier ist eine Parallele zu den spätmittelalterlichen Friedenskaiserprophetien zu ziehen, die ab der Mitte des 13. Jahrhunderts und insbesondere im 15. Jahrhundert zunehmend das sozialreformerische Wirken des erwarteten Friedensfürsten in den Vordergrund stellten.[316] So beinhaltete die *Reformatio Sigismundi* (1483) neben Forderungen nach Säkularisation der geistlichen Herrschaft und des Kirchenguts Maßnahmen zur Beschränkung der weltlichen Territorialgewalt, die Forderung nach Beseitigung der kirchlichen Unfreiheit, die Ablösung des Geburtsadels sowie die positive Bewertung der Arbeit. Mit dem Friedenskaiser verband man einen Zustand allgemeiner Gerechtigkeit, Reichtum für die Untertanen sowie Frieden und universale Herrschaft auch gegenüber den Ungläubigen.[317]

In der Bewertung des Mordes an Servius Tullius wird in einem breiten Erzählkommentar mit eingeschobenen Sentenzen, einer christlichen Replik (Belohnung der Guten im Himmel) und Vorausdeutung auf das weitere

---

315 Müller 1982, S. 50.
316 Vgl. Tilman Struve: Utopie und gesellschaftliche Wirklichkeit. Zur Bedeutung des Friedenskaisers im späten Mittelalter. In: HZ 225/1977. S. 65–95, S. 71 f.; S. 84 ff. sowie Henn 1987, S. 245 f., auch Anm. 123.
317 Vgl. Struve 1977, S. 68.

Geschehen[318] deutlich, daß Schöfferlin Servius Tullius als idealen König zeichnen wollte. Ein Epilog zu seiner Königsherrschaft findet sich auch bei Livius (a.u.c. 1,48,8) und Dionys (AR IV,40); die von beiden im Epilog überlieferte Vorstellung des Servius Tullius über eine Veränderung der Staats- bzw. Regierungsform hin zur Republik bzw. Demokratie (a.u.c. 1,48,9) übernahm Schöfferlin nicht. Die von Schöfferlin entworfene politische Utopie bleibt damit an das Königtum gebunden. Indem Schöfferlin einen so gedeuteten Servius Tullius als idealen Herrscher zeichnete, stellte er Normen auf, an denen man auch die gegenwärtig Herrschenden messen konnte – die antike Geschichtsschreibung wurde genutzt, eine soziale Utopie in Hinblick auf die Gegenwartszeit des Autors zu entwerfen. Die Nennung seiner Quelle sowie die des öfteren vorgeführte Quellenkritik können Indiz dafür sein, daß Schöfferlin sich hinsichtlich seiner Utopie durch explizite Bindung an die antike Überlieferung absichern wollte.

2.2.3 Das Verhältnis der Bevölkerung zu den Herrschenden

In der Überlieferung ging die Ermordung des Servius Tullius von Tarquinius, dem Schwiegersohn des Servius, und Tullia, dessen Ehefrau, aus. Schöfferlin kombinierte hier wiederum die Berichte des Livius (a.u.c. 1,42 ff.) und des Dionys (AR IV,28 ff.); Primärquelle ist Livius, der die Ermordung des Servius Tullius an Tarquinius und Tullia gebunden hatte und nicht – wie Dionys – die Beteiligung des Senats hervorhob.

---

318 Vgl. RH XVIIr: »das doch wol zuer- ‖ barmen was / das ein sollicher erlicher küng vmb syn gůt loblich fürnemē nit andren ‖ lon von dem Römischen volck erlangen vnd syn leben mitt einem sollichen ellenden ‖ end beschliessen solt Es möcht noch geschehen / das die / die gemeinen nutz gern für- ‖ dren wölten / kleinē danck verdinten / vnd nicht anders dan nyd vnd haß vff sich lü- ‖ den / darumb soll man aber nit davon abston dañ dz gůt hatt allweg syn belonung ‖ vff im / vñ treyt das böß syn straff vff dem rucken / Ob dz in einen weg nicht geschicht / ‖ so geschicht es doch in andern Gedencken wir nicht des küngs Servij Tullij zů dem ‖ [RH XVIIv] besten / vnd Tarquinij zů dem bösten / der gůten belonung ist im hymel / wer dañ die ‖ historien Tarquinij biß zů end lißt der fyndt / das syn boßhafftig gemůt vff erd / ouch ‖ syn straff empfangen hatt«.

Entsprechend seiner Darstellung der Königsherrschaft arbeitete Schöfferlin zunächst den Senat als Gegenpart des Königs heraus, indem er den erfolgreichen Versuch des Tarquinius beschrieb, den Senat gegen Servius Tullius aufzuwiegeln.[319] Während Dionys jedoch im folgenden die Verschwörung des Senats gegen den König als zentrales Motiv beibehalten hatte, fügte Schöfferlin einen Versuch des Tarquinius ein, auch das Volk gegen Servius Tullius aufzuwiegeln. Hierzu gestaltete er eine Rede an das Volk,[320] die sich auf die bei Livius für den letzten römischen König überlieferten Frondienste des Volkes bezieht; eine Quelle für diese Rede kann ich nicht angeben.

Da Schöfferlin zuvor das Verhalten des Volkes gegenüber Servius Tullius als wohlwollend beschrieben hatte, mußte er die Rede des Tarquinius sowohl inhaltlich als auch formal so gestalten, daß der politische Umschwung in der Meinung der Bevölkerung glaubwürdig erschien. Inhaltlich gelang Schöfferlin dies, indem er Tarquinius an den Stolz der römischen Bevölkerung appellieren ließ und ihnen politische Macht und

---

319 Vgl. RH XVIv: »darnach bildeten sie vnd gaben in den Rattzherren zů Rom / wie ir ‖ [RH XVIIr] Sweher vnd vatter vil weg vorhanden het damit er den statt der Edlen vnd möch- ‖ tigen mindern vnd den gemeynen man in Rom erhohen wolt / Damit sie dem küng den gantzen Senat noch widerspenniger machten / in dem was noch der alt vn- ‖ wil nit verloschen / wie wol sie den nit oigen torsten / Darumb sie Lucio Tarquinio vnd syner hußfrowen oren gaben vnd lichtlich gloupten«.

320 RH XVIIr: »Darnach sůchten sie weg / ‖ wie sy dem küng den gemeynen man ouch widerwertig machen möchten / wan der ‖ kůng brucht sie vast zů den grossen buwen der statt Rom / darzu sie fronen / vñ ouch ‖ ir hilff tůn můsten. §In die trůg Lucius Tarquinius sie weren nit also herkom- ‖ men / das sie als die deinstknecht graben vnd fronen solten / vñ ir lyb vnd gůt daran ‖ strecken / Ir vordren hetten mit manheit ritterlicher übung / er vnd gůt erlangt vnd ‖ die statt Rom mit stryten erhöcht vnnd groß gemacht / so wolt sie der küng mit mu- ‖ ren bevestigen / Es wer ein anzoigen / der verzagten / die satzten irn trost vff hoch vnd ‖ dick muren / vnd liessen sich darin / als das vich in einen stall beschliessen Ir vordren ‖ weren allweg iren feinden in das veld engegen zogen / vnd strytes sich nye gewidert / ‖ damit sie sich forchtsam gegen den fynden gemacht hettē / es wer mer schad dañ nutz ‖ an sollichen buwen gelegen / die römer wurdē dardurch verachtett / wer er ein küng ‖ er wölt es anderst halten / vnd den gemynen man mit Ritterlicher übung groß vñ ‖ rych machen / Mit der glychen worten macht er den gemeynen man / ouch dem küng ‖ ettwas widerwertig«.

persönlichen Reichtum versprach; sein Erfolg verweist implizit auf die politische Blindheit der Bevölkerung und auf deren Undankbarkeit gegenüber dem gerechten Herrscher. Stilistisch fällt an der Rede auf, daß es eine Vielzahl zweigliedriger Formeln gibt (*lyb vnd gut, er vnd gut, erhöcht vnnd groß gemacht, groß vnd rych*), die vor allem im ersten Redeteil stehen, sich überwiegend auf positive Ziele beziehen und zur Einstimmung in die Rede dienen. Während diese zweigliedrigen Formeln den Wunsch-Zustand amplifizierend charakterisieren, präsentierte Schöfferlin zur Beschreibung des angeblichen Ist-Zustands eine Sentenz mit eingelegter Metapher, die verglichen mit seinem sonstigen Sprachstil recht drastisch ausfiel: »Es wer ein anzoigen / der verzagten / die satzten irn trost vff hoch vnd ‖ dick muren / vnd liessen sich darin / als das vich in einen stall beschliessen« (RH XVIIr), wobei Virgeln sowohl die *verzagten* als auch die metaphorische Entsprechung *das vich* betonend hervorheben. Die Rede des Tarquinius an die Bewölkerung hatte nach Schöfferlin einen gewissen Erfolg, was dem Autor im folgenden die Gelegenheit gab, in einem Erzählkommentar auf den Wankelmut und die Manipulierbarkeit des Volks hinzuweisen: »Wan das gemeyn volck ist / lichtlich zubereden / allweg wanc- ‖ kelmütig / vnnd gemeynklich zů nüwen herren geneigt« (RH XVIIr).

Die Ausweitung der Verantwortung auf das gesamte Volk steht in diametralem Gegensatz zu der Darstellung des Dionys, der in seinem Bericht eine erneute Rede des Servius Tullius vor dem Volk, die wiederholte Zustimmung des Volkes zu der Politik des Servius Tullius sowie die Forderung nach Steinigung des jungen Tarquinius beschrieben hatte (AR IV,37).

Entgegen seiner bisherigen Darstellung, die den Gegensatz zwischen dem dem gerechten König einerseits und den Senatoren herausgestellt hatte, änderte Schöfferlin seine Beschreibung der Position des Senats insofern, als er abweichend von Livius und vor allem abweichend von Dionys diesen zunächst aus dem politischen Geschehen heraushielt. Während Livius das Zustandekommen der Senatssitzung als Täuschungsmanöver des Tarquinius dargestellt und Dionys deutlich die Beteiligung des Senats an dem Putsch gegen Servius Tullius beschrieben hatte,

vermied Schöfferlin Aussagen über das Zustandekommen der Senatssitzung: er ließ Tarquinius zu einer beliebigen Sitzung erscheinen.
Abweichend von Livius (a.u.c. 1,48,1) und Dionys (AR IV,30) beschrieb
Schöfferlin im weiteren das Verhalten eines Teils der Senatoren positiv,
indem er sie Servius von dem Umsturzversuch des Tarquinius unterrichten
ließ. Die bei der Darstellung der Ermordung des Königs gegebene
Umdeutung gegenüber den AR des Dionys betont die Verantwortlichkeit
des Volks und verwischt das von Schöfferlin zuvor herausgestellte
Konfliktpotential zwischen Senat und König.

2.3 Die Entmachtung der Könige: Die Lucretia-Erzählung Schöfferlins

In seiner Darstellung der Königsherrschaft des Tarquinius Superbus
orientierte Schöfferlin sich primär an dem entsprechenden Bericht des
Livius (a.u.c. 1,56,1 ff.). Der Darstellung der Regierungszeit des Tarquinius Superbus geht ein Prolog voraus (RH XVIIIr), der inhaltlich auf das
tyrannische Regiment des Tarquinius Superbus Bezug nimmt.[321] Dem
folgt eine Darstellung der Kriege, die Tarquinius gegen die Städte Gabia

---

321 RH XVIIIr: »*Von Tarquinio superbo dem sybenden vnnd letsten* küng zů Rome
⟨w⟩*Ie Lucius tarquini⁹ zu dem küngkrich kommē* ‖ sy / ist gnügsamklich in des
vorgendē küngs leben endeckt / was nůn mit ‖ schand vnd laster angefangen wirt
/ das endet sich ouch gemeincklich al- ‖ so / darumb ward das mittel vnd end des
regiments Tarquinij nit besser dañ syn an ‖ fang / Dañ so bald er das küngkrich
růwigklich in hett ‖ vnnd nyemant mer wider- ‖ stand tůn mocht / kort er syn gemůt
zů einem tyrannischen leben / Er regiert in über- ‖ můt vnnd hoffart / Darumb ward
er Tarquinius Superbus geheissen / das ist der ‖ hochmůtig / vñ als ettlich Senatores
vnd Ratzherren / dem grossen übel nach / das ‖ er begangen hett nit vnbillich eyn
misfallen ab synen wesen hetten / wa sich einer des ‖ mercken ließ der ward von
stund gefangen / vnnd on verurteilt getötet des geschach ‖ mengem redlichen man
/ davon der Senat ein spaten rüwen empfieng / vnd erst hin- ‖ der sich gedachten
/ was sie an Servio tullio verloren hetten / Die vorcht vñ erschreck ‖ was aber in
inen so groß / das sich nyemät oigen oder geregen torst / Dan Tarquini- ‖ us het vil
loßner vñ verreter syner parthy / die im alle ding fürprachten.«; vgl. hierzu auch
a.u.c. 1,49,1 ff.

und Ardea führte. Hier integrierte Schöfferlin die Anfänge der Lucretia-Erzählung (Wette, Frauenprobe und Vergewaltigung).

Die Lucretia-Erzählung wird im folgenden Kapitel unter neuer Überschrift und Holzschnitt mit der Offenbarungsrede, der Selbsttötung, dem Schwur zur Vertreibung der Könige und der Revolte gegen das Königtum fortgeführt; es folgt eine kurze Sentenz, in der Schöfferlin den freien Stand der Stadt Rom thematisierte sowie die Darstellung der politischen Neuordnung.

Im folgenden werde ich mich vornehmlich mit der Lucretia-Erzählung beschäftigen, die als beliebter mittelalterlicher Exempelstoff eine breite Stofftradition aufweist. Um Schöfferlins Lucretia-Erzählung hier einordnen zu können, gehe ich zunächst auf den stoffgeschichtlichen Hintergrund und damit auf mir wesentlich erscheinende Stationen in der Ausprägung der literarischen Reihe ein. Die Lucretia-Bearbeitung Schöfferlins zeigt deutlich die Schwierigkeiten, die ein spätmittelalterlicher Autor mit dem antiken Gedankengut – vor allem mit der Stilisierung des Freitods im Sinne der stoischen Philosophie – hatte.

2.3.1 Der stoffgeschichtliche Hintergrund

Die antike Lucretia-Sage, die von der Vergewaltigung der römischen Bürgerin Lucretia durch einen Sohn des Königs, ihrem Freitod und der sich anschließenden Erhebung des römischen Volkes gegen das Königtum handelt, gehört zu den beliebtesten Exempelstoffen des Mittelalters.[322]

---

322 Die Beliebtheit des Stoffes zeigt sich auch an der Vielfalt der Lucretia-Darstellungen in der bildenden Kunst; für den Kölner Raum siehe Reiner Dieckhoff: Zur republikanischen Thematik im häuslichen Bereich des 16. und 17. Jahrhunderts in Köln. In: Der Name der Freiheit. 1288–1988 Aspekte Kölner Geschichte von Worringen bis heute. Handbuch zur Ausstellung des kölnischen Stadtmuseums in der Josef-Haubrich-Kunsthalle Köln. Hrsg. v. Werner Schäfke. Köln 1988, S. 422–425. Auf die eigentümliche Mischung der Wandmalereien im Hause des Kölner Ratsherren Weinsberg (unbekleidete Fortuna, nackte Lucretia sowie ein Marienbild) verweist auch Wolfgang Schmid: Kölner Renaissancekultur im Spiegel der Aufzeichnungen des Hermann Weinsberg (1518–1597). Köln 1991 (Veröffentlichungen des Kölner Stadtmuseums 8), S. 91 f. Sie symbolisiert für Schmid einen

Die Beliebtheit des antiken Stoffes läßt sich nach Reinhard Klesczewski darauf zurückführen, daß er die »seit jeher attraktive Mischung von *sex and crime* mit dem Thema des politischen Umsturzes«[323] verbindet, daß Beispiele bewundernswürdiger Taten und abscheulicher Laster vorgeführt werden. In Hinblick auf die große Verbreitung der Erzählung und in Anbetracht der in den nachantiken Fassungen häufig gegebenen Reduktion des Stoffes auf Vergewaltigung und Freitod[324] ist darüber hinaus anzumerken, daß die Lucretia-Sage, unabhängig davon, ob deren Protagonistin als positives Beispiel für die (einzufordernde) Keuschheit der Frauen oder ob sie als negatives Beispiel für deren moralische Leichtfertigkeit stand, Möglichkeiten der sozialen Disziplinierung insbesondere von Frauen bereitstellte.

Im Zuge der stoffgeschichtlichen Entwicklung bildeten sich noch in der Antike verschiedene Versionen der Darstellung des Lucretiastoffes heraus, die die Zugriffsmöglichkeiten widerspiegelten, die die Lucretia--Sage ihren Bearbeitern bot.[325]

Klesczewski[326] bezeichnet als Besonderheiten der Stoffentwicklung, daß zum einen noch in der Antike zwei literarische Versionen als Modelle konkurrierten: die Fassung von Livius (a.u.c. 1,57-60), auf die ich im folgenden noch zu sprechen komme, und die Darstellung Ovids in den *Fasti* (*Fasti* 2, 721-846), der im Stile der hellenisierenden Liebesdichtung gattungskonform die Charaktere stärker auf das Sentimentale abstimmte und statt der heroischen, entschlossenen Frau eine ›puella‹ mit rührenden Zügen präsentierte, die zum Lucretia-Urbild sentimental gestimmter

---

›bodenständigen‹ Humanismus, wo man zwar antike Autoren las, aber spätmittelalterliche Frömmigkeitsformen beibehielt.

323 Reinhard Klesczweski: Wandlungen des Lucretia-Bildes im lateinischen Mittelalter und in der italienischen Literatur der Renaissance. In : Livius. Werk und Rezeption. Fs. Erich Burck. Hrsg. v. Eckard Lefèvre u. Eckart Olshausen. München 1983, S. 313–335, S. 313.

324 So bei Jacobus de Cessolis, Konrad von Ammenhausen, Albrecht von Eyb; auf diese Fassungen werde ich im folgenden eingehen.

325 Vgl. Hans Galinsky: Der Lucretia-Stoff in der Weltliteratur. Breslau 1932 (Sprache und Kultur der germanisch-romanischen Völker 3), S. 11 ff.

326 Vgl. Klesczweski 1983, S. 314.

Epochen wurde. Zum anderen verweist Klesczewski auf die neue Deutung des Lucretia-Stoffes durch Augustinus (c.d. I,19), der die nur vor dem Hintergrund der stoischen Ethik stimmige Begründung des Freitods der Lucretia zum Anlaß nahm, die Lucretia-Figur umzudeuten. In den Mittelpunkt seiner Argumentation stellte Augustinus den Freitod der Lucretia, der für ihn nicht Zeichen höchster innerer Freiheit war, sondern dem christlichen (Selbst-)Tötungsverbot zuwiderlief und als schlimmste denkbare Sünde galt. Für den grundsätzlich zu verwerfenden Freitod der Lucretia konnte es für Augustinus nur zwei Erklärungen geben: entweder war Lucretia unschuldig, dann jedoch in hohem Maße ruhmessüchtig, oder aber sie war an dem Geschehen innerlich beteiligt und folglich des Ehebruchs schuldig. Diese Deutung des Lucretia-Stoffes, die eine negative Bewertung der Lucretia-Figur beinhaltete, erwies sich für die Interpretation des Freitods bis zum Ende des 17. Jahrhunderts als maßgeblich.[327] Sie stellte die späteren christlichen Bearbeiter vor die Aufgabe, einen für sie gangbaren Weg zwischen dem antiken sittlichen und heroischen Stoffgehalt und den Grundsätzen der christlichen Sittenlehre zu finden.

In der deutschen Literatur wird der Lucretia-Stoff erstmals in der Mitte des 12. Jahrhunderts entstandenen *Kaiserchronik* präsentiert (Kchr., V. 4320 ff.), der ersten deutschsprachigen Chronik, die die römische Geschichte beginnend mit Caesar behandelte.[328] Die Lucretia-Sage verlor in der Kchr. ihren chronologisch richtigen Platz am Ende der frühen Königszeit und wurde in die Kaiserzeit, zwischen Nero und Galba, integriert. Stofflich gesehen bietet die Lucretia-Darstellung in der Kchr. deutliche Abweichungen von den antiken Fassungen, so daß die Quellenberufung

---

327 Vgl. Klesczweski 1983, S. 333. Zum Einfluß der augustinischen Wertung im Mittelalter speziell in der bildenden Kunst vgl. Donat de Chapeaurouge: Selbstmorddarstellungen des Mittelalters. In: Zeitschrift für Kunstwissenschaft 14/1960, S. 135–146, der die Neubewertung des Freitods durch Petrarca und Boccaccio herausstellt, die in der Folgezeit eine »objektive Darstellung des Selbstmörders« ermöglichte (S. 145).

328 Die Kaiserchronik eines Regensburger Geistlichen. Hrsg. v. Edward Schröder. Dublin, Zürich 1969 (Nachdr. d. Ausg. Hannover Leipzig 1892; MGH Dt. Chroniken I,1).

auf Ovid (V. 4358) nicht als Quellenbezeugung zu werten ist.[329] Während Ovid die Strukturelemente der livianischen Fassung (Trinkgelage - Wette - Frauenprobe - Vergewaltigung - Offenbarung vor den Angehörigen mit Racheforderung und anschließendem Freitod - Vertreibung der Könige aus Rom) nutzte, verlagerte der Verfasser der Kchr. das Geschehen von Collatia nach dem bekannteren Viterbo, gestaltete die Szenerie höfisch aus, setzte den Kaiser Tarquinius selbst als Kontrahenten des Collatinus ein, motivierte die Vergewaltigung Lucretias durch die Eifersucht der Königin und integrierte ein in den antiken Fassungen nicht gegebenes Gespräch zwischen dem Ritter Totila und der Dame Almenia, das als kontrastierende Einlage das Erzählerverständnis in Hinblick auf das Verhalten der männlichen Protagonisten (Wette) verdeutlicht.[330] Der Freitod der Lucretia wurde in der Kchr. nicht kommentiert, auch wurde auf die Racheforderung der Lucretia verzichtet (V. 4761–4771).

Als weitere deutsche Bearbeitung des Lucretia-Stoffes sei die Bearbeitung Konrads von Ammenhausen (*Schachzabelbuch*, V. 3495 ff.) genannt.[331] Konrads Schachzabelbuch basierte auf dem *Solacium ludus scaccorum* des Jacobus de Cessolis, eines lombardischen Dominikaners, der zwischen 1288 und 1322 nachgewiesen ist. Das Schachzabelbuch Konrads ist in 25 Handschriften überliefert und hat mehrere größere didaktische Dichtungen wie das *Goldene Spiel* Meister Ingolds und den

329 So auch Wolfgang Mohr gegen Friedrich Ohly: Sage und Legende in der ›Kaiserchronik‹. Untersuchungen über Quellen und Aufbau der Dichtung. ²Darmstadt 1968 (Reprograph. Nachdr. d. Ausg. Münster 1940; Forschungen zur deutschen Sprache und Literatur 10); Wolfgang Mohr: Lucretia in der Kaiserchronik. In: DVjs 26/1952, S. 433–446, S. 434 f.

330 Vgl. Mohr 1952, S. 440 ff. sowie Ingrid Bennewitz: Lukretia, oder: Über literarische Projektionen von der Macht der Männer und der Ohnmacht der Frauen. Darstellung und Bewertung von Vergewaltigung in der *Kaiserchronik* und im *Ritter vom Thurn*. In: ›Der frauwen buoch‹. Versuche zu einer feministischen Mediävistik. Hrsg. v. Ingrid Bennewitz. Göppingen 1989, S. 113–134, die dem unterwürfigen Verhalten der Lucretia und dem aggressiven Agieren der Königin die selbstbewußte, redegewandte Almenia als positive Figur gegenüberstellt.

331 Ferdinand Vetter: Das Schachzabelbuch Kunrats von Ammenhausen. Nebst den Schachbüchern des Jakob von Cessole und des Jakob Mennel. Frauenfeld 1892 (Bibl. älterer Schriftwerke der deutschen Schweiz. Ergänzungsbd.).

Spiegel des Regiments Johanns von Morsheim beeinflußt.[332] Ebenfalls auf Jacobus basierte die Darstellung des Lucretia-Stoffes in den *Gesta Romanorum.*

Deutsche Humanisten wie Albrecht von Eyb oder Heinrich Steinhöwel übernehmen den Lucretia-Stoff von italienischen Humanisten; Albrecht von Eyb bearbeitet in seinem 1470 entstandenen *Ehebüchlein* die Lucretia-Darstellung Coluccio Salutatis,[333] Steinhöwel übersetzte 1473 Boccaccios *De claris mulieribus* und damit auch die Lucretia-Erzählung ins Deutsche[334]. Schöfferlins Lucretia-Bearbeitung wurde ihrerseits von Hans Sachs und Jakob Ayrer dramatisch bearbeitet; Heinrich Bullinger nutzte Schöfferlins Lucretia-Erzählung ebenfalls für sein Lucretia-Drama.

Während mittelalterliche Fassungen am adligen Personal festhielten (so Konrad von Ammenhausen, der Collatinus als Burgherrn präsentierte, V. 3499 ff.), stellten die Humanisten in ihren Bearbeitungen den bürgerlichen Bezug heraus: Lucretia wurde als Bürgerin vorgestellt und damit die sozialpolitische Spannung der Erzählung potentiell verstärkt.

In Albrechts von Eyb *Ob einem manne sey zunemen ein eelich weyb oder nit* steht die Lucretia-Sage im zweiten Kapitel des ersten Teils (*Ehebüchlein*, S. 14 f.). Unter der Überschrift »Von lieb vnd keůscheit der eeleůte vnd von annder vnordenlicher lieb vnd vnkeůscheit« (*Ehebüchlein*, S. 8) stellte Albrecht von Eyb hier u.a. die Exempel antiker Selbstmörderinnen wie Porcia, Hyppo, Panthia, Lucretia und Dido vor und diskutierte den Wert der Keuschheit. Für seine Lucretia-Darstellung gab Albrecht keine Quelle an; die Darstellung Coluccio Salutatis ist als Quelle nachgewiesen. Gegenüber seiner Vorlage, die die erotische Komponente des Stoffes verstärkte und die Lucretia-Figur psychologisch differenziert

332 Vgl. Gerhard F. Schmidt: Konrad von Ammenhausen. In: ²VL, Bd. 5, 1985, Sp. 136–139, Sp. 138 f.
333 Deutsche Schriften des Albrecht von Eyb. Hrsg. von Max Herrmann. Bd. 1. Das Ehebüchlein. Hildesheim/Zürich 1984 (Nachdr. d. Ausg. Berlin 1890) Schriften zur germanischen Philologie, Heft 4), S. 14 f. Hinweise zur Vorlage s. Galinsky 1932, S. 55 f.
334 Textausgabe: Boccaccio ›De claris mulieribus‹ deutsch übersetzt von Stainhöwel. Hrsg. v. Karl Drescher. Tübingen 1895 (StLV 205), S. 170–173.

anlegte, kürzte Albrecht von Eyb im wesentlichen um die Stellen, die dieser neuen Sichtweise Salutatis entsprachen.[335] Infolgedessen stellte Albrecht die Keuschheit seiner Heldin nicht in Frage, sondern betonte in auktorialer Erzählhaltung abweichend von Salutati, daß Lucretia die Vergewaltigung unbeteiligt »als ein seul von merbel« (*Ehebüchlein*, S. 14) über sich ergehen ließ. Kernstück der Erzählung ist die Rede der Lucretia, in der diese ihr Schicksal beklagt und den beabsichtigten Freitod begründet. Diesen motivierte Albrecht nicht wie Salutati aus dem Geständnis erlebter Schwäche; im Zentrum der Begründung des Freitods stand vielmehr die Unmöglichkeit der Liebe für eine in irgendeiner Form doch Schuldige. Die politischen Konsequenzen, die Vertreibung der Könige aus Rom und die Errichtung der Republik, wurden in nur einem Satz dem Exempel angeschlossen - dies entspricht der Konzentration des Ehebüchleins auf Fragen des ehelichen Zusammenlebens. Eine Bewertung des Freitods innerhalb des Exempels nahm Albrecht nicht vor; am Ende des zweiten Kapitels wies er jedoch darauf hin, daß Frauen auch in unerträglichen Situationen (»in widerwertigkeit«) ihr Schicksal geduldig anzunehmen hätten und an sich selbst nicht schuldig werden dürften - ein deutlicher Reflex auf den Freitod der antiken Heldin.

2.3.2 Schöfferlins Vorlage: Die livianische Lucretia-Erzählung

Die livianische Lucretia-Erzählung (a.u.c., 1,57,4 ff.) steht am Ende des ersten Buchs und markiert den Übergang vom frühen Königtum zur Republik. Ein Pendant stellt die Virginia-Erzählung am Ende des dritten Buchs dar, die die Abschaffung des Decemvirats und die Rückkehr zur früheren Konsulatsverfassung motivieren soll. Obgleich Livius eine Fülle von Strukturelementen in seine Darstellung einbrachte (Trinkgelage - Wette - Frauenprobe etc.), ist seine Lucretia-Erzählung vor allem wegen der auffallenden Kürze in den Reden sehr knapp gehalten. Die Kürze der Erzählung bei gleichzeitig hoher erzählerischer Organisation und Konzentration auf die für den Erzählvorgang jeweils wesentlichen Elemente

---

335 Näheres siehe Galinsky 1932, S. 55 ff.

können als ausschlaggebend für die literarische Überlegenheit der livianischen Fassung angesehen werden.

Ausgangspunkt des Geschehens um Lucretia war eine außenpolitische Krisensituation; die Römer belagerten die Stadt Ardea. Dies hatte zur Folge, daß alle wehrfähigen Männer Rom verlassen hatten. Im Verlauf der Belagerung kam es zwischen den königlichen Prinzen und ihrem Vetter Collatinus zu einer Wette, wessen Frau die vortrefflichste sei. Man beschloß, diese Frage noch in der selben Nacht zu klären, und die Prinzen und Collatinus ritten nach Rom. Lucretia war im Unterschied zu den Frauen der Prinzen noch bis spät in die Nacht hinein mit ihren Dienerinnen häuslich tätig und trug wegen ihres tugendhaften Lebens den Sieg davon. Collatinus, Ehemann der Lucretia und von daher Gewinner der Wette, bat die Prinzen in sein Haus. Bei dieser Gelegenheit faßte der Prinz Sextus Tarquinius, von Lucretias Schönheit und Keuschheit beeindruckt (»cum forma tum spectata castitas incitat«, a.u.c. 1,57,10), den Plan, Lucretia abermals zu besuchen und seine sexuellen Absichten gegebenenfalls auch durch die Anwendung von Gewalt durchzusetzen. Mit der für Livius charakteristischen vorausdeutenden Formulierung »ibi Sex. Tarquinium mala libido Lucretiae per uim stuprandae capit ...« strich Livius den verbrecherischen Vorsatz des Sextus deutlich heraus.

Einige Tage später kehrte Sextus mit einem Begleiter nach Collatia zurück; er wurde im Hause der Lucretia freundlich aufgenommen. In der Nacht drang Sextus mit gezücktem Schwert in das Schlafzimmer der Lucretia ein, gestand ihr, daß er sie begehre (»Tarquinius fateri amorem«, a.u.c., 1,58,3), und erreichte letztlich durch die Drohung, Lucretia zu töten, die nackte Leiche eines Sklaven neben sie zu legen und so den Anschein eines Ehebruchs zu erwecken, daß Lucretia ihm nachgab. Auch hier setzte Livius bei aller Lakonie des Erzählens sehr deutliche Erzählsignale, wenn er Sextus - trotz körperlicher Überlegenheit - mit gezücktem

Schwert (»stricto gladio«; a.u.c. 1,58,2) in das Schlafzimmer der Lucretia eindringen ließ, also eine sexuelle Metapher verwendete.[336]

Nach der Tat benachrichtigte Lucretia nicht nur den Ehemann, sondern auch den Vater; diese kamen in Begleitung zweier Freunde nach Collatia. Vor den Anwesenden berichtete Lucretia das Geschehen, forderte Rache und tötete sich trotz der Beschwichtigungsversuche der Anwesenden schließlich selbst. Durch ihren Freitod wollte sie gewährleisten, daß in Zukunft keine ›schamlose‹ Frau unter Berufung auf sie leben könne. Zugleich bekam der Vorgang der Vergewaltigung und auch ihr Racheverlangen durch den Freitod eine andere Qualität.

Nach dem Tod der Lucretia leisteten die Anwesenden unter Führung des Brutus einen Racheschwur. Zum Verständnis der Brutus-Figur ist wesentlich, daß Livius Brutus im Vorfeld der Lucretia-Erzählung in Zusammenhang mit einem Prodigium einführte (a.u.c. 1,56,7ff.), das auf den Machtwechsel in Rom vorbereitete. In den Racheschwur, der ebenfalls äußerst knapp gehalten ist (a.u.c. 1,59,1), integrierte Livius bereits die Abschaffung des Königtums als maximale Forderung; d.h. er ging über den konkreten Einzelfall, die Vertreibung der Tarquinier, hinaus. Nach dem Schwur brachten Brutus, Collatinus und Lucretias Vater den Leichnam zum Marktplatz, die Einwohner von Collatia wurden über die Vorgänge unterrichtet und die revolutionäre Erhebung gegen das Königtum begann. Unter Führung des Brutus marschierte eine bewaffnete Schar nach Rom, und Brutus hielt eine Rede vor dem Volk (a.u.c. 1,59,8 ff.). Auffallend ist die Zurückhaltung, mit der Livius diese wichtige Rede des Brutus konzipierte; in indirekter Rede berichtete er in wenigen Sätzen die Untaten der Tarquinier (a.u.c. 1,59,8-10), dem folgt ein Verweis darauf, daß es für den Geschichtsschreiber nicht leicht sei, eine dermaßen mit Affekten beladene Rede wiederzugeben (a.u.c. 1,59,11). Aufgrund der Rede des Brutus beschloß das Volk in Rom, Tarquinius und seiner

---

336 Zum Schwert als sexueller Metapher vgl. Johannes Müller: Schwert und Scheide. Der sexuelle und skatologische Wortschatz im Nürnberger Fastnachtspiel des 15. Jahrhunderts. Bern, Frankfurt/Main, New York, Paris 1988 (Deutsche Literatur von den Anfängen bis 1700, Bd. 2), S. 56ff.

Familie die Herrschaft abzusprechen und sie zu verbannen. Danach begab sich Brutus mit seiner Schar ins Lager der Soldaten nach Ardea; der König, von dem Aufstand unterrichtet, ritt seinerseits nach Rom. Während Tarquinius jedoch die Tore von Rom verschlossen blieben, wurde Brutus als Befreier der Hauptstadt (a.u.c. 1,60,2) im Lager freudig empfangen. In einer Volksversammlung wählte man zwei *consules*: Brutus und Tarquinius Collatinus.

Durch die Parallelität der Handlungsführung (a.u.c. 1,59,13; 1,60,1ff.) gelang es Livius, das Erzähltempo gegen Ende des ersten Buches wirkungsvoll zu steigern; der Steigerung des Erzähltempos entspricht inhaltlich die Konsequenz und Zügigkeit in der Abschaffung des Königtums.

2.3.3 Schöfferlins Lucretia-Bearbeitung

In seiner Bearbeitung der Lucretia-Sage nutzte Schöfferlin die livianische Darstellung als Basistext und des weiteren den Bericht des Dionys von Halikarnaß (AR IV,64ff.), der ihm zur Politisierung der Reden des Brutus diente. Anklänge an die Lucretia-Darstellung Albrechts von Eyb sind m.E. in der Vergewaltigungs- bzw. Offenbarungsszene gegeben; auch scheint die Tradition der Schachzabelbücher Schöfferlin gegenwärtig gewesen zu sein. Des weiteren fügte Schöfferlin vermutlich eigenständig Kommentare ein, die sich sowohl auf Vergewaltigung und Freitod als auch auf die revolutionäre Erhebung des römischen Volkes gegen das Königtum beziehen.

2.3.3.1 Die Darstellung des Erzähleingangs
und der Vergewaltigungsszene

Sowohl bei Livius (a.u.c., 1,57) als auch bei Schöfferlin beginnt die Lucretia-Erzählung mit der Darstellung der Belagerung der Stadt Ardea, wobei Schöfferlin die Kriege des Tarquinius Superbus zusammenfaßte. Der Beginn der Lucretia-Erzählung wird durch ein Paragraphenzeichen signalisiert. In der Anlage seiner Erzählung folgte Schöfferlin im wesentlichen Livius, d.h. er übernahm Trinkgelage, Wette und Frauenprobe.[337]

337 RH XVIIIv: »§ Darnach zoch Tarqui ‖ nius aber für ein veste statt / Ardea genant / die er mit not ouch bezwingen / vnnd ein ‖ lang leger darvor haben mům st / In dem / begab sich das ettlich der Edlen Römer / ‖ byeinander in dem hör truncken vnd assen / vnd ir gemachel vnd ander frowen von ‖ Rom ze red wurden / der lopt die / ein ander dise zům letst / kamen sie überein / das ir dry ‖ mit namen Sextus des küngs son / Collatinus der ander / vñ Tarquinius ein son ‖ Egerij / des ersten Tarquinius brům der gen rom in die statt reyten solten / vñ welche ‖ vnder iren frowen sie in dem aller erbersten gescheft fünden / die solt den pryß für die ‖ andren haben / Als sie nům n gen Rom kamen / fanden sie Sextus hußfrowen mit an ‖ dren die by ir waren / tantzen / vnnd in wollust leben / Da sie aber in Collatinus ‖ huß kamen / funden sie syn hußfrowen Lucrecia genant (.die doch iung vnnd vast ‖ schön was.) schlecht / Vnnd demütigklich bekleidet / by iren meyten sitzen weben ‖ vnnd arbeitẽ / Der ward der pryß zugeteilt / das verdroß Sextus des küngs [küns] Son ‖ so hart / das er weg sucht / wie er sie schmehẽ möcht / damit sy ir gům t lobe verlür. Also ‖ [RH XIXr] kam er vff ein zyt darnach als Collatinus nit anheimsch was in ir huß by nacht als ‖ ein gast geritten / da empfieng sy die Ersam frow Lucrecia wol vnd schon / Als ir ge- ‖ gen des küngs son wol zam / vnnd bewißt im zucht vnnd er / nach dem besten als sie ‖ kund / vnwissent was Sexto zům mům t was / da sich nům n die ziet begab / dz man schlaf- ‖ fen gon solt / nam sie vrlob von im / vnd geing in ir kamer an die rům w / da bracht / Se ‖ xtus ein magt mit gab darzům / das sie im anzoigen gab / wie er heimlich in Lucrecia ‖ kamer kommẽ möcht Als das geschach schlich Sextue zům dem bett daran Lucrecia ‖ schlaffend lag / die weckt er / Gab sich ir zům erkennen / vnd bat sie / das sie swiegen vnnd ‖ syne willen wolbringen wolt / darumb verhieß er ir groß gaben / Da aber Lucrecia ‖ sich des widert / ließ er sie grieffen ein swert das er in syner hand trům g / mit tröworten ‖ wa sie sich syns willen nit flyssen wolt / so můßt sie davon sterbẽ / Lucrecia die werde ‖ erschrack ser / als wol zuglouben ist / wan sie in disen nöten / vnd so gechling nit wißt ‖ was ir zetům n was / doch bestům nd sie daruff / dz sie lieber sterbẽ / dañ ir er verliesen wolt / ‖ vñ als Sextus sie wider mit bitten / flehen / noch tröwortẽ überwinden noch mit lieb ‖ oder leyd sie bereden / vnnd syn willen erlangen mocht / Fyel im zům der fund / Syd sie ‖ ir Er / so hoch achtet / vnnd bereit was lieber erlich zům sterben / dañ in schanden zelebẽ / ‖ das er ir tröwet vnnd sprach / Es sy dañ das du myns willen pflegest. so wil ich dich ‖ ertötten / vnd dynen hußknecht ouch todschlahen / den nackent zům dir an des bett legẽ ‖ Sagen vnnd von dir vßgeben Ich hab üch beyde so schantlich byeinander funden / ‖ vnd Collatino dynen man zům Eren / die rach getan / das ich üch beiden darumb das ‖ leben genömen hab / damit / du dannocht nach dynem tod vner / vnnd diß schantlich ‖ wort mit dir von hynen füre můst / Man hab dich als ein ebrecherin funden vnd ge- ‖ tottet / Da das Lucrecia hort / das sie den tod vnd schand beide lyden můßt / wie ir zům ‖ hertzen wer / ist mer

124

Als Abweichungen gegenüber der livianischen Darstellung sind zu vermerken:

– von einem verwandtschaftlichen Verhältnis zwischen den Söhnen des Tarquinius Superbus und Collatinus ist bei Schöfferlin nicht die Rede;
– die Gewißheit des Collatinus, daß seine Frau den Preis davonträgt, und die kurze Rede des Collatinus, die den Ausschlag zum nächtlichen Ritt nach Rom gegeben hatte (a.u.c. 1,57,7 f.), wurden von Schöfferlin nicht übernommen; eine Mitschuld des Collatinus war für Schöfferlin damit nicht gegeben;
– Schöfferlin begründete die freundliche Aufnahme des Sextus Tarquinius im Haus der Lucretia mit einem Verweis auf dessen soziale Stellung;
– die Vergewaltigungsabsicht des Sextus wurde neu motiviert;
– die Vergewaltigunsszene wurde ausgeweitet, wobei Schöfferlin direkte und indirekte Rede anders setzte sowie einen Erzählkommentar aus christlicher Sicht beifügte.

Als Bearbeitungstendenz ist festzuhalten, daß Schöfferlin sich in den mittelalterlichen Traditionsstrom einordnete, dem Lucretia ein positives Beispiel ist, daß er die Lucretia-Sage also nicht nutzte, die moralische Leichtfertigkeit einer Frau bzw. der Frauen schlechthin zu demonstrieren. Entsprechend dieser Grundhaltung bezeichnete Schöfferlin Lucretia in der Darstellung mit Epitheta wie *ersam* oder *die werde* und arbeitete ihre Unschuld an dem Geschehen über die Vorlage hinaus deutlich heraus. Das Herausstellen der Unschuld der Lucretia kann als Reflex auf die oben angeführte augustinische Betrachtungsweise angesehen werden. In diesen Zusammenhang ist m.E. auch die Einführung des Motivs der bestochenen Magd zu stellen, wodurch Schöfferlin die Unschuld der Lucretia noch

---

zügedencken dañ zů schriben / vnd kam in ein zwifelhefftig gemůt ‖ was ir ze tůn wer / dan den tod vorcht sie nit so vil als vner / Es zwang sie aber das ‖ schantlich [chantlich] wort / vnd das man zů ewigen zyten ir nachreden vñ sagen solt / sie het mit ‖ eynem hußknecht ir egebrochen / vñ wer also umb verschuldt sachen zů dem tod kö- ‖ men / wan sie noch als ein heydin / nit wißt den lon / der den ihenen / die vnverschultĕ ‖ tod lyden in hymel bereit ist / Darumb ward sie vß weiblicher blödikeit überwundĕ / ‖ das sie Sexto vergondet synen willen zůvolbringen«.

stärker betonte, da sich Sextus bei der Magd über die Lage des Schlaf-zimmers informieren mußte.[338]

Wie auch Konrad von Ammenhausen und Heinrich von Beringen[339] motivierte auch Schöfferlin die freundliche Aufnahme des Sextus im Hause der Lucretia durch einen Verweis auf dessen soziale Stellung. Die Motivierung der freundlichen Aufnahme des Sextus durch Verweis auf dessen Status ist vor dem Hintergrund der Diskussionen um die Schick-lichkeit der Aufnahme eines Fremden bei Abwesenheit des Hausherrn in der zeitgenössischen Ehe- und Frauenliteratur zu betrachten.[340]

Weiterhin ist zu beachten, wie sorgsam Schöfferlin die Trennung am Abend herausstrich: »da sich nůn die ziet begab / dz man schlaf- ‖ fen gon solt / nam sie vrlob von im / vnd geing in ir kamer an die růw« (RH XIXr).

Die Vergewaltigungsabsicht des Sextus motivierte Livius mit Lucretias Schönheit und Tugend; Schöfferlin hingegen begründete die Vergewalti-gung mit Neid und Eifersucht: die Zuteilung des Preises »verdroß Sextus des küngs [küns] Son ‖ so hart / das er weg sucht / wie er sie schmehē möcht / damit sy ir gůt lobe verlür« (RH XVIIIv).

Auch die Darstellung der Vergewaltigung weicht von der Vorlage ab. Herausragendes Merkmal ist hier die unterschiedliche Verteilung der direkten und der indirekten Rede. Livius ließ die Vergewaltigungsszene mit direkter Rede beginnen (a.u.c. 1,58,2), die letztlich erfolgreiche Drohung des Sextus folgte kurz darauf in indirekter Rede (a.u.c. 1,58,3f.).

Schöfferlin kehrte dieses Verhältnis um: die Vergewaltigungsszene beginnt in indirekter Rede, die Drohung folgt in direkter Rede und

---

338 Vgl. Schachzabelbuch, V. 3580ff; so auch bei Heinrich von Beringen, V. 1189ff; Das Schachgedicht Heinrichs von Beringen. Hrsg. v. Paul Zimmermann. Tübingen 1883 (StLV 166). Für Galinsky steht die Einführung des Motivs der bestochenen Magd lediglich in Zusammenhang mit Schöfferlins Wendung zur rationalen Motivierung des Geschehens, siehe Galinsky 1932, S. 61.

339 Vgl. Schachzabelbuch, V. 3567ff.; Heinrich von Beringen, Schachgedicht V. 1171.

340 Vgl. die Bearbeitung Jakob Ayrers: *Tragedi, vierdter Theil, vonn Servij Tullij regiment vnnd sterben, darinnen der schönen Lucretia Histori begriffen*. In: Jakob Ayrer: Dramen. Hrsg. von Adelbert von Keller. Bd. 1. Hildesheim, New York 1973 (Reprograph. Nachdr. d. Ausg. Stuttgart 1865; StLV 76). S. 272–355, S. 354, Z. 10ff.

gegenüber der Vorlage wesentlich expliziter. Im Unterschied zu dem Sextus des Livius führte der Sextus Schöfferlins den Verlust der Ehre als Konsequenz für Lucretia an und nahm auch die Ehre des Collatinus als Argument in die Rede hinein. Durch die unterschiedliche Verteilung der direkten und indirekten Rede sowie die Ausweitung der Drohung stellte Schöfferlin die Ausweglosigkeit der Situation für Lucretia stärker heraus.

In der Darstellung der Reaktion der Lucretia betonte Schöfferlin die von Sextus angeführte üble Nachrede als Motivation für Lucretias Nachgeben. Die Gefahr übler Nachrede als Motiv für das Nachgeben bot auch die Tradition der Schachbücher, für die Konrad von Ammenhausen hier stellvertretend zitiert sein soll: »dü vrouw dô mê / vorhte das wort denne den tôt. / sus was si in grôsser nôt. / doch ê si wolt das wort hân / nâch ir tôde, si wolt ê lân / sînen willen vollevarn« (*Schachzabelbuch*, V. 3634 ff.).[341]

In einer ersten Stellungnahme relativierte Schöfferlin die Verwerflichkeit des Handelns der Lucretia, indem er darauf verwies, daß ihr Nachgeben nicht an christlichen Wertmaßstäben zu bemessen sei: »wan sie noch als ein heydin / nit wißt den lon / der den ihenen / die vnverschultē ‖ tod lyden in hymel bereit ist« (RH XIXr). Hier wird deutlich, wie für Schöfferlin in Anlehnung an weibliche Legendengestalten die ideale stoffliche Entwicklung ausgesehen hätte: Lucretia stirbt in Verteidigung ihrer Keuschheit durch das Schwert des Sextus und wird im Jenseits für ihre Standhaftigkeit belohnt. Entsprechend dieser Grundhaltung charakterisierte Schöfferlin Lucretias Nachgeben als weibliche Schwäche.

2.3.3.2 Die Darstellung der Offenbarungsszene

In der Darstellung der Offenbarungsrede finden sich Abweichungen von Livius, die ich darauf zurückführe, daß die livianische Erzählung – vor allem in Hinblick auf das heroische Handeln der Lucretia und in Hinblick auf den Freitod – Schöfferlin nicht in der vorgegebenen Form präsentierbar erschien. Die Offenbarungsrede der Lucretia wurde analog zu Livius

---

341 Vgl. auch Heinrich von Beringen, Schachgedicht V. 1297 ff.

in zwei Teile gespalten; dazwischen steht sich die Reaktion der Anwesenden.

Abweichend von Livius stellte die Lucretia Schöfferlins in ihrer ersten Rede erneut breit die Beweggründe für ihr Verhalten heraus.[342] Im Unterschied zu der livianischen Darstellung steht in der RH der Freitod primär in Zusammenhang mit der Beglaubigung ihrer Unschuld. Die Forderung nach Rache, die bei Livius den Abschluß der ersten Redepassage gebildet hatte (a.u.c. 1,58,8), wurde von Schöfferlin nicht übernommen; sowohl Albrecht von Eyb als auch Konrad von Ammenhausen hatten diese Racheforderung beibehalten.

Im Unterschied zu Livius gestaltete Schöfferlin den ersten Redeteil der Lucretia in indirekter Rede. Parallel zum Ausbau der Rechtfertigungsposition, in die Schöfferlin Lucretia durch seine Hinzufügungen stellte, ist auch die Reaktion der Anwesenden auf die Offenbarung Lucretias gezeichnet. Während Livius die Anwesenden primär bemüht sein ließ, Lucretia zu trösten (a.u.c. 1,58,9), bedienen sie sich bei Schöfferlin juristischer Sprache und juristischer Argumentation:

---

342 RH XIXv: »⟨d⟩Ie feing an ynen zu ertzelen die schmach die ir ‖ von Sexto des küngs son zugestanden was / vnd bezüget mit den göttē ‖ weywol der lyb geschmecht wer / das doch ir hertz vnd gemůt allweg rein ‖ beliben / vnd zů disen dingen nye kein willen geben hett / Aber die schand ‖ die ir Sextus nach irem tod getröwet hett vff zulegen / vnnd die selbig nachred / wer ‖ ir mer zuhertzen gangen wen der tod / die zufliehen vnnd nit den tod / wer dem argen ‖ man leyder syn wil an ir ergangen / Nůn wißte sie wol / dz ir das nit zuglouben wer ‖ So möchte sie es ouch mit keynē zügen bewysen / Sie wolt aber mit irem eigē tod vñ ‖ blůtvergiessen sie sehen lassen vnd bewysen / das sie die schand vnd vner vil mer dañ ‖ den tod gefürcht vnd geflohen hett / vnd satzt ir damit für / sich selber zů ertötten / vñ ‖ als ir vatter vnnd man ire cleglich iamer vnnd geperd sahen / wurden sie zů erbermd ‖ bewegt / vnd begonden sie trösten / Sprechende / es geb ein gnůgsam anzögen ir vn- ‖ schuld / das sie dise ding selbs eroffnot vnd sich ab dem nottzoger beclagt / vnd den of- ‖ fenbaret / So wer ouch syn untrüw vñ boißheit inen nit nüw / sie kondē wol verston ‖ warumb er dise ding vnderstandē hett / dz wer allein dz [alleindz] er ir der eren vergondte / die ir ‖ für ander römisch frowē zů gemessen wer / sie woltē iren wortē vestlich gloubē / vñ sie umb der tat willē entschuldiget habē vñ nymmer dester lichter oder vnerlicher haltē / ‖ [RH XXr] Darumb bedorfft sie ir selber nicht schadlichs tůn oder zů fügen«.

»Sprechende / es geb ein gnůgsam anzögen ir vn- ‖ schuld / das sie dise ding selbs eroffnot vnd sich ab dem nottzoger beclagt / vnd den of- ‖ fenbaret« (RH XIXv).

Insbesondere die von Schöfferlin eingeführte Beteuerung der Anwesenden, Lucretia aufgrund des Vorgefallenen nicht schlecht behandeln zu wollen, ist in der livianischen Darstellung, die sich auf die Frage der Schuld bzw. Unschuld konzentrierte, nicht verankert.

Die zweite Rede der Lucretia,[343] in der diese nach der livianischen Fassung knapp die Notwendigkeit ihres Freitodes begründete (»Vos«, inquit, »uideritis quid ille debeatur; ego me etsi peccato absoluo, supplicio non libero; nec ulla deinde impudica Lucretiae exemplo uiuet«, a.u.c. 1,58,10), umfaßt bei Schöfferlin neun Zeilen und beinhaltet die explizite Anrede des Ehemannes und des Vaters. Im Unterschied zur livianischen Rede, die als Entscheidungsrede charakterisiert werden kann,[344] handelt es sich in der Darstellung Schöfferlins um eine weitere Rechtfertigungsrede, in der Lucretia ihren Entschluß zum Freitod gegenüber den Angehörigen begründet. Diese Rechtfertigung ist für Schöfferlin folge-

---

343 RH XIXv: »Aber die ersam Lu ‖ crecia stůnd vff irem fürnemen. § Vnnd sprach / wie magstu Collatine lieber huß- ‖ wirt nymmer mer eynichen willen oder lieb zů mir habē / wan du gedenckst / das din ‖ schlaffbeth mit eins frömbden mannes fůßtrit bemackelt vnd also enteret ist / vnnd ‖ du myn vatter / wie magstu mich ymer mer frölich ansehen / So du der lesterlichen ‖ tatt / die ich din kind begangen hab gedenckest / Ob wol ir mynen worten gloubē wol ‖ ten / wer entschuldiget mich gegen andren Römern vnnd Römerin Ich erkenn das ‖ ir mich nit by leben behalten / Sonder in noch mer schand vnnd nachred füren wolt. ‖ Es soll nymmer mer kein Eebrecherin Lucrecia zů Exempel habē / ich wil mit mynē ‖ tod bewisen / was mich zů disen dingen genött vñ bewegt hat / damit stach sie ein mes ‖ ser (das sie heimlich by ir trůg) in ir brust / das ir blůt von ir ran / vnd so krafftloß zů ‖ der erden sanck vnd starb / disen ellenden / vñ doch nach der welt zerechnen erlich tod / ‖ nam die küsch Lucrecia / der mer zůverwundern ist / dañ das yemant nachvolgen ‖ oder deßglichen ouch tůn wölt. So durch Cristenliche ordnung verworffen vnd ver ‖ botten ist / hand an sich selber anzůlegen / vnnd sich zů dem tod fürdren Noch ist die ‖ werd Lucrecia als ein heydin hoch zuprysen vnnd zů loben / das sie ir Er vñ küscheit ‖ hoher dan ir leben geacht hat. Got wölt das die Cristenlichen frowen / den syn ouch ‖ hetten / dañ es ist vnder der sonnen nicht / das ein weiplich bild mer er vnnd zier / dañ ‖ ein rein küsch leben So wirt ouch in hymel nichtz hoher belonet«.

344 Lausberg 1976, § 8.3.

richtig, da zuvor sowohl der Vater als auch der Ehemann und die Freunde Lucretia aufgefordert hatten, von ihrem Plan Abstand zu nehmen. Eine Rechtfertigung ist auch in der Lucretia-Darstellung Albrechts von Eyb gegeben, an die sich Schöfferlin in der Gestaltung seiner Lucretia-Rede anlehnte:[345] Schöfferlin übernahm in seine Darstellung sowohl die Anrede der Angehörigen als auch einzelne Begriffe (*schand und laster* Eyb - *schand vnnd nachred* Schöfferlin; *aller liebster haußwirt* Eyb - *lieber hußwirt* Schöfferlin sowie die parallel gesetzte Frageeinleitung *wie magstu*). Die Argumentation Albrechts, die in Anlehnung an Salutati die erotische Komponente des Stoffs thematisierte, übernahm Schöfferlin nicht.

Die Lucretia-Rede Schöfferlins ist in ihrem direkten Redeteil durch die Anrede der Angehörigen geprägt. Die Unmöglichkeit des Weiterlebens stellte Schöfferlin in antithetischen Wendungen heraus: *eynichen willen oder lieb* versus *bemackelt vnd also enteret*, *frölich ansehen* versus *lesterliche tatt*. Der Bezug auf das altrömische Tugendsystem ist nur noch in Anklängen vorhanden; im Redeschluß wird der Freitod abermals als Beweis der Unschuld herausgestellt. Die von Livius abweichende

---

345 »Ich armes weyb! ich mag nu nit anders auff disem ertrich haben dann schand vnd laster, vnd ist mir weger, ich sterb von der keúscheit wegen, dann das ich leb als ein eeprecherin! vnd wie magstu, mein aller liebster haußwirt, in meinen armen geruen, vnd ich in deinen, so du gedenckst, du habest nit dein hawßfrawen vmfangen, sunder ein eeprecherin mit Tarquino? vnd du, mein lieber vater, wie magstu mich fürbas dein tochter heyßen vnd halten, so ich die keuscheit, die ich vndter deiner zucht vnd ruten hab gelernet, so unseligclich verloren habe? We mir armen frawen! wie soll ich mein súße kinder ansehen, so ein eeprecher Tarquinus den leib, dar innen sie gelegen sein, hat gedruckt? vnd wie möcht ichs erbytten, so sein vnseliger same in meinem leib gewurtzelt het, das ich solt werden ein muter eins kinds von eym eeprecher? mein leben mag nit mere mit freúden gesein. wie möcht mein vnschuldigs gemúet in disem beflecten leichnam beleiben, vnd so mich dartzu die wollust des fleischs, als menschlich ist, het úbergangen. Ich will dise prúste die Tarquinus hat liebt gehabt vnd geschmecht vnd die er zu einer reytzung der unkeúscheit hat getastet, mit einem messer durch stechen vnd mit meinem plute abwaschen die mackel. Nu, du irdischer leichnam, durch dein schön vnd gute gestalt bistu gewest ein vrsache dises úbels, gib her dein sele vnd vergeúße dein plute! lieber man vnd lieber vater, eúch thar ich auß schannden, schame vnd vnseligkeit nit mer ansehen vnd gesegen eúch, ir lieben freúnde, vnd wolt an Tarquino rechen dises úbel!« (Ehebüchlein, S. 14f.).

Motivierung des Freitods ist stoffgeschichtlich insofern interessant, als sowohl das von Livius gezeichnete entschlossene Handeln der Protagonistin, ihr in der livianischen Fassung ›unpersönlich‹ anmutendes Verhältnis zu den Angehörigen sowie der Bezug auf das altrömische Tugendsystem Schöfferlin hier - so wird man vermuten dürfen - nicht mehr nachvollziehbar erschien und somit auch nicht darstellbar war.[346] Wie schwierig die Motivierung des Freitods der Lucretia analog zu der livianischen Fassung den mittelalterlichen Bearbeitern war, zeigen sowohl der knappe Zusatz des Jacobus von Cessolis als auch die Bearbeitung Konrads von Ammenhausen. Jacobus, der seine Exempel jeweils äußerst knapp darstellte, benötigte einen Zusatz »Ne autem aliqua inpudica exemplo Lucrecie vivat, que voluerit accipere exemplum de culpa, non negligat experiri exemplum de pena« *Solacium*, S. 143).

Bei Konrad von Ammenhausen wird das Prinzip der freiwilligen Selbstbestrafung weiter ausgeführt:

> »ob iemer mê kein vrouwe mîn / laster welle ze schirme hân / und sprechen, ich habe ouch missetân, und welle mit mir beschönnen sich, / sô sehe ouch

---

346 Vgl. auch die Bemerkungen Galinskys zur Fassung Salutatis: »Livius führte nur einen einzigen Trostgrund der Verwandten an: Sextus allein ist schuld, Lucretia schuldlos, da ihr die Absicht zur Sünde gefehlt hat. Umgekehrt rechtfertigt Lucretia, abgesehen von der spitzfindigen Erörterung über ›peccatum‹ und ›supplicium‹ ihren Vorsatz ebenfalls nur mit einem Motiv: ›nec ulla deinde inpudica Lucretiae exemplo vivet.‹ Beide Parteien kämpfen mit kühlen Vernunftgründen. Hier setzt Salutati wandelnd ein. Zu den rationalen Triebkräften gesellt er emotionale«, worunter Galinsky im folgenden im wesentlichen die in Salutatis Fassung gegebenen erotischen Implikationen des sexuellen Erlebnisses sowie die sich aus der Vergewaltigung potentiell ergebende Schwangerschaft der Lucretia begreift. Hier jedoch setzte Albrecht verändernd ein, indem er zwar das Bild der Lucretia als Mutter bestehen ließ, Zweifel an der inneren Keuschheit seiner Heldin jedoch nicht aufkommen ließ. Die ausführliche Rechtfertigung der Lucretia gegenüber ihren Angehörigen, die ein von Livius abweichendes Verständnis elementarer sozialer Beziehungen (Vater-Kind-Beziehung sowie die Beziehung zwischen den Ehepartnern) dokumentiert, steht bei Albrecht von Eyb im Zentrum der Darstellung. Die oben skizzierte prägnante Darstellung des Freitods bei Livius war m.E. in einem Ehebuch des 15. Jahrhunderts als Exempel nicht brauchbar; Albrechts Anlehnung an Salutati bzw. Schöfferlins Anlehnung an Albrecht dürfte aus diesen Gründen erfolgt sein.

vürbas an mich, / was buosse ich darumbe lîde, / das si die ouch niht mîde«
(*Schachzabelbuch*, V. 3688 ff.).

In seiner Kommentierung des Freitods, die als retardierendes Moment
zwischen Tat und dem in der RH von Brutus ausgehenden Racheschwur
steht, versuchte Schöfferlin, einen Ausgleich zwischen den Grund-
prinzipien der christlichen Sittenlehre und dem heroischen und sittlichen
Stoffgehalt zu finden. Die Bewertung des Freitods als erbarmungswürdig,
aber nach weltlichen Maßstäben ehrenhaft steht hierbei im Gegensatz zu
der augustinischen Wertung. Dennoch schloß Schöfferlin einen weiteren
Kommentar an, in dem er explizit das christliche Selbsttötungsverbot
thematisierte. Die Maßstäbe der christlichen Sittenlehre sind auf die antike
Heldin nicht anzuwenden, da sie diesen nicht unterliegt. Dennoch ist
Lucretia auch für christliche Frauen ein Beispiel der Tugend, da sie
letztlich ihre (verletzte) Ehre und Keuschheit höher als ihr Leben
bewertete:

> »Got wölt das die Cristenlichen frowen / den syn ouch ‖ hetten / dañ es ist
> vnder der sonnen nicht / das ein weiplich bild mer er vnnd zier / dañ ein rein
> küsch leben So wirt ouch in hymel nichtz hoher belonet« (RH XXr).

Die Kommentierung des Freitods ist beachtenswert, als der Verweis auf
Gott und die christliche Glaubenslehre in der RH nicht üblich ist, wie
bereits in der Betrachtung der Vorrede deutlich wurde. Auch ist zu beachten, wie sorgsam Schöfferlin die Kommentierung gearbeitet hat, indem er
in der Synthese Ehre und Keuschheit als zentrale Tugenden der Frauen
hervorheben konnte.

2.3.3.3 Die Darstellung der revolutionären Erhebung

Die Darstellung der revolutionären Erhebung des Volkes gegen das
Königtum weist Abweichungen gegenüber der livianischen Vorlage auf,
die auf die Einarbeitung der AR des Dionys (AR IV,64 ff.) insbesondere
in den beiden Reden des Brutus zurückgehen.

Die Betonung der *fortitudo* der Heldin mittels des Motivs vom männlichen Herzen in der weiblichen Brust,[347] das Redeinhalte der Brutus-Rede vorwegnimmt, basiert auf Dionys von Halikarnaß; es ist daher nicht unproblematisch, wenn Galinsky dies als Zeichen einer deutsch-bürgerlichen Bearbeitungstendenz anführte. Die Rede des Brutus[348] ist gegenüber der livianischen Vorlage, die hier nur einen kurzen Racheschwur präsentierte, ausgeweitet; die Inhalte zog Schöfferlin aus den Brutus-Reden bei Dionys zusammen (AR IV,70; IV,82).

Im Redeeingang griff Schöfferlin analog zu Dionys (AR IV,70) die Situation nach dem Freitod der Lucretia auf; Brutus ermahnt die Anwesenden, das Klagen und Weinen zu lassen und fordert sie auf, über Möglichkeiten der Rache nachzudenken. Diese Aufforderung mündet sogleich in den Plan, den König und seine Familie zu vertreiben, wobei Schöfferlin nur sehr summarisch auf das den Römern zugefügte Unrecht einging. Während Dionys bereits hier den Racheschwur eingefügt hatte, erweiterte Schöfferlin die Rede in Hinblick auf die von Brutus angenommene breite Unterstützung der Bevölkerung, die er mit einer kurzen Sentenz, die auf Lucretias Schicksal anspielt, begründete. Diese Erweite-

---

347 RH XXr: »§ Da nůn der man ‖ vñ vatter / dise wunderliche tatt ersahen / vñ ob dem todten lyb vil iamers triben mit ‖ vil scheltworten vber den küng Tarquinio vnd synen son / Sextum / Ouch sich ver ‖ wunderten der tugentrichen Lucrecien / wie in ein weipplich brust ein sollich man- ‖ lich hertz / vñ / erlich gemůt kommen möcht / Da erzeigt sich Iunius Brutus [...]«.

348 RH XXr: »§ Der sprach zů dem andern / vnns gepürt nit zů disen dingen zuclagen vnd ‖ zů weinen / es statt den wiebern zů / Lassent vns vnns aber gedencken / wie wir das groß ‖ mort vnd übel rechen / dañ da synd vrsachen gnůg wider den küng vnd die synen / dz ‖ wir sie vß Rom vertryben vnd nymmer darin kömen lassen / wir werden ouch von ‖ mencklichen die volg haben / So man sicht dz die kind nit besser syen deñ der vatter. ‖ Ist vnns mannen nit ein schand / daß diß weipblich bild (die tott vor vnsern ougen ‖ lyt) so erlich vnd so manlich gefarn / den tod nit gefürcht / vnd sovil an ir gewesen ist / ‖ des küngs vnd syns son boßheit überwunden hat / vnnd wir (die man hiessen) las- ‖ sen dise tyrannen mit vnns vmb gon wie sie wöllen / und getar sich vnser keyner vß ‖ vorcht wider sie bewegẽ oder setzen zů glycher wiß / als ob die manlichen hertzen vns ‖ verlassen / vnd in die weibplichen brüst gefaren syen / Ey laßt vns diser vorgengerin ‖ nachvolgen / lassen vns man ouch erzeigen / das schann vnd vner / mer dañ der tod ‖ zůfürchten vnd zů fliehen ist / Mit den worten erquickt Iunius Brutus die gemüt ‖ der andern«.

---

rung der Brutus-Rede ist insofern folgerichtig, als Schöfferlin Brutus hier erstmals sprechen läßt, wohingegen Dionys seinen Brutus in den Beratungen der Angehörigen ausreichend in die Darstellung eingeführt hatte. An das Ende der Rede stellte Schöfferlin eine längere Satzperiode, die mit der Aufforderung zur Unterstützung schließt. Im Redeschluß läßt Schöfferlin Brutus das Gegensatzpaar männlich-weiblich, den Gegensatz zwischen Schande und heroischem Verhalten in antithetischen Wendungen nutzen; mittels der Antonomasie,[349] der Ersetzung der Eigennamen durch Periphrase (*weibplich bild*) und Appellativ (*vnns mannen*), betonte Schöfferlin die Notwendigkeit zum Handeln.

Das Thema des tyrannischen Regiments, das Livius nicht explizit als solches gekennzeichnet hatte, stammt ebenfalls aus den AR (IV,70) und steht in Verbindung zu der zweiten Brutus-Rede vor der Gemeinde, die Schöfferlin auf den künftig anzunehmenden freien Stand konzentrierte.

Aus Gründen der Erzählökonomie dürfte Schöfferlin im folgenden auf den von Livius durchgeführten Ortswechsel von Collatia nach Rom (a.u.c. 1,59,3 ff.) verzichtet haben; es heißt lediglich, daß Lucretias Leichnam auf den Marktplatz getragen wird. Die Rede des Brutus vor der Gemeinde wurde von Schöfferlin analog zu Livius in der indirekten Form gehalten; die Inhalte zu Beginn der Rede sind ebenfalls an Livius angelehnt (a.u.c. 1,59,8-10). Während Livius die Brutus-Rede jedoch als äußerst affektgeladen bezeichnete (a.u.c. 1,59,11), charakterisierte Schöfferlin seine Brutus-Rede vor der Gemeinde als *schöne red*, in der Brutus den König und seinen Sohn anklagt. Die bei Livius gegebene Anklage gegen Tarquinius und sein Geschlecht geht bei Schöfferlin in die Aufforderung zum Handeln über. Hierzu arbeitete er in den zweiten Redeteil wiederum Elemente aus der Brutusrede des Dionys von Halikarnaß ein (AR IV,83), was gegenüber der zurückhaltenden Darstellung des Livius zu einer deutlichen Politisierung der Rede des Brutus führte:

> »sie bittend / das sie als ein manlich ritterlich volck / diß mortlich übel rechen / den ‖ küng mit allem synen anhang / vß der statt Rom veriagen / vnd sich selber in eynen ‖ fryen stand setzen wölten / es zem sich nit / dz

---

349 Vgl. Lausberg 1976, § 204.

ein sollich erlich ritterlich volck / yemants ‖ gehorsam / oder vnderwürffig wer / sie solten vnder inen selber ein erber loblich regi- ‖ ment fürnemen / vnd nit gestatten / das sich yemans syns gewaltz an in mißpruchte« (RH XXv).

Aus einer langen Rede bei Dionys (AR IV,76–83), in der Brutus den Plebejern die Entscheidung der Patrizier zur Revolte erklärte und um Unterstützung nachsuchte, entnahm Schöfferlin das Redeziel sowie einen Redeaspekt, die Freiheitsliebe, den er in veränderter Form in seine Rede einbaute.

Die Aufforderung zur Revolution ist dem Tenor der Rede angepaßt; Schöfferlin präsentierte hier nicht wie Dionys im Redeschluß einen leidenschaftlichen Aufruf zur Revolte, sondern eine Bitte an das römische Volk, an dessen Ehre er Brutus appellieren ließ. Durch die sich unmittelbar anschließende Bewertung der Rede durch Schöfferlin (»Diß fürhaltē was der gemein angenem / Wan von natur ist yderman gern fry«, RH XXv) erreichte Schöfferlin eine weitere Betonung der Vorzüge des freien Standes. Das nächste ›Kapitel‹ der RH besteht ausschließlich aus einer Sentenz, die unter der Überschrift »Von dem fryen stand / der statt Rom« (RH XXv) das Thema der politischen Freiheit erneut behandelt. Sie lautet: »⟨v⟩*on natürlicher neygung syn nit allein die men-* ‖ *schen / Sonder ouch das merteil alle tyr zů fryheit geneigt*« (RH XXv) und ist in Zusammenhang mit dem folgenden Kapitel der RH zu sehen, in dem die Einrichtung der republikanischen Konsulatsverfassung beschrieben wird. Hier wird die Problematik der natürlichen Neigung der Menschen zur Freiheit folgendermaßen skizziert:

»Da nůn die römer durch ir hohe vernunfft (. die in für anderm volck all ‖ weg zugemessen ist). wol erkennen künden / Das ir stand vnnd wesen nit langwerig ‖ syn mocht / wa sie nit vnder inen ordenlichen gewalt vnd Oberkeit hetten / vnnd aber ‖ sie dar wider reytzet die natürlich neygung zů fryem stat Der in vast sůß vnd ange- ‖ nem was Erdachten sie ein mittel / Also das sie vnder inen ordenlichē gewalt mach-‖ ten« (RH XXIr).

Berücksichtigt man diesen Kontext, so kann die Bedeutung der Sentenz folgendermaßen wiedergegeben werden: Die Menschen sind von ihrer Natur her zur Freiheit geneigt, sind jedoch in der Lage und dazu aufgefordert, dieses natürliche Freiheitsbedürfnis aufgrund ihrer ›hohen vernunfft‹ zu sublimieren und in Hinblick auf das Interesse, das sie am Bestand ihrer sozialen Gemeinschaft haben, zugunsten der Einrichtung der notwendigen Herrschaft zu kanalisieren. Für die Sentenz selbst kann ich keine Quelle angeben, sie ist m.E. in Zusammenhang der humanistischen Aristoteles-rezeption zu sehen, hier insbesondere in Zusammenhang mit der Rezeption von *De anima*.

Der Sentenz Schöfferlins kommt insofern besondere Bedeutung zu, als sie am Übergang zum zweiten livianischen Buch steht. In der Gliederung seines Werks orientierte Schöfferlin sich an Florus, d.h. er übernahm die livianische Einteilung in Bücher nicht, die sich erst in dem ›Nachfolge-text‹ der RH findet. Dennoch scheint dem Kapitel gliedernde Funktion insofern zuzukommen, als es den Einsatz der republikanischen Periode der römischen Geschichte kennzeichnet. Das Folgekapitel, das das Thema der natürlichen Neigung zur Freiheit um das Wirken der Vernunft ergänzt, könnte durchaus noch zu der Sentenz gehören. Hier wurde m.E. Fließtext unterbrochen, um eine einen vorliegenden Holzschnitt erklärende Überschrift in die Darstellung einzufügen.

Die weiteren Ereignisse, der Ritt des Brutus ins Lager nach Ardea und parallel hierzu der Ritt des Tarquinius Superbus nach Rom, berichtete Schöfferlin im wesentlichen nach Livius.

2.3.4 Zur Rezeption der Lucretia-Erzählung

Wie in der Textuntersuchung angeführt, nutzten zeitgenössische Autoren Schöfferlins RH zur Gestaltung antiker Dramen. So fußte Hans Sachs mit seinen die römische Geschichte betreffenden Dramen und Meisterliedern häufig auf Schöfferlins RH und auch der Schweizer Reformator Heinrich Bullinger hat für sein Lucretia-Drama die RH in eigentümlicher Weise benutzt.[350] Auch Jakob Ayrer griff später in seinen die antike römische Geschichte betreffenden Dramen überwiegend auf die RH Schöfferlins

---

350 Textausgabe: Heinrich Bullinger, Hans Sachs: Lucretia-Dramen. Hrsg. v. Horst Hartmann. Leipzig 1973.

zurück.[351] Da Bullinger in seinem Lucretia-Drama die RH in spezifischer Art nutzte, sei dieses hier betrachtet. Informationen über die Person des Autors und die unterschiedliche politische Entwicklung in der Schweiz und im Heiligen Römischen Reich deutscher Nation finden sich in Horst Hartmanns Einleitung zusammengestellt.

Bullingers 1526 geschriebenes, 1533 gedrucktes und in Basel aufgeführtes Drama *Ein schön spil von der geschicht der Edlen Römerin Lucretiae / vnnd wie der Tyrannisch küng Tarquinius Superbus von Rhom vertriben / vnd sunderlich von der standthafftigkeit Iunij Bruti / der ersten Consuls zů Rhom / vff Sontag den andern tag Mertzens / jm 1533 jar / zů Basel gehallten* basiert wie der Autor in seiner Vorrede dem Leser mitteilt auf Livius und Dionys; die Figur des Bauern wurde, wie Bullinger anzeigt, von ihm hinzugefügt, um aufzuzeigen »wie der Tyrannisch / Gottloß gwallt im rechtē mit dem armen handle« (Bullinger, Lucretia, S. 39). Es ist in zwei Akte unterteilt, wovon der erste Akt mit 554 Versen[352] bis zur Vertreibung der Könige und somit zur erfolgreichen Revolution reicht, der zweite Akt mit 1004 Versen die Maßnahmen zur Sicherung der Revoltion darstellt und somit stofflich weit über das entsprechende Drama von Hans Sachs (s.u.) hinausgeht.

Da hier primär die Bezüge zur RH interessieren, beschränke ich mich im folgenden auf den ersten Akt, der die Lucretia-Handlung beinhaltet. Lucretia selbst tritt bei Bullinger nur zweimal in Erscheinung (I,1 und I,4);[353] nach Hartmann ist ihre ästhetische Funktion im Drama die des Motivs. Hartmann betont, daß Lucretia ein christlich akzentuiertes bürgerliches Tugendideal verkörpert und trotz Unterrepräsentanz im Drama z.B. durch den Preis der Magd Cloelia (V. 360 ff.) parallel mit dem

---

351 Vgl. Ayrers Dramen (Ed. Adelbert von Keller). Bd. 1, 1–5. Das Lucretia-Drama ist in das Drama um Servius integriert (4). Zur Nutzung der RH vgl. die Bestechung der Magd (S. 340); die Rechtfertigungsrede (S. 343 f.) sowie die Reden des Brutus (S. 345 f.). Vgl. auch die Wahlrede des Romulus, S. 81 ff.

352 Vgl. Hartmann 1973, S. 16.

353 Die Vergewaltigung Lucretias wird nicht einmal in Ansätzen dargestellt; man erfährt von ihr andeutungsweise durch Botenbericht (I,3) sowie durch die Reden der Lucretia gegenüber ihren Verwandten (I,4). Die Szeneneinteilung wurde von Hartmann übernommen.

Helden Brutus gesehen wird.[354] Das von Hartmann beschriebene weibliche Tugendideal ist von Schöfferlins RH beeinflußt.

Sowohl in der Offenbarungsrede als auch in Lucretias Ansprache an den Ehemann lassen sich Anklänge an Schöfferlins RH feststellen. In der Offenbarungsrede akzentuiert Bullingers Lucretia analog zur RH ihre Notlage in der Vergewaltigungssituation, indem sie die üble Nachrede wegen Ehebruchs als wesentliches Motiv ihres Nachgebens herausstellt:

»Wo heb ichs an / ich armes wyb?
Ich bin geschenndt / wie lang ichs tryb
Tarquinius ists / des künigs Son
Der Sextus hatt mir myn eer genon
Do er von dir geritten kam
Fürn frommen gast ich jhn vff nam
Ia als ein fründ / vnd den du gsenndt
Darüber er mich hatt an gwendt
Zů mitternacht / mit bloßem schwärdt
Mit grosßem gwallt / grusamen gfert
Wo ich mich nit wöllt jhm ergän
So wöltt er mit myn läben nän
Also wöltt er ouch thůn mym knecht
Darnach jhn legen zů mir / recht
Samm ich im̄ eebruch / da wer bhafft
Vnd darumb billich wer gestrafft

Domit ich also noch mym end
Wurd offengklich / eebrüchig gschendt
Was kundt ich thůn / dann truren das
Das ich nüt dann ein wybs bild was
On weer / ein schooff / dem wolff erloubt
Der hatt alleyn myn lyb beroubt
Dann ich nimß vff myn letstes end
Das ich myn gmüt nie zů jhm wendt
Hab ich nun schon das gmüt reyn bhan
So ist doch dschand / dem lyb angthan
Das klag ich üch mit tieffem schmertz
Mir bricht vor leyd / man bkümmertz hertz« (Bullinger, Lucretia, S. 51.).

354 Vgl. Hartmann 1973, S. 23.

138

In der Ansprache an den Ehemann betont sie die Unmöglichkeit ihres Weiterlebens mit dem Verweis auf ihre gemeinsamen Kinder, die eine unwürdige Frau zur Mutter haben würden:

>»Ach myn liebster herr / lass nur daruon
> Wie könndt ich die sach von hertzen schlon
> Die schand vnd schmoch thůt mir so wee
> Ich darff dich nit ansähen mee
> Was sönd dich fröuwen dyne kind
> Die von mir armen gboren sind?
> Drumb ist nüt wägers dann der todt
> Der hilfft mir schnell vß aller nodt« (Bullinger, Lucretia, S. 51).

Schöfferlins RH ist des weiteren in der den ersten Akt abschließenden Rede des Herolds genutzt und zwar in der Kommentierung des Freitods:

>»Sy forcht domit ewig syn gschendt
> Den lohn hatt sy noch nit erkent
> Der allen ist im himel bhreyt
> Die lyden vmb der ghrechtigkeit
> Das schafft das sy ein heydin was
> Ir Christen wyber / btrachtend das
> Laßt ee hingon den lyb zů grund
> Eee jhr brechen eelichen pund
> Land üch vff erden nichts verfüren
> Ee sölt jhr sterben / dann verlieren
> Dem man syn eer / so würt üch gäben
> Gott / nach dißems / eewig läben« (Bullinger, Lucretia, S. 60).

Bullinger formulierte hier die von mir in Schöfferlins Darstellung vermutete Parallele zum Märtyrerinnentod aus. Offenkundig reichten auch Bullinger die antiken Quellen nicht aus, die eheliche Bindung zwischen Lucretia und Collatinus in für ihn adäquater Weise widerzuspiegeln und den Freitod handhabbar zu machen. Die Kommentierung des Freitods stellt den christlichen Frauen ein Tugendideal vor Augen, das weibliche Keuschheit als zentralen Wert zeichnete. Die RH bot für das hier von einem exponierten protestantischen Autor propagierte Weiblichkeitsideal die Textgrundlage.

2.4 Zusammenfassende Betrachtung der bisherigen Untersuchung

Zur besseren Orientierung scheint mir eine Zusammenfassung und erste Gewichtung der Ergebnisse aus der bisherigen Textuntersuchung angebracht zu sein.

Der Beginn der Geschichtsdarstellung Schöfferlins, die der Einrichtung der Königsherrschaft voranstehenden Kapitel, insbesondere das zweite und dritte, sind durch starke Verkürzung der Darstellung Schöfferlins gegenüber der livianischen Primärquelle gekennzeichnet; in der Regel griff Schöfferlin hier zur Verkürzung zu dem knappen Erzählgerüst, das die Tradition der mittelalterlichen Universalchronistik bot (FE und Schedel/-Alt). Als Begründung für diese Vorgehensweise, die dem humanistischen Postulat *ad fontes* entgegensteht, läßt sich anführen, daß Schöfferlin – wie er in der Vorrede andeutete – sowohl rationale als auch religiöse Vorbehalte gegenüber der sagenumwobenen frühen Geschichte des römischen Volkes hegte. Auch orientierte er seine Darstellung auf die Königsherrschaft des Romulus, mit dessen Stadt- und Staatsgründung für ihn die eigentliche römische Geschichte begann.

Schöfferlin, der – wie es sowohl in der Darstellung des Krieges zwischen den Rutulern und Trojanern als auch in der Vorausdeutung zur Regierungszeit des Tarquinius deutlich wurde – zu einer deutlichen Personalisierung und Emotionalisierung der Geschichtsschreibung zu tendieren scheint, bemühte sich dennoch in hohem Maße um eine rationale Motivierung geschichtlicher Ereignisse, gelegentlich – wie etwa bei der Aufnahme der Zwillinge durch Faustulus – auch bei uns zweitrangig erscheinenden Einzelheiten der Überlieferung. Das Bemühen um eine rationale Geschichtsschreibung wurde auch in dem weitgehenden Ausschalten von Prodigien deutlich.

Eine explizite Quellenkritik des Autors wurde bislang nicht erkennbar; implizit ist sie jedoch, wie ich in der Darstellung des Asyls und in Personenzeichnung des Tarquinius Priscus zeigen konnte, gegeben. Dem korreliert, daß der Autor in seiner programmatischen Vorrede sich hinsichtlich quellenmethodischer Fragen deutlich zurückhielt. Hierbei ist jedoch zu berücksichtigen, daß – in Anbetracht der vermutlichen Abfassungszeit der ersten beiden Teile – Schöfferlin die von Giovanni Nanni beeinflußte ›Quellenkritik‹ nicht zugänglich war. Humanistisches Bewußtsein von der Autorität der antiken Überlieferung wird bei Schöfferlin insofern deutlich, als er seine mittelalterlichen und humanistischen Quellen nicht nennt, auf seine antiken Quellen jedoch gelegentlich zurückverweist.

Wie ich anhand der Darstellung des ersten römischen Königs aufgezeigt habe, ist Schöfferlin um ein positives Bild der römischen Könige bemüht. Wesentliche Elemente der in der Regel Dionys übernommenen positiven Zeichnung des Königtums sind bei Schöfferlin, daß er die römischen Könige zum einen als möglichst friedfertig erscheinen ließ, wie es vor allem in der von Livius vollständig abweichenden Zeichnung des Tullus Hostilius deutlich wurde, und daß er die Gemeinwohlgerechtigkeit und eine die sozialen Belange insbesondere auch der unteren Bevölkerungsschichten berücksichtigenden Politik herausstrich, wie dies in der Darstellung der Regierungszeit des Servius Tullius belegt werden konnte. Die soziale Gerechtigkeit erscheint in der Darstellung Schöfferlins zum einen als eine in die antiken Herrscher interpretierte christliche Herrschertugend (Romulus, Tullus Hostilius), zum anderen jedoch bereits als Mittel politischer Klugheit, als taktisches Mittel, die Bevölkerung zu befrieden und die eigene Herrschaftsposition wirksam zu sichern (Servius Tullius).

Diese Programmatik ist im mittelalterlichen Verständnis des *rex iustus* mit den Eigenschaften *pax* und *iustitia* verankert. Sie ist in dem Romulus-Kapitel vorgezeichnet und wird in den Folgekapiteln weiter ausgebaut; bei Servius Tullius erreicht die positive Stilisierung der römischen Könige ihren Höhepunkt. In der Betonung der um sozialen Ausgleich bemühten Politik des Servius Tullius lassen sich Parallelen zu zeitgenössischen Utopien um den Friedenskaiser erkennen. In der Darstellung der Ermordung des Servius Tullius hob Schöfferlin insbesondere die Verantwortlichkeit des römischen Volkes und nicht – wie bei Dionys – die Verantwortlichkeit des Senates hervor. In dem epiloghaften Ausblick zur Königsherrschaft überging Schöfferlin die Vorstellungen des Servius

Tullius, die auf eine Veränderung der Staats- und Regierungsform zielten. Die mit Servius Tullius entworfene politische Utopie des demokratischen Regenten blieb in der RH somit an das Königtum gebunden.

Der Sturz des Königtums wurde in der RH – analog zur Überlieferung – mit dem Fehlverhalten seiner Repräsentanten in Beziehung gesetzt: die tyrannische Herrschaft des Tarquinius Superbus und das Verhalten seines Sohnes Sextus begründeten den Umsturz.

Auch hier erreichte Schöfferlin durch Einarbeitung der AR in die Brutus-Reden eine Politisierung der Darstellung, die andere Akzente setzte als die livianische Darstellung. Für Livius war das altrömische Tugend- und Wertesystem Grundlage der Größe des römischen Staates und damit ein zentraler Gegenstand seiner Darstellung; das livianische Geschichtsdenken ist – wie ich einleitend angeführt habe – ein Denken in großen und einfachen Begriffen. Die Gewalttaten des Tarquinius und insbesondere die Gewalttat des Sextus stellten einen grundlegenden Verstoß gegen dieses Wertesystem dar, waren bereits ein Politikum an sich und wurden daher in den Reden relativ kurz beleuchtet, wobei die Prägnanz der Reden die Dramatik der Situation steigerte. Eine zusätzliche Politisierung der Darstellung war für Livius nicht erforderlich. Hier nutzte Schöfferlin die AR des Dionys, der die politische Dynamik nach dem Tod der Lucretia, die Verschwörung der Patrizier gegenüber dem König, breit herausgearbeitet hatte.

Ohne die noch ausstehende Betrachtung der Darstellung der Republikzeit können der politische Standpunkt des Autors und seine Bewertung des Königtums als Institution hier zunächst lediglich thesenartig und unter dem Vorbehalt einer Prüfung in Hinblick auf seine Darstellung der Ständekämpfe beschrieben werden: Neben der deutlichen Herausstellung der *monarchia* als Verfassungsform in der programmatischen Vorrede erreichte Schöfferlin durch die Kontamination der verschiedenen Quellen, insbesondere durch die Kombination der Darstellungen des Livius und Dionys, eine Umdeutung der geschichtlichen Überlieferung hin zu einem positiv gezeichneten Königtum. Neben den auch von Ludwig zugestandenen kleineren Retouchen an der Überlieferung[355] steht die Umdeutung ganzer Herrscherpersönlichkeiten und ihrer politischen Handlungen.

Diese Umdeutung steht nicht primär in Zusammenhang mit der von Ludwig angeführten Motivation der nützlicheren Darstellung, sondern im Dienste einer bewußt positiven Zeichnung der Königsherrschaft, wozu auch die Umdeutung der ersten römischen Expansionskriege gegen Alba gehört.

Die Standesunterschiede innerhalb des römischen Volkes wurden von Schöfferlin erstmals bei der Darstellung des Todes des Romulus thematisiert; in der Darstellung der Regierungszeit des Servius Tullius bildeten sie den Schwerpunkt in der ersten politischen Krise, dem jedoch eine inhaltliche Umorientierung der Darstellung folgte, deren Hintergrund erst mit der Analyse der Darstellung der republikanischen Geschichte Roms zufriedenstellend geklärt werden kann.

---

355   Vgl. Ludwig 1987, S. 67.

3 Textuntersuchung II:
Die Darstellung der frühen römischen Ständekämpfe

Die Textuntersuchung der frühen römischen Ständekämpfe umfaßt den Auszug der Plebejer aus Rom, die Verbannung Coriolans, den Sturz der Decemvirn, die Auseinandersetzungen über die Zulassung der Plebejer zu den politischen Ämtern und über das Heiratsrecht, das Geschehen um Furius Camillus sowie die politischen Umtriebe des Marcus Manlius. Es sind somit wesentliche Etappen im Verlauf der frühen ständischen Auseinandersetzungen in Rom erfaßt.

Hinsichtlich der Darstellung der frühen römischen Ständekämpfe in der RH merkt Ludwig an, daß Schöfferlin diese in Analogie zu den spätmittelalterlichen Kämpfen der Zünfte gegen die Geschlechterregierungen in den Städten gesehen habe.[356] Diese Analogie stellte Schöfferlin bewußt her, indem er für die lateinischen Termini Entsprechungen wählte, die sich auf die Verhältnisse in den spätmittelalterlichen Städten bezogen, so etwa *zunfftmeister* für Volkstribun, *burgermeister* für Konsul usw.[357] Das Verfahren war zu Schöfferlins Zeit üblich: Der Nürnberger Ratskonsulent Christoph Scheuerl[358] griff 1516 in einer Epistel an einen Provinzial des Augustinerordens zur Darstellung der verfassungsmäßigen Zustände der Stadt terminologisch auf die römische Sozialverfassung zurück; *patricii* nannte er, was bei seinem zeitgenössischen Übersetzer die *alten* oder die *edeln geschlechter der alten wappens genossen* heißt; *plebeji* gab der Übersetzer mit das *gemain völklein* wieder.[359] Auch in

---

356 Vgl. Ludwig 1987, S. 58 f.
357 Zur Übersetzungsgleichung *tribunus plebis – Zunftmeister* siehe Lexer 3, Sp. 1178. Diese Übersetzung war bis zum 18. Jh. gängig, vgl. DWb 16, Sp. 585.
358 Zu Christoph Scheuerl vgl. Wolfgang Reinhard: Die Anfänge der Reformation in Nürnberg. In: Kapp/Hausmann 1991, S. 9–23, S. 11.
359 Vgl. Isenmann 1988, S. 269.

den Chroniken und Stadtbüchern scheinen die Termini der römischen Magistratsverfassung zur Bezeichnung der ständischen Gliederungen in den spätmittelalterlichen Städten üblich zu sein.[360]

Nach Knape war das Denken in Analogien zu altrömischen Verfassungseinrichtungen im Mittelalter nicht ungewöhnlich und nahm im Humanismus weiter zu.[361] Während einige dieser Analogiebildungen für die Darstellung der römischen Republikgeschichte nicht zu größeren Problemen führen, so etwa die Wiedergabe von *consul* mit *burgermeister*, liegt in der Übersetzung der Amtsbezeichnung *tribunus plebis* mit *zunftmeister* eine folgenreiche Übertragung vor, die Ausdruck dessen ist, daß Schöfferlin das historische Ereignis ›frühe römische Ständekämpfe‹ unter dem Blickwinkel der spätmittelalterlichen Auseinandersetzungen zwischen Patriziat und Zünften wahrgenommen hat.[362] Die auch schon in der Darstellung der Königszeit deutliche Vermischung von historisch weit auseinanderliegenden Ereignissen prägt Schöfferlins Darstellung weiterhin in hohem Maße. Dies wird bereits im ersten Textbeispiel, der Darstellung des Auszugs der Plebejer auf den *mons sacer*, deutlich.

Zum politischen Standort Schöfferlins betont Ludwig, daß Schöfferlin wie Livius und Dionys gegen Extremisten auf beiden Seiten gewesen sei: Seine »Sympathie haben die Vertreter der Geschlechter, die Verständnis für die Anliegen der Gemeinde haben und den Rat zu entsprechenden Konzessionen veranlassen. Ziel soll Einigkeit und der ›gemeine nutz‹ sein«.[363]

---

360 Vgl. beispielsweise die Quellenbelege für Münster bei Karl-Heinz Kirchhoff: Die Unruhen in Münster/Westf. 1450–1457. In: Städtische Führungsgruppen und Gemeinde in der werdenden Neuzeit. Hrsg. v. Wilfried Ehbrecht. Köln, Wien 1980 (Städteforschung, Reihe A, Bd. 9), S. 153–312, S. 188, Tab. 4. Die Belege für Köln vgl. Knape 1992, S. 420.

361 Vgl. Knape 1992, S. 419 ff. Dort (S. 419) auch die Erwähnung Schöfferlins.

362 Vgl. hierzu Gerlach 1993, S. 160, die in Hinblick auf den Übersetzungsstil Dietrichs von Pleningen hervorhebt: »Die Beibehaltung der lateinischen Amtsbezeichnungen muß als bemerkenswert gelten, wenn gesehen wird, daß in anderen Übersetzungen der Zeit bedenkenlos Amtsbezeichnungen der eigenen Gegenwart zur Übersetzung herangezogen wurden, ohne dabei zu berücksichtigen, daß sich eine dadurch ergebende Identität historisch nicht rechtfertigen ließ«.

363 Ludwig 1987, S. 58 f.

Diese Einschätzung Ludwigs, die terminologisch ebenfalls auf die spät-mittelalterlichen Bürgerkämpfe Bezug nimmt, soll im Folgenden geprüft werden.

3.1 Der Auszug der Plebejer auf den mons sacer

Nach der livianischen Darstellung begannen die Ständekämpfe in Zu-sammenhang mit dem Krieg gegen die Volsker; wegen der in Schuldhaft geratenen Bürger war es zwischen den Senatoren und der Gemeinde zu Feindschaft gekommen (a.u.c. 2,23,1 ff.).[364] Durch das Auftreten eines in Not geratenen alten Kriegsveteranen (a.u.c. 2,23,3 ff.), dessen Äußeres von Livius sehr detailliert beschrieben wurde und den er in einer kurzen indirekten Rede auf dem Forum die Gründe seiner Verarmung schildern ließ, wurde in der Bevölkerung eine revolutionäre Stimmung ausgelöst. Die Konsuln versuchten die Situation politisch dadurch in den Griff zu be-kommen, daß sie eine Senatssitzung über diesen Gegenstand einberiefen (a.u.c. 2,23,10f.). Die Beratungen des Senats hatten jedoch kein Ergebnis.

In dieser Situation wurde dem Senat der Einfall der Volsker und der bevorstehende Sturm auf die Stadt Rom gemeldet (a.u.c. 2,24,1 ff.). Die Reaktion auf diese Meldung zeichnete Livius als äußerst gespalten; während die Plebejer triumphierten, nun würden die Senatoren für ihren Hochmut bestraft, und ihrerseits den Kriegsdienst verweigerten, war man im Senat niedergeschlagen und ängstlich, zum einen wegen der außen-politischen Krisensituation, zum anderen da man die Reaktion der eigenen Mitbürger fürchtete. Der Konsul Servilius verkündete ein Edikt, das Person und Eigentum der Soldaten während der Kriege schützen sollte. Daraufhin meldeten sich die Bürger zum Kriegsdienst, und der Krieg gegen die Volsker und die mit den Volskern verbündeten Aurunker wurde erfolgreich geführt. Nach diesen Siegen erwarteten die Plebejer, daß den

---

364 Tite-Live. Histoire romaine. Bd. 2. Hrsg. v. Jean Bayet. Paris 1967 (Nachdr. d. Ausg. Paris 1941).

Versprechungen und Zusicherungen entsprechende Taten folgen sollten, der Konsul Appius Claudius bestätigte jedoch das Recht der Gläubiger in Schuldfragen (a.u.c. 2,27,1 ff.). In der Folge kam es zu heftigen Tumulten in der Frage der Schuldknechtschaft. Um die öffentliche Unruhe einzudämmen, beschloß der Senat eine erneute Truppenaushebung (a.u.c. 2,28,5), die von den Plebejern verweigert wurde. Wiederum kam man zu einer Senatssitzung zusammen; Appius Claudius setzte sich mit seiner Meinung durch, und man wählte einen Diktator, unter dem das Berufungsrecht außer Kraft gesetzt sein sollte. Die Senatoren wählten jedoch einen Vertreter der gemäßigten Linie zum Diktator, der ein ähnliches Edikt wie der Konsul Servilius erließ (a.u.c. 2,30,5 f.).

Daraufhin meldeten sich die Plebejer abermals zum Kriegsdienst; in den Kriegen gegen die Volsker, Sabiner und die Aequer errangen die Römer glänzende Siege (a.u.c. 2,31,3). Wie zuvor jedoch konnte auch der Diktator seine Versprechungen gegenüber dem Volk nicht einlösen, da die Senatoren die Frage der Schuldknechtschaft nicht behandeln wollten (a.u.c. 2,31,8 ff.). Der Diktator trat daraufhin von seinem Amt zurück. Die Konsuln beschlossen abermals eine Truppenaushebung, um die innenpolitische Krise unter Kontrolle zu halten. Die Plebejer zogen auf den *mons sacer*; Menenius Agrippa wurde von den Senatoren als Unterhändler zu den Aufständischen geschickt (a.u.c. 2,32,8 ff.) und konnte diese zur Rückkehr nach Rom bewegen.

Die Vorgeschichte des Auszugs der Plebejer, die in der livianischen Darstellung acht Kapitel umfaßt, stellte Schöfferlin in lediglich einem Kapitel dar;[365] die Bewältigung der politischen Krise durch Menenius Agrippa, die Livius in zwei Kapiteln beschrieben hatte (a.u.c. 2,31 f.), stellte Schöfferlin im Verhältnis zum Vorangehenden breiter dar, indem er in der Rede des Menenius Agrippa die Fabel vom Aufstand der Glieder gegen den Magen ausdeutete. Durch Kürzung einerseits und Ausweitung

---

365 »Ein mißhellung zwüschen ‖ dem Ratt vnd der gmeind«, (RH XXVIv); das folgende Kapitel »§ Ein stryt zwüschen den Römern ‖ vnnd ettlichen Stetten.« (RH XXVIIv) unterbricht den Konflikt um die Schuldknechtschaft.

andererseits verschob Schöfferlin die Verhältnisse der Vorlage somit deutlich zugunsten der Bewältigung der politischen Krisensituation.

3.1.1 Die Darstellung der Vorgeschichte

Für seine Darstellung übernahm Schöfferlin die Konzeption des Dionys (AR V,63 ff.), der zunächst die drohende Kriegsgefahr, die Verweigerung der Plebejer und deren Forderung nach einem Schuldenerlaß thematisierte, anschließend die Rede des Marcus Valerius sowie die Gegenrede des Appius Claudius überlieferte und schließlich die Einrichtung der Diktatur als zeitlich begrenzter Institution beschrieb (AR V,70 ff.).

In der Darstellung der historischen Ausgangssituation bemühte sich Schöfferlin, den Abstand zwischen der historischen und der gegenwärtigen Situation herauszustellen, indem er die Verhältnisse *zů den zyten* (RH XXVIv) beschrieb und darauf hinwies, daß Wuchern und andere Kaufgeschäfte nun für unziemlich gehalten würden: »So was ouch wüchern in der statt Rom nit / verbotten / vnnd ander handel / die man zů disen zyten vnzymlich achtet« (RH XXVIv). Die euphemistische Umschreibung *vnzymlich achten* für das auf dem Konzil von Vienne (1311/1312) festgeschriebene kirchliche Wucherverbot deutet auf eine gewisse Vorsicht des Autors hin, der hier nicht wie in seiner Kommentierung des Freitods der Lucretia die Verbindlichkeit der christlichen Ethik herausstellte, sondern die reale gesellschaftliche Situation berücksichtigte, die vor allem in Hinblick auf den wirtschaftlichen Bereich ein Umgehen der christlichen Dogmen nahelegte.

In der Frage der finanziellen Unterstützung und Absicherung der Soldaten entsteht bei Schöfferlin der Eindruck, diese Unterstützung sei zu seiner Zeit realisiert. Dies stimmt, so weit ich das überblicken kann, mit der Entwicklung in Württemberg, insbesondere im Zuge der Reform der Heeresordnung von 1481, überein.[366]

Die Verhandlungen im Senat gestaltete Schöfferlin analog zu Dionys (AR V,64ff.); der Konflikt findet nicht wie in der livianischen Darstellung

---

366 Vgl. Ernst 1933, S. 77 f.

primär zwischen Gemeinde und Senat gewissermaßen auf dem Forum statt, sondern wurde Gegenstand einer Senatsdebatte mit unterschiedlichen Rednerstandpunkten.

Die Rede, in der zum Ausgleich mit der Gemeinde geraten wurde, gestaltete Schöfferlin als Kollektivrede in der indirekten Form.[367] Die Redeinhalte zog er zum Teil aus der entsprechenden Rede bei Dionys. Hier wurden andere Städte als Exempel für ein großzügiges Entgegenkommen gegenüber der Gemeinde in der Rede angeführt, während Schöfferlin sie – ohne nähere Ausführungen – der Rede nachstellte, so daß er die Rede insgesamt stark kürzte. Mittel der Verkürzung ist der nicht ausgeführte Redeschluß (»mit mer worten diser meynung dyenende«, RH XXVIv). Inhaltlich ist bemerkenswert, daß Schöfferlin das Exempel mit dem höchsten Grad an *auctoritas*, Athen unter Solon, nicht anführte.

Den Gegenstandpunkt vertritt – wie in der Darstellung des Dionys (AR V,66ff.) – Appius Claudius; auch diese Rede gestaltete Schöfferlin in der indirekten Form, hier jedoch mit ausgeführtem Redeschluß. Die Redeinhalte lieferte wiederum die Rede des Dionys. Appius Claudius wird von Schöfferlin als *strenger man* (RH XXVIv) gekennzeichnet; seine Gegnerschaft zu den Vorrednern benannt.

Die Rede des Appius Claudius weist deutlich mehr rhetorischen Schmuck auf als die voranstehende; das von Schöfferlin angekündigte heftige Widerreden ist in antithetischen Wendungen realisiert, die die Gegenrede durchgängig prägen und ihr deutlich mehr Nachdruck verleihen als der voranstehenden Rede für den Schuldenerlaß.[368]

---

367 Bei Dionys ist Marcus Valerius alleiniger Redner (AR V,64ff.). In der RH wird der Rat zur Einigung mit der Gemeinde von mehreren Patriziern vertreten: »Dañ vnder inen warē ettlich / vnnd in sonderheit Ty ‖ tus largius / vnd Marcus Valerius [...] § Die meynten man solt der gemeynd Ty- ‖ ti largij zehilff kommen«, RH XXVIv.

368 Vgl. RH XXVIv: »Darwider stůnd vff in einem Ratt Appi ‖ us Claudius ein strenger man / vnd widerriet das emsigklich. § Erzelend / wo es ‖ darzu kem / das ein gmeynd ein ratt / vnd die besten der statt / trüng / das sie iren willē ‖ machen / vnnd die schaden nach lassen můßten / So würd kein end oder vffhören da ‖ syn / biß sie es darzu brechten / das in ir hand das gantz Regimennt stůnd / vnnd ein ‖ [RH XXVIIr] Ratt / vnnd ouch die besten von der statt getrungen vnd vernicht oder

150

Hieraus ist jedoch nicht der Schluß zu ziehen, daß Schöfferlin den Redestandpunkt des Appius Claudius teilte, zumal Appius Claudius im Folgenden wegen seines Unrechts gegenüber Virginia negativ zu charakterisieren war. Im Unterschied zur Rede des Appius Claudius, in der Schöfferlin diesen analog zu Dionys deutlich Sonderinteressen, nämlich die Interessen der Besitzenden, artikulieren ließ, stattete Schöfferlin die Rede der Befürworter des Schuldenerlasses mit Argumenten aus, die Gemeinwohlinteressen betonten. Wenn Schöfferlin die Rede des Appius Claudius breiter und effektvoller ausgestaltete, so ist zu bedenken, daß dem Autor die historische Überlieferung vorgegeben war, nach der sich Appius Claudius gegenüber den Vertretern einer gemäßigten Linie durchsetzte. Die in die für den Schuldenerlaß plädierenden Rede eingelegte Argumentation »vnd zem sich nit / das ein fry volck / die vmb ir fryheit willen ge- ‖ gen frömbden stryten / vñ ir blůt vergüssen / durch ir mitburger also getrengt« (RH XXVIv) umreißt die nach der Vertreibung der Könige von Schöfferlin mittels einer Sentenz formulierte Thematik der politischen Freiheit und Eigenständigkeit der Bürger. Die Freiheit der Stadt wird auch im Folgenden als Argument den unterschiedlichsten

vß der statt ‖ getriben wurden / Es brecht ouch kein einikeit Dañ erlangten sie hüt das So wolten ‖ sie morgen ein anders ouch haben / Es weren ettlich vnnütz lüt vnd burger von der ‖ gmeynd die sollich vffrůr machten / die ir gůt yppenklichen verzerten / tag vnd nacht ‖ nit anders tetten deñ den buch füllen / Solten dañ / die ir leben messigklich fůren vnd ‖ in abbruch leben / durch ir tugent vnd manheit / In den kriegen oder mit kouffman- ‖ schafft sich gebessert / vnd etwas fürsich bracht / Ouch disen das ir / in iren nöten gely ‖ hen hetten / Vnnd zů hilff kommen weren / das nachlassen vnd ein Ratt in iren wil- ‖ len machten / So wurd aller gloub in der Statt Rom abgon / nyemāt dem andren ‖ mer lyhen / bytten / oder zehilff kommen / es wurden ouch die so ir gůt mit tugenden / ‖ vnnd vernunfft überkommen vnnd behalten hetten / des iren beroupt vnd denen zů ‖ geteilt vnnd geben / die es nit verdient [vierdant] hetten / vnnd vnnützlich vnnd yppencklich ‖ vertetten / Ob nit inen vñ iren vettern glych als andren burgern / Als man die acker ‖ vßgeteilt hett. Ir teil ouch gegeben wer / Ob in nit glich als andren in kriegen glyche ‖ büt vnd ander nutzung zůgestanden wer / warumb sie das verton vnnd nit als an- ‖ der behaltē / Es wer syn meynung vñ syn beduncken nit / dz wol tůndē / die in eren vñ ‖ tugend lebten / dz ir nemen vñ es den vnnützen lüten die besser vß der statt dañ darin ‖ werē gebē solt / vñ beschloß damit syn red.«

Positionen zugeordnet und bekommt von daher in der RH toposhaften Charakter.[369]

Die Beratungen im Senat führten zu keinem Ergebnis; der von Schöfferlin angedeutete Kompromiß, man solle nur denjenigen helfen, die nicht selbstverschuldet verarmt seien, spiegelt möglicherweise den Erzählerstandpunkt. Er findet sich jedoch auch bei Dionys (AR V,69).

Das Edikt der Konsuln beschrieb Schöfferlin entsprechend der Überlieferung wieder; er erwähnte jedoch nicht, daß die Gemeinde sich daraufhin zum Kriegsdienst meldete. Dem Edikt schloß Schöfferlin die Einrichtung der Diktatur an, die er den Senat mit den drohenden Kriegen begründen ließ. Die Diktatur steht damit in der RH nicht in unmittelbarem Zusammenhang zur innenpolitischen Krise, wenngleich auch Schöfferlin den Wegfall des Berufungsrechts erwähnte und als Verlust für die Gemeinde interpretierte. Während die Feldzüge von Livius als großer Erfolg beschrieben wurden, verhinderte Schöfferlins Diktator zunächst den Krieg, da er sich der Übermacht der Feinde bewußt war. Diese unterschiedliche Darstellung kommt dadurch zustande, daß Dionys, dem Schöfferlin hier folgte, die Ständekämpfe und somit auch die erneute Einrichtung der Diktatur früher ansetzte als Livius.[370]

In einem weiteren Kapitel berichtete Schöfferlin nach Livius, aber sehr verkürzt, vom Wiederaufflammen der innenpolitischen Krise unter der Regierungszeit des Appius Claudius und des Publius Servilius. Die Zuspitzung der Lage und die Versuche des Senats, den politischen Konflikt einzudämmen, reihte Schöfferlin ohne nähere Erläuterungen aneinander, wobei er die bei Livius überlieferte Teilnahme der Plebejer an den Kriegen sowie den Rücktritt des erfolgreichen Diktators aufgrund der nach wie vor nicht geklärten Schuldenfrage nicht erwähnte. Die Verweigerung der Plebejer wird in der RH somit nicht in ihrer von Livius signalisierten Berechtigung deutlich. Die vom Senat beschlossene

---

369 Vgl. die Darstellung bei Coriolan, Canuleius und Marcus Manlius.
370 Nach AR V,53 auf das Jahr 500 v.Chr. (Livius 495 v. Chr.) und somit zunächst losgelöst von der außenpolitischen Bedrohung; siehe Papst 1969, S. 70 ff.

Truppenaushebung stand auch für Schöfferlin mit der politischen Kontrolle der Gemeinde in Zusammenhang.

3.1.2 Die Fabel des Menenius Agrippa

Den Auszug der Gemeinde auf den *mons sacer*, die Reaktion und die Befürchtungen der Senatoren hinsichtlich des Verhaltens der Aufständischen gestaltete Schöfferlin analog zu Livius (a.u.c. 2,32,5 ff.), wobei er jedoch bezeichnenderweise die Befürchtungen der in Rom zurückgebliebenen Plebejer vor Übergriffen der Senatoren nicht übernahm; die Senatoren mithin von jeglichem Negativen freihielt.

Livius folgte er auch bei der Gestaltung der Rolle des Menenius Agrippa (a.u.c. 2,32,9 ff.).[371] Die Fabel vom Aufstand der Glieder gegen den scheinbar untätigen Magen formulierte Schöfferlin jedoch analog zu Dionys; ebenso wie Dionys gab er der Fabel eine Ausdeutung (AR VI,8).

Über die seit der Antike in zahlreichen Bearbeitungen überlieferte Fabel vom Streit der Glieder mit dem Magen informiert Dietmar Peil in einer Studie, in der er sich – ergänzend zu seiner Habilitationsschrift – mit der Überlieferungs- und Deutungsgeschichte der Fabel von der Antike bis ins 20. Jahrhundert beschäftigt.[372] Ebenso wie bei der Lucretia-Erzählung ergaben sich unterschiedliche Deutungen nicht erst im Lauf der Überlieferung, sondern wurden schon in der römischen Antike ausgebildet. Im Rahmen der antiken Überlieferung nimmt Dionys' Bearbeitung insofern eine Sonderstellung ein, als die Fabel dort eine ›breit entfaltete

---

371 Bei Dionys ist Menenius Agrippa ein vom Senat mit allen Vollmachten zur Konfliktlösung ausgestatteter Gesandter, der den aufständischen Pleberjern zunächst den Erlaß der bestehenden Schulden als auch das Verbot künftiger Schuldknechtschaft verspricht. Die Belehrung der Aufständischen beruhte bei Dionys somit auf konkreten politischen Vorleistungen, die ursächlich mit dem Aufstand in Zusammenhang standen.

372 Dietmar Peil: Der Streit der Glieder mit dem Magen. Studien zur Überlieferungs- und Deutungsgeschichte der Fabel des Menenius Agrippa von der Antike bis ins 20. Jahrhundert. Frankfurt, Bern, New York 1985 (Mikrokosmos 16). Ders.: Untersuchungen zur Staats- und Herrschaftsmetaphorik in literarischen Zeugnissen von der Antike bis zur Gegenwart. München 1983 (MMS 50).

Bildhälfte eines Vergleichs‹ repräsentiert und Agrippa eine Deutung der Fabel gibt, die die übrigen Autoren als Einsicht der Plebejer formulieren.[373] Im Unterschied zu Livius, der den Streit der Glieder als einen geschichtlichen Vorgang in alter Zeit beschreibt, beginnt Dionys mit einem Vergleich zwischen Staat und Körper und gibt den Aufstand der Glieder als eine bloße Annahme und nicht als reales Geschehen aus. Gegenüber Livius und anderen antiken Autoren[374] präsentierte Dionys die Fabel somit in einer Form, die den in der ersten programmatischen Vorrede formulierten Bedürfnissen Schöfferlins nach einer Geschichtsschreibung jenseits von Fabeln und Heldenepik entgegenkam. Schöfferlin verdeutlichte mithilfe der zweigliedrigen Formel »ein fabel vñ ein glichnuß« (RH XXVIIIr), daß im Folgenden mehr als eine (erdichtete) Fabel geboten wird. Auch Naucler (Johannes Vergenhans) benutzte in seiner Chronik die Fassung von Dionys, änderte jedoch nicht deren Auslegung, wie Schöfferlin es tat.[375]

Im Unterschied zu mittelalterlichen Bearbeitungen wird die Fabel von Schöfferlin in ihrer ursprünglichen Anwendungssituation zitiert und auf die politische Ordnung des Gemeinwesens bezogen.[376]

Während Dionys aber Menenius eine ausführliche direkte Rede zugewiesen hatte, präsentierte Schöfferlin die Fabel vom Aufstand der Glieder gegen den scheinbar untätigen Magen in indirekter Rede und in wenigen Sätzen.

Die aufständischen Glieder wurden von Livius nicht eigens bestimmt: Bei ihm ist von der Empörung aller Glieder gegen den untätigen Magen die Rede; die Widerstandshandlungen werden – in gemeinsamer Übereinkunft – den mit der Nahrungsaufnahme betrauten Gliedern überlassen. Ein Bezug zur sozialen Gliederung, ein Vergleich der Glieder mit

---

373 Vgl. Peil 1985, S. 15 f.
374 Für eine Zusammenstellung der antiken Überlieferung siehe Peil 1985, S. 8–17.
375 Peil 1985, Anm. 232 kann die Vorlage von Nauclers Version nicht identifizieren – ich halte aufgrund der Übereinstimmungen und fast wörtlichen Wiedergabe Dionys' Bearbeitung für die Vorlage.
376 Vgl. hierzu Peil 1985, S. 87 ff.

bestimmten Ständen der Gesellschaft, wird in der livianischen Fassung nicht ausgeführt (a.u.c. 2,32,9 f.).[377]

Bei Dionys werden die aufständischen Glieder eigens angeführt; der Bezug zur berufsständischen Gliederung der Gesellschaft wird hierbei sichtbar:

> »coeuntibus partibus caeteris ad ventrem dicantque pedes quidem incombere sibi ferreque se totum corpus, manus autem exercere se artes, acquirere necessaria, pugnare cum hostibus multaque alia commoda in communem exhibere. Humeri vero qui onera omnia super se ferantur, os quod loquatur, caput quod videat et audiat caeterosque comprehendens sensus omnes habeat, per quos servatur totum«.[378]

Schöfferlin orientierte sich in seiner Darstellung der aufständischen Glieder an Dionys: Die Füße bestimmte er als die den Körper tragenden Glieder, die Aufgabe der Hände sah er in Arbeit und Kampf, die des Haupts in der sinnlichen Wahrnehmung.[379]

Analog zu Dionys gestaltete Schöfferlin eine Auslegung der Fabel. Diese Auslegung ist bei Dionys jedoch sehr allgemein gehalten: die Existenz der verschiedenen sozialen Klassen, ihre Tätigkeit wird der scheinbaren Untätigkeit der Senatoren, die dem Magen verglichen werden, gegenübergestellt. Die Frage eines Lebens ohne die politische Führung des Senats stellte Menenius als Verlockung dar, die jedoch faktisch aus

---

377 Vgl. Peil 1985, S. 9 f.

378 Eine deutsche Übersetzung der Fabel bei Peil 1985, Anm. 18.

379 RH XXVIIIv: »Nach vil wortē antwurt in Agrippa / vñ sagt ‖ in ein fabel vñ ein glichnuß. § Wie vff ein zyt die glider an eins mēschē Corper ouch ‖ mit einander in vneinikeit kommen weren / vñ clagten sich all ab dem magen / So die ‖ fůß den gantzen lyb trugen / die hend mit arbeiten vnnd stryten / das houpt mit synē ‖ alle zyt bekümert weren / was sie dañ damit erwurben / vnnd zů wegen brechten / das ‖ vertett vnnd verzert der mag allessamen / vnd belib in der rů on arbeit Deßhalb ka- ‖ men sie über ein / das die andren glider ouch rů haben / vnnd dem magen nit mer na- ‖ rung bestellen oder zů schaffen soltē. In dem als dem magen die spyse enzogen ward / ‖ vnd hunger leit / da wurden ouch die andren glider kranck / vnd swach / Wan sie het- ‖ ten nit bedacht / So der mag die spyse verzert das die krafft / vnd die füchtikeit in al- ‖ le glider gieng / vnd da zů blůt vnd fleisch wurde / on das die andren glider sich in ver ‖ mögen vnnd gesuntheit nit enthaltē mochten / Ouch wer inen ouch zesyn«.

den Plebejern Wanderer und Bettler mache. Das politische Verhältnis zwischen Plebejern und Senat wird bezeichnet als ein Fest, das – wenn das Zusammenleben von gegenseitigem Austausch geprägt ist – allen das Beste gibt.[380]

Schöfferlin änderte diese Auslegung, indem er den Magen mit der Finanzverwaltung verglich, breit die Steuerzahlungen thematisierte und sie als notwendige Leistungen beschrieb, die grundlegend für das Bestehen des Gemeinwesens sind:

> »Ouch wer inen ouch zesyn Sie meyn- ‖ ten sie müßten alle arbeit tragen / vnnd kem alles in den gemeynen seckel da wurde es ‖ vß geben vnd verzert / Vnd bedachten nit wa die gmeynd einer stat / nit in stetter ar- ‖ beit stůnden Ouch die höpter nit besynnen / was dem gemeynen nutz not wer / vnnd ‖ darzů yederman syn stür vnnd vermügen tett / das der gemein seckel gespyset wurde ‖ So mocht kein Regiment beston Sonder wurden alle glider der Statt Rych vnd ‖ arm kranck vnnd swach / dañ in dem gemeynen nutz wer eyns yeden sonder nutz be- ‖ grieffen / vnd mochten on das nit hinkommē oder by gesuntheit (. das wer einem lob ‖ lichen Regiment) beliben« (RH XXVIIIv).

---

380 »Hoc modo etiam existimate de civitatae. Multae enim sunt hanc quoque complentes gentes nihilque inter se similis quarum quaeque propriam aliquam praebet rei publicae tamquam membra corpori utilitate. Alii enim agros colunt, alii de eis certant adversus hostes, alii mercaturam exercentes multa afferunt ex mari commoda, alii autem necessarias exercent artes. Si vero omnes isti a consilio, quod ex optimis constat, dissedeant ac dicant: ›tu quidem nobis, consilium, quid facis boni et quibus causis censes imperare te caeteris, nihil enim haberes quod diceres. Deinde cur non hac tyrannide tua nos liberamus sineque duce tandem aliquando habitemus?‹ Si igitur haec cogitantes, desisterent a consuetis studiis quid hanc malam civitatem male prohiberet perdi fame, bello calamitateque omni alia. Distinguentes igitur quod quemadmodum in corporibus nostris improbe obiurgatus venter a multis nutrit corpus servatque servatus et est quasi curia quaedam communis omnium utilitas causamque perennitatis exhibens, sic et in urbibus administrans omnia et convenientium cuique providens senatus servat omnia custoditque et corrigit. Desinite igitur invidiosas in eum iactantes voces tanquam patria [prima] per eum eiecti errabundique et pauperes peragretis, nihil enim in vos egit nec acturus est grave, sed vos ipse vocat et rogat et animas expandens vobis unacum portis excipiet«. Eine deutsche Übersetzung findet sich bei Peil 1985, Anm.10.

Für diese Deutung kann Peil, der die RH als Livius-Übersetzung wahrgenommen hat, keine Vorlage angeben;[381] möglicherweise stammt sie also von Schöfferlin selbst.

Der Aufstand der Glieder richtete sich bei Schöfferlin nicht in erster Linie gegen einen untätigen Teil der Bürgerschaft, sondern gegen finanzielle Abgaben in den *gemeinen seckel*, mit dem die notwendigen Ausgaben bestritten werden sollten, und damit letztlich gegen den gemeinen Nutzen. Die in den antiken Fassungen von Cassius Dio und Zonaras gegebene, ebenfalls auf die ökonomische Sphäre bezogene Deutung, daß die Armen von den Reichen und deren Reichtum profitieren,[382] wird hier gewissermaßen umgekehrt, insofern als von den steuerlichen Verpflichtungen der Gemeinde als Grundlage des Gemeinwesens gesprochen wird, dessen einzelne Teile, *Rych und arm*, durch die Krankheitsmetapher als wechselseitig abhängig bezeichnet werden.

Die Gleichsetzung von Magen und Finanzverwaltung könnte hierbei beeinflußt sein von Johann von Salisbury (um 1115–1180), der als Autor an den italienischen Rechtsschulen im 14. und 15. Jahrhundert in hohem Ansehen stand.[383] Die Bezeichnung der Finanzverwaltung als Magen des Gemeinwesens begründete bei Johann, der im *Policraticus* den Organvergleich umfassend zur Beschreibung des Aufbaus und der ständischen Gliederung der Gesellschaft nutzte, jedoch keine absolute Trennung zwischen Haupt und Magen, insofern als die Verfügungsgewalt über die Finanzen beim Herrscher verblieb: »Nam stomachi in corpore et

---

381 Vgl. Peil 1985, S. 92, Anm. 232: »mit einer (im lateinischen Text sonst nicht enthaltenen?) expliziten Deutung«.

382 Vgl. Peil 1985, S. 14f.

383 Im *Policraticus* des Johann von Salisbury, dem bedeutendsten staatstheoretischen Traktat vor der Wiederentdeckung der aristotelischen *Politik*, wurde der seit der Antike geläufige Organismusvergleich der Beschreibung der Gesellschaft in der Weise zugrundegelegt, daß der Herrscher das Haupt des Körpers und der Kronrat, hier antikisierend als Senat bezeichnet, das Herz des Körpers bildete; die Finanzverwaltung stellte dessen Bauch und Eingeweide dar; vgl. hierzu Tilman Struve: Pedes rei publicae. Die dienenden Stände im Verständnis des Mittelalters. In: HZ 236/1983, S. 1–48; S. 2ff., S. 43. Zur stofflichen Besonderheit vgl. auch Peil 1985, S. 180.

principis in re publica idem officium est« (Polic. VI,24.)[384] Die Fabel des Menenius Agrippa erscheint im *Policraticus* in anderem Zusammenhang als bei Schöfferlin.[385]

Die möglicherweise eigenständige und neue Auslegung der Fabel durch Schöfferlins ist in Hinblick auf die beschriebene geschichtliche Ausgangssituation nicht unproblematisch, da sie zwar die faktischen Konsequenzen der politischen Verweigerung eines Teils der Bürgergemeinde benannte, zu dem oben dargestellten Konflikt um die Frage der Schuldknechtschaft, die der Grund des Auszugs der Gemeinde war, aber nicht recht zu passen scheint. Ausgangspunkt der *secessio plebis* war nicht die Verweigerung notwendiger Steuerzahlungen, sondern die soziale Notlage eines Teils der Bevölkerung, der zur Ableistung steuerlicher Leistungen nicht mehr imstande war. Die livianische Darstellung appellierte an die *concordia omnium*; Ziel des Menenius Agrippa war es, die Eintracht der Bevölkerung wiederherzustellen. Dies ist auch bei Dionys der Fall, der den Organvergleich breiter ausführte, in der Auslegung jedoch – entsprechend der Ausgangssituation – den Konflikt zwischen Plebejern und Senat thematisierte. Bei Schöfferlin stimmen Kotext, d.h. der konversationelle Anschluß vor und nach der Fabel, und Deutung der Fabel nicht überein.

Bei Schöfferlin führt die Gleichsetzung zwischen Magen und *gemeinem seckel* zudem insofern zu Schwierigkeiten, als in der Auslegung einem potentiell aufständischen Glied, dem Haupt, dennoch die Verfügungsgewalt bzw. Definitionsmacht über einen für die Gemeinschaft elementaren Bereich gegeben wird. Ob dies bewußt konzipiert ist oder infolge der Anlehnung an Dionys hier unreflektiert mit in den Text kam, ist nicht zu entscheiden. Die Autorität der Obrigkeit zur Definition des gemeinen Nutzens wird von Schöfferlin jedoch festgeschrieben. Eine ebenfalls auf die Ökonomie bezogene Deutung der Fabel findet sich später bei Erasmus Alberus (1534–1597);[386] hier beschuldigen die

---

384 Zit. nach Struve 1978, Anm. 35.
385 In Zusammenhang mit der Bienenfabel, vgl. Peil 1985, S. 52 ff.
386 Vgl. Peil 1985, S. 94 ff.

Glieder den Bauch der Ausbeutung, vereinbaren eine Revolution und führen dies aus. Die Fabel dient der Einsicht in die Unentbehrlichkeit der Obrigkeit; sie ist als Teil einer Immunisierungsstrategie gegen Kritik an der Obrigkeit zu einem herrschaftsstabilisierenden Element geworden. Peil bewertet dies als Neuansatz, da die Forderung nach Gehorsam gegenüber der Obrigkeit an die Stelle der These der sozialen Interdependenz getreten sei.[387] Als Beleg hierfür gilt ihm, daß bei Alberus der Zusammenhang von Leistung und Gegenleistung im Bildteil der Fabel lediglich angedeutet wird, im Deutungsteil die Leistung der Obrigkeit stillschweigend vorausgesetzt wird. Dies ist auch in Schöfferlins Bearbeitung der Fall, der im Deutungsteil der Fabel die Interpretation des gemeinen Nutzens als Aufgabe der Obrigkeit bezeichnete.

Auch Burkhard Waldis fügte in seine Bearbeitung der Fabel (1548) neben anderen Deutungen, die sich auf gegenseitige Hilfe *in worten vnd thaten* beziehen, eine politische Deutung ein, die auf die steuerlichen Leistungen der Gemeinde rekurriert:

> »Da gegen soll auch die gemein
> Willig vnd vnuerdrossen sein,
> Was Oberkeit an sie begert,
> Das sie desselben sey gewert
> Es sey am gschoß, stewr oder Zoll,
> Als ungewegert geben soll.
> So bsteht Bürgerlich Policey
> in jrem vorrath auch dabey.
> Der Gülden friede wirdt erhalten,
> Wo man die einigkeit leßt walten,
> Wie uns sanct Paulus auch thut lern
> Am dreitzehenden zun Römern«.[388]

Die politische Ausdeutung steht hierbei mit den vorherigen Ausführungen für Peil »wohl nur in einem assoziativen Zusammenhang«.[389] Die Berufung auf den 13. Römerbrief wird von Peil als irreführend bewertet, da

387 Vgl. Peil 1985, S. 94ff., S. 97.
388 Zit. nach Peil 1985, S. 100.
389 Peil 1985, S. 100.

hier nicht Einigkeit, sondern Gehorsam gegenüber der Obrigkeit gefordert werde. Dies verweist sozialgeschichtlich auf die Reformation, die sich unter Berufung auf Paulus gegen die römische Kirche auf die Seite der Obrigkeit stellte.

In Anbetracht der Ähnlichkeit der hier betrachteten Fabeln, deren Autoren eine politische Deutung bereitstellten, die sich auf den Gehorsam gegenüber der Obrigkeit, insbesondere in Hinblick auf die Steuerpflicht, beziehen, ist die Frage zu stellen, ob wechselseitige Abhängigkeiten dergestalt vorliegen, daß die drei Autoren aus einer gemeinsamen Tradition schöpften, oder ob die zeitgeschichtliche Situation eine solche Deutung nahelegte. Eine direkte Nutzung der RH halte ich für wenig wahrscheinlich, da zum einen bei Waldis die Berufung auf den Römerbrief steht und Waldis auch in seiner Terminologie mit der Luther-Übersetzung übereinstimmt, Alberus zum anderen in der Deutung die Steuerpflicht nicht thematisiert, sondern die Gehorsamspflicht gegenüber der Obrigkeit herausstellt. Es bleibt die Möglichkeit einer gemeinsamen Fabeltradition, auf die die drei Autoren zurückgreifen. Als Quelle von Alberus und Waldis benennt Peil die 1512 erstmals erschienene Fabelsammlung des Martin Dorpius, die die Agrippa-Fabel in zwei Prosafassungen bietet, die beide jedoch keine politische Deutung bereitstellen, so daß diese für den Deutungsteil als Vorlage nicht in Frage kommen.[390]

Weiter fördert Peil nicht, da er einerseits den Neuansatz in der Deutungsgeschichte bei Erasmus Alberus und den deutungsgeschichtlichen Rückschritt der Fassung bei Waldis betont, zum anderen in anderem Zusammenhang im Magen-Fiskus-Vergleich eine in der organologischen Staatsmetaphorik nicht ungewöhnliche, in den Fabel-, Schwank- und Exempelsammlungen aber sonst nicht anzutreffende fiskalische Deutung des traditionellen Fabelstoffs sieht.[391]

Die Situation in den spätmittelalterlichen Städten kann neben der späteren reformatorischen Bewegung auch die Ähnlichkeit der Fabeln erklären, insofern als Fragen der Besteuerung und die Finanzpolitik des

390 Vgl. Peil 1985, S. 89 ff.
391 Vgl. Peil 1985, S. 108 f.

Rats in den spätmittelalterlichen Städten in der Regel den Fokus der Auseinandersetzungen zwischen Rat und Gemeinde bildeten.[392] Innerstädtische Auseinandersetzungen prägten hierbei das Bild der spätmittelalterlichen Stadt im 15. Jahrhundert vor allem im ersten, dritten und letzten Jahrzehnt.[393] Die innerstädtischen Unruhen entzündeten sich meist an Fragen der Besteuerung und der Verwendung öffentlicher Gelder, mithin an der schlechten Finanzverwaltung, Fragen der Gewerbehoheit und Marktkontrolle, an schlechter Amtsführung und Schädigung der Stadt, an verfehlter Außenpolitik sowie der Führung kostspieliger Kriege.[394]

Auch ohne die Frage nach einer eventuell gemeinsamen Fabeltradition hier letztlich klären zu können, ist die Fabel des Menenius Agrippa bei Schöfferlin in Hinblick auf die historische Ausgangssituation als ungewöhnlich zu bezeichnen; die ähnliche Ausdeutung bei den protestantischen Autoren auffällig. Schöfferlin zitierte die Fabel in ihrem ursprünglichen historischen Zusammenhang; das Textangebot der Fabel richtete sich nicht primär an die historischen Adressaten, sondern – ähnlich wie bei Fabeln im Fabelkontext – vielmehr an das zeitgenössische Lesepublikum. Die Auslegung Schöfferlins zeigt an, daß Schöfferlin den Auszug der Plebejer auf den *mons sacer* nicht als eigenständiges historisches Ereignis gesehen hat, sondern den geschichtlichen Stoff in Hinblick auf die soziale Realität in den spätmittelalterlichen Städten wahrnahm und konzipierte. Auch die weiteren Abweichungen von der Überlieferung sind vor diesem Hintergrund zu sehen. Die Kürze der Lagebeschreibung, der Verzicht auf die in der Überlieferung vorgegebene Rede des in Schuldknechtschaft gefallenen Kriegsveteranen, die Verkürzungen in der

---

392 Vgl. Isenmann 1988, S. 174, S. 197.

393 Vgl. Alfred Haverkamp: ›Innerstädtische Auseinandersetzungen‹ und überlokale Zusammenhänge in deutschen Städten während der ersten Hälfte des 14. Jahrhunderts. In: Stadtadel und Bürgertum in den italienischen und deutschen Städten des Spätmittelalters. Hrsg. v. Reinhard Elze u. Gina Fasoli. Berlin 1991 (Schriften des italienisch-deutschen Historischen Instituts in Trient 2). S. 89–126, S. 89.

394 Vgl. Isenmann 1988, S. 197. Zur Bedeutung der wirtschaftlichen und finanziellen Motive vgl. auch Haverkamp 1991, S. 93.

Darstellung der Eskalation der politischen Krise, besonders der Verzicht auf die bei Livius sich findende Rücktrittsrede des Diktators (a.u.c. 2,31,9 ff.), sowie die Tendenz, durch Einarbeitung der AR den Konflikt primär auf der Ebene des Senats abzuhandeln, konstituieren eine Deeskalation einer politisch hochbrisanten Situation. Dies steht – was die politische Wahrnehmungsfähigkeit des Autors betrifft – in einem gewissen Gegensatz zu der Beobachtung, daß der Autor die für die soziale Gemeinschaft negativen Konsequenzen zivilen Ungehorsams sehr wohl erfaßte und auch über die Überlieferung hinaus deutete. Die Leserinnen und Leser, die die römischen Ständekämpfe unter dem Vorzeichen der Zunftkämpfe in den Städten begriffen, lernten anhand dieser Textpassage wenig über den zivilen Ungehorsam und dessen Berechtigung, dafür aber viel über die Notwendigkeit sozialer Harmonie und der hierzu notwendigen Einbindung der individuellen Nutzen in den gemeinen Nutzen. Mit den spätmittelalterlichen Bürgerkämpfen korrelierte von seiten der humanistischen und protestantischen Autoren ein Appell an die Einigkeit, die an der Spitze der städtischen Grundwerte erscheint.[395] Im zweiten Buch seiner *Germania* gab Wimpfeling eine theoretisch orientierte Darstellung städtischer Werte, in deren Zentrum die *concordia* stand. Uneinigkeit wird auf die soziale Differenzierung und die hieraus erwachsenden Spannungen zurückgeführt. Dem stellt Wimpfeling das Aufeinanderangewiesensein der drei Stände gegenüber, wobei er ein organologisches Denkmodell zugrundelegte. Auch Wimpfeling forderte die Stände zur sozialen Harmonie auf, wobei das städtische Patriziat als Adressat seiner Belehrung erschien.[396]

Schöfferlins Lehre über den Vorrang des gemeinen Nutzens gegenüber den jeweiligen Sonderinteressen richtete sich an die Gemeinde, die zu Arbeit und Ableistung der Steuern aufgerufen wurde. Die Aufgabe des Haupts bzw. der Häupter bestimmte Schöfferlin als Sorge um den Gemeinnutz. Die Beteiligung der Gemeinde an dieser Aufgabe ist in der

---

395 Vgl. Hans-Christoph Rublack: Grundwerte in der Reichsstadt im Spätmittelalter und in der frühen Neuzeit. In: Brunner 1982, S. 9–36, S. 29.
396 Vgl. Rublack in Brunner 1982, S. 29.

Fabel selbst nicht vorgesehen. Dieser Befund korreliert mit der Entwicklung der Fabel im 16. Jahrhundert, die nun verstärkt zur Legitimation der Obrigkeit eingesetzt wird, während in den mittelalterlichen Bearbeitungen die gegenseitige Verpflichtung von Herrscher und Beherrschten betont wurde.[397] Die soziale Symmetrie wird in der Bearbeitung Schöfferlins lediglich in der Krankheitsmetapher sichtbar, die jedoch lediglich die faktische soziale Interdependenz, nicht aber gegenseitige Verpflichtungen sichtbar macht.

3.2 Die Rolle der Zunftmeister und der Gemeinde in den politischen Auseinandersetzungen

Die Einrichtung des Volkstribunats, die das politische Zugeständnis des Senats an die Gemeinde darstellte, wird in der RH in einem weiteren Kapitel kurz beschrieben. Die Volkstribunen, die als eigene Beamte der Gemeinde deren Schutz bewirken sollten, verglich Schöfferlin mit den Zunftmeistern in vielen Städten, wobei zunächst offen bleibt, ob man hierunter die Zunftmeister zu verstehen hat, die in dem Rat vertreten waren, oder eine bestimmte Art von Zunftmeistern, vielleicht solche, die kompromißlos für die Rechte der Gemeinde eintraten und auch an gewaltsamen Auseinandersetzungen beteiligt waren.[398] Schöfferlins

---

397 Vgl. Peil 1985, S. 97f.
398 Ratsfähigkeit eignete zunächst nur der patrizischen Oberschicht in den Städten, den Geschlechtern. Im Verlauf des 13. Jahrhunderts verfestigte das Patriziat seine Vorrangstellung, indem es vielerorts das Kooptationsprinzip, die Selbstergänzung des Rats, durchsetzte. Zugang zum Rat gewannen die Zünfte durch Aufstände und Kämpfe; in Augsburg, um ein Beispiel zu geben, kam es 1368 nach einer unblutigen Machtübernahme der Handwerker zu einer Neuordnung der Stadtverfassung, wobei nach dem Vorbild von Worms, Speyer und Mainz, die man zuvor hinsichtlich ihrer Verfassung konsultiert hatte, das Bürgermeisteramt mit einem Angehörigen aus dem Patriziat und einem aus den Zünften besetzte. Nach Ulmer Vorbild legte man zudem die Zunftmehrheit im Kleinen Rat sowie die Wahl der patrizischen Räte durch Zunftvertreter fest.

Kommentierung,[399] die das tiefe Unbehagen des Autors an der Institution durch beredtes Schweigen wiedergibt, deutet an, daß den Volkstribunen oder Zunftmeistern im Folgenden eine wichtige Rolle im politischen Geschehen zukommt.

Diese Rolle wird im Folgenden in der Coriolan-Erzählung, in dem Eintreten des Gaius Canuleius für die politische Gleichberechtigung zwischen Plebejern und Patriziern sowie in der Erzählung um Furius Camillus deutlich. In der Coriolan-Erzählung und auch in der Darstellung des Geschehens um den römischen Patrizier Furius Camillus setzten die Volkstribunen nach der Überlieferung die Verbannung der Protagonisten durch, was für Rom in beiden Fällen ernstzunehmende Gefahren mit sich brachte. Die Rede des Volkstribunen Gaius Canuleius wider die Vorrechte des Adels liegt zwischen beiden Ereignissen; ihr geht die Darstellung der Entmachtung der Decemvirn und der politischen Neuordnung zugunsten der Plebejer unmittelbar voran.

3.2.1 Die Verbannung eines Schuldlosen: Marcius Coriolanus

Im Unterschied zur livianischen Darstellung nimmt die Erzählung um Coriolan, dessen Verbannung die erste Amtshandlung der neuen Volkstribunen darstellte, in der RH breiten Raum ein.[400]

Die Coriolan-Erzählung Schöfferlins läßt sich gliedern in die Darstellung der Vorgeschichte, die sowohl die militärischen Leistungen Coriolans als auch die erneuten Streitigkeiten zwischen Gemeinde und Rat um die Getreidezuweisungen beinhaltet, das Verfahren gegen Coriolan und dessen Verbannung, Exil und Aufnahme Coriolans durch die Volsker, die ihn mit

---

399 RH XXIXr: »darnoch gabẽ sie inen noch dry zů / die der gmeynd vorgon vnnd sie handt ‖ haben solten / vnnd wurden genant Tribuni plebis / die glich ich den zunfftmeistern ‖ in ettlichen stetten / vnnd wurd sie füro zetütsch zunfftmeister nennen / ob das dem ‖ stand vnnd regiment der statt Rom nutz oder schaden brecht wil ich nit vßsprechen ‖ Sonder eyn yeden vß dem das hernach gevolget hat / vrtailen lassen«.

400 RH XXXIr–XXXVv und a.u.c. 2,33,5–2,40,12; drei dieser Kapitel nimmt bei Livius allein die von Schöfferlin nicht überlieferte List Coriolans anläßlich der Spiele ein.

den anstehenden Kriegen gegen Rom betrauen, Coriolans Zug vor die To-re Roms, die Botschaften und das Eingreifen und den Erfolg der Mutter Coriolans.

Im Folgenden geht es mir vor allem um die Umgestaltung der Überlie-ferung in der Frage der Getreidezuweisung, die von Livius abweichende Charakterisierung Coriolans sowie dessen Verbannung. Den Erzählstrang um Veturia, den auch Ludwig behandelt,[401] möchte ich anschließen.

3.2.1.1 Die positive Stilisierung Coriolans

Im Hintergrund des Geschehens um Coriolan stehen die zuvor behandel-ten Machtkämpfe zwischen der Gemeinde, vertreten durch die Volks-tribunen, und dem Senat, personifiziert in den jeweiligen Konsuln. Gnaeus Marcius war ein römischer Patrizier und Senator, der sich im Krieg gegen die Volsker durch besondere Tapferkeit bei der Einnahme von Corioli auszeichnete, worauf ihm der Beiname Coriolanus verliehen wurde (a.u.c. 2,33,5ff.).

Nach dem Krieg gegen die Volsker spitzte sich die innenpolitische Situation in Rom erneut zu, da während des Auszugs des Volkes auf den *mons sacer* die Äcker nicht bebaut worden waren, so daß es zu einer Hungersnot kam, die die Konsuln durch Getreidekäufe zu lindern ver-suchten. Während der Diskussion über die Bedingungen der Getreide-zuteilung an das Volk plädierte Coriolan dafür, die Getreidezuweisung nur dann vorzunehmen, wenn die Plebejer von ihren politischen Ämtern absähen, um die Verhältnisse wieder so herzustellen, wie sie vor der politischen Verweigerung der Plebejer gegeben waren (a.u.c. 2,34,9ff.). Obgleich Coriolan sich mit dieser Meinung nicht durchsetzen konnte, stellten die Volkstribunen ihn vor Gericht und erzwangen – gegen den Widerstand der Patrizier – die Verurteilung und Verbannung Coriolans. Dieser ging daraufhin zu den Volskern ins Exil und beteiligte sich in führender Position an den wiederaufflammenden Kämpfen gegen Rom (a.u.c. 2,36,7ff.).

---

401 Ludwig 1987, S. 69 ff.

In der RH wird Coriolan erstmals in der Darstellung des Krieges gegen die Volsker vorgestellt; Basistext für Schöfferlin ist die gegenüber Livius weitschweifige Darstellung in den AR des Dionys, wodurch sich gravierende Abweichungen von Livius ergeben. Die positive Zeichnung Coriolans, die Schöfferlin hierdurch gewinnt, steht jedoch zur Gesamtdarstellung des Dionys in Widerspruch; bei Dionys ist Coriolan ebenfalls Vertreter einer radikalen Linie gegenüber den Plebejern.[402]

Während Livius die Geschehnisse um die Einnahme von Corioli zurückhaltend berichtete,[403] gestaltete Schöfferlin die Einnahme der Stadt szenisch aus und fügte – abweichend von Livius, analog zu Dionys (AR VI,93 f.) – eine besondere Belohnung Coriolans durch den Konsul Postumius ein. Die angebotene Belohnung gab Schöfferlin die Gelegenheit, die Bescheidenheit und Uneigennützigkeit Coriolans besonders herauszuarbeiten;[404] eine Charakterzeichnung, die in der livianischen Darstellung keine Parallele hat.

Auch im weiteren gestaltete Schöfferlin in Anlehnung an die Fassung von Dionys den Konflikt anders als Livius. Vor die Rede Coriolans stellte er eine indirekte Rede des Appius Claudius, in der dieser die Schuld der Gemeinde an der Hungersnot betonte und energisch wider die politischen Zugeständnisse an die Plebejer redete. Appius Claudius antwortet in der RH abermals Marcus Valerius, der in einer breiten indirekten Rede die

---

402 Vgl. Wilfried Pabst: Cn. Marcius Coriolanus – Einzelkämpfer oder Gruppenrepräsentant. Ein Beitrag zur quellenkritischen Liviuslektüre. In: Der altsprachliche Unterricht, Reihe 20/ 1977. Heft 5, S. 73–81: »Bei Livius ist Coriolan ein Radikaler, der appositionelle Zusatz *hostis tribunicae potestatis* (34,8) hebt die Feindschaft gegen das Tribunat als persönliches Charakteristikum Coriolans hervor; bei Dionys ist er nur ein Vertreter der radikalen Richtung neben anderen« (S. 75).

403 Vgl. a.u.c. 2,33,5 ff.; Coriolan wird hier als *adulescens et consilio et manu promptus* charakterisiert (2,33,5); er schrieb Coriolan – ohne dies zu kommentieren und in deutlicher Zurückhaltung – die Verantwortung für eine Feuersbrunst (*ignis*) in der eroberten Stadt zu, die die Römer in ihrem Mut bestärkte, die Volsker jedoch zur Aufgabe zwang; das Handeln Coriolans wird in der Bewertung schließlich als rühmliche Tat dargestellt: »sua laude obstitit famae consulis« (a.u.c. 2,33,9).

404 Vgl. RH XXIXv: »des ward er vil me gepryßt ‖ vñ dester türer von mengklichen gehalten / Da man ersach das er zů syner manheit / ‖ nit vrteilig was / mer nach eren rang dañ nach grossem gůt«.

bestehende Ordnung verteidigte und für den sozialen Frieden zwischen Senat und Gemeinde plädierte. Nach Schöfferlin teilten viele Bürger die Meinung des Appius Claudius, vor allem die besitzenden Bürger sowie Coriolan, dem Schöfferlin in der RH jedoch eine im Vergleich zur livianischen Darstellung sehr kurze und inhaltlich gemäßigte Rede zuweisen konnte, da er bereits Appius Claudius als Vertreter der radikalen Position exponiert hatte (RH XXIXv). Die gemäßigte Position Coriolans ist nicht durch die Fassung von Dionys gesichert, der Coriolan ebenfalls als Protagonisten der kompromißlosen Linie gegen die politischen Beteiligungsrechte der Plebejer vorstellte (AR VII,22–24). Die Reden des Appius Claudius und des Marcus Valerius finden sich bei Dionys; hier sind sie jedoch Bestandteil einer breiten Auseinandersetzung zwischen Rat und Gemeinde um die Rechtmäßigkeit der tribunizischen Gewalt, insbesondere um die Rechtmäßigkeit einer eigenständigen Gerichtsbarkeit.[405]

405 Bei Dionys findet sich folgende Darstellung: Anläßlich der bevorstehenden Getreidezuweisungen hielt Coriolan eine Rede vor dem Senat (AR VII,22–24), in der er die Schuld für die Hungersnot der Gemeinde zuwies, sie der Tyrannei beschuldigte und für die Wiederherstellung der alten Ordnung eintrat. Die in der Senatssitzung anwesenden Tribunen verlangten daraufhin eine Verurteilung Coriolans durch den Senat (AR VII,25); sollte diese nicht erfolgen, würden sie Coriolan vor ein eigenes Gericht stellen – Coriolan kündigte daraufhin an, sich nicht mehr mit Worten zu begnügen, sondern auch mit Taten für seine Meinung einzustehen. Die Tribunen versuchten daraufhin mit Gewalt, Coriolan vor Gericht zu stellen (AR VII,26). Die Patrizier konnten dies jedoch verhindern, dennoch kam es zum Streit zwischen den Parteien über die Behandlung Coriolans. In dieser Angelegenheit wurden viele Reden gehalten; in diesem Zusammenhang stehen bei Dionys auch die Reden des Appius Claudius (AR VII,48–53) und des Manius Valerius (in der RH Marcus Valerius; AR VII,54–56), die sich beide auf Coriolans Verhalten vor dem Senat und die Rechte der Volkstribunen beziehen. Appius Claudius erschien abermals als Vertreter einer harten Linie gegenüber der Gemeinde; Manius Valerius nahm die gemäßigte Position ein und versuchte, eine friedliche Verständigung zu erreichen. Coriolan wurde schließlich vor Gericht gestellt; er wurde von den Tribunen angeklagt, eine Tyrannei anzustreben, wofür die Tribunen lebenslange Verbannung als Bestrafung verlangten. In dem sich anschließenden Gerichtsverfahren erhielt Coriolan die Möglichkeit der Verteidigung (AR VII,62); er verwies hier auf seine Verdienste für das Vaterland und die Verwundungen, die er sich in den Kriegen für Rom zugezogen habe. Mit einer knappen Mehrheit wurde Coriolan schließlich für

Abweichend von Livius gestaltete Schöfferlin das Rechtsverfahren gegen Coriolan aus, wobei er die tribunizische Gerichtsbarkeit in Frage stellte und den sich hieraus ergebenden Konflikt zwischen Rat und Gemeinde diskutierte. Schöfferlin dürfte hier – wie im Folgenden in der Verteidigung Coriolans sichtbar wird – die Position des Rates teilen. Dieser Rechtsstandpunkt wird auch durch die Analogiebildung nahegelegt.[406]

Die Gestaltung einer gemäßigten Position Coriolans ermöglichte Schöfferlin, das auslösende Moment für dessen Verurteilung in seiner freien Meinungsäußerung und nicht – wie bei Livius und Dionys – in seiner Kompromißlosigkeit gegenüber den Forderungen der Gemeinde zu sehen. Hier knüpfte Schöfferlin an den Kapiteleingang an, wo er Coriolan – auch dies in der livianischen Darstellung ohne Parallele – als überaus rechtschaffenen Bürger beschrieb, der, von stolzer Gesinnung, jedoch dazu neige, seine Meinung allzu offen kundzutun.[407] Analog zum

schuldig befunden und lebenslänglich aus Rom verbannt.

406 Eine wesentliche Aufgabe der Zunftmeister war die Streitschlichtung und Rechtsprechung, die sie zusammen mit einem Ausschuß oder der gesamten Zunftversammlung ausübten. Der Umfang der Zunftgerichtsbarkeit wurde in Stadtrechten und Zunftbriefen festgelegt; es bestanden sowohl Tendenzen innerhalb der Zunft, diese Gerichtsbarkeit auszudehnen, als auch die gegenläufige Bewegung im Rat, die Zunftgerichtsbarkeit einzuschränken. Als deren Gegenstand galten zum einen Vergehen und Verstöße innerhalb der Zunft und des Zunfthauses, zum anderen gewerberechtliche Verstöße, Gesellen-und Lehrlingssachen sowie Streitigkeiten um die Gewerbebefugnis. Die Zunftgerichtsbarkeit dehnte sich demnach nicht über die Angelegenheiten der Zünfte aus, realiter wurde sie häufig so beschnitten, daß sie nur noch als Rügeinstanz im Sinne der Obrigkeit fungierte; vgl. Isenmann 1988, S. 316 f.

407 RH XXXIv: »⟨d⟩Es ließ sich ouch Marcius Coriolanus merckē ‖ für ander / nit allein in einem Ratt sonder wa er geing oder stůnd / Vnd ‖ wiewol er sunst In alweg ein türer man was / deß glichen man zů Rom ‖ nit fand / noch hett er den gebrechen (. wan nyemant gantz volkömen ist) ‖ das er vnbehůter wort / vnd eins stoltzen gemůt was / das sich in keynen dingen bie- ‖ gen ließ / Darumb versamloten die zunfftmeister ein gemeynd / gaben der in / vnd hiel ‖ ten für / Wie Marcius Coriolanus daran wer / das man ein gmeynd mit hungers ‖ not bezwingen solt / vnd nem ein Tyrannisch wesen für / hett sonder nyd vnd haß zů ‖ einer gmeynd / Machte ouch alle vnenigkeit zwyschen eynem Ratt / vnd inen / vnd ‖ vnderstůnd in ir fryheit abzetriben / Darumb wer ir meynung das man in ein tag ‖ für ein gmeynd satzte / vnd über in vrteilte als ein übelteter / als ouch beschach / Aber ‖

168

Kapiteleingang ließ Schöfferlin mit der toposhaft gebrauchten Sentenz über die Schicklichkeit des Verhaltens in einer freien Stadt die Senatoren auf das Recht wohldurchdachter Äußerungen verweisen: »Es zem sich das in einer fryen Statt [Satt] yderman syn gůt beduncken fry re ‖ den möcht« (RH XXXIv). Hier wird die Sentenz dem Patriziat als Argument an die Hand gegeben.

Den Zunftmeistern blieb zur Durchsetzung ihrer Forderungen lediglich Gewalt: nachdem sie erfolglos versucht hatten, Coriolan mit Gewalt von den anderen Senatoren zu trennen und vor Gericht zu stellen, setzten sie die Senatoren unter Druck, indem sie sich öffentlich und bewaffnet mit der Gemeinde versammelten. In dieser äußerst brisanten, einen Bürgerkrieg heraufbeschwörenden Situation bewahrten in der RH die Konsuln jedoch scheinbar die politische Handlungsfähigkeit, indem es ihnen gelang durch Hinweis auf die ausstehende Getreidezuweisung Zeit zu gewinnen; sie mußten jedoch Coriolan dem Gericht der Zunftmeister überantworten, wobei sie die Hoffnung hegten, die Gemeinde durch die Getreidezuweisungen zuvor besänftigen zu können.[408]

Im Unterschied zur livianischen Darstellung nimmt Coriolan an dem sich anschließenden Gerichtstag teil; ebenso wie Dionys gab Schöfferlin Coriolan die Möglichkeit zur Verteidigung. Hierfür stattete Schöfferlin

---

Marcius erschin nit vor den zunfftmeistern / vnd meynt wolten sie ettwas fürnemē ‖ Das solt vor einem ratt geschehen Davon entstůnd noch grosser irrung zwüschen ‖ einem Ratt vnnd der gmeynd«.

408 RH XXXIv: »Doch stilten die burgermeister die vffrůr wie sie ‖ mochten / vnd batten die gmeynd / das sie gedult hetten / das sich ein rat besamelt / vñ ‖ sehe doch ob in ein ratt die frucht mitteilen wolt oder nit / vnd hörten doch was Mar ‖ cius halb eines rats meynung wer / Als nůn ein ratt versamlot was / wie wol Appi- ‖ us vast darwider schry / man solt der gmeynd nit eins nach dem andren nachlassen / ‖ Es hett kein vffhören / biß die zunfftmeister allen gewalt zů iren handen brechten / vñ ‖ ein ratt für nicht gehalten wurde / Nochdañ was die not vnnd sorg so groß / das ein ‖ merers / vnd dem burgermeister bevolhen ward / Sie solten ein gmeynd stillen / vnd ‖ einikeit in der statt machen wie sie möchtē / Also liessen sie zů / dz die zunfftmeister einen ‖ tag Marcio für die gmeynd sagten / vnd die frucht / von Sicilia pracht / vnder sie ge ‖ teilt / vnd in eynē gelt angeschlagen / was es vor der türung golten hett / meynten da ‖ mit willen zů erlangen / vnnd stůnden ouch in hoffnung die gmeynd solt kein swer ‖ vrteil wider Marcium sprechen«.

analog zu Dionys (AR VII,62) Coriolans Auftreten vor der Volksversammlung mit geringem erzählerischen Aufwand pathetisch aus: Er präsentierte eine indirekte Rede Coriolans, in der dieser summarisch auf seine Verdienste für das römische Volk verwies (»erzelt vnnd überluff alle syne gůttat«, RH XXXIv), seine Kleider zerriß, um seine Verwundungen zu zeigen und abschließend bat, daß die Gemeinde sich nicht durch den Neid der Zunftmeister zu einem ungerechten Urteil verleiten lassen sollte.[409] Hierdurch werden Diskrepanzen zwischen dem Willen der Gemeinde und dem Willen der Zunftmeister nahegelegt.

Trotz des erfolgreichen Auftretens Coriolans kam es in der Darstellung Schöfferlins zu einem das Recht beugenden Urteil; Coriolan wurde verbannt, obwohl die Hälfte der Bürger dagegen gestimmt hatte:

> »Deßhalb kam es darzů / Da man ‖ das vrteil geben / vnnd ein merers machen solt / das die stymen gar nach glich / vnnd ‖ doch das merer teil erfunden ward / Man solte Marcium vß der Statt syn leben ‖ lang verbannen / vnd von den zyten an behielten die zunfftmeister den gewalt / das ‖ einem yden zů Rom / für ein gmenynd vordren vnnd vrteil vmb syn lyb vnnd leben spre ‖ chen mochten.« (RH XXXIIr).

Die durch die ihm vorliegende Überlieferung nicht gesicherte positive Zeichnung des Protagonisten wird in der Darstellung des Exils fortgeführt. In der livianischen Darstellung ging Coriolan bereits mit Drohungen gegen die Römer ins Exil zu den Volskern, wo er weiterhin zornige Reden gegen Rom führte (a.u.c. 2,35,6ff.). Er genoß die Gastfreundschaft des Attius Tullius, der zu den erbittertsten Gegnern der Römer gehörte. Dieser und sein Gast schmiedeten Pläne zum Krieg gegen die Römer; da die Volsker von den vorausgegangenen Kriegen erschöpft und demorali-

---

409 RH XXXIv: »Da stůnd Marcius dar / erzelt vnnd überluff alle syne gůttat ‖ [RH XXXIIr] die er von deß Römischen volcks wegen ye getan / vnnd was er in kriegen und stry- ‖ ten erlytten hett / zerriß syne kleyder zeigt syne wunden / bittend / Sie solten sich den ‖ sondren nyd den die zunfftmeister vnnd ettlich ander zů im trůgen nit verwysenlas- ‖ sen / Vnnd da er damit / Ir vil zu Barmhertzikeit bewegt hett / Stůnd ein gantzer ‖ Ratt dar / vnd batt ein gmeynd für Marciů / vnd sagten / Wie sie doch sollichen tü- ‖ ren burger der die statt Rom vil zierte / verurteilen möchten / wolten sie in nit für vn ‖ schuldig erkennen / das sie doch in für schuldig einem Ratt ergeben / vnd ansehen dz ‖ inen ein Ratt in allen dingen irn willen machte«.

siert waren, versuchten sie mittels einer List, ihre Landsleute zum Krieg gegen die Römer zu bewegen.[410]

Über die sowohl von Livius als auch von Dionys (AR VIII,1 ff.) überlieferten Hintergründe des römisch-volskischen Krieges berichtete Schöfferlin nicht, der in einer eingelegten Coriolan-Rede ausführte, wie Coriolan die Gastfreundschaft der Volsker gewann. Das Motiv des verletzten Stolzes behielt Schöfferlin jedoch bei; auch bei ihm sinnt Coriolan auf Rache. Während Livius diese Haltung negativ bewertete (*iam tum spiritus gerens*, a.u.c. 2,35,6), dominiert bei Schöfferlin weiterhin die positive Charakterisierung Coriolans (*syn hohes gemůt*; RH XXXIIr), den Schöfferlin hier und im Folgenden über die knappe Erwähnung des Exils bei Livius hinausgehend als Vertriebenen stilisierte.

Die Gewährung der Gastfreundschaft durch Attius Tullius bot Schöfferlin abermals die Möglichkeit zur positiven Charakterisierung Coriolans durch eine Figur der Erzählung (*ein sollicher verrümpter man, ein sollicher türer vñ nott vesterman; RH XXXIIr*) und seiner Fähigkeiten. In diesem Zusammenhang hob Schöfferlin eine Tugend Coriolans besonders hervor, die, bedenkt man die Vorgeschichte der Verbannung nach den ihm vorliegenden Quellen, verwundert: das soziale Gerechtigkeitsempfinden Coriolans, durch die Formulierung *arm und rych* bezogen auf Zünfte und Patriziat.[411] Die Gemeinwohlgerechtigkeit hatte Schöfferlin auch in der Königszeit entgegen der livianischen Darstellung zur positiven Figurenzeichnung genutzt.

3.2.1.2 Der Konflikt zwischen Ehre und Vaterland

Während in der Coriolan-Erzählung die der Belagerung vorausgegangenen Ereignisse in der RH in vier Kapiteln geschildert wurden, erscheint unter der Überschrift » § Wie Marcius Coriolanus für Rom zoch ‖ vñ von syner můtter dannen tedinget ward.« (RH XXXIIv) ein Großkapitel über die o.g. Ereignisse, in dem lediglich Paragraphenzeichen sowie die übliche Randaushebung ›oratio‹ den Text gliedern. Im Zentrum der

---

410 Näheres vgl. Livius a.u.c. 2,37,3 ff.
411 »Marcius ‖ kund sich also haltē vñ erzöigen gegen Arm vñ rych / das im yderman günstig was«, (RH XXXIIr).

Darstellung stehen die Reden; von den hier gebotenen sieben Reden haben fünf im Druck einen Umfang von 30 Zeilen und mehr; die beiden längsten Reden des Kapitels sind die Rede Coriolans an die römische Gesandschaft sowie die erste Rede der Veturia. Es handelt sich ausschließlich um direkte Reden, die als retardierende Elemente den Konflikt um die persönliche Ehre und die Treue zum Vaterland vor dem Hintergrund der Vertreibung von verschiedenen Redestandpunkten aus beleuchten.

Die Vertreibung sowie die sich hieraus ergebenden Konflikte werden hier breit hervorgehoben. Basistext Schöfferlins ist weiterhin die Darstellung von Dionys (AR VIII,23–28). Während in den beiden ersten Reden zwischen dem römischen Gesandten und Coriolan primär politische Erwägungen thematisiert werden, steht in der Redesequenz zwischen Coriolan und seiner Mutter Veturia zunächst die persönliche Bindung der Gesprächspartner im Vordergrund.

Die erste von Schöfferlin präsentierte Rede ist die des römischen Gesandten an Coriolan, die Livius (a.u.c. 2,39,10) nicht überlieferte.[412]

---

412 RH XXXIIv: »§ Redet einer vnder inen Martius Minutius genant / Marci vnns ist ‖ wissen / das du von Rom vnbillich vnnd mit keinen schulden vertriben / vnnd wun ‖ [RH XXXIIIr] dert vns nit das du dardurch bewegt vnnd zů rach geneigt bist Dañ von natur ist ‖ einem yeden in / denen gůtz vnd args zů tůn / von den im das ouch begeget / Aber dy- ‖ ner vernunfft nach / hettē wir wol gemeint du hettest das nit in disen weg vnderstan ‖ den / vnd dich einen gemeinen fynd aller römer gemacht / So dir doch nit yederman ‖ zů Rom arges gündt oder getan hat. oder noch der meynung ist / was zychst du dañ ‖ das gemeyn vatterland / vnnd scheidest nit die gůtten von den bösen / oder den fynd ‖ von den fründen / Weyst du nit wa din vordren begraben / du geborn vñ erzogē bist / ‖ felt dir nit zů / dz noch zů rom in lebē syen / dyn alte můter Veturia vñ dyn kůsche trü ‖ we hußfrow volūnia / ouch dyne kind / die in stetter betrůpnuß stond von dynē wegē ‖ nit mer begerten / dañ zů erleben / das sie dich wider zů Rom in dynen eren sehen mü- ‖ gen den gibstu sollich belonung / wa du nit abstast das sie die Römer fahen / vnd er ‖ tötten werden / wes vnderstastu dich / wiltu die zerstören / vnnd damit alle gůttat dy ‖ ner vnnd vnser vorfarn vßlöschen / vñ vertilgen / Gedenck ob du davon ein erlichen tytel emphahē mügest / Nůn wiß das wir zů dir kommen als fründ / vñ nit als fynd / ‖ vnnd wa du der billikeit volgen wilt mit dir ein erliche richtung anzenemen / Doch ‖ das es nit mit bezwang zůgang / dañ die Römer wollen von nyemant bezwungen ‖ syn / zůch ab mit dynem hör / vnd laß darnach thedingen So wellen wir pfand vnd ‖ gysel syn / das du zů Rom in all dyn vorig er / vnd stand wider ingesetzt vnd zů

Bereits im Kapiteleingang nannte Schöfferlin Ziel und Gegenstand der Gesandtschaft: eine friedliche Einigung mit Coriolan, dem eine ehrenvolle Rückkehr nach Rom und die Wiedereinsetzung in seine Ämter zugesichert werden sollte – eine Kompensation, die das geschehene Unrecht sichtbar macht. Die Rede des römischen Gesandten dient dem Eingeständnis des Unrechts, das Coriolan in Rom widerfahren ist.

Dieses Eingeständnis und das hieraus resultierende Verständnis für Coriolans Zorn setzte Schöfferlin – analog zu Dionys (AR VIII,23) – bereits in den Eingang der Rede. Dessen Berechtigung wird durch eine Sentenz besonders unterstrichen, die den Zorn über erlittenes Unrecht als natürliche Reaktion umschreibt: »Daῆ von natur ist ‖ einem yeden in / denen gůtz vnd args zů tůn / von den im das ouch begeget« (RH XXXIIIr). Dem natürlichen Zorn[413] wird ein Appell an die Vernunft gegenübergestellt; Coriolan soll trotz dieses Unrechts zwischen Freund

Am- ‖ ptern vnnd würden kōmen solt / vber heb dich nit dins glücks das dir ietz ein zyt zů ‖ gestanden ist Alle ding wenden sich / Es wirt syn zyt weren / vnnd kompt von vnser ‖ vneinigkeit / wa du aber in dynem fürnemē beharrē / So wurdest du vns einig ma- ‖ chen / vnnd werden dir begegnen / Als wir allweg vnser fynd. begegnot syen / vnnd ‖ mit sig wider heim kommen / Da ist wissen / wie offt wir die volscen bestritten vnd in ‖ abgesigt haben / wa das aber beschicht / wie wirt es dir ergon / so du sie in sollich nott ‖ gefürt hast die wil es dir wol gatt / bistu von in erlich gehalten / Es würdt sich aber ‖ mit dem glück wenden / vnnd alle schuld vff dich gelegt werden / Für das ist dir zuer- ‖ welen ein erlich richtung anzenemen / vnnd in dynem vatterland zů leben vnnd zů ‖ sterben / dynen nachkommen er vnd gůt ze erlangen / Darumb behar nit in dynem ‖ zorn vnd fürnemen / Dan gatt es dir wol / so magst du kein er erlangen / Gatt es daῆ ‖ dir übel so wirstu von vns oder von den Volscen todgeschlagē / oder vns übergebē / ‖ Gib dich nit in dise gevarlicheit / Du hast rach gnůg geton / Vnnd den Römern vil ‖ schadens zugefůgt / Ouch dich an dynen fynden gerochen / vnd ergetzt / vnnd magst ‖ nymmer mer mit sollichen eren so ein fůgklich richtung erlangen / Darumb volg vn ‖ serm ratt das wirt dich nit gerüwen«.

413 Während im Trecento der Zorn noch als hemmender Affekt verdammt wurde, ging man im Quattrocento in Italien zu einer offenen Verteidigung der Zornesleidenschaft über. Für Cristoforo Landino ist der zornige Affekt »dem Tapfren von Natur als Stachel in die Seele gelegt, nicht um das Licht der Vernunft auszulöschen, sondern um der Entfaltung der Tapferkeit so zu dienen wie der Schleifstein dem Eisen, das scharf werden soll«, zit. nach Hans Baron: Das Erwachen des historischen Denkens im Humanismus des Quattrocento. In: HZ 147/1933, S. 5–20. S 10.

und Feind unterscheiden, wobei das Stichwort *gemeyn vatterland* auf eine Dimension des im Folgenden zu beleuchtenden Konflikts verweist.

Die sich anschließenden Fragen nach dem Schicksal von Coriolans in Rom lebenden Verwandten ergänzen um den unmittelbar persönlichen Bezug Coriolans zum Vaterland und um die persönliche Verantwortung Coriolans für deren weiteres Schicksal. Nach dieser ersten Redepassage, die den persönlichen Konflikt, in den Coriolan gestellt wird, in wenigen Sätzen umschreibt, folgt die eigentliche Diplomatie, die Nennung der Bedingungen, wie man von römischer Seite zur Aufhebung der Belagerung kommen möchte. Hier anschließend läßt Schöfferlin Minutius Coriolan die negativen Folgen des drohenden Krieges zwischen Volskern und Römern ausmalen. Der Redeteil beginnt abermals mit einer Sentenz, die die Gefahren und die Wandelbarkeit des Glücks herausstellt:[414] »vber heb dich nit dins glücks das dir ietz ein zyt zů ‖ gestanden ist Alle ding wenden sich« (RH XXXIIIr); es folgen Anspielungen auf einen Sieg der Römer. Im Redeschluß läßt Schöfferlin Minutius die Redeteile verbinden, wobei Coriolans aussichtslose Situation abschließend verdeutlicht wird und ein Rat zur Einigung folgt. Schöfferlin legte die Rede des römischen Gesandten taktisch klug an; er zog aus der langen Rede, die Dionys überlieferte, die wesentlichen Argumente und mäßigte den Ton der Rede, indem er die Vorwürfe abschwächte, die in der Minucius-Rede des Dionys im Redeschluß stehen,[415] so daß die dominierende Thematik der ersten Rede der Konflikt um die Treue zum Vaterland ist.

Ausgangssituation der Rede war eine für die Römer bedrohliche Situation; nachdem Coriolan bereits einige Stellvertreterkriege gewonnen hatte, standen er und seine Truppen nun vor den Toren Roms. Diese bedrohliche Situation wurde jedoch in der Rede nicht offengelegt – es handelt sich nicht um eine Bittrede –, sondern durch Drohungen verschleiert. Die in rhetorischen Fragen anklingenden Hinweise auf Familie und Vaterland setzen Coriolan emotional unter Druck; die Hinweise auf das bisherige Kriegsglück der Römer und die Ungewißheit des Ausgangs

---

414 Zur Fortuna-Thematik vgl. Kap. 4.2.
415 Vgl. AR VIII,28.

des drohenden Kampfes werden den emotionalen Gründen zur Seite gestellt. Der Tenor der Rede ist zum einen moderat, zu Zugeständnissen bereit, zum anderen jedoch unmißverständlich drohend; in jedem Fall ist er geeignet, den Redeadressaten auf den angesprochenen Ebenen zur umfangreichen Rechtfertigung herauszufordern.

Die Gegenrede Coriolans gehört folgerichtig zu den längsten Reden dieses Kapitels. Sie bezieht sich im ersten Teil breit auf den Vorwurf des Undanks gegenüber dem Vaterland; Coriolan benutzt den ersten Redeteil dazu, das ihm widerfahrene Unrecht nochmals hervorzuheben.[416] Die

416 RH XXXIIIr: »zů disen Reden antwurt Marcius / erhůb syn ‖ stym das es die Volscen all hören mochten / Also redende / Minuti zů dir vñ den an- ‖ dren die zů mir von einem ratt zů Rom gesendet syn / trag ich kein vintschafft / dañ ‖ ir haben mich allweg geeret / vñ syent die wyl ich in ellend gelebt hab / den minen hilff ‖ lich vnnd trostlich gewesen / wa ich das gegen üch in sonderheit beschulden kan soll ‖ an mir nit erwinden / Nůn ist mir lieb / das ir bekennē das ich vnuerdient vß der stat ‖ Rom vertriben bin / Aber das ir meynent ich solt der gemeynen statt Rom nit wi- ‖ derwertig syn / den fründ vnd den fynd scheiden / ouch abziehē / vnnd dise die mir vil ‖ gutz vnuerdeint getan haben verlassen / Darzů mügt ir mich mit üwer gůtten wor- ‖ ten nit bringen / Ir meynent ich soll den fründ von dem fynd scheiden Da wissent / ‖ Ich halt die für fründ die mir gůts tůgen / vñ da gegē die für fynd / die mir args zů ge ‖ fůgt haben / Vch ist wissent / das nitallein die gmeind Sonder ouch zů letst ein Ratt ‖ zů merem teil daruff getrungen hat / Mich für ein gmeynd zurecht zustellen das mit ‖ mir angefangen / vñ vormals mit keynem Ratzherren zů Rom nye geschehen oder ‖ [RH XXXIIIv] gebrůcht ist / Ich hab müssen zů recht ston / vor denen die mir sonder nydig ouch kle- ‖ ger vnnd vrteilsprecher gewesen syen / Ob das von einem Ratt nit mit willen Son- ‖ der vß vorcht der gmeynd zů gelassen ist / hilfft mich klein vnd mag ein Ratt nit ent- ‖ schuldigen / dañ das recht sol sich die vorcht nit verkeren lassen / Ir haltē mir für myn ‖ vatterland das mich vertriben / vnnd ich mich selbs von im nit gescheiden hab / Dar ‖ zů myn vordren die zů Rom ettlich gelebt vnnd begraben syen / vnnd trösten mich ‖ das ich zů Rom wider in kommen / vnnd in all myn er / vnnd empten ingesetzt wer- ‖ den soll / des achten ir für groß Ich bin aber der meynung nit Dañ Minuti was be- ‖ gird soll ich haben zů einem sollichen vatterland / dar in ich nit mit eren als myn vor- ‖ dren leben mag / darin die gůtten den bösen / die wolherkommē den schnöden / die ver ‖ nunfftigen den toren / vnd ein Ratt dem pövel vnderworffen ist Hab ich mich nit ge ‖ flissen nach Eren zustellen / vnd zů Rom vil gůts geton / Es haben fründ vnd fynd ‖ myner hand entpfunden / Ich bin in keinen krieg oder Stryt nye gewesen / Ich hab ‖ den danck erworben / das mußt er selbs bekennen / vnnd so vil gůts hett mügen erlan ‖ gen / Mich ouch des entschlagen / vnnd kein vorteil nye begert / O Minuti / dar gegē ‖ hast du vnd die Römer mir hüpsche belonung geben Sol man

von Minutius, dem Sprecher der römischen Gesandtschaft, angeführte Unterscheidung zwischen Freund und Feind wird von Coriolan aufgegriffen, jedoch in Hinblick auf die bestehende Situation dergestalt interpretiert, daß die Volsker als Freunde, die Römer hingegen als Feinde betrachtet werden. Die von Minutius vorgeschlagene differenzierte Betrachtung des römischen Volkes lehnt Coriolan ab, da nicht allein die Gemeinde, sondern schließlich auch der Rat, wenn auch aus Furcht, dem Tribunal gegen ihn zugestimmt habe. Die Unrechtmäßigkeit des Vorgehens wird erneut breit herausgestellt, und die abschließende Sentenz bekräftigt das Coriolan widerfahrene Unrecht.

Der Begriff ›Vaterland‹ wird von Coriolan angesichts der Vorfälle problematisiert; die tiefe Spaltung des römischen Volkes in Patrizier und Plebejer und deren Bewertung durch Coriolan wird in antithetischen Fügungen hervorgehoben: » darin die gůtten den bösen / die wohlherkommē den schnöden / die ver ‖ nunfftigen den toren / vnd ein Ratt dem pövel vnderworffen ist« (RH XXXIIIv).[417] Zum Abschluß des ersten Redeteils wird die differenzierte Betrachtungsweise des Begriffes ›Vaterland‹ wieder aufgegriffen:

»Alle / land syen dem menschen geschaffen. ich wil für myn vatterland erwelen das ‖ lannd / darin mir gůtz geschicht / Darin ich myner tugend

[Solm an] tugent also widergel ‖ ten Gedenck minuti / war zu du mich mit dynen schönen vnnd gezierten worten vn- ‖ derstast zupringē / Die Römer haben mich vmb alle myne gůttat / vß der statt geban ‖ nen / von allen verstossen / vff das höchst geschmacht / vnd in das ellend geschickt So ‖ haben mich ellenden die volscen / den ich vmb der Römer willē vil schaden zůgefůgt ‖ hab / iren fynd angenōmen . In eren vnd wurden erhöcht ir lyb vnd leben Er vnnd ‖ gůt in myn hend gesetzt / vnd vff ir vertruwen mir daß hör vnnd houptmanschafft ‖ bevollen / Ist es dyn meinung ich solt mich zu denen halten / die mir args vmb gůts ‖ getan / vñ die verlassen die mir gůtz vmb args geben haben / Mit welchen eren möcht ‖ ich doch das vnderston / Oder was kund mich darzu bewegen / Tett ich das / So wer ‖ ich würdig / der vrteil vnnd der schmacheit / die mir die Römer zugemessen haben. ‖ Alle / land syen dem menschen geschaffen. ich wil für myn vatterland erwelen das ‖ lannd / darin mir gůtz geschicht / Darin ich myner tugent vnnd manheit belonung ‖ empfahen / Vnnd mit eren leben vnnd sterben mag«.
417 Zur Reihung asyndetischer Formeln siehe unten.

vnnd manheit belonung ‖ empfahen / Vnnd mit eren leben vnnd sterben mag« (RH XXXIIIv).

Der zweite Redeteil wird formal durch ein Paragraphenzeichen, inhaltlich durch den pathetischen Einsatz *Rom myn vatterland hat myn verlegnot* eingeleitet. Hier ließ Schöfferlin Coriolan die vermeintlich düsteren Folgen seiner Rückkehr nach Rom als Gewißheit ausmalen: er wird sich abermals gegen die Gemeinde stellen müssen, da er sich ihr nicht unterwerfen wird, und es wird zu einem neuen Gerichtsverfahren und zu einer erneuten Verurteilung kommen. Im Redeschluß greift Coriolan schließlich die Drohungen des Minutius sowie die Bedingungen eines Friedensschlusses auf.

Die Entgegnung Coriolans diente Schöfferlin zu dessen positiver Charakerisierung und zur Herausstellung des ihm in Rom durch die Volkstribunen und die Gemeinde widerfahrenen Unrechts. Die damit einhergehenden gesellschaftlichen Machtverhältnisse sind für Coriolan dadurch gekennzeichnet, daß die Plebejer den Patriziern ihre Politik oktroyieren. Die Argumentation zum Begriff ›Vaterland‹ korreliert mit der Stilisierung der Verbannung. Indem Schöfferlin Coriolan eindrucksvoll aufzeigen läßt, daß der Begriff Vaterland nicht primär als Ort der Geburt, sondern als Ort, an dem Gerechtigkeit, Glück und Wohlfahrt gegeben sind, zu definieren ist, entkräftet er zum einen den Vorwurf des Vaterlandverrats. Zum andern jedoch dürfte – wie es in der Veturia-Rede ebenfalls deutlich wird – diese Redepassage in Zusammenhang mit den zeitgenössischen Vertreibungen zu sehen sein, von der in Württemberg unter Eberhard II. im Jahr 1496 insbesondere der mit Schöfferlin befreundete Johannes Reuchlin betroffen war. Als politischer Beamter gehörte Schöfferlin zu einem besonders gefährdeten Personenkreis. Eine differenzierte Betrachtung und damit eine Relativierung des Begriffes ›Vaterland‹ könnte für den betroffenen Personenkreis tröstlich gewesen sein; das Herausstellen einer Wahlmöglichkeit und deren potentiellen Folgen den Herrschenden zur Lehre dienen.[418]

Da die diplomatischen Bemühungen der römischen Gesandtschaft ohne Erfolg blieben, wandten sich die römischen Bürgerinnen an Veturia, die in Rom lebende Mutter Coriolans und baten sie um Vermittlung (a.u.c. 2,40,1 ff.).

Die Rede der Veturia vor ihrem Sohn gestaltete Schöfferlin in Anlehnung an Dionys (AR VIII,48; VIII,48–53); die livianische Darstellung benutzte er nur in einer Textpassage.[419] Im Unterschied zu Livius, der eine knapp gehaltene Rede der Veturia überlieferte, lehnte sich Schöfferlin an die Konzeption von Dionys an, der zwei Reden der Veturia brachte, die durch eine Gegenrede Coriolans unterbrochen wurden.[420]

Abweichend von Dionys, der auf eine kurze erste Rede der Veturia eine längere, eindringliche Rede folgen ließ, gab Schöfferlin der ersten Rede der Veturia mehr Raum als der zweiten Rede. Beide Reden der Veturia sind inhaltlich an die zweite Veturia-Rede bei Dionys angelehnt.

Im Unterschied zu Livius, der das Handeln der Veturia, den Gang ins feindliche Lager und ihre Rede vor Coriolan, nicht eigens problematisier-

---

418 Petrarca widmete dem Thema der Verbannung ein Kapitel seines Trostbuches *De remediis*. Hier wird der Schmerz der Verbannung und das Tröstliche historischer Exempla explizit angesprochen: »Du hast inn ‖ den Hystorien vnd geschichten vil gesellen diser beschwerung / dero aller erlich- ‖ ster anhang vñ zeug / nicht allein die entpfindung des schmertzens vermindert / ‖ sondern auch ein vergessenheit des schmertzens machet« (Zweites Buch, LXXIXv). Als vortrefflichstes Beispiel wird im folgenden Camillus angeführt. Petrarca problematisiert hier ebenfalls den Begriff des Vaterlandes: »Das ellend het dir auch berait ein ander vatterland geben / wañ du ‖ die natur der dinge / vnnd nicht die wenung vnnd opinion der menschen an se- ‖ hest / dann das ist ein seer geengt vnd eingezogen gemüt / das sich also auff einen ‖ winckel des erdtrichs legt / das es für das ellend heltet / alles das ausserhalben ‖ des selben orts ist ... Der Ouidius sagt / ein yeglich lande ist des ernve- ‖ sten vnnd starckmütigen menschen vatterland. Mit sölichen sprüchenn / wolte ich dich bewapnet vnd gerüst sein« (Zweites Buch, LXXXr), Franciscus Petrarcha: *Von der Artzney bayder Glück / des guten vnd widerwertigen.* (Heinrich Steiner 1532). Hrsg. u. kommentiert v. Manfred Lemmer. Hamburg 1984.
419 Vgl. Ludwig 1987, S. 70, Anm. 144.
420 Zur Rede der Veturia vgl. auch Ludwig 1987, S. 70 ff.

te,[421] stellte Schöfferlin – analog zu Dionys (AR VIII,43) – als Zwischeninstanz zwischen den Plan der römischen Frauen, Coriolan durch seine Mutter umzustimmen, und dessen Ausführung eine Ratsversammlung als Zwischeninstanz, die zuvor ihre Zustimmung zu dem Unternehmen geben mußte.

Die Diskussion der Frauen untereinander und die Rede der Veturia über ihren Sohn, in der diese Coriolans Unbeugsamkeit und Hartherzigkeit thematisierte (AR VIII,41), übernahm Schöfferlin in stark verkürzter Form, wobei er – abweichend von Dionys – einen Aspekt betonte, der in der Überlieferung nicht verankert ist, ja ihr im Grunde entgegensteht:[422] die Unziemlichkeit eines Eingreifens der Frauen in den politischen Konflikt.[423]

In Anlehnung an Dionys wählte Schöfferlin den Schauplatz der Rede: Während Livius Veturia öffentlich sprechen ließ, überlieferte Schöfferlin eigens den Ortswechsel in ein Zelt, wodurch die Rede der Veturia nur einem beschränkten Kreis, Coriolan, einigen römischen Frauen und den führenden Volskern, bekannt werden konnte.[424]

Analog zu dem intimeren Schauplatz des Geschehens und der damit gegebenen ›halböffentlichen‹ Redesituation veränderte Schöfferlin auch gleich zu Beginn der Rede deren Ton: während Veturia bei Livius voller Zorn auf ihren Sohn einredet (a.u.c. 2,40,5), kämpft sie bei Schöfferlin

---

421 Vgl. a.u.c. 2,40,1–2: Die römischen Frauen erreichen, daß Veturia mit ihrer Schwiegertochter und ihren Enkeln zu Coriolan geht.

422 Vgl. die Rede der Valeria (AR VIII,40), die stolz die politischen Leistungen der römischen Frauen hervorhebt.

423 »§ Widerten sich von erst Veturia vnd ‖ ir sun mit viel entschuldigen vnd befrömbden wie inen das nit zem / Es wer weiblich ‖ zucht / dz sie in ein hör gon solten vñ einem Ratt ein schand / vnd billich nit angenem ‖ dz sich die frowen in sollihen sachen mischen woltē / die weiblichen stammē nit zů stůn ‖ den ...« (RH XXXIIIIr).

424 Bei Dionys geschieht der Ortswechsel jedoch auf ausdrücklichen Wunsch der Veturia (AR VIII,45).

mit den Tränen und kann erst nach einiger Zeit mit ihrer Ansprache an Coriolan beginnen.[425]

Die Reden der Veturia, die Schöfferlin anschließend gestaltete, weichen in Konzeption und Anlage auch von den Veturia-Reden des Dionys erheblich ab.

Schöfferlins Veturia beginnt ihre Rede[426] mit einem Rückblick auf Schwangerschaft und Stillzeit, den sie jedoch explizit nicht als Mahnung und Treueaufforderung verstanden wissen will, da für sie die Angewiesenheit des Kleinkindes auf mütterliche Versorgung zu den Grundbedingungen menschlicher Existenz gehört.

Hier nahm Schöfferlin bereits zu Beginn der Rede eine wichtige Veränderung gegenüber der Darstellung des Dionys vor: während bei Dionys (AR VIII,51) Veturia erst nach einer diplomatischen, die Entgegnungen Coriolans widerlegenden politischen Rede auf die persönlichen Bindungen zwischen Mutter und Sohn einging und hieraus die Verpflichtung Coriolans begründete, Rom nicht länger zu belagern, stellte Schöfferlin die persönlichen Bindungen, aus denen er zunächst keine Verpflichtung ableitete, stark in den Vordergrund der Rede.

Unmittelbar im Anschluß an diese sehr abgewogene und – im Unterschied zur Redeeinleitung – rationale Betrachtung begründete Schöfferlins Veturia die besondere Verpflichtung ihres Sohnes ihr gegenüber jedoch mit der Tatsache, daß sie ihn allein aufgezogen und sich nicht wiederverheiratet habe, zum einem aus dem Grund, das Kind nicht durch eine etwaige andere Verbindung emotional zu vernachlässigen, und zum anderen, um Coriolans Erbteil unangetastet zu lassen.[427]

Diese Entscheidung wird von Veturia über die Vorlage hinausgehend als Verzichtleistung dargestellt, indem sie ihre Jugend, ihre Schönheit und ihre finanziell gesicherte Ausstattung erwähnt. Die Passage schließt mit

---

425 Auch bei Dionys (AR VIII,46) wird Veturia souveräner gezeichnet. Ludwig 1987, Anm. 145 interpretierte diese von den Quellen abweichende Charakterzeichnung im Sinne mütterlicher Emotion.
426 Eine Edition der ersten Rede der Veturia findet sich bei Ludwig 1987, S. 70 ff.
427 Vgl. auch Dionys AR VIII,51; hier jedoch der Verzicht auf Wiederverheiratung ohne explizite Begründung.

ihrer damaligen Entscheidung, in Coriolan künftig ihren Lebensinhalt zu sehen, wobei sowohl die semantische Spezifizierung *mit vnd in dir* als auch die zweigliedrige Formel *alle myn fröd vñ kurtzwyl* den mütterlichen Bezug zu Coriolan hervorheben. Diese Entscheidung jedoch, so die Argumentation, habe ihr nur kurzzeitig Glück geschenkt, da Coriolan wie auch andere junge Männer alsbald von einem Krieg in den anderen gezogen sei; der zuvor betonten *fröd vñ kurtzwyl* wird *sorg vnnd angst* kontrastiert.[428] Dessen militärische Tapferkeit, abermals in einer zweigliedrigen Formel angeführt, hätte nun – und hier argumentiert Schöfferlin eigenständig – dazu führen müssen, daß Coriolan in Rom zu Amt und Ehre kommt, doch wurde Coriolan durch Neid und Haß des Pöbels aus Rom vertrieben und ließ sowohl Mutter, als auch Frau und Kinder ohne Schutz zurück. Der dreigliedrigen Formel *eren würden vnd Amptern* korreliert hier *nid haß unnd widerwertikeit*. Ein Argument der Vorlage modifizierend,[429] stellt Veturia die Vertreibung als politisches Schicksal heraus, das manchem redlichen Bürger widerfahren sei – auch dies möglicherweise eine Anspielung auf die zeitgenössischen Vertreibungen und den hiervon betroffenen Personenkreis. Veturia begründete im weiteren ihr Verbleiben in Rom mit der Hoffnung auf Änderung dieses Zustandes, was jedoch durch Coriolans Überlaufen zu den Feinden nun völlig aussichtslos erscheine. Ganz im Gegenteil hätten nun sie als auch Coriolans Frau und Kinder mit dem Schlimmsten zu rechnen und auch hier wies Schöfferlin die Verantwortlichkeit für das Veturia, Volumnia und den Kindern drohende Unheil ausschließlich den unteren sozialen Schichten zu, während er die Zurückhaltung der Patrizier und gemäßigten römischen Bürger eigens erwähnte:

> »§ Wan sie sich (so sie gegen dir nit bekommen mügen) an vnns re- ‖ chen / vnns lyb vnnd leben nemen / Als ouch onzwyfel / wa du vff dynem fürnemen ‖ beharrest geschehen wirt / Dan ob wol ein Ratt die vetter / vnnd

---

428 Vgl. Dionys AR VIII,52.
429 AR VIII,49: Vertreibung ist auch anderen hochgesitteten Männern widerfahren; sie hatte jedoch nicht Feindschaft gegenüber dem Vaterland zur Folge.

die gütten darwider ‖ weren / So würd sich doch das povel an vnns mißpruchen vnd vergessen« (RH XXXVr).

Diese Passage, in der erneut Rat, Väter und alle guten Menschen in einer
dreigliedrigen Formel zusammengeschlossen und dem Pöbel kontrastiert
werden, ist durch das voranstehende Paragraphenzeichen herausgehoben.

Die erste Rede der Veturia schließt mit einem breiten Appell an die
Versöhnungsbereitschaft Coriolans[430] und der Bitte, die Belagerung
aufzuheben; die Rede wird damit beschlossen, daß Veturia und die
anderen römischen Frauen weinend und klagend vor Coriolan nieder-
knien.[431]

Hieran schließt sich – analog zu Dionys (AR VIII,47) – eine Entgegnung Coriolans an, in der dieser im wesentlichen abermals darauf ab-
hebt, daß die Römer sich die Bedrohung durch ihr ungerechtes Verhalten
selbst zuzuschreiben hätten, daß er immer den gemeinen Nutzen vor
Augen gehabt hätte und dennoch vertrieben worden wäre und nun die
Gastfreundschaft der Volsker nicht durch Verrat vergelten möchte.
Coriolan bietet seinen Angehörigen an, im Lager der Volsker das weitere
Geschehen abzuwarten. Die bei Dionys gegebene nochmalige Präzisierung
der Bedingungen für einen Frieden führte Schöfferlin nicht an, der die
politische Auseinandersetzung aus der Rede zwischen Mutter und Sohn
weitgehend heraushielt.

Die Gegenrede Coriolans zeichnet sich durch einen zuvorkommenden
Ton aus; bereits zu Beginn läßt Schöfferlin Coriolan seine Ehrerbietung
gegenüber der Mutter, der Ehefrau und den römischen Bürgerinnen
bezeugen: Es folgt eine breite Rechtfertigung der jetzt gegebenen
Situation, wobei Coriolan – im Unterschied zu seiner Rede vor dem
römischen Gesandten – zunächst nicht primär das Verschulden der Römer
beschreibt, sondern seine Lage und sein Handeln darlegt und somit auch

---

430 Vgl. Ludwig 1987, Anm. 151.
431 RH XXXVv: »damit fiel im syn můter / syn hußfrow vnnd die andren Rö- ‖ merin
all zefůß / flehend vnd bittend / Mit sollichen weynen clag vñ Iamer dz menck ‖
lich vnder den fynden mit in erbermd hette / Vñ ouch Marcius vnbewegklichs hertz
‖ ettlicher maß erwaichet ward«.

rechtfertigt. Die Aufnahme durch die Volsker – so die Argumentation im Folgenden – verpflichte ihn, da diese ihm die Hauptmannschaft angetragen und somit ihr Leben, ihren Besitz und ihre Ehre in seine Hände gelegt hätten. Diese Situationsschilderung nutzt Coriolan zur Ansprache an die Mutter, die zum Überdenken ihrer Bitte aufgefordert wird. In einer sich unmittelbar anschließenden Sentenz versucht Coriolan sogleich, diese Bitte als unzumutbar zu charakterisieren: »Es were nit ein gůtte můter die iren son mit bett und flehen infüren unnd darzu pringen wolt / das er mit keinen eren verantwürten mocht«. Im Redeschluß schließlich thematisierte Coriolan in drei rhetorischen Fragen, die jeweils mit anaphorischem ›soll‹ eingeleitet werden, das ihm widerfahrene Unrecht und den verlangten Treuebruch, wobei die entscheidende Frage des Treuebruchs nach dem Gesetz der wachsenden Glieder, durch Parenthese und mehrgliedrigen Formeln rhetorisch ausgefeilt, als Abschluß der Fragereihe gesetzt wird.[432] Hieran schloß Schöfferlin eine kurze Replik auf die Aufforderung an die Mutter an: »Das solt du mich O můter nit leren / oder mir sollichs die wil ich by syn ‖ nen byn zůmůten« (RH XXXVIr).

Schöfferlin gestaltete die Rede Coriolans formal und inhaltlich anders als Dionys, der in einer kurzen Entgegnung Coriolans vor allem auf die Unzumutbarkeit der Bitte Veturias sowie nochmals auf die Friedensbedingungen und deren Rechtmäßigkeit einging. Zwar findet sich auch in der Coriolan-Rede des Dionys die persönliche Ansprache an die Mutter; durch die Einbeziehung der Friedensbedingungen wurde jedoch ein diplomatischer Ton angeschlagen, den Schöfferlin nicht übernahm. Die Rede Coriolans an die Mutter beleuchtet ergänzend zur ersten Rede vor dem römischen Gesandten eine weitere Dimension des Konfliktes: Coriolans Bindung an die Volsker, die ihn zu Loyalität verpflichtet.

---

432 RH XXXVv: »Soll ich der Römer bitt erhören / die ein gantzen Ratt für mich bittent / nit er ‖ hören wolten / Soll ich den früntlichen willen bewisen / oder mit inen erbermd haben ‖ By den ich deßglychen nit fundē hab / Soll ich die verlassen oder als ich warlich spre ‖ chen mag / verraten vñ übergeben / die mich iren fynd / die wil ich im ellend vñ vertri- ‖ ben was / zů fründ angenōmen / die mir leydigung / die ich inen in kriegen zuge- ‖ fügt / habzucht er vnnd lieb erbotten / Und das ichß beschließ vmb das arg vil gůts ‖ [RH XXXVIr] getan haben«.

In ihrer zweiten Rede erörtert Veturia – analog zu Dionys – zunächst ihr Anliegen, ihre Bitte um Frieden. Im Folgenden ging Schöfferlin auf den oben genannten Loyalitätskonflikt Coriolans ein, indem er Veturia nun nicht mehr Coriolan und sein Verhalten thematisieren ließ, sondern das Verhalten der Volsker ins Zentrum der Betrachtung stellte. Die Mutter fordert von Coriolan keinen Verrat an seinen Freunden, sondern lediglich, daß er sie zum Frieden bewege. Sie weist Coriolan auf die Wandelbarkeit des Glücks und die Vorteile eines Friedensschlusses hin. Im zweiten Redeteil folgen dann, jeweils in persönlicher Ansprache, Vorwürfe und Drohungen, die im Redeschluß in der Drohung gipfeln, daß Coriolan, sollte er gegen die Römer kämpfen, mit seiner Mutter, seiner Frau und seinen Kindern in vorderster Linie zu rechnen hätte:

> »So wiß son / das wir nit by dir belyben Sonder wider in ‖ vnser vatterland keren / da mit andren sterben vnnd genesen wollen / Vnnd das ich ‖ vnnd dyn hußfrow / mit disen kinden in allen Stryten stürmen vnnd fürnemen / dir zuvordrost vnder ougen kommē wöllen / die ersten syn in der blůt du den hend beflec- ‖ ken mům*st*« (RH XXXVIv).

Dieser pathetische Redeschluß findet sich nicht in dieser Form bei Dionys, der Veturia mit ihrem Freitod drohen ließ (AR VIII,53); eine Drohung, die Schöfferlin – wie in der Lucretia-Erzählung bereits ausgeführt – aus ideologischen Gründen hier nicht anführen konnte und im Rahmen dieser Rede äußerst wirkungsvoll umgebogen hat. Die Rede schließt mit einer Bitte an die Götter, Marcius umzustimmen und zum Frieden zu bewegen.

Das weitere Geschehen berichtete Schöfferlin nach Livius und Dionys; die von Schöfferlin erwähnte Ungewißheit über das Schicksal des Marcius basiert auf Livius a.u.c. 2,40,10 f.

Die Reden weisen eine Vielzahl zwei- und dreigliedriger Formeln auf, wobei substantivische Formeln und Verbformeln am häufigsten gebraucht werden. Die Formeln sind häufig epexegetisch gebaut (*fahen vnd ertöten*; *kleger vnnd urteilsprecher*) und dienen der semantischen Spezifizierung. Analog zum Redeinhalt sind die Formeln teilweise antonymisch gebildet (*gůtz vnd args*; *als fründ vñ nit als fynd*; *frowen vnnd mannen*; *iungen vnd alten*; *guten vnd bösen*). Auch asyndetische antonymische Formeln werden genutzt (*die gůtten den bösen / die wolherkommē den schnöden / die vernufftigen den toren / und ein Ratt dem pövel*), wobei – wie das letzte Beispiel zeigt – die Formelbildung nicht primär als *ornatus* dient, sondern auch inhaltliche Funktionen hat, insofern als die vorgebliche Antonymie zwischen Rat und *pövel* durch die vorher gebrauchten antonymischen Formeln für das Lesepublikum belegt ist. Die Reihung der Formeln bot Schöfferlin Gelegenheit zu Variation. Neben einfacher Reihung (»Sie sehen dañ dyn vatterland in fewer vnnd flammen nyderfal- ‖ len vnnd brynnen«, RH XXXVIr) nutzte Schöfferlin auch die chiastische Stellung (»vnnd last din rach gon über ‖ gůtt vnd böß / vngeschei- den über all Römer sie haben dir args oder liebs getan«, RH XXXVr).

Die erste Rede der Veturia wurde von Ludwig einer kurzen Analyse unterzogen.[433] Er kommt hier zu folgendem Ergebnis:

> »Was als Ganzes bei ihm (Schöfferlin – C.W.) herausgekommen ist, ist jedoch etwas völlig anderes als die knappe Äußerung der Mutter bei Livius, die ihrem Sohn brüsk und mit schneidender Schärfe ihre Vorwürfe ins Gesicht schleudert, und auch völlig anders als die ausführliche Rede der Mutter bei Dionys, die alles sorgfältig und diplomatisch erörtert und alle Register bis zur Erpressung durch den angedrohten Selbstmord zieht. Schöfferlins Veturia spricht ihre Bittrede mit einer Wärme des mütterlichen Gefühls und einer liebenden Sorge um ihren Sohn, wie sie in beiden Vorlagen nicht zum Ausdruck kommt. Schöfferlin zeigt sie erbarmungswürdig«.[434]

Diese Einschätzung ist zutreffend, insofern als Ludwig Schöfferlins Distanz zu den Vorlagen erfaßt; die Folgerungen, die Ludwig hieraus zieht, bedürfen jedoch der Ergänzung. So ist die Gesamttendenz der Erzählung zu berücksichtigen und grundsätzlich davon auszugehen, daß Schöfferlin seine Figuren in Hinblick auf das Ziel anlegte. Als wesentliches Ziel der Darstellung erschien die positive Charakterisierung Coriolans bzw. die negative Herausstellung der tribunizischen Machenschaften im Zusammenhang der frühen römischen Ständekämpfe. Da

---

433 Ludwig 1987, S. 68 ff.
434 Ludwig 1987, S. 69.

Schöfferlin Coriolan gegenüber Livius umdeutete, konnte er die Figur der Mutter, wie Livius sie gezeichnet hatte, nicht beibehalten, da diese zentrale Umdeutung eine Änderung der Gesamtkonzeption erforderte. Die ›Wärme des mütterlichen Gefühls‹ und die ›liebende Sorge‹, die Schöfferlins Veturia ihrem Sohn entgegenbringt, sind zum einen als Korrelat zum positiv gedeuteten Coriolan zu sehen, zum anderen abermals Ausdruck eines gegenüber der Antike gewandelten Frauenbildes, das die heroischen Charakterzüge der altrömischen Heldinnen hier in Mütterlichkeit auflöst. Doch darf nicht übersehen werden, daß auch Schöfferlins Veturia, um Coriolan umzustimmen, in ihrer zweiten Rede bis hin zur Erpressung – wenn auch nicht durch Freitod – geht. Auch sie argumentiert diplomatisch, jedoch nicht in der Ausführlichkeit wie bei Dionys; auch sie stellt ihren Sohn letztlich vor die Wahl, abzuziehen oder sie töten zu müssen. Sowohl die Einführung Veturias als auch Schöfferlins abschließender Kommentar zur Erzählung, der nicht Veturias Mütterlichkeit, sondern den Erfolg weiblicher Tränen thematisiert,[435] lassen auf Schwierigkeiten des Autors in der Präsentation der antiken Heldin schließen; zeitgenössische Anschauungen über die Schicklichkeit souveränen weiblichen Handelns stehen offenkundig im Kontrast zu der antiken Überlieferung.

3.2.2 Die Rede des Zunftmeisters Canuleius

Die Rede des Volkstribunen Gaius Canuleius gegen die Vorrechte des Adels gestaltete Schöfferlin nach Livius (a.u.c. 4,1 ff.).[436]

---

435 RH XXXVIv: »Also sicht ‖ man verkerung vnnd endrung in allen menschlichen dingen / das die werlich Statt ‖ Rom die durch manheit / vnnd ir wyßheit die gantzen welt vnder sich pracht hat vff ‖ die zyt darzu kam / das gantz kein wer in den Römern was / vnnd můst mit weybli- ‖ schen trehern vor abgewunen vnd behalten werden / Der tatthalben wurden die fro- ‖ wen zů vast geeret / vnd liessen in die Römer eynen eigen tempel zugedechnuß buwē / ward genant Templum muliebris fortune / das ist ze tütsch ein Tempel weyblichs ‖ gelücks«.
436 Tite-Live. Histoire romaine. Bd. 4. Hrsg. v. Jean Bayet. Paris 1965 (Nachdr. d. Ausg. Paris 1946).

Gegenstand der Auseinandersetzung zwischen Patriziern und Plebejern war nach Livius a.u.c. 4,1 ff. das von den Decemvirn erlassene Eherecht, das eine Heirat zwischen den Plebejern und den Angehörigen des Patriziats nicht gestattete, sowie die Regelung des Zugangs zum Konsulat, nach der die Konsuln nur aus dem Patriziat hervorgehen konnten. Ausgangspunkt des Konflikts bei Livius war ein Gesetzesvorschlag des Volkstribunen Gaius Canuleius über die Möglichkeit der ›Mischehe‹, der im Senat für politische Aufregung sorgte und schließlich von den Tribunen zu einem Gesetzesentwurf über die Zugangsregelung zum Konsulat ausgeweitet wurde (a.u.c. 4,1,1 f.). Um von dem innenpolitischen Konflikt abzulenken, nutzten die Senatoren erneut eine außenpolitische Krisensituation und befahlen abermals eine Truppenaushebung (a.u.c. 4,1,4f.). Hierauf meldete sich im Senat Canuleius zu Wort, postulierte ein Junktim zwischen der Zustimmung zu seinem Gesetzesantrag und der Truppenaushebung und berief in dieser Angelegenheit eine Volksversammlung ein (a.u.c. 4,1,6).

Im folgenden Kapitel thematisierte Livius in indirekter Rede breit den Widerstand von seiten der Senatoren gegen eine politische Gleichberechtigung der Plebejer und die Mischehe (a.u.c. 4,2,1–14). Im weiteren Verlauf äußerte sich Canuleius in direkter Rede vor der Volksversammlung ausführlich zu seinem Gesetzesentwurf (a.u.c. 4,3,2–4,5,6).

Wie auch in seiner Darstellung des Auszugs der Plebejer auf den *mons sacer* unterdrückte Schöfferlin in seiner Schilderung der Auseinandersetzung die vom Senat angeordnete Truppenaushebung und deren politische Funktion als Mittel zur Disziplinierung der Bevölkerung. Die Bedenken der Patrizier, vor allem der Konsuln, gegenüber dem Gesetzesentwurf gestaltete Schöfferlin analog zu Livius in indirekter Rede; die Argumente gegen Mischehe und gleichen Zugang zum Konsulat schwächte Schöfferlin gegenüber der livianischen Darstellung jedoch deutlich ab. Insbesondere die polarisierende Ansicht der Konsuln, in einem Gemeinwesen könne es nur Senatoren oder Volkstribunen geben (a.u.c. 4,2,11), mit der erneut das Volkstribunat grundsätzlich in Frage gestellt wurde, übernahm Schöfferlin nicht. Auch die Argumente gegen die Mischehe präsentierte Schöfferlin in sehr viel moderaterer Form als Livius (a.u.c. 4,2,6). Den

Schluß der indirekten Rede änderte Schöfferlin gänzlich gegenüber der livianischen Darstellung, indem er – statt massiver Vorwürfe gegen Canuleius, der Gleichsetzung der Volkstribunen mit Verbrechern und der Ankündigung, gegebenenfalls das eigene Volk zu bekriegen,[437] das Bemühen der Senatoren und Patrizier um Einigkeit sowie deren bisherige Bereitschaft zum Kompromiß betonte und die angenommenen negativen Folgen der Gesetzesinitiative breit schilderte.[438] Abweichend von Livius stellte Schöfferlin hier die mögliche Vertreibung der Patrizier aus der Stadt heraus, die auf die zeitgenössischen Auseinandersetzungen zwischen Patriziat und Zünften verweist. Die Argumentation der Patrizier, sie seien der Gemeinde in ihren politischen Forderungen bereits weit entgegen-gekommen, wodurch sich ihre eigene politische Stellung zum Schlechte-ren hin verändert hätte, stimmt mit Schöfferlins Kommentierung der politischen Neuordnung nach dem Sturz des Decemvirats, die der Canuleius-Rede voransteht, überein.[439]

Die Gegenargumention der Patrizier war in der RH denn auch insofern erfolgreich, als sie dazu führte, daß die Gemeinde in ihrem Anliegen ver-unsichert wurde. Dies ermöglichte Schöfferlin, die Redesituation gegenüber der livianischen Darstellung zu ändern: bei Livius spricht Canuleius vor der Volksversammlung für seinen Gesetzesantrag und gegen die geplante Truppenaushebung; bei Schöfferlin spricht Canuleius

---

437 »si patribus tribuni cum iure ac maiestate adempta animos etiam eripuerint, consules paratos esse duces prius aduersus scelus ciuium quam aduersus hostium arma«, a.u.c. 4,2,14.

438 RH XLVIIr: »Sie weren geneigt zů enikeit / vnd ‖ hetten der gmeynd vil zů gelassen / dardurch ir stand erhept / vnnd sich der Edelen ge- ‖ [RH XLVIIr] walt geendert hett / Aber diß fürnemen wer in vnlydenlich vnd diente zů sollicher vff ‖ růr / das ein parthy die ander vß der statt tryben / was schadens sie dardurch erlan- ‖ gen möchten das wer inen wol zubedencken ir manlich Ritterlich gemůt wurd inen ‖ dardurch benommē So nyemant für den andern geert / vnd der mynst mit dem mei- ‖ sten sich verglichen wurde / so kein vffhören irenthalb wer / Sonder sie teglich von ‖ einem zů dem andern gryffen / So lang biß die geschlecht gar getruckt wurden kem ‖ es von nott darzu das Rom die Edel statt zergon / Der sig vnd aller gewalt zů iren ‖ fynden wychen wurd«.

439 Vgl. Kap. 3.3.1.

vor einer von den Argumenten der Gegenpartei verunsicherten Gemeinde, die er politisch wieder auf Kurs zu bringen versucht.[440]

In der Formulierung der Canuleius-Rede fußte Schöfferlin auf Livius, dessen Rede er kürzte und änderte.[441] Während bei Livius im Redeein-

---

440 RH XLVIIv: »da nůn Canuleius sach das dise red ettlich von der gmeynd be ‖ wegen wolt da ließ er ein gmeynd versamlen [...]«.

441 RH XLVIIv: »§ Vnnd redt also mit ine / wes wil- ‖ lens vnnd gemütz die von den geschlechten gegen einer gmeynd bißher gewesen syen / ‖ das haben ire werck in vergangen hendeln zugknuß geben / wie schnöd wir ouch von ‖ inen gehalten weren / wa wir vnns nit wider sie gesetzt / Ist üch allen wissen / Sie ver ‖ gonden / vnns das wir in glychem burgerrecht mit inen sitzen / vnnd das / die porten ‖ der würdikeit vns glycher maß / als inen offenlich syn / vñ wir vns des wegs / darzu ‖ bruchen / Sol nůn dise statt Rom ein frye statt heissen vnnd syn / Als sie von vnsern ‖ vordern angesehen / wie kan dan ein teil darin herschen / vnnd das ander / der selben ‖ knecht / vnnd schlaven syn / Sie clagen den götten vnd menschen von vnserm fürne- ‖ men / wie mir in diser statt aller vneinikeit vrsacher syen / Das doch vff im nit anders ‖ hat / wan das wir gern inglychen burgerrecht / wie sich in einer fryen statt gezympt ‖ by inen sitzen / wolten ouch zů würdikeit kommen / vnns vnder sie verhyraten / vnnd ‖ mit in befründen / das benimpt inen nicht / wan nyemant vß inen wirt von Er oder ‖ würdikeit verschalten / So wirt ouch nyemant bezwungē / wa der wil nit gůt erfun ‖ den wirt / das er sich vnder vns mit hyraten vermischen můß. Es stett zů der wal vñ ‖ zů ein yeden willen / Es ist aber vnns ein schmach vnnd schand / das vnns die gesatz ‖ davon scheiden / vnnd vns als ob nichtz gůts an vnns sy / sollichs verbietten sollen / ‖ Warumb verbieten sie vns nit / Das wir nit ir nachpuren syen / oder die gassen nit ‖ wandlen / da sie ir wanung haben / Mag nit einer von der gmeynd / ouch vernunff- ‖ tig manlich mit tugent vnd frümkeit / geziert syn / als wol als einer / von den geschle- ‖ chten / warumb solt er dan von er vnnd würden geschalten werden / Numa Pompi ‖ lius ist von vnsern vordern nit vmb syns adels willen / Sonder von vernunfft vnd ‖ frümkeit wegen / von einer frömbden statt berůfft / vnnd zů einem Römischen küng ‖ erwelt worden / Deßglichen / Tarquinius Priscus / vnnd Servius Tullius / der ge ‖ fangen gen Rom kommen / vnd nye kein mensch erfaren hat wer syn vatter geweßt ‖ sy / durch der tugent manheit vnd wyßheit / ist Rom vffgangen vnd von einer klei- ‖ nen statt groß worden / vnnd darzu kommē das ir in Ytalien kein gelychen an macht ‖ mag erfunden werdē Ist nůn billich das frömbd vnerkant lüt / von vnsern vordern ‖ zů küngklicher würd erhöcht syen / vnnd geborn Römisch burger der vordren ir ver- ‖ mügen / vmb des gemeynen nutz willen trülich dargespannen / Vnd ir blůt als wol / ‖ als die Edlen darumb vergossen haben / von der mynder würde / vnnd Iarlichem ‖ gewalt der Burgermeister verschalten / Vnd vns eliche vermehelung gegen vnsern ‖ mitburgern / vnd des durch ein gesatz Appij / vnd syner gesellen der můttwil vñ vn- ‖ ordenlicher gewalt weder ein Ratt noch gmeind die lengi erlyden mocht / verbotten / ‖ vnnd vns des allés als ob wir vnrein syen beroubt werden sollen / wie

gang ein persönlicher Eindruck des Canuleius steht (»saepe equidem et ante videor animadvertisse« a.u.c. 4,3,2), objektivierte Schöfferlin diesen persönlichen Eindruck zur Tatsachenfeststellung, womit Schöfferlin Canuleius bereits zu Beginn seiner Rede die prinzipiell gemeinsame Basis zwischen Volkstribun und Gemeinde betonen ließ. Der eingeschobene konditionale Nebensatz »wa wir vnns nit wider sie gesetzt« spiegelt ein zentrales Motiv der Rede wider: die Bestärkung im gemeinsamen politischen Widerstand.

Während bei Livius Canuleius den Bürgern die Gesetzesinitiative im Folgenden vorstellte, schloß Schöfferlin eine Beschreibung des negativen Ist-Zustandes aus Sicht des Volkstribunen an, in der die strittigen Punkte benannt wurden: zunächst die Frage des nicht gewährten gleichen Bürgerrechts, die das bei Livius hier explizit geforderte Recht zum *connubium* zwischen Plebejern und Patriziern umschreibt, sodann – gegenüber der Vorlage ebenfalls modifiziert formuliert – das nicht gegebene passive Wahlrecht, das von Schöfferlins Canuleius nicht als althergebrachtes

kan das gůt- ‖ ten willen pringen / was haben wir doch den von den geschlechten vnbillichs zuge- ‖ fůgt / wa ist ye kein schmach widerfaren / wie kann ymmermer bestentlich einigkeit in ‖ diser statt belyben / Es sy dañ das ein glyche maß zwyschen allen burgern gehalten ‖ werde / vnd nyemant den andren schmech / veracht / oder schnöder dañ sich selbs hal- ‖ te / Sie wolten gern vß einer statt zwůmachen / Sollen wir in einer muren sitzen vñ ‖ [RH XLVIIIr] wonen / ein fryen stand vnnd wesen haben / In ritterlicher wer vnd übung vnns sel- ‖ ber teglich bruchen / vnd vnser lyb vnd gůt vmb des gemeynen nutz willen / als wol ‖ als ander darstrecken / Warumb solten wir dañ nit ouch zů eren vnd würden kom- ‖ men. Oder in sipp vnnd früntschafft mit vnsern mitburgern vnns vermischen / wer ‖ den wir nit glych von můter lyb geborn / Haben wir nit blůt vñ fleisch als sie / Oder was ‖ volt vns daran irren / wöllen sie aber nit vnser mitburger / sonder vnser herren syn / ‖ was hilfft vnns dañ das vnsere vordren den küngklichen gewalt vertryben / so wir ‖ für einen herren hundert Tyrannen haben müßten / die vnns vnser weib vnnd kind ‖ schmehen / vñ sich irs můtwillens gegen vns mißpruchen / warum nenne wir vns ‖ fry / so es an im selber nit ist / Darumb ir werdē Römer / bedencken üch wol / was üch ‖ an diser sach gelegen sy / Es geschech dañ das wir vns selber by fryem stand vnd we- ‖ sen handthaben Als das von vnsern handen an vnns kommen ist / wir werden von ‖ in schnöder dan ir schlaven gehaltē / Ich sag üch zů / Sovil an inen ist sie vergunden ‖ vns / das vns die Son / als sie anschynen / vnd das wir zuglycher maß mit in men- ‖ schlich bild vnd form haben vnd tragē sollen«.

(Grund-)Recht des römischen Volkes beschrieben wurde. Diese Zustands-
beschreibung wird sogleich mit der Frage der freiheitlichen Verfaßtheit
Roms verknüpft: »Sol nůn dise statt Rom eine frye statt heissen vnnd syn
/ Als sie von vnsern ‖ vordern angesehen / wie kan dan ein teil darin
herschen / vnnd das ander / der selben ‖ knecht vnnd / schlaven syn«;
Knechtschaft und Sklaverei, von Schöfferlin häufig antithetisch mit dem
freien Stand Roms in Beziehung gesetzt, wurden durch die Interpunktion
herausgehoben.

Analog zu Livius (a.u.c. 4,3,6) thematisierte Schöfferlins Canuleius
sodann die Reaktion der Patrizier auf den Gesetzesentwurf; die bei Livius
exponierte Gewaltandrohung der Patrizier gegenüber Canuleius unterdrückte Schöfferlin, der – wiederum in sehr abgemilderter Form – die
Vorwürfe der Patrizier thematisierte sowie die Forderungen des Volkstribunen wiederholte.

Die ablehnende Haltung des Patriziats gegenüber dem Gesetzesantrag
wird von Canuleius als unbegründet zurückgewiesen: hierzu arbeitete
Schöfferlin das livianische Argument, daß der Adel für seine ›Reinhal-
tung‹ schließlich durch entsprechende interne Regelungen selbst Vorsorge
treffen könnte (a.u.c. 4,4,7), weiter aus, indem er positiv hinzufügte, daß
dem Patriziat durch die Neuregelung nichts genommen würde: es verliere
weder den Zugang zum Konsulat noch werde es, wenn es dies nicht
gutheiße, zur Mischehe gezwungen. Diese Argumentation, die über die
Vorlage hinaus das Interesse des Volkstribunen an einer einvernehmlichen
Regelung mit den Patriziern betont, wird durch die nachgeschobene
conclusio (»Es stett zů der wal vñ ‖ zů ein yeden willen«) nochmals
hervorgehoben. Dem wird die bislang bestehende gesetzliche Benach-
teiligung der Plebejer gegenübergestellt, die allerdings nicht weiter aufge-
schlüsselt wird.

Nach einer an Livius (a.u.c. 4,4,11) orientierten polemisierenden Frage
in Hinblick auf die Zumutbarkeit der Nachbarschaft zwischen Plebejern
und Patriziern folgen die historischen Beispiele aus der frühen römischen
Königszeit, in der einige Könige von zweifelhafter Abkunft und dennoch
politisch erfolgreich gewesen seien, die gekürzt die livianische Argumen-

tation wiedergibt (a.u.c. 4,3,10 ff.).[442] Die Folgerung aus diesen Beispielen stellte Schöfferlin der Reihe voran; sie wurde im Anschluß an diese mittels einer rhetorischen Frage (»Ist nůn billich ...«) emphatisch wiederholt. Schöfferlin fußte hier auf Livius a.u.c. 4,3,16; während für Livius jedoch die Decemvirn explizit ein negatives Beipiel einer aus dem Patriziat hervorgegangenen Regierung sind (»taeterrimis mortalium«), überging Schöfferlin dies und erwähnte Appius Claudius und seine Kollegen lediglich im Zusammenhang mit den bestehenden Ehegesetzen, hier jedoch auch negativ. Mit der Herausstellung der Verdienste der römischen Bürger und ihrer Ahnen brachte Schöfferlin Pathos in die Schlußfolgerung ein. Auch hier kommt der Interpunktion rhetorische Funktion zu.

Während Livius im Schluß der Rede Canuleius von den Patriziern Rechenschaft wegen der Truppenaushebung fordern ließ und die politische Verweigerung der Plebejer erneut herausstellte, behandelte Schöfferlin die Frage »wie kan ymmermer bestentlich einigkeit in ‖ diser statt belyben«, die sich für Livius' Canuleius vor dem Hintergrund der vehementen Reaktionen der Patrizier und der Provokation durch die geplante Truppenaushebung in dieser Form nicht stellte. Schöfferlin beantwortete diese Frage mit dem Verweis auf die Notwendigkeit der Gleichbehandlung aller Bürger, wobei die *conclusio* mit einer dreigliedrigen Formel abschließt, die nach dem Gesetz der wachsenden Glieder formuliert ist: »nyemant den andren schmech / veracht / oder schnöder dañ sich selbs hal- ‖ te«.

In der sich anschließenden *argumentatio* betonte Schöfferlins Canuleius über Livius hinausgehend das Prinzip, daß gleiche Pflichten auch gleiche Rechte begründen müßten. Hier ließ Schöfferlin Canuleius die Wehrbereitschaft der römischen Bürger als auch die Steuerzahlungen als Pflichten betonen; in der Fabel des Menenius, die hier als Parallele herangezogen werden kann, findet sich dieses Prinzip nicht thematisiert. Die Gleichheit der Bürger wird durch eine naturrechtliche Begründung,

---

442 Schöfferlin kürzte um die Aufnahme der Claudier in das römische Patriziat sowie um die Neuerungen, die von den römischen Königen als auch in der Republikzeit eingeführt wurden.

die sich in der Vorlage nicht findet, erneut hervorgehoben: »wer- ‖ den wir nit glych von mủter lyb geborn / Haben wir nit blủt vñ fleisch als sie«.

Im Redeschluß polemisierte Canuleius scharf gegen die Patrizier, wobei Schöfferlin die entsprechenden livianischen Argumente zusammenzog. Insbesondere die Schlußworte des Canuleius (»Ich sag üch zủ / Sovil an inen ist sie vergunden ‖ vns / das vns die Son als sie anschynen / vnd das wir zuglycher maß mit in men- ‖ schlich bild vnd form haben vnd tragẽ sollen«) zeigen eine von Livius (a.u.c. 4,3,8) beeinflußte Steigerung in der Polemik gegen das Patriziat, die Schöfferlin an das Ende seiner Rede stellte.

Als Ergebnis der Rede benannte Schöfferlin die Bestärkung der Gemeinde in ihrem Anliegen; als Resultat der Auseinandersetzung zwischen Gemeinde und Senat beschrieb Schöfferlin die Einführung des Militärtribunats; die Frage des Eherechts wurde nicht weiter thematisiert.

In der Beschreibung des Ergebnisses wich Schöfferlin damit deutlich von Livius ab, der die Aufhebung der Ehegesetze, von den Senatoren als das geringere Übel angesehen, als Resultat der Rede skizzierte. Das Militärtribunat wurde bei Livius erst im Verlauf weiterer Auseinandersetzungen durchgesetzt (a.u.c. 4,6,1–12).

Während Livius die politische Besonnenheit der Bevölkerung bei der Wahl der Militärtribunen herausstellte und kommentierte (a.u.c. 4,6,12), findet sich bei Schöfferlin lediglich der Verweis auf die Einrichtung des Militärtribunats und eine kurze Erklärung der Institution. Eine politische Bewertung der Institution wird nicht gegeben – dies korreliert mit dem Befund, daß sich in der Darstellung der Auseinandersetzung zwischen Canuleius und dem Senat keine eigenständigen Wertungen Schöfferlins, sei es durch Kommentierung oder Epitheta, finden. Auch fügte der Autor in die Rede des Canuleius keine Sentenzen ein, die ihm ansonsten zur Stützung der Argumentation dienten.

Es ist vor diesem Hintergrund schwierig, die Stellung des Autors zu dem historischen Geschehen zu beschreiben. Zunächst ist das Fehlen jeglicher Kommentierung auffällig.

Die von Livius abweichende Beschreibung der Reaktion der Patrizier auf die Gesetzesinitiative des Canuleius und die Änderung der Redesituation dienten Schöfferlin deutlich zu einer positiven Charakterisierung des Patriziats, das in der RH die außenpolitische Krise nicht zur Disziplinierung der Bevölkerung ausnutzen will. Der gegenüber der Überlieferung geänderten positiven Zeichnung des Patriziats entspricht die Reaktion der Gemeinde, die Schöfferlin als in ihrem Vorhaben verunsichert bezeichnete.

Dieser Aufwertung des Patriziats steht eine Rede des Zunftmeisters Canuleius gegenüber, die Schöfferlin sorgfältig konzipierte, wie es die Änderung und neue Zusammenstellung der livianischen Argumente zeigt. Die in der Gesetzesinitiative formulierten Anliegen der Gemeinde, insbesondere das passive Wahlrecht in Hinblick auf das Konsulat, behandelte Schöfferlin umsichtig; die Möglichkeit sentenzhaften Sprechens nutzte Schöfferlin hier jedoch nicht. Die Rede selbst zeigt einen Zunftmeister, der zunächst eine einvernehmliche Lösung des politischen Konflikts sucht, wie es die von Schöfferlin hinzugefügte Argumentation zum *connubium* sowie die Thematik der Einigkeit der Bürger zeigt. Durch Zusammenziehung der entsprechenden Passagen der Vorlage erreichte Schöfferlin im Redeschluß jedoch eine komprimierte Polemik gegen das Patriziat, der bei Livius die entschiedene Weigerung des Volkstribunen zur Teilnahme der Plebejer am Krieg gegenübersteht. Im Redeschluß findet sich zudem eine über die livianische Darstellung hinausgehende Argumentation für die Beachtung demokratischer Prinzipien.

Die Darstellung des Ergebnisses der Auseinandersetzung verkürzte Schöfferlin, indem er die Frage des Eherechts, ursprünglich Canuleius' Ausgangspunkt, nicht mehr thematisierte. Die Änderungen bewirken, daß die Frage des *connubiums* in den Hintergrund rückte. Dies ist erklärbar durch den Verweis auf die gesellschaftliche Situation in den spätmittelalterlichen Städten, insofern als das Geschlechtertum oder Patriziat dort im Prinzip genealogisch abgeschlossen war; Neuzugänge, vornehmlich aus dem Adel oder aus den Familien fremder Patriziate, waren durch Kooptation möglich und gelegentlich auch notwendig, so etwa in

Augsburg, wo das Patriziat 1538 auf sieben Geschlechter zusammengeschmolzen war und mit 38 Familien ergänzt werden mußte.[443] Die Idee des Geburtsadels setzte entsprechende interne Regelungen des Heiratsrechts, das *connubium*, voraus. Angehörige des Patriziats konnten sich – außerhalb des eigenen Standes – in der Regel mit Angehörigen des Landadels sowie Familien der sozial nachgeordneten kaufmännischen Ehrbarkeit vermählen.[444]

Diese Vereinbarungen waren intern verbindlich, wie es Schöfferlin Canuleius auch als Argument gegen rechtliche Regelungen dieser Frage an die Hand gab. Daher war das Thema unter dem Vorzeichen des gleichen Bürgerrechts für einen Angehörigen des Stadtadels, wie es Schöfferlin war, relativ problemlos zu thematisieren, solange es nicht um die Betonung einer grundsätzlichen Eheschließungsfreiheit ging. Als Resultat der Bemühungen nannte Livius jedoch die gesetzliche Zulassung der Mischehe (a.u.c. 4,6,5), also die gesetzliche Festschreibung einer für das zeitgenössische Patriziat nicht annehmbaren Eheform. Dies könnte eine Erklärung für Schöfferlins Zurückdrängen der Problematik des *connubiums* sein.

Die Einrichtung des Militärtribunats, in der livianischen Darstellung von den Patriziern als große Gefahr gewertet und nur widerwillig zugelassen, wurde von Schöfferlin als Ergebnis der Auseinandersetzung bezeichnet. Dessen breite positive Kommentierung in Hinblick auf das besonnene Verhalten der Plebejer nach der Zulassung des Militärtribunats, pointiert formuliert in a.u.c. 4,6,12, überging Schöfferlin, der seinem Lesepublikum entgegen seiner bisherigen Praxis keine Unterstützung in der Bewertung des neuen Amtes anbot. Es sei auf Parallelen zwischen der

---

443 Vgl. Isenmann 1988, S. 275.
444 Hermann Mitgau spricht hinsichtlich des Konnubiums von ›geschlossenen Heiratskreisen sozialer Inzucht‹ (S. 3) und merkt an: »Ständische Gebilde werden durch soziale Inzucht gefördert wie umgekehrt soziale Inzucht durch Standschaft hervorgerufen und gefördert wird« (S. 4); Hermann Mitgau: Geschlossene Heiratskreise sozialer Inzucht. In: Deutsches Patriziat 1430–1740. Büdinger Vorträge 1965. Hrsg. v. Hellmuth Rössler. Limburg/Lahn 1968 (Schriften zur Problematik der deutschen Führungsschichten in der Neuzeit, Gesamtreihe, Bd. 3). S. 1–25.

Rede des Canuleius und der Rede des deutlich negativ gezeichneten Patriziers Marcus Manlius verwiesen.

3.2.3 Die Verbannung des Furius Camillus

Die Figur des Furius Camillus steht bei Livius im Mittelpunkt des fünften Buches und prägt die Einleitung des sechsten Buches. Nach Burck kann man die Großerzählung um Camillus in drei größere Erzählblöcke fassen, die die Person des Camillus von drei unterschiedlichen Aspekten her beleuchten.[445] Der erste Erzählblock reicht vom Eintritt des Camillus in das politische Geschehen über die Eroberung Vejis bis hin zu dessen Verbannung. Der zweite Block schließt sich an den Einfall der Kelten an; er enthält die Rückkehr des Camillus nach Rom, die Vertreibung der Gallier aus Rom sowie die Rede des Camillus gegen die Pläne der Volkstribunen, nach Veji überzusiedeln. Im dritten Erzählblock werden die weiteren Siege des Camillus und seine politische Selbstbescheidung vorgeführt. Diese Selbstbescheidung wirkt umso eindrucksvoller, als sie im Gegensatz zu den Umtrieben des Marcius Manlius steht. Im Folgenden steht die Verbannung des Camillus im Vordergrund der Textuntersuchung.

Schöfferlin führte Furius Camillus analog zu Livius im Rahmen der langanhaltenden römischen Belagerung der Stadt Veji unter eigener Überschrift » § Von furio Camillo.« (RH Lr) in seine Darstellung ein. Da die AR des Dionys aufgrund von Überlieferungsverlusten hier nicht mehr vorliegen, ist Livius Primärquelle der Darstellung; dies gilt auch für die Darstellung der politischen Umtriebe des Marcus Manlius.

Während Livius die Geschehnisse in Veji und Rom breit parallel berichtete (a.u.c. 5,19,1 – 5,23,12),[446] wobei die Ereignisse in Rom zum einen als retardierende Elemente zu den Kampfhandlungen wirken, zum anderen die Bedeutung des Camillus hervorheben, trennte Schöfferlin die

---

445 Vgl. Erich Burck: Die Gestalt des Camillus (1964). In: Burck 1967, S. 310–328, S. 310 f.
446 Tite-Live. Histoire romaine. Bd. 5. Hrsg. v. Jean Bayet. Paris 1969 (Nachdr. d. Ausg. Paris 1954).

beiden Schauplätze und berichtete erst kurz über die Einnahme Vejis, dann, ebenfalls stark verkürzt, das Geschehen in Rom. Die bei Livius sich findende breite Diskussion über die in Veji zu machende Beute (a.u.c. 5,20,4–10) übernahm Schöfferlin nicht. Livius hatte sie noch vor die Einnahme der Stadt gestellt, um das Andauern der innenpolitischen Schwierigkeiten in Rom zu verdeutlichen.

Schöfferlin überging weiterhin die Elemente der livianischen Erzählung, die anläßlich der Wahl zum Diktator die Wirkung des *fatalis dux* Camillus herausstrichen, so den Stimmungswandel der römischen Bevölkerung von Hoffnungslosigkeit zu Zuversicht (a.u.c. 5,19,3) sowie die freiwillige Verpflichtung auswärtiger Soldaten zum römischen Heer (a.u.c. 5,19,5).

Die Einnahme Vejis berichtete Schöfferlin stark verkürzt nach Livius, wobei er sowohl die Details zum unterirdischen Gang als auch die von Livius angeführte und kommentierte Anekdote zur Einnahme Vejis (a.u.c. 5,21,8 f.) überging. Die Schonung der Gegner sowie Camillus' Gelübde gegenüber den Göttern übernahm Schöfferlin aus der livianischen Darstellung, wobei er dessen Gelübde gegenüber den Göttern – wie dies aufgrund der Vorbehalte des Autors gegenüber heidnischen Praktiken zu erwarten ist – nicht in direkter, sondern in indirekter Rede wiedergab.

Zur positiven Stilisierung des Camillus gehört, daß Schöfferlin, der die Sklaverei bereits negativ bewertet hatte, die Versklavung der Einwohner von Veji nicht berichtete. Den Triumph des Camillus in Rom gab Schöfferlin analog zu Livius, jedoch stark verkürzt wieder, wobei er dessen von Livius angedeutete Hybris (a.u.c. 5,23,6) nicht erwähnte, so daß bei Schöfferlin Camillus' Charakter frei von ambivalenten Zügen blieb.[447] Die die erste Erzählpassage um Camillus abschließende

---

447 Auch Scipios Charakter wurde von Schöfferlin durch das Übergehen von in der Überlieferung sich findenden Ambivalenzen vereinfacht. Publius Cornelius Scipio, der Gegenspieler Hannibals, wurde in der RH Bl. CXXXXIIIIv f. in die Darstellung eingeführt, wobei Schöfferlin zum einen die livianische Darstellung a.u.c. 26,18–20 deutlich kürzte, zum anderen auch Aspekte aus der Scipio-Biographie Petrarcas einarbeitete. Livius gestaltete Scipios Wahl in mehreren Stufen: zunächst die Ratlosigkeit und wachsende Bedrückung der Volksmenge, das plötzliche Angebot

Vorausdeutung auf die Problematik des Gelübdes und den Unmut der Bevölkerung hierüber gab Schöfferlin analog zu Livius wieder.

Im Folgenden zog Schöfferlin eine Episode in Falisco vor, die ihm als Exempel zur positiven Stilisierung des Camillus diente; bei Livius finden sich hier die Umtriebe der Volkstribunen gegen Camillus thematisiert. Die Ereignisse um den frevelhaften Lehrer, der Camillus seine Schüler als Geisel anbot (a.u.c. 5,27,1 ff.), sind bei Livius in die Darstellung der Belagerung der Stadt Falisco integriert. Die kleine Erzählung, deren Stellenwert durch ein eigenes Kapitel erhöht wird, basiert auf Livius a.u.c. 4,27,1–15. Schöfferlin kürzte um zwei Reden, die Rede des Camillus an den Lehrer als auch die Rede der Gesandtschaft vor Camillus, in der die Gesandten die Kapitulation ihrer Stadt verkündeten. Statt der Rede des Camillus an den Lehrer setzte Schöfferlin eine Beschreibung dessen abweisender Reaktion,[448] in der Camillus durch die Epitheta *erentvest vnnd tugentrych* positiv charakterisiert wird. Schöfferlin überging die Gesandtschaft, da er seine kurze Erzählung auf Camillus zentrierte.

Die Verbannung des Camillus schloß Schöfferlin sogleich an, ohne hier den bei Livius thematisierten politischen Hintergrund der Auseinandersetzungen zu übernehmen. Bei Livius stand zum einen der Vorschlag der Volkstribunen, ein Teil der Bevölkerung könne nach Veji auswandern, gegen den sich die Patrizier und auch Camillus entschieden stellten (a.u.c. 5,24f.). Im Hintergrund des politischen Konflikts standen zum anderen die fälligen Zahlungen aus der Beute, die Camillus den

---

Scipios, die spontane Zustimmung des Volkes, das Abflauen der Begeisterung und die Sorge der Bevölkerung, sodann die nochmalige Zustimmung und das Vertrauen der Bevölkerung nach Scipios Auftritt vor der Volksversammlung. Schöfferlin brachte demgegenüber die Bedenken der Bevölkerung in Hinblick auf Scipios jugendliches Alter sowie den erst kürzlich erlittenen Verlust der Verwandten vor dem Wahlakt zum Ausdruck, der hierdurch vereinfacht, aber in der Bedeutung auch abgeschwächt wurde. Sodann stellte Schöfferlin Scipios Tapferkeit, Vernunft und Treue heraus; dem korrelierte bei Livius eine ausführliche Schilderung von Scipios taktisch klugem Auftreten gegenüber seinen Mitbürgern, seinem merkwürdigen Verhalten sowie dessen in Aberglauben mündende Deutung durch die Bevölkerung.

448 Bei Livius wird der Lehrer den Schülern nackt ausgeliefert (a.u.c. 5,27,9). Schöfferlin überging dieses Detail; auch der das Kapitel illustrierende Holzschnitt zeigt einen bekleideten Lehrer.

Göttern versprochen hatte (a.u.c. 5,25,4ff.). Hinzu kam die ungerechtfertigte Bestrafung zweier Volkstribunen (a.u.c. 5,29,6ff.), die sich in der
Frage der Auswanderung auf die Seite der Patrizier gestellt hatten – auch
hier trat Camillus als politischer Gegner der Plebejer auf. Dies führte
dazu, daß der Volkstribun L. Apuleius einen Prozeß gegen Camillus
erreichte, in dem dieser wegen seines Verhaltens in Veji zu einer
Geldstrafe verurteilt wurde (a.u.c. 5,32,8). Nachdem ihn auch seine
Gefolgsleute in dieser Frage für schuldig hielten, ging Camillus ins Exil.

Die Verbannung des Camillus wird in der RH auf die Unwilligkeit der
Gemeinde zurückgeführt, das Geld zur Erfüllung des Gelübdes bereitzu-
stellen, sowie – analog zu Livius – auf einen Prozeß gegen Camillus,
wobei Schöfferlin die Rolle des Volkstribunen Apuleius überging und
statt dessen undifferenziert dem *gmeynd man* die Verantwortung für die
folgenschweren Verbannung des Feldherrn anlastete.[449] Die kurze
Skizzierung der Verbannung, die Schöfferlin wenige Seiten zuvor in der
Darstellung der historischen Ereignisse um Coriolan bereits ausreichend
thematisiert hatte, kompensierte Schöfferlin durch moralische Bewertungen und Vorausdeutungen, die die Figur des Camillus als Retter in
politischen Krisen positiv herausstellten. Die von den Volkstribunen
geschürten Pläne der Gemeinde, zum Teil nach Veji auszuwandern, schob
Schöfferlin der Verbannung nach, wobei er den Widerstand des Rates
gegen die Teilung der Stadt analog zu Livius (a.u.c. 5,24,9ff.) positiv
bewertete. Analog zu Livius rückte Furius Camillus erst wieder anläßlich
der Vertreibung der Gallier aus Rom in den Mittelpunkt der Erzählung.

---

449 RH LIv: »⟨e⟩*R ward ouch in synen abwesen beclagt das er* ‖ *mit der büt nicht recht*
     gefaren hett / vnnd vmb funfftzehen tusent schwerer ‖ *pfund gestrafft / So*
     vndanckbar was der gmeynd man / gegen dem tü- ‖ *ren tugentrichen Camillo / wie*
     doch syn ritterlichs werben den Römern Er vnd lob ‖ *erlangt / vñ billichen andren*
     lone verdeint hett Aber sie wurden vmb ir vndanckber- ‖ *keit großlich gestrafft /*
     wan kurtz darnach ward die statt rom von den vß Gallia ge- ‖ *wunnen / Da erkant*
     man was es schaden bracht / das man Camillus mangel hatt ‖ *Dan man versach sich*
     / vß den nachgendē synen mancherley wercken wer Camillus ‖ *der Römer houptman*
     beliben / die statt Rom wer nye gewunnen worden / Daby ze ‖ *mercken ist / was*
     ein sollicher kecker vñ wyser man / einer statt frommen schaffen / vñ ‖ *was*
     hinwider vngeniet torecht lüt / einer statt schaden pringē mögen«.

Die starke Raffung der Überlieferung zu Camillus ist dahingehend zu erklären, daß Schöfferlin ein von Livius abweichendes weiteres Erzählziel in der Camillus-Episode hatte, da er im folgenden Kapitel den Krieg gegen die Gallier behandelte, der – von Camillus zu einem für Rom positiven Ende gebracht – deutlich im Zentrum der Erzählung um Camillus steht. Die als Franzosen bezeichneten Gallier führte Schöfferlin hierbei breit ein, indem er deren Herkunft und Geschichte beschrieb. Die Franzosen sah Schöfferlin wiederum nicht nur geographisch, sondern auch genealogisch in enger Verbindung zur deutschen Nation, da es für ihn deutsche Franken waren, die das Gebiet besiedelt haben:

> »das hatt ‖ vor zyten / Gallia geheissen / dise land (vßgenōmen [vß (genōmen] was die tütsch zung vñ Nation ‖ vnder sich bracht hatt) besitzet zů disen zyten das mererteil ein küng von franckrych / ‖ vñ wirt / von im das land Francia genennet / vrsprüncklich von den tütschen Franc- ‖ ken / Die die selbigen land bezwungen / Vñ die nach inen genät haben / Als ich zů sy- ‖ nen zyten wa mir gott dz leben gündt / ouch beschriben würd« (RH LIIv).

Die seit Fredegar gängige Verbindung der deutschen Franken mit den Trojanern überging Schöfferlin, der sich in seinem Romulus-Kapitel bereits kritisch mit dem Trojanermythos auseinandergesetzt hatte. Die Franzosen brachten Rom in der Folgezeit in höchste Not, was Schöfferlin zu einer Kommentierung veranlaßte, die zum einen die Fortuna-Problematik als auch das göttliche Einwirken auf die Geschichte beinhaltete. Die auffällige Erwähnung Gottes ist m.E. in Verbindung mit der Translationentheorie und der mittelalterlichen Lehre von den vier Weltreichen zu sehen, insofern als das Ende des römischen Reiches den Weltuntergang symbolisierte. Die Kommentierung ermögliche Schöfferlin des weiteren einen politischen Seitenhieb auf die Franzosen, indem er ihr Handeln als verachtenswert darstellte.[450]

---

450 RH LIIIIr: »O gott wie ‖ weltzt sich so ring das glücksrad in allen menschlichen vnd irdischen dingen / So man ‖ went es stand am höchsten / vnd on sorg lebt So felt man gechlingen in iamer vnnd ‖ ellend / Dañ wer gedacht das die gewaltig statt Rom / davon hievor so menig erlich ‖ vnd ritterliche tatt geschriben ist / So lychtlich zů sollichem vnfall kommen / vñ so lie- ‖ derlich gewunnen worden wer

3.3 Der Machtmißbrauch der Patrizier

Der Machtmißbrauch der Patrizier wird im Decemvirat (RH XLIIIr – XLVIr) und in den politischen Umtrieben des Marcus Manlius (RH LVIIIIr ff.) deutlich.

3.3.1 Die Virginia-Erzählung: Der Machtmißbrauch des Decemvirn

Das Decemvirat steht in der Überlieferung in Zusammenhang mit der Virginia-Erzählung, die ihrerseits eine Parallelerzählung zur Lucretia-Episode darstellt: in beiden Fällen wurde die Veränderung der Staats- bzw. Regierungsform mit dem Fehlverhalten eines Repräsentanten des alten Systems gegenüber einer römischen Bürgerin in Beziehung gesetzt.

Während Schöfferlin die Ereignisse um die römische Plebejerin Virginia ausführlich darstellte, nahm er hinsichtlich der Einrichtung des Decemvirats und hinsichtlich dessen Abschaffung Kürzungen vor,[451] die

---

/ Noch dañ was vilicht von gott angesehen dz die ‖ Edel statt Rom die ein houpt der gantzen welt werden solt / nit gar vertilget wurd ‖ Wan die iungen / vff dem Berg Capitolio / werten sich so ritterlich«.

451 Was die Einrichtung des Decemvirats und dessen erste erfolgreiche Amtszeit betrifft, übernahm Schöfferlin den livianischen Bericht substantiell unverändert. Schöfferlin wertete die Einrichtung des Decemvirats und die Einführung der Zwölftafelgesetzgebung als einen bedeutenden Einschnitt in der Verfassungsgeschichte Roms; entgegen seiner Gewohnheit nannte er hier Jahreszahl der Einrichtung des Decemvirats und bewertete dies explizit als Verfassungsänderung – durch das voranstehende Paragraphenzeichen wird dies noch hervorgehoben. Die zweite Amtsperiode der Decemvirn gab Schöfferlin jedoch stark verkürzt wieder, wobei er insbesondere die von Livius überlieferten sozial unterschiedlichen Auswirkungen und Bewertungen des Decemvirats überging und keine Parallelen zur frühen römischen Königsherrschaft zog. Ebenso wie Livius führte Schöfferlin die Veränderung des Decemvirats auf den negativen Einfluß des Appius Claudius, auf dessen übermůt vñ hoffart zurück; in der Folgezeit hoben die Decemvirn das Appellationsrecht und die Konsultation von Ratsgremien ab. Dies führte nach Schöfferlin undifferenziert in der gesamten römischen Bevölkerung zu Unwillen. In der römischen Bevölkerung sehnte man sich schließlichnach dem alten Regiment, bei Schöfferlin dem der Bürger- und Zunftmeister, zurück; die Wege dorthin waren jedoch verschlossen, da jeder Widerstand gegen die Decemvirn mit harten Strafen sanktioniert wurde. Im unrechtmäßigen dritten Amtsjahr, um das die Decemvirn ihre Amtszeit ohne Mandat ver-

die historischen Ereignisse im Vergleich zu der ihm vorliegenden Überlieferung simplifizierend beschreiben. Diese inzwischen mehrmals angeführte unterschiedliche Behandlung der mit den Ereignissen verbundenen Themenkomplexe sei hier lediglich angemerkt, bevor ich mich der Virginia-Erzählung zuwende.

Der Amtsmißbrauch des Decemvirn Appius Claudius wird in der Überlieferung exemplarisch an dem Geschehen um die Plebejerin Virginia verdeutlicht; Livius formte sie ebenso wie die Lucretia-Erzählung als Einzelerzählung und stellte sie an den Schluß seines dritten Buches. Auch Schöfferlin gestaltete das Geschehen um Virginia zu einer in sich geschlossenen Erzählung, die mit der vergeblichen Werbung des Appius Claudius um das Mädchen beginnt und mit der Entmachtung der Decemvirn endet, die in der RH in ein eigenständiges Kapitel gefaßt ist.

Nach Livius (a.u.c. 3,44 ff.)[452] verliebte sich der Decemvir Appius Claudius in Virginia, die Tochter des Plebejers Virginius und Verlobte des Icilius, und versuchte – nach erfolglosem Werben – Virginia mithilfe der ihm zustehenden Rechtsprechung in seine Gewalt zu bekommen. Hierzu beauftragte er seinen Klienten Claudius, Virginia als Tochter einer seiner Sklavinnen und somit als seine Leibeigene auszugeben, die nach der Geburt unrechtmäßig an die Frau des Virginius verkauft worden sei. In einer unter dieser Anklage stattfindenden Gerichtsverhandlung sprach Appius Claudius unter Beugung des Rechts Virginia seinem Klienten Claudius zu. Virginius tötete daraufhin seine Tochter, um ihre Freiheit und Integrität zu behaupten. Dies löste den Sturz der Decemvirn aus, wobei die Wiederherstellung der alten Ordnung zunächst vom Heer und

---

längerten, kam es zu mancherlei Mißbrauch ihrer Gewalt, wobei auch bei Schöfferlin der Mord an Siccinus und das Unrecht gegenüber Virginia den Umsturz begründeten. Die Einführung der attischen Gesetze und somit die Schaffung einer verbindlichen Rechtsordnung hob Schöfferlin besonders hervor, die – und dies betonte der promovierte Jurist – Ursprung allen weltlichen kaiserlichen Rechtes war. Die Darstellung der positiven Aspekte des Decemvirats umfaßte im Druck der RH 35 Zeilen, die Veränderung des Regimes bis hin zur Darstellung der exemplarischen Vergehen hingegen lediglich 13 Zeilen.

452 Tite-Live. Histoire romaine. Bd. 3. Hrsg. v. Jean Bayet. Paris 1964 (Nachdr. d. Ausg. Paris 1943).

den Plebejern ausging, die – um den die Decemvirn zunächst unterstützenden Senat unter Druck zu setzen – abermals auf den *mons sacer* auswanderten und ihre Rückkehr an die Wiederherstellung der Rechte und Freiheiten der Plebs und die Bestrafung der Decemvirn knüpften.

In seiner Darstellung des Sturzes der Decemvirn orientierte Schöfferlin sich an den entsprechenden Darstellungen bei Livius und Dionys (AR XI,28 ff.). Dionys verwertete Schöfferlin für die Darstellung der Gerichtsverhandlung, die dieser wesentlich breiter als Livius ausgearbeitet hatte. Statt der tumultartigen Szenen auf dem Forum, die Livius im Anschluß an den Richterspruch und die Tötung des Mädchens überlieferte, laufen bei Schöfferlin die die Entmachtung der Decemvirn vorbereitenden Handlungen, hier die Rede des Virginius an die Bevölkerung sowie an die Soldaten im Heer, geordnet ab. Die analog zu Dionys konzipierte Gerichtsverhandlung, die Livius nicht überlieferte, spiegelt eine Ordnung wieder, von der in der livianischen Darstellung nicht die Rede ist. Die Beteiligten unterziehen sich bei Dionys und Schöfferlin einem Rechtsverfahren, obwohl sie um das Unrecht des Richters wissen und ein gerechtes Urteil nicht erwarten können. Während für Livius der Versuch des Appius Claudius, Virginia in seine Gewalt zu bekommen, und die nachfolgende Tötung des Mädchens die tumultartigen Szenen auslösen, rückt in der Darstellung Schöfferlins das ungerechte Rechtsverfahren in das Zentrum des erzählerischen Interesses.[453] Die leidenschaftliche Verliebtheit des Richters in Virginia, bei Livius und Dionys auch in der weiteren Erzählung hervorgehoben, rückt demgegenüber in den Hintergrund.

In der Exposition orientierte sich Schöfferlin an der Darstellung des Livius (a.u.c. 3,44), wobei er Icilius, den Verlobten der Virginia, jedoch nicht als ehemaligen Volkstribunen, sondern als Sohn eines ehemaligen Volkstribunen einführte, dessen politische Bedeutung und Stellung mithin erheblich abschwächte. Hier lehnte Schöfferlin sich an Dionys an, bei dem der Verlobte Virginias Lucius, ein ehemaliger Volkstribun und Sohn des Icilius, ist (AR XI,28). Die Schwächung der Position des Icilius

---

453 Vgl. die Darstellung bei Steinhöwel, *De claris mulieribus*, Kap. LVI.

ermöglichte Schöfferlin, den Vater des Mädchens, Virginius, als Hauptgegenspieler zu Appius Claudius zu zeichnen.

Die Exposition, die die Hauptfiguren der Erzählung und kurz die Thematik der *unordenlichen lieb* einführt, schließt mit einem Hinweis auf die damalige Leibeigenschaft in Rom, die dazu genutzt wird, die zeitgenössischen Verhältnisse in Italien zu charakterisieren.[454]

Die Erzählung wird weitergeführt mit einer Zeitangabe, die ähnlich vage formuliert ist wie in a.u.c. 3,44,6: »als nun dz zů einer zyt / da die iunck ‖ frow über dẽ marckt gieng geschach« (RH XLIIIv), der Schöfferlin die Forderungen des von Appius beeinflußten Klienten Claudius anschloß. Leicht verkürzt erzählte Schöfferlin den sich hieraus ergebenden Auflauf der Bevölkerung, wobei er die Gegenspieler des Appius, den Verlobten und den Onkel des Mädchens, noch vor den ersten Verhandlungen vor dem Richter in die Darstellung hineinnahm; bei Livius und Dionys kommen diese erst im Verlauf der dann jedoch sehr schnell eskalierenden Verhandlung hinzu. Icilius und der Onkel des Mädchens, Numitor, haben die Funktion, Virginia vor der Gewalt des Richters zu schützen – bei Livius nimmt die herbeigeeilte Volksmenge zunächst diese Funktion wahr.

---

454 RH XLIIIv: »⟨i⟩*N dem begab sich noch ein boser handel von* ‖ Appio Claudio / der ouch einer vnnd der vordrest vß den zehen was / vñ ‖ in der statt Rom die zů verwaren mit einem züg verordnot was / der fiel ‖ in vnordenlich lieb gegen einer sonder schönen iunckfrowẽ / die Virginia ‖ genant was / von irẽ vatter hieß Virginius / ein treffenlicher römer von der gmeind ‖ Der zů den zyten ouch ein Rottmeister in dem hör was / als nůn Appius mit vil ga ‖ ben vnnd werben sie versůcht / vnnd doch nit willen von ir empfahen mocht / Wan ‖ sie was einem iungen der eins zunfftmeisters Son was vermehlet der hieß Ycilius / ‖ den sie vast lieb hett / gedacht im Appius / wie er weg sůcht das er der iunckfrowen ge ‖ waltig wurd / Vnnd zů synem willen bracht / Da im aber all syn anschleg versagten ‖ da richt er zů letst einen lichtvertigen man genant Claudius mit ettlichẽ falschen zü- ‖ gen zů / der die iunckfrowen in abwesen irs vatters anfallen vnd sagen solt / Sie wer ‖ syn lyb eigen / von eyner syner magt geborn / vnd Virginius tochter / wan zů den zy- ‖ ten / hettẽ die römer lyb eigẽ lüt die sie vñ darzů was kinder sie geborn in irem gewalt ‖ hettẽ / vñ verkouffen möchtẽ / Als man noch an ettlichẽ orten in Italien zů Venedig ‖ vñ Ianua der lüt vil hat / die nẽnet man [nẽnetman] schlavẽ«.

Die erste Verhandlung vor Appius Claudius gestaltete Schöfferlin, indem er die Darstellungen von Livius und Dionys zusammenzog. Hierbei stellte er analog zu Dionys (AR XI,30) das Zwölftafelgesetz besonders heraus, mit dem die Verteidiger des Mädchens ihren Widerspruch gegen die Pläne des Richters begründeten.

Analog zur Darstellung bei Livius und Dionys tritt Icilius den Plänen des Richters entgegen, Virginia bis zur ordentlichen Verhandlung in Anwesenheit ihres Vaters dennoch seinem Klienten Claudius zu unterstellen. Während Livius und auch Dionys Icilius bzw. Lucius mit einer direkten Rede als Gegenfigur zu Appius Claudius herausgestellt hatten (a.u.c. 3,45,6–11; AR XI,31), formulierte Schöfferlin den Widerspruch zu Appius Claudius in kurzer indirekter Rede. Die politische Argumentation gegen das Unrecht der Decemvirn verschob Schöfferlin in die Reden des Vaters. Diese Änderung steht möglicherweise mit der oben genannten Umdeutung in Zusammenhang, die die politische Bedeutung des Icilius herunterspielte, dient vor allem aber einer strafferen Handlungsführung.

Im Folgenden interpolierte Schöfferlin in die Erzählung, daß Virginia den Vater von den Absichten des Appius Claudius unterrichtete; bei Livius und Dionys wird das Wissen des Vaters um die Hintergründe des Geschehens stillschweigend vorausgesetzt. Schöfferlin gestaltete hier Implikationen seiner Quellen erzählerisch aus.[455] Das zu erwartende ungerechte Rechtsverfahren wird hierdurch schärfer konturiert.

Im Unterschied zu Livius kommt es zu einer Verhandlung vor dem Richter, wobei Schöfferlin analog zu Dionys (AR XI,34) auch Zeugen auftreten ließ.[456] Abweichend von Dionys gab Schöfferlin jedoch auch

455 RH XLIIIr: »kam er zů syner tochter ‖ die bericht in der ding aller / wie Appius heymlich vmb sie geworben hett / daruß der ‖ vatter wol nemen vnd erkennen mocht / das sollich vnbillich fürnemen gegen im vñ ‖ syner tochter alles vß dem richter geing«.

456 RH XLIIIr: »Als nun die stund sich nahert / dz man zůrecht kōmen ‖ solt / da trat virginius mit syner tochter vñ synē fründē für dz recht / es kamē ouch die ‖ menge der burger vñ ynwoner in rom / die sehen vñ hörē woltē wie sich dz recht endete ‖ [RH XLIIIv] Das nam Appiū den richter wunder / wie Virginius in die statt kōmen wer / Noch ‖ dan Als der verblendt vnsinig in vnordenlicher lieb / gieng er mit den rehten für vñ ‖ trostet sich der gewappoten die er by im hett / Demnach Als

die Position des Claudius durch Zeugen wieder, was den ›Realismus‹ der Gerichtsverhandlung steigerte. In der Argumentation der Zeugen orientierte sich Schöfferlin an Dionys, überging jedoch den Argumentationsstrang, der das weibliche Geschlecht dem männlichen von Natur her als minderwertig gegenüberstellte. Hier wird gegenüber der Antike der in Hinblick auf das Frauenbild ambivalente Einfluß des Christentums deutlich, das der Frau – zumindest theoretisch – personale Gleichheit im

Claudius syn clag ernü ‖ wert vnnd im derhalb zügen zů erhören batt / Antwurt im Virginius wie es kem / ‖ das er in synem abwesen vnderstanden hett syn lybliche tochter ze eignen / noch dar- ‖ uff beharret vnnd in Sechtzehen iaren (so alt was die tochter) die wyl ir můter gelept ‖ hett der sachenhalb nye kein meldung / oder vordrung güttlich noch rechtlich geton / ‖ oder in einichen weg ersůcht hett / Darab were zů mercken das syn fürnemen vß můt ‖ willen vnnd boßheit geschech ‖ vnnd keinen grund vff im trůg / wes er sich troste / hett ‖ er gůt wisssen / wa im aber billich recht ergon möchte / Hett er der sachenhalb kein er- ‖ schrecken / So doch noch erber frowen in leben weren die by der gepurt syner hußfro- ‖ wen gewesen / Vnnd das Virginia syn eliche tochter wer / mencklich wol underrich- ‖ ten künten / Die batt er im ouch zuuerhören vnnd darnach mit dem rechten für gon / ‖ Als nun beyder syt zugen verhört wurden / Sagten die valschen zügen Als Claudi ‖ us magt / vor sechzehen Iaren swanger gewesen wer Numitoria Virgineus huß- ‖ frow zů ir kommen vnnd sie gebetten / wan sie das kind gebar das solt sie ir heimlich ‖ schicken / So wolt sie ir selb das vnderlegen / vñ nach dem sie nit kinder hett / das vff ‖ ziehen an ir eigen kinds statt / Ouch zů einem erben machen / vnnd die magt solt sich ‖ die sach / annem ir kind wer ir abgangen / damit das nyemant daruff gedecht vnnd ‖ Heymlich vnnd verswigen belib / Aber Virginius zügen sagten eigentlich / Das ‖ sie ein onzwyfelich wissen hetten / das Numitoria zů den zyten selber swanger wer / ‖ weren ouch [onch] by der geburt gewesen / Als Virginia geborn / wer das kind lidmaß form ‖ vnnd gestalt von der zyt vnd allweg gůt acht genomen teglich by der můter vß vñ ‖ yn gangen vnnd gewent / Ouch gesehen das sie das kind mit iren eigen brüsten offt ‖ vnnd dick gesögt hett / Das doch vnmüglich wer / einer die nit ein můter wer / vnd ein ‖ frömbd kind annem / Darzu redt Virginius / Es wer wol zů gedencken solt syn huß‖ frow heimlich ein ander kind angenommen haben / sie hett zů dem heimlich nit sovil ‖ lüt genomen / Als für zügen Claudius dar gestelt hett / Er hoffte aber der Richter ‖ mengklich hörten ein syner zügen sag / Die worheit vnnd batt daruff im syn eliche ‖ tochter mit vrteil Vnnd recht zů gesprochen / Darwider Claudius vil wort hin- ‖ wider trib / die nit grunds hetten / Vnnd als ein grosse menge da stůnd die Vrteil ‖ zuuerhören / Da sprach der verkert Appius die Iunckfrowen Claudio zů / Das ‖ sie syn eigen wer / Da ward ein groß murmeln / nit allein von irem vatter vnnd frün ‖ den / Sonder von aller mencklich die da stunden schalten den richter / vnd clagten dz ‖ so ein unbillich recht / in Rom ergon solt«.

Prinzipiellen zubilligte. Im Urteilsspruch belegte Schöfferlin Appius mit dem Beiwort *verkert*; der Widerspruch der Volksmenge gegen das *unbillich recht* wird herausgestellt. Abweichend von der Vorlage gestaltete Schöfferlin die Reaktion der Virginia: das Mädchen wünscht sich mehrfach den Tod, um Appius Claudius zu entgehen.

Während Livius und auch Dionys dem Vater einen Vorwand geben, unter dem er sich dem Mädchen nähern und es schließlich töten kann, überging Schöfferlin dies, auch wenn in seiner Darstellung zuvor die Schergen des Appius Virginius überwältigen konnten. Hierdurch und durch die zuvor formulierte Reaktion der Virginia wird das Vorsätzliche der Tat deutlich gemindert, der Affektcharakter der Tötung betont. Die Tat wird in der Kommentierung von Schöfferlin als *erschrockenliche tatt* bezeichnet.[457]

Sowohl bei Livius als auch bei Dionys muß Virginius nach der Tat vor den Schergen des Appius fliehen. Schöfferlin zieht demgegenüber die Flucht des Appius vor und ermöglicht dadurch Virginius, eine kurze Rede an die römische Bevölkerung zu halten, die in indirekter Form erscheint. Bei Dionys entspricht dem die Appius Claudius durch Botenbericht übermittelte Rede des Lucius und anderer Plebejer vor dem Leichnam Virginias, in der diese das Ende der Herrschaft der Decemvirn fordern.

Den die Revolution einleitenden Auftritt des Virginius vor dem Heer gestaltete Schöfferlin abweichend von Livius in Anlehnung an die Darstellung des Dionys (AR XI,40), wozu er den indirekten Redebericht und die direkte Rede formal geschickter als Dionys nutzte. Dionys setzte hier zwei Redeberichte, eine indirekte und eine direkte Rede ein, zeigte also die bei ihm grundsätzlich gegebene Überlastung erzählerischer Mittel.

Der Auftritt des Virginius vor dem Heer beginnt bei Schöfferlin mit einem indirekten Redebericht, der die Soldaten von den Vorfällen in Kenntnis setzt und die nachfolgende direkte Rede inhaltlich somit

---

457 RH XLIIIIv: »zů den zyten hetten ouch die Römer gewalt über ir kind / ‖ die leben oder totten zulassen / sollich streng erber lüt waren die Römer zů den zyten ‖ [RH XLVr] vnd wundert mich doch wie des vatters hand ein so erschrockenliche tatt an synem ‖ kind volpringen mocht«.

›entlastet‹. Darüber hinaus hat der Redebericht in der Erzählung die Funktion, daß Virginius die erste Reaktion der Soldaten auf seine Tat erkennen kann und seine weitere Rede danach ausrichtet (»vnd als er befand / das inen syn red an ‖ genem syn wolt«, RH XLVr). Dies ermöglichte Schöfferlin im folgenden einen Redeeingang, in dem nicht – wie bei Livius (a.u.c. 3,49,5) – die potentielle Schuld des Vaters thematisiert wird, sondern das Unrecht der Decemvirn.

Die Rede, die Schöfferlin Virginius halten läßt,[458] gründet sich teilweise auf Redeinhalte bei Dionys (AR XI,40 f.), teilweise jedoch formulierte der Autor eigenständig unter Rückbezug auf seine bisherige Darstellung. Insbesondere die das Volkstribunat desavouierende Frage nach dem Verbleib der Zunftmeister, die doch eigentlich zum Schutz der

---

458 RH XLVr: »§ Da sprach er zu inen / was hilfft vnns ir werden Ritter brůder ‖ das wir also on alles truren teglich vnser blůt vergiessen / vmb deren willen / die vns ‖ wider alle recht vnnd vnbillicheit vnderstůnd zetrucken vor den / vnser weib vñ kind ‖ ir er vnd scham nit behalten mögend / wie lang ist vnns doch sollichs zedulden / was ‖ ist vns nütz / das wir andren lüten herren werden / vnnd vns selber vor billichem ge- ‖ walt nit beschirmen mügen / das wir in knechtlicher vorcht gehalten / vnd allen můtt ‖ willen der gewaltigen lyden müssen / wa synd vnser zunfftmeister die vnns schirmen ‖ solten / wil kein manlich gemůt die ding zuhertzen nemen Ist üch vergessen das vnser ‖ altvordern vmb einer frowen willē / die von küngß Tarquinius son gesmecht ‖ ward / den gewalt der küng abtetten / All ir geschlecht vertriben / vnnd sich selber in ‖ fryen stand gesetzt haben / dar an doch nit mer dan ein man die schuld trůg / Ist üch ‖ zů syn / das ir zehen Tyrannen vnnd höpter für eins haben / vnnd lyden wolt war ‖ umb handthaben wir uns nicht by dem regiment der Burgermeister vnd zunfftmei ‖ ster / wie das von vnsern vordren an vns erblich kommen vnnd an gestorben ist by ‖ dē yederman by synē rechtē beliben mocht / vñ wir das von not für das best erkennen ‖ můssen / Nůn red ichs nit von minen wegē Ich hab leider weder weib noch kind mer ‖ die mir Appius schmehen müg / Myn hußfrow ist mir mit tod abgangen / So mich ‖ Appius darzu pracht / das ich das ellend mord an myner eigen tochter vnd einigen ‖ kind begangen hab / So ich bedacht das besser wer erlich gestorben / dañ schantlich ge ‖ lept / Ich bin nit darumb zů üch geflohen / das ich myn leben retten müg des mir Ap- ‖ pius ouch vnder stadt zunemē / Ich wil es mit myner eigen hand fürkommen / damit syn ‖ můtwil an mir nit statt gewyn / wie mocht mir doch füro myn leben sůß oder lustlich ‖ syn / Ich mochte dañ mit ůwer hilff mich an Appio vñ synen gesellen rechen / bedenckt ‖ üch vnd ůwer eigen weib vnnd kind / Es hat mir kein vffhören / Sonder wa das ‖ übel nit gestrafft wirt / So wurtzelt vnd nympt überhand das es nyemant mer ‖ vßrüten oder getemmen mag.«

Gemeinde tätig werden sollten, ist in der Überlieferung nicht vorgegeben, da das Fehlen der Volkstribunen dort als negative politische Auswirkung des Decemvirats erscheint (a.u.c. 3,48,9). Die Argumentation zu dem Exempel der Tarquinier stammt aus der Virginius-Rede des Dionys ebenso wie der Aufruf, sich von der tyrannischen Gewalt der Decemvirn zu befreien, wobei jedoch bei Dionys die Bezeichnung der Decemvirn als Tyrannen die Rede durchgängig prägt. Die Rede schließt mit einer Sentenz, die abschließend die Notwendigkeit herausstreicht, die Decemvirn zu entmachten.

Während Livius die Entmachtung der Decemvirn in fünf Kapiteln sehr ausführlich behandelte (a.u.c. 3,50–54), widmete Schöfferlin dem historischen Geschehen nur wenig Raum in seiner Darstellung. Hier kürzte Schöfferlin die livianische Überlieferung so stark, daß der Ablauf des Umsturzes nicht deutlich wurde.[459] Schöfferlin stellte die Revolution als relativ unproblematisches Unterfangen dar, indem er sowohl den anfänglichen Widerstand der Senatoren und damit die politische Gegensätzlichkeit zwischen Heer und Senat nicht thematisierte.

Die politische Neuordnung und die Bestrafung des Appius Claudius stellte Livius ebenfalls sehr ausführlich dar (a.u.c. 3,55f.). Mit Hilfe der Konsuln gewannen die Tribunen im Zuge der politischen Neuordnung an Macht hinzu: die Beschlüsse der Bürgerversammlungen wurden nun bindend, das Berufungsrecht erneuert und ausgeweitet sowie die Immunität der Tribunen per Gesetz festgeschrieben. Hierdurch wurde die Amtsgewalt der Tribunen und die Freiheit des Bürgerstandes begründet: »Fundatur deinde et potestate tribunicia et plebis libertate« (a.u.c. 3,56,1).

---

459 Auslösend für die Erhebung ist bei Livius und auch bei Schöfferlin das Heer, das nach Rom zurückkehrt, den Aventin einnimmt und die Wiederherstellung der alten Ordnung fordert. Livius beschrieb im Folgenden den Widerstand der Senatoren gegen die Forderungen des Heeres (a.u.c. 3,51,11 ff.), die Verstärkung der Opposition durch den Anschluß der Plebejers an das Heer und den gemeinsamen Auszug auf den *mons sacer* (a.u.c. 3,52,1 ff.), das Erstarken einer Opposition gegen die Decemvirn im Senat (a.u.c. 3,52,6) und die Verhandlungen zwischen einer Delegation des Senats und den Ausgewanderten, in deren Verlauf die Plebejer schließlich die Durchsetzung ihrer Forderungen nach Wiederherstellung der alten Ordnung erreichten (a.u.c. 3,53 f.).

Für Schöfferlin begründeten die Plebiszite einen tiefen Einschnitt in die Amtsgewalt der Senatoren und die Übergabe der politischen Macht an die Plebejer, der von ihm negativ bewertet wurde.[460]

Die Virginia-Erzählung gehört zu den Textpassagen, in denen der Autor eine in sich abgeschlossene Erzählung bot, die sich durch straffe Handlungsführung, eine stringente Gliederung des Erzählstoffes, die Konzentration auf wenige Handlungsstränge und Dramatisierung der Handlung auszeichnet.

Den Erzähleinstieg kennzeichnet eine vage Zeitangabe »In dem begab sich« sowie das die Handlung in Gang setzende Ausgangsmotiv, die Verliebtheit des Richters und dessen Absprache mit Claudius. Die Protagonisten der Erzählung sowie das spannungserweckende Telos[461] werden in der Exposition benannt. Die Erzählung wird sodann in schnellen Zügen vorangeführt; der Autor arbeitet hier insbesondere mit sukzessiver Schrittraffung (»als nun dz zů einer zyt da die iunck ‖ frow […] Da ward ein grosser zulouff […] Da ‖ begert Claudis des

---

460 RH XLVv: »Also ‖ wurden von nüwem zu Burgermeister erwelt Lucius Valerius vñ Marcus Ora- ‖ cius / der geschlecht sich allweg mit der gmeynd gehaltē / So wurden zů [wurdenzů] zunft ‖ [RH XLVIr] meister erwelt Aulus Virginius / Lucius Ycilius / Publius Numitorius / Gaius Appronius ‖ Appius Iulius / Gaius Sicinius / Marcus Duillius / Marcus zici- ‖ nius / vnnd Marcus Pomponius / Die zehen an der zal mitsampt den Burgermei- ‖ stern die der gmeynd ouch gewegen waren / liessen die recht der zwölff tafflen in yren ‖ bletter graben vnd schnyden / vnnd die also vff schlahen zů ewiger gedechtnuß / das ‖ sich yederman wißte zehalten / Sie ernüwertē ouch alle fryheit vnd gesatzt / die zunfft ‖ meister vnd gemeynd berüren / Das nyeman kein ampt oder gewalt über ein iar tra ‖ gen solt Das man ouch von allen gewalten vnd ampten für das Römisch volck in ‖ gemeyn berůffen mocht / wer darwider tett / der solt syn leben verlorn haben / Vñ als ‖ sich vor ein zanck gehalten hett. Ob ouch die burgermeister vnd Senat bünde die ge- ‖ setzt So die zunfftmeister mitsampt dem Römischen volck in gemeyn gesetzt hetten / ‖ Das ward der gmeynd ouch zů geben / also was durch ein versamlot gmeynd fürge- ‖ nommen oder erkent wurde / das solt vor allen dingen krafft haben vnnd yederman ‖ binden / vnd sölliche gesatzt hiessent sie Plebiscita / Damit dem Senat syn gewalt ge- ‖ myndert / das swert gantz in der gmeynd hand geben ward / davon ouch nachmals ‖ vil irrungen entsprungen sind«.
461 »gedacht im Appius / wie er weg sůcht das er der iunckfrowen ge ‖ waltig wurd / Vnnd zů synem willen bracht« (RH XLIIIv).

210

rechten«; RH XLIIIv f.). Parallele Handlungsfäden werden nicht ausgespart, sondern nachgestellt, so daß die Erzählung eine gewisse Gedrungenheit erreicht.

Höhepunkte der Erzählung hingegen werden szenisch amplifiziert, wie es die Zeugenreden belegen. Nach ausgeprägt szenischer Darstellung der Gerichtsverhandlung ging Schöfferlin jedoch wieder zur schrittweisen Raffung über, die die Erzählung zum nächsten Höhepunkt, der Tötung des Mädchens durch den Vater führt (»Vnnd als eine grosse menge da stůnd [...] Da sprach der verkert Appius [...] Da ward ein groß murmeln [...] Vnnd als Claudius zů der iunckfrowen ‖ gieng [...]«, RH XLIIIIv), wobei Schöfferlin unmittelbar vor die Tötung des Mädchens eine kurze indirekte Rede als retardierendes und spanungssteigerndes Element setzte.

Erst nach der Tötung findet sich eine kurze Kommentierung des Geschehens durch den Autor, der jedoch sogleich die Erzählung schrittweise raffend wiederaufnimmt und eine kurze indirekte Rede des Virginius anschließt, die das neue Telos bennent und an den Protagonisten der Erzählung bindet: die Abschaffung der Decemvirn.[462] Bei Dionys findet sich hier die Beratung der Anwesenden über das weitere Vorgehen. Hierdurch wird die Erzählung um einen notwendigen Handlungsstrang erweitert; die Erzählung ist erst dann beendet, wenn das von Virginius postulierte Ziel erreicht ist. Mittels Sprungraffung (»Er ryt ouch zů

---

462 RH XLVr: »Da nůn deßhalb ein grosser zůloff von den Römern sich erhůb stůnd Virgi- ‖ nius by dem todten lyb syner tochter / vnd tett ein claglicher red vor allen burgern er ‖ zelen den grossen gewalt vnd unrecht nit allein an im vnd an syner tochter Sonder ‖ an vil Römern von Appio vnd synen gesellen begangen sie damit zů bewegen / das ‖ sie den gewalt der vff den zehen person / wie obgeschribē ist gesetzt was / wider ab tůn ‖ Vnnd das alt regiment der burger vnnd zunfftmeister wider als für das besser an ‖ sich nemen wolten / Er ryt ouch zů frischer tatt mit blůt berunnē / das von der brust ‖ syner tochter an in gesprengt was in das hör / Darin er vnd ander von der Römer ‖ wegen gelegen waren synen ritter brůder vnnd genossen den handel zů Rom in der ‖ statt ergangen erzelende / vnnd in was nott in Appius nit synen falschen und ver- ‖ körten gericht gepracht hett / vnnd fůrt eine grosse clag über in vñ syn gesellen / die mit ‖ im irs gewaltz mißpruchten / wider ir herkommen recht vnnd ordnung / Wan in der ‖ nit lenger dañ ein iars frist zů gelassen was«.

frischer tatt [...]«, RH XLVr) schloß Schöfferlin die Ereignisse im Heer an und stellte eine erste ausführliche Rede des Virginius kurz vor das Ende der Erzählung. Mittels Schrittraffung und vor allem mittels Aussparung kürzte Schöfferlin die Überlieferung im Schluß der Erzählung. Der Ablauf der Entmachtung der Decemvirn interessierte Schöfferlin lediglich insofern, als dies der Endpunkt seiner deutlich auch von literarisch-ästhetischen Interessen geprägten Erzählung war.

Die Virginia-Erzählung Schöfferlins wurde vorstehend vor allem unter erzähltechnischen Aspekten behandelt. Sie ist m.E. ein deutlicher Hinweis auf die Fähigkeit des Autors, innerhalb der Großform ›Darstellung der römischen Geschichte‹ Erzählungen zu bieten, die sich in Hinblick auf ihre literarische Qualität durchaus mit zeitgenössischen Novellen als auch den Einzelerzählungen von Livius messen lassen können. Es ist zu beachten, daß Schöfferlin hier zwei in ihrer Anlage völlig unterschiedliche Vorlagen zu einer stilistisch einheitlichen Darstellung verbunden hat. Die Nutzung des bei Dionys vorgezeichneten Wechsels zwischen Redebericht und Rede ohne Übernahme der bei Dionys gegebenen Doppelung und Aufschwellung weisen auf ein sicheres Stilgefühl des Autors hin, der hier eine unnötige Überfrachtung seiner Erzählung vermied. Die über die Überlieferung hinausgehenden Einarbeitungen des Autors sind nicht beliebige Zusätze, sondern haben jeweils spezifische Funktionen: die Replik auf die italienischen Verhältnisse zu Beginn der Erzählung ist m.E. im Kontext des ›Barbarenvorwurfs‹ der Italiener gegenüber den Deutschen zu sehen und stellt eine pointierte Zurückweisung desselben dar; die Frage des Virginius nach den Zunftmeistern desavouiert abermals die politische Institution. Darüber hinaus zeigt diese Erzählung auch, in welchem Ausmaß Schöfferlins juristische Ausbildung und Tätigkeit sein spezifisches Interesse an diesem Thema hervorrufen. Einschlägige Details am Gerichsverfahren und persönliches Engagement Schöfferlins mischen sich zu dieser kompositorisch und stilistisch besonders gelungenen Erzählung.

3.3.2 Die politischen Umtriebe des Marcus Manlius

Die Gegenfigur zu Camillus ist bei Livius und Schöfferlin der Patrizier Marcus Manlius, der – aus Neid über die Erfolge des Camillus – mithilfe der Gemeinde und der Volkstribunen die Alleinherrschaft erringen wollte. Sowohl bei Livius als auch bei Schöfferlin nutzte Marcus Manlius hierzu die nach wie vor bestehende soziale Notlage der Bürger aus; indem er seine Reden gegen die Senatoren richtete und mit seinem Gut für die Plebejer einstand (a.u.c. 6,14,3 ff.), erwarb er deren Gunst. Seine nicht bewiesenen Anschuldigungen gegen die Senatoren, diese hielten weite Teile des Staatsschatzes versteckt, statt sie der notleidenden Bevölkerung zur Verfügung zu stellen, zogen eine Gerichtsverhandlung vor dem Diktator mit sich und führten ihn schließlich in den Kerker. Aufgrund seines Rückhalts bei der Gemeinde mußte man ihn jedoch freilassen, obwohl er weiterhin Umsturzpläne hegte.

In dieser Angelegenheit hielt er schließlich eine Rede vor Plebejern in seinem Haus, die Livius und Schöfferlin sehr unterschiedlich konzipierten. Livius formulierte eine direkte Rede, in der Marcus Manlius offen die Revolution gegen das Patriziat forderte (a.u.c. 6,18,5 ff.) und sich den Plebejern als neuer politischer Führer anbot. Bei Schöfferlin[463] hingegen

---

463 RH LXv: »Vnd hielt nit mynder eigen Ratt mit ettlichen von der gmeynd / in synem huß dañ ‖ vor / vnd als im die von der gmeynd emsiklichen zugiengen / vnd vff ein zyt ir vil by ‖ im waren § Beclagt er sich vor inen hoch / ab dē Senat der meynung / wie er syns ‖ gůtten willens den er zů einer gmeynd trůg vnnd der gůttat die er inen manigfeltig- ‖ klichen bewysen hett engelten můßt / wiewol er des billich geniessen solt / dz hette er wol ‖ gesehen in vergangen tagen / da man in in den kercker fůrt / Da wer im nyemant by- ‖ stendig gewesen / oder hett vnnderstanden das zů weren / Er erzalt in all syn gůttat ‖ was er in den strytten begangen / zöiget in die masen syner wunden / vnnd benennet inen ‖ drühundert Burger von der gmeynd / die schulden halb verdorben werden / vnnd vß ‖ Rom hetten müssen wychen Oder in den kercker gon / Der schulden er all von synem ‖ eigen gůt bezalt sie gelediget / vnnd by eren weib vnnd kind behalten hett / Darumb ‖ empfieng er sollichen lon das man in als einen übeltetter in den kercker füret / Es wer ‖ alt vnnd nit nüw / wer einer gemeynd dienet / das der nyemant dienet / vnd wer sol- ‖ lichs nit allein im Sonder andren treffenlichē römern ouch begeget / die der gmeynd ‖ vil gůtz tůn / Vnnd darnach in iren nöten von inen verlassen weren / Als Spurius ‖ Cassius / vnd Melius die in hungers nöten von eygem gůt sie gespyset / vnd erneret

beklagte sich Marcus Manlius in indirekter Rede zunächst über die in seinen Augen ungerechtfertigte Behandlung durch den Senat und über die fehlende Unterstützung der Plebejer, rechtfertigte sich vor der Gemeinde mit dem Verweis auf seine guten Werke und ließ erst im Redeschluß seine Absichten zum gewaltsamen Umsturz erkennen.

Während Livius in seiner Rede Manlius den fehlendem Mut der Plebejer, für ihre Rechte einzustehen, beklagen ließ, wendet Schöfferlin diese Argumentation in eine Ansprache an die Gemeinde, der neben fehlenden Mut auch Undankbarkeit gegenüber den politischen Führern vorgeworfen wird. Dies wird durch die Sentenz »Es wer ‖ alt vnnd nit nüw / wer einer gemeynd dienet / das der nyemant dienet« (RH LXv) hervorgehoben. Auch die mögliche Folgerung des Marcus Manlius aus

‖ hetten / den hett man [hettman] ir leben darumb genommen / des műßt er ouch warten syn / wie ‖ wol er das nit vmb die göt / die er mit syner hand behalten noch vmb die Römischen ‖ burger / den er so menge gűttat bewisen verdienet hett / Darumb wer im nützer / dz er ‖ gunst by dem Senat / vnd den vettern sűchte / vnnd sie ouch wie ander verließ / Wie- ‖ wol im das swerer were / Dañ zusterbē / wa aber icht hertzens oder manlichs geműtz ‖ in iren brüsten stecket / So bedorfft es der nott nit / Er mocht sich nit gnűg verwun- ‖ dern / das sie manlich Ritterlich lüt weren / gegen iren fynden zű stryten / Vnd so gar ‖ verzagt inen selber ir er / würd vnd fryen stande zubehalten / wa für es were / das sie ‖ gantz Ytalien vndersich brechten / vnd sie ir eigen mitburger knecht vnd schlaven be- ‖ liben / Der wurde schuldenhalb vertriben [vertribeg] / der in den kercker gefürt Ob sie das ein fry- ‖ en stand hiessen / Wie lang sie dulden möchten / das ir mitburger inen das ir also ab ‖ wűcherten / vnd sie darnach truckten / vnd verachteten Als ob sie nit menschen / oder ‖ glych nach inen gebildet weren / Es tett nymmer gűt man stalte dañ allen gewalt zű ‖ Rom ab / vnnd so man gemeyntklich in kriegen / vnd fridlichen zyten alle bürd tra- ‖ gen műßt / das alles so erobert vnnd gewunnen vnder yederman ge- meyncklich vnd ‖ glych geteilt wurde / das wer lychtlich zű geschehen / wa sie im folgen wolten / Ob sie ‖ aber meynten das es sorg vff im trug das sie dañ nit mer dañ sich selber zalten vnnd ‖ die von den geschlechten / So funden sie allweg ir fünfftzig wa iener eyner wer ‖ was es aber hilff / Das er inen vil gűtz Riet / So sie in dem / Das ir eigen / Er vnnd ‖ würde berürt vnnd antreff so gar hinlessig vnnd verzagt weren / Solichs was syn ‖ gemeyn fürhalten / Damit er größlich die von der Gmeynd bewegt vnnd enzün- ‖ det / aber heymlich het er den anschlag So ander gewalt zű Rom abgeton wurden / ‖ dz er ettlicher der rycheste gűt vnder die gmeind teylē / vñ des vrsach erdichten wolt / ‖ darnach so er die getruckt het / soltē in ettlich von der gmeind / die mit im des in übung ‖ warē / für einē herrē / vñ küng der stat rom vffwerffen«.

dem Verhalten der Gemeinde, sein Glück nun doch vielleicht bei den Senatoren zu suchen, brachte Schöfferlin abweichend zu Livius in die Rede ein.

In dieser Rede, die erst im Redeschluß Parallelen zur livianischen Manlius-Rede zeigt, zog Schöfferlin Elemente aus der livianischen Darstellung vor, die Livius zur Erläuterung des nicht unproblematischen Todesurteils gegen Marcus Manlius dienten (a.u.c. 6,20,1 ff.), dessen guten Werke gegenüber der Stadt und den Plebejern durch seine Gier nach dem Königsthron ins Gegenteil verkehrt wurden. Neben die Erwähnung der Verdienste des Marcus Manlius stellte Schöfferlin in dem gegenüber der Vorlage zurückhaltend formulierten Aufruf zum Umsturz Passagen, die an die Rede des Canuleius erinnern und die der Aufwiegelung der Plebejer dienen sollen. In der Kommentierung des Urteils, die in der Sentenz »Wer ‖ zuvil hoch stygen wil / der felt nur dester hertter« (RH LXIr) pointiert zusammengefaßt ist, findet sich erstmals und einmalig in der RH die Apostrophe, die Anrede einer Figur der Erzählung, in Verbindung mit der die emphatische Beteiligung des Autors spiegelnden Interjektion *Ey*.[464]

Pörksen sieht in der Apostrophe einen Erzählereingriff von hoher rhetorischer Wertigkeit; sie verweist in der Regel auf die Bedeutung des Dargestellten.[465] In Schöfferlins Kommentierung, die sich auf ein abgeschlossenes Geschehen bezieht, wird Marcus Manlius als Exempel vorgestellt, daß ein übermäßiges Streben nach Ehre, in der Verbindung *stoltzer übermůt* ausgedrückt, in Verbindung mit unrechtem Verhalten eine gerechte Strafe nach sich zieht. Die Apostrophe drückt eine

---

464 RH XLIr: »Ey Marce Manlej / mich rüwet / ‖ dz din stoltzer übermůt nit der masse pflag / wie hast du dich strafflich begird der eren ‖ verfürē vñ verblendē lassen / dz du durch vnzymlich weg erlangest darnach du gerün ‖ gen hast / du hettest billich bedacht / das durch mengē wysen mund gesprochē ist / Wer ‖ zuvil hoch stygen wil / der felt nur dester hertter / So du aber nyemant ob dir woltest ‖ dulden / vñ übeltůn für recht tůn / erwelt hast So hat dyn hoher můt den fal mit rech ‖ ter straff [rech ‖ terstraff] empfangen.«

465 Vgl. Pörksen 1975, S. 102 f.

vollständige Distanzierung des Autors von der Figur des sich bei den Plebejern anbiedernden Patriziers aus.

3.4 Die politische Alternative: die Alleinherrschaft des guten Diktators und militärischen Führers

In den Ständekämpfen wird für Schöfferlin in der Alleinherrschaft des Furius Camillus eine politische Alternative zu den politischen Machtkämpfen zwischen den Plebejern und Patriziern greifbar. Dies läßt sich sowohl an der Rede des Camillus gegen die Pläne der Zunftmeister zur Umsiedlung nach Veji belegen als auch anhand der Kommentierung zur Erzählung um Furius Camillus, der für Schöfferlin ein ähnlich wichtige Figur wie Scipio Africanus in der dritten Dekade ist.

Die Rede des Camillus gegen die Pläne der Volkstribunen, nach Veji auszuwandern, wird von mir unter unter dem Blickwinkel ihres Ergebnisses, der Alleinherrschaft des Diktators Camillus, behandelt. Quelle der Darstellung ist die Camillus-Rede bei Livius (a.u.c. 5,51–54), die von Burck als Eigenleistung des Livius und als eine seiner großartigsten Reden gewertet wird. Livius variierte hier zwei Grundgedanken: die Rettung der Stadt durch die Götter und die *pietas* der römischen Bürger, die Stadt nun wieder am alten Orte aufzubauen.[466] Im Folgenden steht zunächst die Ausgangssituation der Rede als auch deren Schluß und das von Schöfferlin beschriebene Ergebnis im Vordergrund meiner Betrachtung.

Ausgangspunkt der direkten Rede des Camillus sind bei Livius und Schöfferlin die Umtriebe der Volkstribunen bzw. Zunftmeister, die die Gemeinde nach der Zerstörung Roms durch die Gallier zur Umsiedlung nach Veji bewegen wollen. Gegen diese Pläne richtete sich die Rede des ehemals verbannten Camillus, der, nachdem die Römer ihn als militäri-

---

466   Vgl. Burck in Burck 1967, S. 316.

schen Führer zurückgerufen hatten, zuvor die Gallier aus Rom vertrieben hatte.

Im Redeeingang thematisierte Schöfferlins Camillus die Verbannung,[467] für die Schöfferlin im Einklang mit der bisherigen Darstellung das römische Volk in seiner Gesamtheit und nicht, wie dies bei Livius der Fall ist, die Volkstribunen verantwortlich machte (a.u.c. 5,51,1). Im Folgenden benannte Camillus die Motivation für seine Rückkehr: die Liebe zum Vaterland (a.u.c. 5,51,2), wobei Livius hier bereits auf die Pläne der Volkstribunen zur Umsiedlung nach Veji anspielte, während Schöfferlin nochmals eine Rückblende auf die aussichtslose Situation, in der Camillus den Römern zur Hilfe eilte, anschloß, die die Bedeutung Camillus als *trüwer römer* herausstrich.[468] Hieran knüpfte Schöfferlin

---

467   RH LVv: »Also ließ Camillus ein Ratt / Vnnd eine gantze ‖ gmeind versamlen / stůnd vff so hoch dz in mencklich sehen vnd hören mocht. § Also / mit in redende / Vnder allen dingen / die ich zů Rom ye gehasset hab / hat mir nit mer ‖ mißfallen / dañ die zwytrachtikeit die ich zwyschem einem Ratt vnnd der gmeynd ge ‖ sehen hab / vnnd so mir myn ellend / die zyt die ich ze Ardea gewesen / vnnd ir mich / der ‖ statt Rom vertryben hetten / In vil weg mir schwer gewesen ist / So hab ich es doch ‖ dester ringer vnd lydenlicher geacht / das ich die zyt des vnwillens den ein yeder / der ‖ üch das best ratten will / darunder erlangt / fry vnnd vertragen gewesen bin / Mich ‖ hatt vil destminder gen Rom verlangt / vnd wer villicht noch nit kůmen / hett mich ‖ gemeyner schad / vnd die iamerlich zerstörung myns vatterlands nit darzů bewegt ‖ Ich hab aber bedacht / solt ich myn vatterland in disen nöten / wissen vnd verlassen ‖ das es mir schentlich wer / vnnd möcht es eren halb nit veranttwürten ‖ Also da ir al- ‖ ler ding verirret gewesen / von einander getrent / kein trost oder hoffen mer gehapt ha ‖ ben / enichen sig gegen den Franzosen zů erlangen / Hab ich als trüwer römer üch ‖ sovil das in nöten gesyn mocht / wider versamlot / vnnd mit halber macht / den Fra- ‖ tzosen angsigt Sie vertriben / vñ den mererteil erschlagen«.

468   RH LVv: »was hilfft nůn mich vnd ‖ üch / das wir vnns in die nott geben / vnnd das alles volbracht haben. Oder was er ‖ oder lob / mag vnns [vnnd] davon entston So ir die statt / darumb wir sollich not gelütten ‖ haben verlassen wöllen / Wie kompt üch das in den syn / oder wer kan üch das ynbil- ‖ den / oder des bereden / wie syn wir so vnglych gesynt / vnser veter die frömen erlichen ‖ Römer / vnd die besten von den geschlechten / Ee das sie haben wöllen vß Rom leben ‖ dig fliehen / das sie doch in sollichen nöten on all verwysen hetten mügen tůn / So ha ‖ bent sie erwelt darfür / erlich in iren hüsern zů sterben / vnnd die iungen für geschoben / ‖ Das sie den berg Tarpeium innemen / ob sie sich da enthalten möchten / damit doch ‖ ein Som von den Römern / vnnd ettwas über belib / das sie nit gar vertilget

im weiteren analog zu Livius (a.u.c. 5,51,3) rhetorische Fragen an, die sich auf den Sinn seiner Bemühungen beziehen, wenn man sich nun zum Auszug nach Veji entschließen würde. Die Argumentation gegen die Übersiedlung nach Veji faßt Argumente der Vorlage (a.u.c. 5,53,4 ff.) zusammen; die Frage nach dem Verhalten der Rom verpflichteten Bundesgenossen, die die politische Umsicht des Camillus versinnbildlichte, fügte Schöfferlin der Argumentation hinzu. Während Livius das Verhalten der Römer negativ als Faulheit hinsichtlich eines notwendigen Wiederaufbaus beschrieben hatte (a.u.c. 5,53,7 sowie 5,53,9), formulierte Schöfferlins Camillus positiv Appelle zum Wiederaufbau der Stadt und strich durch die Sentenz »Die zyt bringt alle ding« (RH LVIr) seinen Optimismus bezüglich des Wiederaufbaus heraus. Hier wird deutlich, daß Schöfferlin Camillus nicht nur militärisch, sondern auch politisch als vorbildlichen Führer sieht.

Im Redeschluß polemisierte Camillus bei Schöfferlin gegen die jungen, leichtfertigen Befehlshaber, die Rom beinahe in den Untergang geführt hätten und stellte dem Volk die Wichtigkeit guter Ratgeber vor Au-

wur- ‖ den / Die iungen haben sich ritterlich gewert sechß Monat alle nott erlytten / Vnnd ‖ den Berg als das houpt zů Rom behalten / Es ist vnns nach vnfal baß ergan- ‖ gen / dañ nyemant gehofft hett / was hilfft aber vnns / So ir alles das noch von den ‖ Römern beliben ist gantz zerstören / vßtilgkent vnd verlassen wölten / Felt üch nit in ‖ den syn / oder get üch nit zů hertzen das üwer vetter vnd vordern hie begraben ligen / ‖ die doch manche ritterliche tatt / vmb ir vatterland begangē habē / Frowet üch nit ‖ das ir / ir gröber ansehen müge Es ist dryhundert vnd funff vnnd sechtzig iar / das ‖ Rom gebuwen ward O wie mengen Strytt / Vnd wievil menschlichs blůt haben ‖ üwer vordren vergossen / Damit Rom für ander Stett / Lob er vnd macht erlangt ‖ wie manche nott haben sie erlytten / Biß es durch hilff der gött darzu kommen ist / ‖ Das üch annder üwer nachpuren vnnd anstösser gehorsam syen / Das wöllen ir als ‖ verlassen zerstören / Vnnd in die Statt Veium ziehen / Die ir kurzlich gwunnen ‖ [RH LVIr] haben / wer wil üch mer gehorsam syen / was wellen ir üch behelffen / üwer vnderton ‖ haben den Römern gehorsam gelopt vñ nicht den von Veio / Ir werdent nicht mer ‖ Römer heyssen noch syn So ir so schantlich von üwerm vatter land fliehen / das ir ‖ verlassen«.

gen.[469] Dem steht bei Livius das Herausstellen kultisch bedeutsamer Orte und Vorgänge gegenüber (a.u.c. 5,54,7).

Während bei Livius Camillus seine Rede zu einem Abschluß bringt und ein als Prodigium gewertetes Zeichen den Ausschlag zum Verbleib in Rom gibt (a.u.c. 5,55,1 f.), geben die Römer in der Darstellung Schöfferlins noch vor Ende der Rede ihren Entschluß zum Bleiben in der Stadt bekannt. Die persönliche Überzeugugskraft Camillus' wird demnach in der RH deutlicher herausgestrichen als in der Vorlage. Das Kapitel schließt mit einem Ausblick auf die weitere Zeit, wobei Schöfferlin gegenüber der livianischen Darstellungen beträchtliche Umdeutungen vornahm. Nach Livius a.u.c. 6,1,4 ist die Diktatur des Camillus angeführt; die Bewertung jedoch, daß die Bürger- und Zunftmeister künftig keine politische Macht mehr ausüben sollten, findet sich nicht in dieser Form bei Livius, der lediglich überlieferte, daß man den für die Einnahme der Stadt verantwortlichen Konsulartribunen die Leitung der Wahlver-sammlung für ein Jahr entzog (a.u.c. 6,1,5).

Die Erneuerung der kultischen Stätten und der Zwölftafelgesetzgebung fand nach Livius nicht während der Dikatur des Camillus statt, sondern im sich anschließenden Interregnum; diese Umdeutung jedoch ist geringfügig, da Camillus selbst Interrex wurde (a.u.c. 6,1,10 f.). Die finanzielle Hilfe aus dem Staatsschatz, die Camillus laut Schöfferlin den Bürgern zum Wiederaufbau bereitstellte, wird bei Livius hingegen auf einen Senatsbeschluß zurückgeführt (a.u.c. 6,3,5 f.). Finanzielle Hilfen an

---

469 RH LVIr: »Bedenckent dz üch die gött billich gestrafft ‖ haben / Allen üwern trost haben ir vff iung lüt gesetzt / vnnd den üwer houptman- ‖ schafft bevolhen / Die wider aller volcker recht / Die wil sie bottschafft waren / wider ‖ die Franzosen gestryten haben lernent dz ir genytet lütten.(der Rom nye gebrochen ‖ hat). üwer stryt vnd stat bevelhen / die künden / türen vnd wissen tůn / was sich in ‖ einer yeden sach gebürt So ir hindersich gedenckent So fyndent ir das üch die selben ‖ nye verfůrt haben / Haltent die selbs vor ougen / vnd belybent in einikeit / verlassent ‖ nit so lichtlich üwer [über] vatterland üwer gött / vñ was üwer fordren mer dan in dryhun ‖ dert iaren er vnnd lob erlangt haben / Lat üch nyemant verwysen / volgent gůttem ‖ ratt So werden ir gunst von den götten vnnd menschen erlangen / vñ die statt rom ‖ wider zů allen eren / vnd gewalt / darin sie ye vor gewesen kurtzlich widerpringen Ee ‖ Camillus syn red zů end pracht / Da gabē der merteil der Römer mit zeichen ir wil- ‖ len zuverston / das sie zů Rom belyben wolten«.

die Bevölkerung dienten Schöfferlin bereits in der Darstellung der Königszeit zur positiven Stilisierung der Herrschenden.

Im weiteren wird die herausragende Stellung des Camillus in den Kriegen gegen die Latiner und andere von Rom abgefallene Bundesgenossen von Schöfferlin herausgearbeitet und durch entsprechende Kommentierung hervorgehoben. Der Abfall der Latiner von Rom wird von Schöfferlin mithilfe einer Sentenz als ein auch im Alltagsleben erfahrbares Ereignis, dem Verlust von Freundschaft in Krisenzeiten, erklärt und verdeutlicht. Die Kriegshandlungen berichtete Schöfferlin nach Livius, jedoch verkürzt, wobei er die Ereignisse um die Stadt Sutrium zur positiven Stilisierung des Camillus nutzte, indem er über Livius hinausgehend nach der Einnahme der Stadt deren Bewohner anweisen ließ, zurückzukommen, was ihm die Gelegenheit bot, den Dank der Bevölkerung gegenüber Camillus herauszustreichen. Bei Livius endete der Erzählstrang mit der Einnahme der Stadt (a.u.c. 6,3,10).

Auch den sich anschließenden dreifachen Triumph des Camillus in Rom nutzte Schöfferlin zur positiven Stilisierung seines Protagonisten durch Figuren der Erzählung, indem er die Liebe und Dankbarkeit der Römer gegenüber Camillus betonte: »die trůgen sollichen gunst vnnd willen zů im / das in yeder nit anders hielt / ‖ Dañ wer er syn liplicher vatter gewesen« (RH LVIv). Dies findet sich nicht bei Livius, der die hier den Verkauf der versklavten Gefangenen thematisierte (a.u.c. 6,4,2), die Schöfferlin wiederum überging.

Abweichend von der livianischen Überlieferung gestaltete Schöfferlin auch die politische Selbstbescheidung des Camillus, indem er diesen der römischen Bevölkerung raten ließ, Bürger- und Zunftmeister zu wählen, da er aufgrund seinen hohen Amtes die mit dem Regieren verbundenen Belastungen nicht allein tragen wolle. Bei Livius sind Camillus zu Beginn seiner Amtszeit als Konsultribun andere Konsulartribunen zur Seite gestellt (a.u.c. 6,6,3). Den Wechsel des Amtes überging Schöfferlin. Die freiwillige Unterstellung der Konsulartribunen unter Camillus als obersten Führer gab Schöfferlin anschließend analog zu Livius (a.u.c. 6,6,7) wieder. Dies bot ihm Möglichkeiten zur Kommentierung, in der er die

Einigkeit und Kollegialität zwischen militärischer und politischer Führung bzw. zwischen Regenten und Gefolgsleuten hervorhob:

> »Ey / es gieng noch wol / wa sollicher wil vnnd enikeit zwyschen den houptlüten vnd ‖ regierern wer / wa der minder / dem baß verstandnen volgte / wa nyemant syn eigen ‖ er vñ nutz / Sonder gemeynen nutz ansehe / noch im selber allein alle er zů ziehen / vñ ‖ syne gesellen der berouben tett« (RH LVIIr).

Die im Eingang stehende Interjektion *Ey* weist auf eine lebhafte Zuwendung des Erzählers zu seinem Gegenstand hin;[470] sie signaliert eine innere Beteiligung des Erzählers.

3.5 Zusammenfassende Betrachtung der Darstellung der Ständekämpfe in der RH

In der Analyse zur Darstellung der frühen römischen Ständekämpfe in der RH wurde erneut eine von Livius als auch von Dionys abweichende Konzeption Schöfferlins deutlich, als deren wesentliches Charakteristikum erscheint, daß Schöfferlin ein Geschichtsbild der römischen Ständekämpfe zeichnete, das sich nicht auf die geschichtliche Vergangenheit zurückbezog, sondern aus der politischen Gegenwartszeit des Autors gespeist wurde. Die Vermischung zwischen historischer und zeitgenössischer Situation wird bereits in der Terminologie deutlich. Die Orientierung an der Gegenwart und die Konzeption der geschichtlichen Darstellung auf diese Gegenwart hin wird augenscheinlich in der Fabel des Menenius Agrippa, deren möglicherweise eigenständige Deutung durch Schöfferlin sich nicht auf die historische Ausgangssituation der Ständekämpfe, sondern auf die Situation in den spätmittelalterlichen Städten bezog. Dies konnte – unter Einschluß der Möglichkeit des Rückgriffs auf eine gemeinsame Tradition, die ihrerseits auch nicht als zufällig angesehen werden könnte – anhand eines Vergleichs der Deutung Schöfferlins mit zeitlich

---

470 Vgl. Nellmann 1973, S. 151.

späteren Fassungen des Stoffes nachgewiesen werden, wobei Autoren wie Burkhard Waldis und Erasmus Alberus explizit die reformatorische Programmatik vertreten.

Die Untersuchungen zur Rolle der Zunftmeister in den politischen Auseinandersetzungen zeigen das tiefe Unbehagen, das Schöfferlin gegenüber dieser Institution empfand. Die Zunftmeister stehen hierbei häufig stellvertretend für die Gemeinde, deren Unzuverlässigkeit und Undankbarkeit gegenüber ihren politischen und militärischen Führern Schöfferlin hervorhob. Dies wird vor allem in der Coriolan-Erzählung deutlich, in der Schöfferlin Coriolan zum Vertriebenen stilisierte. Hierzu nutzte der Autor die Konzeption von Dionys, der eine Vielzahl von Reden zur Konfliktregelung bot, in der Schöfferlin das Coriolan von den Zunftmeistern und der Gemeinde widerfahrene Unrecht besonders herausstreichen konnte. Die auffällig positive Stilisierung Coriolans könnte hierbei mit dessen politischem Schicksal in Zusammenhang stehen, insofern Vertreibung auch ein zeitgenössisch aktuelles Thema war. Die Umarbeitung des Erzählstrangs um Veturia wurde von mir zum einen als Korrelat zu dem positiv gedeuteten Coriolan, zum anderen als Ausdruck einer generellen Schwierigkeit des Autors gewertet, antike Heldinnen zu präsentieren.

Der auffallend ausführlichen Thematisierung der ungerechten Vertreibung in der Coriolan-Erzählung kontrastiert die knappe Erwähnung der Exilierung des Furius Camillus, der für Schöfferlin im Rahmen der Ständekämpfe jedoch weniger den zu Unrecht Vertriebenen, sondern vielmehr eine politische Alternative zum ›Gerangel‹ zwischen Zunftmeistern und Patriziat darstellte. In der sowohl über die Kommentierung als auch über Reflektorfiguren herausgestellten positiven Stilisierung des Camillus wird deutlich, daß Schöfferlin über hinlängliche Möglichkeiten verfügte, die livianische Darstellung zu variieren. Ähnlich wie in der Königszeit (Tullus Hostilius, Servius Tullius) wird hier die finanzielle Fürsorge für die Bevölkerung und eine umsichtige Behandlung der Besiegten, die den Friedenswillen signalisiert, hervorgehoben. Furius Camillus ist für Schöfferlin nicht nur in seiner militärischen, sondern auch in der politischen Führung des Gemeinwesens vorbildhaft.

Das Eintreten des Zunftmeisters Canuleius für politische Beteiligung und die Möglichkeit des Konnubiums zwischen Patriziern und Plebejern zeigt – im Vergleich mit dem ersten Textbeispiel – andere Möglichkeiten der geschichtlichen Umdeutung, die von mir in Korrelation mit den zeitgenössischen sozialen Verhältnissen interpretiert wurden. Hier ließ Schöfferlin die nach Livius konzipierte Rede des Zunftmeisters Canuleius weitgehend ohne Änderungen bestehen, veränderte jedoch deren Ausgangssituation und insbesondere deren Ergebnis, so daß das problematische Thema der zeitgenössischen Eherestriktionen vollständig in den Hintergrund gedrängt wurde und – im deutlichen Unterschied zur Überlieferung – die politische Beteiligung der Gemeinde als das geringere Übel erschien. Die Rede selbst formulierte Schöfferlin sorgfältig, wobei das über Livius hinausgehende Anführen demokratischer Prinzipien im Redeschluß sowie das Fehlen jeglicher Kommentierung als auffällig angesprochen wurde. Parallelen in der Rede des von Schöfferlin negativ gezeichneten Marcus Manlius legen den Verdacht nahe, daß die Reden zur Desavouierung demokratischer Prinzipien genutzt wurden. Ein Beweis hierfür konnte jedoch nicht erbracht werden.

Die Darstellung patrizischen Machtmißbrauchs, realisiert in der Virginia-Erzählung als auch in der Darstellung der politischen Umtriebe des Marcus Manlius, zeigt die Gegenseite in den sozialen Auseinandersetzungen gegenüber der Überlieferung in einem etwas positiveren Licht.

So überging Schöfferlin die bei Livius angeführte unterschiedliche Auswirkung der politischen Herrschaft der Decemvirn in Hinblick auf die Plebejer und Patrizier und die tumultartigen Szenen auf dem Forum. Die *unordenliche lieb* des führenden Decemvirn, bei Livius und Dionys als Augangskonflikt der Geschehnisse auch in derem eskalierenden Verlauf thematisiert, wurde von Schöfferlin eingangs erwähnt und – unter Nutzung der AR – um das Motiv des ungerechten Richters ergänzt, das im weiteren – neben der Tötung des Mädchens – den historischen Umsturz mitbegründete.

Hier dürften auch berufliche Interessen des promovierten Juristen die Quellenauswahl beeinflußt haben. Die Erzählung selbst diente als Beleg für die Fähigkeit des Autors, exemplarische Kurzerzählungen in seine Geschichtsdarstellung zu integrieren, die sich sowohl mit den zeitgenössischen Novellen als auch mit den livianischen Einzelerzählungen messen lassen können. Wie an der Nutzung des Redeberichts und an der Gerichtsverhandlung gezeigt, gelang es Schöfferlin, die verschiedene Stillage seiner Quellen zu einer einheitlichen Darstellung zusammenzuschmelzen.

Wie in der Figurenzeichnung des Camillus nutzte Schöfferlin die emphatische Kommentierung in der Episode um den Patrizier Marcus Manlius, hier jedoch zur Distanzierung von der Figur. Die Figurenanrede drückt die vollständige Distanzierung Schöfferlins gegenüber der Figur des sich bei den Plebejern anbiedernden Patriziers aus. Die Rede des Marcus Manlius nutzte Schöfferlin zu negativen Bemerkungen über die Gemeinde, der er Undankbarkeit gegenüber den politischen Führern vorwarf.

Der politische Standpunkt des Autors kann vor dem Hintergrund der hier vorliegenden Textuntersuchung nicht in der Weise wiedergegeben werden, wie Ludwig es getan hat, sondern ist um ein Vielfaches differenzierter zu sehen.

So ist angesichts der Agrippa-Fabel die Frage zu stellen, ob Schöfferlin die soziale Notlage der Bevölkerung wirklich deutlicher herausstrich als Livius, oder ob der Autor die historische Ausgangssituation nicht vielmehr nutzte, die Gehorsamspflicht gegenüber der Obrigkeit herauszustellen.

Es ist Ludwig durchaus zuzustimmen, wenn er davon spricht, daß Schöfferlins Sympathie bei denjenigen Ratsherren gelegen habe, die Verständnis für die Anliegen der Gemeinde hatten – doch ist ergänzend die Frage zu stellen, inwiefern der Autor seinerseits Verständnis für die politischen Anliegen der Gemeinde hatte. Die Zunftmeister als politische Vertreter der Gemeinde werden in der RH in vielerlei Hinsicht politisch desavouiert, und zwar auch dort, wo es die Überlieferung nicht nahelegte, wie die Rede des Virginius vor den Soldaten belegt. Diese negative Sicht des Amtes spiegelt sich auch darin wieder, daß Schöfferlin Livius' positive Kommentierung der politischen Besonnenheit der Plebejer grundsätzlich überging.

Die Patrizier erscheinen in der RH in positiver Stilisierung, wie es die Umgestaltung der Ausgangssituation für die Canuleius-Rede anzeigt. Doch wird, wie die Coriolan-Erzählung belegt, auch ihnen nicht die politische Kraft zugesprochen, politische Krisensituationen effizient zu meistern. Deutliche Alternative zu dem Gerangel zwischen Patriziat und Plebejern ist für Schöfferlin die Alleinherrschaft des Diktators Camillus, der sich sowohl durch militärisches Geschick als auch durch Besonnenheit in bürgerlichen Angelegenheiten auszeichnet. Hier wir die Verbindung zum Friedenskaiser der Königszeit erneut deutlich.

4 Textuntersuchung III: Untersuchungen zu ausgewählten Fragen

In dem abschließenden Untersuchungsteil geht es mir darum, anhand verschiedener Textstellen Schöfferlins Geschichtsschreibung sowohl inhaltlich als auch stilistisch zu beleuchten. Nachdem der Zeitbezug der Geschichtsschreibung Schöfferlins sowohl in der Darstellung der Königszeit als auch der Ständekämpfe deutlich herausgearbeitet ist, sollen inhaltlich folgende Fragen behandelt werden: Schöfferlins Stellung zum Kultischen, zu den *mirabilia*, zur Fortuna-Problematik und damit einhergehend zur Geschichtsmächtigkeit Gottes. Es sind dies Fragen, die hinsichtlich der Abgrenzung der humanistischen Historiographie von der mittelalterlichen als bedeutsam angesprochen wurden. Ferner seien die Reden, die Kürzung als grundlegende Bearbeitungstendenz sowie die Kapitelgestaltung behandelt.

4.1 Schöfferlins Stellung zum Religiösen und Kultischen – die Darstellung der mirabilia

Wie schon bei der Betrachtung der frühen römischen Königsherrschaft betont, kommt dem Kultischen in der frühen Zeit Roms besondere Bedeutung zu. Livius überlieferte, wenngleich gelegentlich skeptisch,[471] ein Fülle von religiösen und kultischen Handlungen und Gebräuchen, die Schöfferlin in der Regel nicht übernahm, was der Autor der RH außer in der Vorrede auch in seiner Darstellung der Königsherrschaft des die römischen Kulthandlungen einführenden Numa programmatisch hervorhob. So überging Schöfferlin die vermeintlich göttliche Abkunft der

---

471 Zu religiösen, moralischen und philosophischen Vorstellungen bei Livius vgl. P.G. Walsh: Die religiösen, philosophischen und moralischen Vorstellungen (1961). In: Burck 1967, S. 486–507.

Zwillinge ebenso wie die Apotheose des Romulus; gelegentlich stellte er dem die Betonung von Realien gegenüber, so etwa bei Numa die Einführung von Grenzsteinen. Schöfferlin überging in der Regel auch die Prodigien als erfragte Vorzeichen; wundersame Vorgänge, die als Prodigien gedeutet wurden, übernahm der Autor jedoch in Darstellung.

In der Darstellung der Herrschaft des fünften römischen Königs, Tarquinius Priscus, bot Schöfferlin seinen Lesern einen durch das ungewöhliche Agieren eines Adlers wundersamen Vorgang, wobei er hier durch Übernahme der Darstellung des Dionys ein Detail in seine Erzählung einfügte, die Livius' Prodigium (a.u.c. 1,34,8f.) noch überbot. Bei Livius fliegt ein Adler heran, entführt Tarquinius die von freien Römern zu besonderen Anlässen getragene Filzkappe (*pilleus*), kreist damit über Tarquinius und Tanaquil und setzt Tarquinius schließlich den Hut wieder auf den Kopf, so als sei er von den Göttern zu diesem Dienst gesandt. In der Auslegung, die Tanaquil gibt, bezieht diese sich neben Deutungen, die den Vogel und sein Erscheinen am Himmel betreffen, vor allem auf die Rückgabe der als Schmuck (*decus*) gedachten Kopfbedeckung. Schöfferlin erwähnte über Livius hinausgehend, daß der Adler Tarquinius den Hut so aufgesetzt habe, wie dieser vorher aufgesetzt gewesen sei, d.h. er steigerte die Kunstfertigkeit des Vogels.[472] In der Auslegung bezog Schöfferlins Tanaquil sich jedoch nicht auf diesen Aspekt, sondern formulierte sehr allgemein, dieser Vorgang sei als Zeichen zu betrachten, daß Tarquinius in Rom zu königlicher Würde komme. Die nach Dionys gestaltete Einfügung spricht m.E. dafür, daß der Autor entgegen seiner strikten Absage in der programmatischen Vorrede hier doch Interesse an der Überlieferung des Wundersamen zeigte. Das (Vor-)Zeichenhafte des Vorgangs war Schöfferlin durchaus bewußt, wie

---

472 RH XIIv: »vnnd do sie nahet by rom kamen / flog ein Adler daher / vñ nam Tarquinio den hůt ‖ von dē houpt / furt den hoch in die lüfft / dar nach swang er sich wider herab vñ satzt ‖ im den hůt vff / wie er vorgestanden was / das hielt syn hußfrow Tanaquill (.die ein ‖ wise frow was / vñ iñ der kunst die man Auguriū nennet / hoch berümpt). für ein ge ‖ wiß zeichen Tarquinius ir hußwirt / solte zů rom zů künglichen eren vnd würden er ‖ höcht werden«.

die Einführung der Tanaquil zeigt, wobei Schöfferlins positive Bewertung des kirchlicherseits verbotenen Auguriums auffällt.

Ein vergleichbares Prodigium, das Schöfferlin ebenfalls übernahm, findet sich im siebten Buch des Livius (a.u.c. 7,26,1–5) anläßlich des Krieges zwischen den Römern und den Galliern. In einem von einem jungen Gallier geforderten Zweikampf, dem sich von römischer Seite Marcus Valerius stellt, fliegt ein Rabe heran und setzt sich, dem Gallier zugewandt, auf den Helm des Römers. Marcus Valerius begrüßte dies Zeichen göttlichen Beistands. Der Vogel flog bei jedem Schlagwechsel auf und griff mit Schnabel und Klauen Gesicht und Augen des Gegners an, bis Valerius den vom Anblick des Götterzeichens verschreckten Gallier schließlich erschlug.

Schöfferlin behandelte diese Episode in einem Kapitel über die letzte Etappe des römisch-gallischen Krieges in der Amtszeit des Lucius Cornelius Scipio. Die Überschrift des Kapitels stellt das Prodigium heraus, das auch durch den der Kapitelüberschrift folgenden Holzschnitt illustriert wird. Ein Paragraphenzeichen im Text kennzeichnet den neuen Erzählstrang um das Prodigium. Die Geschichte um den in den Zweikampf eingreifenden Raben wird von Schöfferlin als *wunderlich ding* bezeichnet; das Prodigium selbst in wenigen Worten berichtet, die das Geschehen verkürzt, jedoch substantiell analog zu Livius wiedergeben.

In beiden von Schöfferlin in seine Darstellung aufgenommenen *mirabilia* handelt es sich nicht um Augurien, da diese erfragte Vorzeichen sind, sondern um Prodigien oder Vorzeichen, um Vorgänge gleichnishafter Art, durch die ein in der Zukunft liegendes Geschehnis angezeigt und sein Ablauf vorbedeutet wird. Die wundersamen Vorgänge geschehen nicht auf Veranlassung des Empfängers; die beschriebenen Vorgänge sind nicht über- oder widernatürlicher Art, sondern liegen durchaus im Bereich des naturhaft Möglichen. Dies sind die Bedingungen, unter denen sie auch für Schöfferlin darstellbar waren, ohne mit humanistischer Wissenschaftlichkeit in Konflikt zu geraten oder eine ›böse‹ Magie[473] zu vertreten.

Der Glauben an Vorzeichen gehört zu den Residuen eines im Spätmittelalter und auch heute noch wirksamen uralten Aberglaubens und hieraus erwachsender Praktiken. Bernd Thum verweist für das Spätmittelalter auf weite Bereiche ›verpuppter Realität‹, zu der auch der Glaube an Vorzeichen, Prophetien und eschatologische Enthüllungen gehört, die als Mittel des Offenbarwerdens fungierten.[474] Trotz des kirchlichen Verbots war geomantische Literatur, die sogenannten Los- und Punktierbücher, im Spätmittelalter weit verbreitet, häufig in fürstlichem Besitz.[475] In seiner Studie über die natürliche Magie führt Kurt Goldammer den »Zwiespalt zwischen Rationalität und dem vertrauten Ambiente mythisch-symbolischer Bildlichkeit und von Praktiken und lieben Gewohnheiten zauberischer Vorstellungen, prognostikativer Übungen und volkstümlicher Überlieferungen« als Dilemma der Humanisten an.[476] Diesem Problem hat sich Schöfferlin durch bewußte Auswahl der *mirabilia* weitgehend entzogen.

Eine Gelegenheit zur Auseinandersetzung mit dem römischen Götterglauben fand sich für den Autor in der Rede des Camillus gegen die von den Volkstribunen geplante Umsiedlung des Volkes nach Veji.[477]

---

473 Zur bösen Magie vgl. Kurt Goldammer: Der göttliche Magier und die Magierin Natur. Religion, Naturmagie und die Anfänge der Naturwissenschaft vom Spätmittelalter bis zur Renaissance. Mit Beiträgen zum Magie-Verständnis des Paracelsus. Stuttgart 1991 (Kosmosophie 5), S. 15 f.

474 Bernd Thum: Öffentlich-Machen, Öffentlichkeit, Recht. Zu den Grundlagen und Verfahren der politischen Publizistik im Spätmittelalter (mit Überlegungen zur sog. ›Rechtssprache‹). In: LiLi 10/1980. S. 12–69, S. 41 f.

475 Vgl. Michael Schilling: Rota Fortunae. In: Deutsche Literatur des späten Mittelalters. Hamburger Colloquium 1973. Hrsg. v. Wolfgang Harms u. L. Peter Johnson. Berlin 1975. S. 293–313, S. 302 ff.

476 Vgl. Goldammer 1991, S. 14 ff.

477 RH LVIr: »Ir werdent nicht mer ‖ Römer heyssen noch syn So ir so schantlich von üwerm vatterland fliehen / das ir ‖ verlassen / das werdent die Frantzosen oder ander üwer fynd ynnemen / Die werdent ‖ deñ fürbaß Römer heyssen / wie mügen ir das lyden / das üwer fynd Römer / vnd ir ‖ Veienter genant werden / Mich rüwet / was ich ye durch Rom willen gelitten / vnd ‖ üch zugůt geton hab Sehent doch an die Tempel der göt / die üwer forfarn loblich er ‖ buwen / vnnd geeret haben / Mit der

Während Livius hier die Belohnung der Götter für die ihnen ergebenen Römer sowie die Bestrafung bei Mißachtung der Götter herausstrich und göttliches Einwirken auf den geschichtlichen Verlauf betonte (a.u.c. 5,51,6–10), bezog Schöfferlin sich auf die Verdienste der Römer im Kampf gegen die Gallier und den glücklichen Ausgang des Krieges. Der Beistand der Götter wird von Camillus zunächst lediglich im Zusammenhang mit der Vorherrschaft Roms in Italien erwähnt. Die im Folgenden bei Livius in zwei Kapiteln gegebene breite Argumention zur Bedeutung der Gottheiten, die man ohne Verletzung der Riten nicht einfach nach Veji transportieren könne (a.u.c. 5,52 f.) übernahm Schöfferlin stark gekürzt, wobei der Autor sich die in a.u.c. 5,52 gegebene Überlegung, daß die Gottheiten nicht an einem anderen Ort verehrt werden können, zunutze machte, um zwei den altrömischen Kult ironisch brechende Bilder zu entwerfen, indem er die Römer mit der aus Veji ›importierten‹ Göttin wieder nach Veji zurückreisen ließ bzw. Camillus den Römern die ironische Frage stellen ließ, ob sie glaubten, daß ihre Götter ihnen als Landfahrer jeweils nachreisen würden. Es könnte dies eine Replik des humanistisch Gebildeten auf die zeitgenössische Praxis der Heiligenverehrung sein.[478]

hilff Rom vffgangen vnnd groß worden ist / ‖ Meynent ir dz üch dieselben göt ouch gen Veio nach ziehen werden / wöllen ir die göttin Iuno / die ir von Veio herpracht haben / mit üch wieder hinweg nemen / vnd also ‖ mit ir daraffter Reysen / Ob dañ die statt Veium / Durch wind / brunst / oder vnfall ‖ ouch schaden nem / wölten ir dañ aber in ein ander Statt ziehen / vñ also allweg lant ‖ farer vß üwern götten / vnnd üch selber machen / Ir werden für war von den götten ‖ vnnd dẽ menschen verhaßt werden / Stond von sollicher lichtvertikeit«.

478 Vgl. Klaus Schreiner: ›Discrimen veri ac falsi‹. Ansätze und Formen der Kritik in der Heiligen- und Reliquienverehrung des Mittelalters. In: AKG 48/1966, S. 1–53, S. 33 ff.

4.2 Die Fortuna-Problematik
bzw. das göttliche Einwirken auf die Geschichte

In den voranstehenden Untersuchungsteilen wurde bereits mehrmals die Fortuna-Problematik sowie die Frage nach der Geschichtsmächtigkeit Gottes angesprochen. In Zusammenhang mit der Betrachtung der ersten programmatischen Vorrede Schöfferlins habe ich auf ein teleologisches Geschichtsbild Schöfferlins hingewiesen, der die römische Geschichte als Paradigma einer Entwicklung hin zur Monarchie begriff. In Verbindung mit der Weltreichelehre und der Vorstellung von der *translatio imperii* ist es von daher nicht zufällig, daß der göttliche Schutz Roms von Schöfferlin in der Darstellung der Bedrohung Roms durch die Gallier explizit als geschichtsmächtige Kraft angeführt wurde.

Fortuna als ein vom Menschen nicht beeinflußbares Geschehen und Schicksal rückt insbesondere in Zusammenhang mit Kriegen in den Blickpunkt des Interesses. Schöfferlins Fortuna-Begriff läßt sich an einer berühmten Redesequenz aus der dritten Dekade aufzeigen: der Unterredung der beiden Feldherrn Scipio und Hannibal vor der Entscheidungsschlacht von Zama, die als letztes Textbeispiel behandelt werden soll.

Dem voran stelle ich eine kurze Einführung in die angesprochene Thematik. In der antiken Philosophie erscheint Fortuna als Inbegriff dessen, was unabhängig vom Menschen geschieht, in enger Verbindung mit *ars* oder *virtus*, dem Inbegriff dessen, was durch den Menschen und seinen Willen geschieht.[479]

Die Antithese Fortuna und *ars/virtus* entwickelte zuerst Aristoteles zu voller begrifflicher Klarheit; sie findet sich in der römischen Literatur bei fast jedem bedeutenderen Autor. Für Cicero ist die Verbindung *virtus-fortuna* fester Bestandteil des Lobpreises für bedeutende Persönlichkeiten geworden und erscheint als Topos.

In der philosophischen Diskussion des Mittelalters ist der Begriff Fortuna in mehreren Definitionen gegenwärtig, die einen prinzipiell

---

479 Vgl. Klaus Heitmann: Fortuna und virtus. Eine Studie zu Petrarcas Lebensweisheit. Köln, Graz 1958, S. 15 ff.

geordneten, beständigen Kosmos voraussetzen, in dem Ursachen und Ziele fest aufeinander bezogen sind: das Zufällige erscheint als das, was sich nicht oder nicht ohne weiteres erklären läßt.[480] Das Fortuna-Problem ist im Mittelalter und in der Renaissance geprägt durch den Gegensatz von göttlicher Vorbestimmung und blindem Ungefähr, von Vorher-bestimmung und menschlicher Willensfreiheit. Obgleich die Kirchenväter dem Glauben an Fortuna, die in der Spätantike als dämonisch-geschichtsgestaltende Macht zu den am meisten verehrten Gottheiten gehörte, entgegentraten,[481] blieb das antike Bild von Fortuna als launischer Glücksgöttin mit eigener Wirkmacht auch im Mittelalter und in der Renaissance bestehen.[482] Die Interpretation von Fortuna als Instrument der *providentia dei*, die auf Boethius zurückgeht, ist in der mittelalterlich-christlichen Grundauffassung verankert, wonach jeder Wechsel des Glücks auf die unerforschliche Weisheit göttlicher Vorsehung zurückzuführen ist.[483]

Vor der Betrachtung der Redesequenz soll eine Einführung in die Redesituation stehen. Der Unterredung der beiden Feldherren vor der entscheidenden Schlacht bei Zama gingen Versuche der Karthager voraus, mit Scipio zu einem Frieden zu gelangen (a.u.c. 30,16), die die Karthager jedoch selbst durch den Bruch des Waffenstillstands zunichte machten (a.u.c. 30,24). Hannibal wurde vom Senat nach Karthago zurückbeordert; in Zama, fünf Tagereisen von Karthago entfernt, schickte er Späher aus, Scipios Heer auszukundschaften (a.u.c. 30,29). Diese wurden jedoch von den Römern enttarnt. Anstatt sie zu strafen, ließ Scipio die Kundschafter jedoch sein Heer inspizieren und gestattete ihnen, unter Geleitschutz zu Hannibal zurückkehren. Die Nachrichten der Kundschafter über die Vortrefflichkeit des römischen Heeres und vor allem Scipios überlegener Umgang mit den Spähern bewegten Hannibal, eine Unterredung mit Scipio zu suchen, um – noch mit schlagkräftiger Truppe – einen

---

480 Näheres Keßler 1978, S. 146ff.
481 Vgl. Keßler 1978, S. 150.
482 Siehe Heitmann 1958, S. 25ff.
483 Vgl. Klaus Hampe: Fortuna im Mittelalter. In: AKG 17/1927, S. 20–32 mit einem anschaulichen Beleg.

günstigen Frieden zu erreichen. Nachdem man sorgfältig einen Platz zur Unterredung bestimmt hatte, trafen die beiden Heerführer zusammen; Hannibal ergriff als erster das Wort (a.u.c. 30,30).[484] Die Rede Hannibals gestaltete Schöfferlin nach Livius.[485] Analog zu diesem prägt Hannibals Lobrede auf Scipio den Redeeingang.[486]

Im Folgenden variierte Schöfferlin die Vorlage insofern, als bei ihm nicht Scipio als derjenige erschien, der die Möglichkeit hatte, den Krieg zu beenden, sondern Hannibal sich selbst in dieser Rolle sah.

---

484 Burck 1950, S. 157 zählt Hannibals Rede zu den eindruckvollsten Reden in Livius' Werk.

485 RH CLXXXIIIv: »§ Ist es von schick- ‖ ung der gött / das ich / der von erst dem Römischen volck widersagt / vnd sie zu krieg ‖ vnnd ouch darzu pracht / das ich den Sig offt in mynen henden gehapt hat / Nůn ‖ soll vnd mů̊ß des frides von ersten ouch begeren / So gůnd ich dir Scipio für allen ‖ Römer / vnnd fröw mich des / das du der syest / von dem ich das beger / Es wirt vil- ‖ licht nit das mynst sein / das dir dienet zů̊ dienem hohen pryß Er vnnd lob / Darnach ‖ du ringest / das Hanibal dem die gött so manchen Sig gegen dem Römischen volck ‖ verlihen haben / der so manchen houptman der römer überwunden hatt / nůn kompt ‖ vnnd sich gegen dir demütiget / Es soll villicht also sein / So ich den krieg mit dienen ‖ vatter Publio Scipione angefangẽ hab / das ich den / mit dir seinen son / mit grössern ‖ [RH CLXXXIIIIr] Eeren der Römer / dañ der von Cartago / zů̊ ennd pring / Ich wölt das die gött vn- ‖ sern vettren vnnd vordren / ouch die vernunfft / den syn vnd willen verlihen hetten ‖ Das sie zů̊ fryden geneigt gewesen weren / vnnd sich die Römer an ytalia / vnnd die ‖ von Cartago an Affrica hetten benügen lassen / O was verlusts vnnd schadens we- ‖ ren wir zů̊ beyder syten überhept / vnnd vertragen worden / Sicilia / Sardinia vnd ‖ Hyspania die lannd / seind des nit werdt das mir zů̊ beyden teilen / so manchen türen ‖ vnnd gů̊ten man verloren / vnnd einander umb sovil lüt vnnd gů̊t pracht haben / ‖ Aber geschene ding seind lichtlicher zu schelten / dañ zů̊ bessern / wir habẽ zů̊ beiden tey- ‖ len / also des frömbden begert / das wir schier vmb das vnnser kommen werden / Man ‖ hatt mich vor Rom / vnd dich vor Cartago gesehen / Nůn stend diese ding alle zu vns ‖ zweyen / Die römer setzen iren trost vff dich / vnd die von Cartago vff mich / wes wir ‖ beyd vns gegen einander vereynen / des werden Rom vñ Cartago yngon / vnd nit ‖ abschlahen«.

486 Nach Burck 1950, S. 157 f. ist dieser Redeeingang bei Livius nicht primär als *captatio benevolentiae* zu sehen, sondern als Verherrlichung der römischen Sache, die als vom Schicksal gewollter Triumph gezeichnet wird. Schöfferlin setzte hier seine Vorlage fast wörtlich um: »ad pacem petendam uenirem« übertrug Schöfferlin in die zweigliedrige Formel »soll vnd mů̊ß deß frides von ersten begeren«, die die Ausgangsposition Hannibals in diesem Gespräch deutlicher umreißt.

234

Dem schließt sich eine Passage an, in der Schöfferlin der Vorlage wiederum eng folgte; die sachliche Aussage der Vorlage »Optimum quidem fuerat eam patribus nostris mentem datam ab dis esse ut et uos Italiae et nos Africae imperio contenti sumus« verwandelte er in eine persönliche Bekundung: »Ich wölt das die gött vn- ‖ sern vettren vnnd vordren / ouch die vernunfft / den syn vnd willen verlihen hetten« und er bestimmte *mentem* genauer in einem weiteren Objektsatz »Das sie zů fryden geneigt gewesen weren«.

Es folgt ein bewegter Ausruf, der sich bei Livius nicht findet und Hannibals im Alter scheinbar gewandelte Einstellung zum Krieg über die Vorlage hinausgehend verdeutlichte: »O was verlusts vnnd schadens we- ‖ ren wir zů beyder syten überhept / vnnd vertragen worden«. Dem schließt sich analog zur Vorlage die Feststellung an, daß für die besetzten Länder ein zu hoher Preis gezahlt worden sei, wobei Schöfferlin im Unterschied zu Livius Hannibal beide Völker als Beispiel anführen ließ. Die folgende Sentenz »Aber geschene ding seind lichtlicher zu schelten / dañ zů bessern« setzt die Sentenz der Vorlage um.

Im Folgenden verkürzte Schöfferlin die Vorlage, indem er statt der ausführlicheren Darstellung der Vorlage Scipio und Hannibal als Protagonisten des Krieges hervorhob; »Man ‖ hatt mich vor Rom« repräsentiert hierbei »sed et uos in portis uestris prope ac moenibus signa armaque hostium vidistis«, »vnd dich vor Cartago gesehen« steht für »et nos ab Carthagine fremitum castrorum Romanorum exaudimus« (a.u.c. 30,30,8).

Dem Herausstellen der beiden Feldherrn korreliert die weitere inhaltliche Veränderung der Vorlage, insofern als Schöfferlin die Verantwortlichkeit beider für den Frieden herausstellte, wohingegen Livius' Hannibal die günstige Lage der Römer eigens betonte und weniger eindringlich die Notwendigkeit eines Friedens herausstrich.[487]

487 Vgl. a.u.c. 30,30,9.

In der folgenden Redepassage führt Hannibal als der Ältere breit sein Wissen um die Unbeständigkeit der fortuna an.[488] Hier änderte Schöfferlin die Vorlage, indem er über diese deutlich hinausgehend die Unbeständigkeit des Glücks betonte.

Die von Hannibal im Nachsatz vorsichtig angedeutete Befürchtung, daß Scipio aufgrund seiner Jugend nicht ein geeigneter Gesprächspartner sein könnte (a.u.c. 30,30,11), formulierte Schöfferlin expliziter; die

---

488 RH CLXXXIIIIv: »Vnnd ist allein nott / das wir den syn / vnnd den willen zů dē fryden ha- ‖ ben / Mynenthalb wer ich darzů geneigt / Ich bin von eynem kynd vff in kriegen er- ‖ zogen worden / vnnd hab in vil lenger dañ du getriben / vnd laß mich beduncken / ich ‖ wiß was krigen vff im trag / Mich hatt gelück hin und her geworffen / yetzo erhöcht ‖ yetzo genidert / vnd mich gelert / vnnd des wyß gemacht / das ich sich / vnd verstand ‖ das nyemant / sein vertruwen zuvil vff das gelück setzen soll / Es ist vnstett vnnd be- ‖ harret die lengi nit / by keinem menschē / Darumb wolt ich mich gern des flyssen / das ‖ mich vernunfft wyßt vñ lert / ich hab aber ein sorg vñ fürcht / dz es dynenthalb die ge ‖ stalt vnnd meynung nit hab / Du bist noch iung vnnd frölich / vnnd gat dir glücklich ‖ vnnd wol / vnnd meinst es soll dir allweg also gon / Mir ist swer mit dir zuhandlin / ‖ So dich glück noch nye verfůrt / oder dir keinen tuck bewisen hat / Darumb bedenckst ‖ du nit / was vnfals dir noch zuston mög / Ich weyß wol / wie dir vmb dyn hertz ist / ‖ Mir ist ouch also gewesen / was ich was / do ich mit dynem vatter by dē wasser Tre- ‖ bia / vnd darnach mit Flamminio by dem Sehe Trasimenni stryt / das bistu yetzo ‖ Da ich iung was / da griff ich alle ding nit allein kecklich / Sonnder ouch verwegen- ‖ lich an / Es gieng vnnd geriet mir ouch / was ich mich vnnderstůnd / Gelück was all- ‖ weg by mir vnnd gedacht nit / das es sich ymmer verkerē oder den widerfall gewin- ‖ nen solt / Vnnd hett ich dozemal der vernunfft gepflegen / O was grosser Eren möcht ‖ ich Cartago / vnd mir selber erlangt haben / was richtung meynstu / das mir gan- ‖ gen wer / Da ich ad Cannas der römer sovil tusent tod schlůg / Iung lüt verfürt ir ‖ hochgemůt / Verlyhen die gött der iugent / die vernunfft / das sie nit allein bedechten ‖ was inen zuhanden gieng / Sonnder ouch was inen zů handen gon möcht / So hett ‖ glück nit sovil gewalt vf erden / vnd wurd nit so menig man / der sich vff glück ver- ‖ laßt verfürt / O wañ wir wenen / das vnser glück am höchsten stand / So statt es am ‖ aller bösten vmb vns / wiltu das nit by dynen vordren vnd andren Römern ein ex- ‖ empel nemen So laß doch mich dir ein beyspiele des gůtten vnd des bösen glücks syn / ‖ Du magts nit bößers thůn / noch fürnemē / Dañ die wyl es dir glücklich vñ wol gat / ‖ Diewyl du in dyn grösten Eren bist / dē krieg / mit einer Eerlichē richtung zů end brin ‖ gē / nit setz din sach vff ein eynige stund / darin dir glück verkerē vñ nymē müg / was ‖ du ye eer vñ lobs zuwegen pracht hast / ich sag dir es wirt dir nit so ring zů gon / Als ‖ du wenest / du würdest ouch lüt vñ wör vff diser sytē fyndē / die māchē hertē stand tůn«.

allgemeine Feststellung »Non temere incerta casuum reputat quem fortunam nunquam decepit« übersetzte Schöfferlin in eine Hannibals Altersklugheit signalisierende Einschätzung »So dich glück noch nye verfůrt / oder dir keinen tuck bewisen hat / Darumb bedenckst ‖ du nit / was vnfals dir noch zuston mög«.

Abweichend von Livius, der nun die Erfolge Scipios anführte, ließ Schöfferlin Hannibal die eigene Lebensgeschichte, die eigenen Erfolge und die sich hieraus ergebenden Weichenstellungen problematisieren, wobei er wiederum fortuna als verführende und wirkmächtige Kraft skizzierte. Wir haben hier eine Redepassage, in der sich Schöfferlin vollständig von der Vorlage entfernte und einen Lebensrückblick Hannibals gestaltete, dessen Fazit in der Sentenz »Iung lüt verfürt ir ‖ hochgemůt« verdeutlicht wird.

In Anlehnung an die Vorlage thematisierte Hannibal die Wechselfälle des Glücks, wobei die Umsetzung »satis ego documenti in omnes casus sum« in »So laß doch mich dir ein beyspile des gůtten vnd des bösen glücks syn« die Ambivalenz des Glücks durch die antithetische Adjektivformel betont und eine Anspielung auf Petrarcas *De remediis* und somit auf das Thema der *utraque fortuna* darstellt.[489]

Dieses Thema wird weitergeführt, indem Hannibal Scipio vorhält, daß er – im Falle eines Krieges zwischen Rom und Karthago – alles bisher Erreichte innerhalb von einer Stunde verlieren kann. Dem wird die Sicherheit und Gewißheit des Friedens gegenübergestellt (a.u.c. 30,30,18 ff.). Hier integrierte Schöfferlin nun die Geschichte der Erfolge Scipios und konnte so das Glück, das für Scipio auf dem Spiel stand, inhaltlich füllen.

Analog zur Vorlage (a.u.c.30,30,24) werden die Friedensbedingungen angesprochen, wobei Schöfferlin – über die Vorlage hinaus – den Aspekt betonte, daß Scipio sich doch mit dem römischen Herrschaftsbereich bescheiden solle.

Zum Schluß seiner Rede stellte sich Hannibal als Garanten des Friedens dar. Schöfferlin ergänzte im Redeschluß seine Vorlage um die

---

489 Vgl. Heitmann 1958, S. 25ff; zum Begriff der *utraque fortuna* vgl. ebd., Anm. 17.

Lehre, die Hannibal aus seinem Leben ziehen könnte: »Dañ ich vß vernunfft und langer ubung des kriegß / sich vnd erken / das vnns der frid nützer dañ der krieg ist«.

Der großen Rede Hannibals muß der Autor nun eine Gegenrede Scipios entgegensetzen, die das mit gewichtigen Argumenten ausgestattete Friedensangebot Hannibals abweist. Die Gegenrede des Scipio hielt Schöfferlin analog zu Livius kurz, wobei Schöfferlin die Kürze der Gegenrede in der Redeeinleitung hervorhob. Während bei Livius schon in Scipios Eingangsworten Hannibal indirekt die Verantwortung für den Bruch des Waffenstillstandes übertragen wird, betonte Schöfferlin die kollektive Verantwortlichkeit des karthaginensischen Volkes. Abweichend zur Darstellung des Livius stellte Schöfferlin die taktische Klugheit Hannibals heraus, indem er Scipio dessen Rede als *clůge worte* bezeichnen ließ, mit denen Hannibal für Karthago günstige Friedensbedingungen erreichen wollte.[490]

Diese Strategie wird weiter thematisiert und entschieden zurückgewiesen, wobei Schöfferlin Scipios abweisende Haltung entschiedener als Livius formulierte, jedoch an dieser Stelle die neuen Friedensbedingungen bereits nannte. Diese werden im Folgenden nicht mehr thematisiert. Während Livius die Hintergründe des Krieges zwischen Rom und Karthago anführte und den Krieg der Römer als gerecht hervorhob, bezog Schöfferlins Scipio sich zunächst auf die Vorhaltungen Hannibals über die Unbeständigkeit des Glücks, um dann die strafende Gerechtigkeit der Götter gegenüber menschlicher *superbia* breit anzuführen, so daß das Fortuna-Problem in Hinblick auf die *providentia dei* relativiert wurde.[491] Argumentativ knüpfte er hierzu an a.u.c. 30,31,5 an; hier thematisierte

---

490 RH CLXXXIIIv: »§ Vnd antwurt im Scipio / kurtz also / Mich hat nicht betrogen Hanibal / das die ‖ von Cartago / allein darumb frid vnnd anstand begert haben / biß sie dich von Yta- ‖ lia zů in in Affrica in ir hilff brachten / vnnd das ir gemüt nye mit ernst oder willen ‖ zů rechtem frid geneigt / oder gestanden syen / vnd brüfe es nůn vil bas vnd mer / So ‖ ich an dynen clugen worten hör vnnd vernym / das du dem fryd ein nüw maß geben ‖ vnnd des alles geswygen wilt / das vor zwyschen vnns gehandelt / vnd dem friden ‖ geredt ist«.

491 Vgl. Heitmann 1958, S. 43 ff.

238

Livius die Gerechtigkeit der Götter in Hinblick auf den römischen Sieg gegenüber Karthago. Die Lehre, die Schöfferlins Scipio seinem Gesprächspartner erteilt, geht jedoch über die knappe Erwähnung in der Vorlage hinaus und verallgemeinert den konkreten Fall, wobei das den Göttern nicht gefällige menschliche Fehlverhalten in einer fünfgliedrigen Formel angeführt wird:

> »Aber es wer gůt / O hanibal / das du vnd die von Cartago gedechten / das ‖ ouch gött weren die der gerechtikeit bystendig weren / das man gloubē / glüpt vn̄ eyd ‖ fryd vnnd anstand by den götten versprochen gesworn̄ halten / vnd nit so lychtlich ‖ brechen solt«.

Nun fügte Schöfferlin die Hintergründe des Krieges zwischen Rom und Karthago an und schloß entsprechend der Vorlage mit Scipios fester Zuversicht auf den Sieg über Karthago. Analog zu Livius (a.u.c. 30,31,7) stellte Schöfferlins Scipio heraus, daß er, wenn Hannibal zu einem früheren Zeitpunkt um Frieden gebeten hätte, hierzu bereit gewesen sei. Im Folgenden änderte Schöfferlin die Vorlage geringfügig, indem er Scipio Hannibals jetzige Situation skizzieren ließ:

> »So du aber Ietzo sichst / das der von Cartago macht klein ‖ worden / vnd nyerget für zů rechen ist / So wir das gröst überwunden / vnd erstryt- ‖ ten / vn̄ den sig vilnach erlangt / in vnsern henden haben« (RH CLXXXVr).

Diesen Perspektivwechsel nutzte Schöfferlin zu einem weiteren, die Vorlage ergänzenden Argumentationsstrang, der – und dies ist bei Livius, der hier die Friedensbedingungen thematisierte, nicht zu finden – die Gefahr eines vorzeitigen Friedens aufzeigte und damit die Absage Scipios an Hannibal begründete. Abweichend von der Vorlage, die die Unterredung ergebnislos verlaufen läßt, forderte Schöfferlins Scipio im Redeschluß die militärische Entscheidung:

> »Hast du ettwas vertruwen zů dienem hör ‖ So magst du wol hin ryten / den von Carthago das best thůn / deßglich will ich dē Rö ‖ mern ouch erzoigen« (RH CLXXXVr).

Abweichend von Livius gestaltete Schöfferlin das Ende der Unterredung mit einer indirekten Rede Hannibals an Scipio, in der dieser die Auffordung zur Entscheidungsschlacht annimmt.[492] Hierdurch wird die Spannung des Lesepublikums auf die nachfolgende Schlacht gelenkt.

Im Unterschied zu Livius, der Hannibals gewandelte Rolle als Bittsteller und somit indirekt die Größe Scipios herausstellte,[493] ließ Schöfferlin Hannibal in seiner Rede den Lebensrückblick eines alt gewordenen Feldherren formulieren, der, durch Fortuna zur *superbia* verführt, nun die demütigende Rolle des Bittenden einnehmen muß und dem Jüngeren seine Lebenserfahrung mitzuteilen versucht. Hannibal selbst wurde für Schöfferlin über die Vorlage hinaus zum Exempel.

Dem muß nun ein bisher siegreicher, jüngerer Feldherr antworten, wobei die Überlieferung die Ergebnislosigkeit des Gespräches vorgibt. Die inhaltliche Ausgestaltung der Position Scipios, dem ein mit aller Lebenserfahrung begründetes Friedensangebot vorliegt, dürfte dem Autor nicht leichtgefallen sein – zumindest deute ich die Anspielung Scipios aus Hannibals *kluge Worte* sowie die Abweichung von der Überlieferung in diesem Sinn.

Hierzu setzte Schöfferlin eine über die Vorlage hinausgehende Argumentation Scipios ein, die das Fortuna-Problem mit der *providentia dei* verknüpfte. Diese Argumentation entkräftete Hannibals Warnung vor der Unbeständigkeit des Glücks grundlegend, insofern als Scipio die göttliche Vorsehung ebenfalls als geschichtsmächtige Kraft sieht, die korrigierend eingreift, da der Gegner – und dies wird breit ausgeführt – sich nicht nur gegen menschliches Recht, sondern gegen die Götter versündigt hat. Mit dem Stichwort ›versündigen‹ möchte ich auf die christliche Umprägung des antiken Fortuna-Problems durch Schöfferlin hinweisen, der eine eigenständige Wirkmacht Fortuna nicht anerkannte und als christlicher Autor auch nicht anerkennen konnte. Fortuna, deren Bedeutung Schöfferlins Scipio für das individuelle Schicksal einräumte,

---

492 RH CLXXXVr : »Da Hanibal dise stoltze red (dafür er sie hett) hort vñ vernam ‖ Da sprach er mit kurtzen worten / wolhin Scipio / sydt du dañ nit anders wilt / So ‖ will ich dir stryts gnůg geben / vñ richt dich darzů / das will ich ouch tůn / Man můß ‖ ehe morn zunacht wissen / ob die Römer / oder die von Cartago der welt zugebietten ‖ haben«.

493 Vgl. Burck 1950, S. 160.

setzte Schöfferlin in Hinblick auf das Schicksal von Gemeinschaften *virtus* – hier negativ bestimmt durch menschliches Fehlverhalten – entgegen, wodurch der *providentia dei* somit die den Menschen mögliche Gestaltung der Welt hinzugefügt wurde. Das von Schöfferlin formulierte Geschichtsbild Scipios korrigierte die von Hannibal postulierte absolute Unberechenbarkeit der Fortuna um die persönliche Verantwortung des Menschen für sein Handeln, sowohl gegenüber anderen Menschen als auch gegenüber Gott.

4.3 Die Reden in der Geschichtsdarstellung Schöfferlins

Wie bereits in der Widmungsvorrede zur RH deutlich wurde, wird Livius' Werk auch wegen der Reden zu Beginn des 16. Jahrhunderts für vorbildlich gehalten. Auch in der RH können die eingelegten Reden als herausragende Partien des Werks gelten, wie zum einen die vom Verleger/Korrektor der Ausgabe eingearbeitete Randaushebung ›oratio‹ sowie die vor den Reden relativ häufig gebrauchten Paragraphenzeichen, die zur Gliederung des Textes dienen, anzeigen.

Ebenso wie Livius nutzte Schöfferlin die drei Redegenera (*genus demonstrativum, genus deliberativum* und *genus iudicale*) in direkter und indirekter Form, wobei die deliberativen Reden auch bei Schöfferlin überwiegen.

In dem von mir untersuchten Textcorpus wird die indirekte Rede gegenüber der direkten Rede bevorzugt; dies könnte jedoch auch durch meine Auswahl der Textstellen bedingt sein, insofern als in der frühen römischen Königszeit Schöfferlin analog zu Livius die direkte Rede selten nutzte. Darüber hinaus ist grundsätzlich zu berücksichtigen, daß die indirekte Rede sich dem Erzählten leichter eingliedern läßt als die direkte Rede und den Redeakt von der strengen Bindung an den Zeitablauf befreit.[494] Entgegen der für die Reden auch oft genutzten Darstellung des Dionys, der zu sehr ausführlichen Reden neigte, die sich meist über mehrere Kapitel der Darstellung strecken, vermied Schöfferlin die langen Reden – die Coriolan-Erzählung stellt hier sowohl hinsichtlich der Redelänge auch hinsichtlich der Vielzahl der direkten Reden eine Ausnahme dar.

Betrachten wir zunächst die indirekten Reden. Indirekte Reden sind dadurch gekennzeichnet, daß der Erzähler in den Bereich der besprochenen Vorgänge übergreift und mitteilt, wie sich die Figuren seiner Erzählung zu den besprochenen Vorgängen redend verhalten. Allgemein betrachtet weist die indirekte Rede die Tendenz zu einer Raffung der Personenaussage auf. Im Redebericht kann diese Raffung bis hin zur Verkürzung auf das faktische Resultat gehen. Der Erzähler kann hierbei den Grad der Verkürzung beliebig wechseln und auch in diesem Wechsel dokumentiert sich die Kunstfertigkeit der Erzählungen.[495]

Schöfferlins indirekte Reden zeigen die unterschiedlichsten Grade von Verkürzung bzw. Raffung der Personenaussage; dies reicht von relativ ausführlichen indirekten Reden wie der Rede des Appius Claudius gegen den Schuldenerlaß oder der Rede des Servius Tulllius vor dem Volk, die mit ebenso viel rhetorischem Schmuck versehen sind wie direkten Reden, bis hin zum stark gerafften Redebericht, wie er sich in der Verteidigungsrede Coriolans vor der Bürgerversammlung zeigt. Der unterschiedliche Grad der Verkürzung der Personenaussage in den indirekten Reden wird vom Autor systematisch genutzt, wie ich es an dem Rededuell zwischen Marcus Valerius und Appius Claudius zeigen konnte. Schöfferlin nutzte hier die indirekte Rede in vielerlei Funktion. So gestaltete er die Pro-Rede als indirekte Kollektivrede und verkürzte sie gegenüber der Gegenrede, indem er in den Abschluß der Rede einen Redebericht stellte. Ebenso wie die direkten Reden werden die indirekten Reden häufig mit Gebärden unterlegt, wobei die Gebärdensprache in funktionalem Zusammenhang zur Redeabsicht steht: entgegen der livianischen Überlieferung fällt der

494 Vgl. Lämmert 1991, S. 234f.
495 Vgl. Lämmert 1991, S. 234.

Horatier dem Gericht zu Füßen; die Darstellung bei Dionys variierend erscheint Servius Tullius in einfachem Gewand vor dem Volk. Ebenso wie direkte Reden wirken auch indirekte Reden primär auf das Gemüt des Publikums – auch sie bewegen die angesprochenen Personen im wahrsten Sinne des Wortes häufig zu Mitleid oder zu Zustimmung, wobei Schöfferlin in der Skizzierung der Reaktionen deutlich über die livianische Darstellung hinausgeht. Die Figurenreaktion beleuchtet hierbei in der Regel die Figur des Redners.

Ein Beispiel für die besondere Affektgebundenheit der Figurenreaktion, ausgelöst durch eine Rede, stellt die Reaktion der Soldaten auf Scipios erste Feldherrenrede dar (RH CXLVIIIIrff), wobei mir bemerkenswert erscheint, daß in der Reaktionszeichnung das hysterische Verhalten der völlig emotionalisierten Soldatenschar zur positiven Charakterisierung des Helden genutzt wird.[496] In der RH weinen zwar in der Regel die Frauen, jedoch werden auch männliche Figuren zum Weinen bewegt (Coriolan, der alte Horatius, Massinissa) – dies jedoch wird vom Autor nicht kommentiert. Lachen als Affekt der Freude kommt bei Schöfferlin – so weit ich überblicke nicht vor -; dies gilt jedoch auch für die livianische Darstellung. Der Wechsel zwischen direkter und indirekter Rede scheint bei Schöfferlin weniger Ausdruck subjektiver Stellungnahme zum Gesprächsgegenstand zu sein, sondern gelegentlich in Hinblick auf die Spannungssteigerung genutzt zu werden. In einer solchen Funktion wurde der Wechsel in der Lucretia-Erzählung in der Vergewaltigungsszene als auch in der Offenbarungsszene genutzt.

Direkte Reden stehen in der RH an signifikanten Punkten der historischen Erzählungen, so insbesondere dort, wo einschneidende Veränderungen der Rede folgen, wie die Brutus-Rede vor der Abschaffung

---

496 RH CXLVIIIIv: »durch dise red / ward mengē altē ‖ ritter sein hertz erweichet / dz im võ hindersich gedenckē an die altē scipiones / vñ da sie ‖ an dē iungē mā ir tugēt vnerloschē sahē / võ fröd vñ leyd / weynē wurdē / dz die treher. ‖ [RHCL] vß iren ougen trungen / vnnd über ir bartet antlüt herab Rynnen begunden / vnnd ‖ schryen mit gemeyner stym / er solt an in / keynē mangel fynden / sie wöltē im alle trüw ‖ vnd gehorsami bewysen / unnd was er mit in fürneme ir leben trülichen dar strecken«.

des Königtums, die Rede des Virginius vor der Entmachtung der Decemvirn, die Rede des Canuleius vor der Einführung des Militärtribunats, die Rede des Camillus gegen die Übersiedlung nach Veji oder die Feldherrenreden vor der Entscheidungsschlacht bei Zama. Die Vielzahl der direkten Reden in der Coriolan-Erzählung deutet daraufhin, daß diese Erzählung für Schöfferlin offenbar besondere Bedeutung hatte.

Stilistische Merkmale der Reden, so der Gebrauch von mehrgliedrigen Formeln oder aber sentenzenhaftes Sprechen, sind nicht auf diese beschränkt – Sentenzen und mehrgliedrige Formeln finden sich auch in den erzählenden und in den kommentierenden Textpartien. Die Reden nehmen stilistisch in der RH nicht die Sondereinstellung wie im livianischen Werk ein, sondern sind in einen Erzählstil eingebettet, der ein gleichbleibendes erzählerisches Niveau zeigt. Die mehrgliedrigen Formeln haben hierbei nicht nur schmückende und amplifizierende Funktion, sondern stehen in inhaltlichem Zusammenhang zur Darstellung, wie ich es hinsichtlich der Coriolan- als auch hinsichtlich der Veturia-Rede aufgezeigt habe. Die Häufung antonymischer Formeln in Zusammenhang der Darstellung der Ständekämpfe, auch deutlich in der Rede des Appius Claudius gegen den Schuldenerlaß, ist ein weiterer Hinweis auf inhaltliche Funktionen der mehrgliedrigen Formeln in der RH.

Sentenzen stehen häufig im Fokus der Argumentation, wobei sie unter Rückgriff auf den allgemein-menschlichen Erfahrungsbereich die Evidenz des Gesagten bekräftigen. Übergänge von der indirekten zur direkten Rede (Rede des Virginius vor den Soldaten) werden ebenso genutzt wie auch das umgekehrte Verfahren (Rede der Sabinerinnen).

Die Reden werden von Schöfferlin in ihrer Funktion als Mittel zur Manipulation der Hörer wahrgenommen und konzipiert, wie die Untersuchung der Wahlrede des Romulus als auch der Reden des Servius Tullius vor der Bevölkerung ergeben haben. Meine Betrachtung der Canuleius-Rede zeigt an, daß es durchaus auch im Bereich der Möglichkeiten des Autors liegt, die Figur der Erzählung durch die Rede politisch zu desavouieren ebenso wie er die Rede der Negativfigur Marcus Manlius dazu nutzte, die Gemeinde über die Überlieferung hinausgehend politisch in Mißkredit zu bringen. Die vom Redner gesuchte Übereinstimmung mit dem situativen Kontext der Rede wird von Schöfferlin hierbei gelegentlich eigens herausgestellt: Romulus hält seine Wahlrede in Kenntnis der Zuneigung, die das Volk für ihn empfindet; Virginius prüft mittels vorgeschobenen Redebericht, wie weit er sich in seiner Rede gegen die Decemvirn bei den Soldaten vorwagen kann.

Politisch-argumentierende Inhalte der überlieferten Reden werden von Schöfferlin häufig zugunsten des *movere* zurückgedrängt; Romulus diskutiert nicht den Kreislauf der Verfassungen, sondern nennt lediglich verschiedene Formen und auch Brutus, dessen Rede durch Rückgriff auf die Darstellung des Dionys einen ›politischeren‹ Anstrich hat als bei Livius, erreicht die Einigung der Patrizier gegen den König durch Appelle an deren *manliche hertzen*.

Die Reden in der RH zeichnen sich für mich weniger durch eine gegenüber der sonstigen Darstellung abgehobene Stilebene als vielmehr durch ein deutliches Bewußtsein in Hinblick auf ihre Funktionalität aus.

Dem entspricht auf der allgemeinen Ebene die Entwicklung der Rhetorik zu einer umfassenden Stillehre über die Abfassung literarischer Werke im Mittelalter. Der Autor hat für die Reden bestimmte Muster zur Verfügung, so antonymische Formeln in wechselnder Reihung, Sentenzen, die im Rahmen der Ständekämpfe die Freiheit der Stadt in unterschiedlichen Argumenationskontexten nutzen oder in Hinblick auf militärische Auseinandersetzungen die Fortuna-Problematik thematisieren sowie die Charakterisierung des Redenden durch Figuren der Erzählung, sei es durch kurze Gegenrede oder – häufiger genutzt – durch Gebärdensprache. Die Tatsache, daß der Autor sehr unterschiedliche Vorlagen hier oftmals zu einer einheitlichen Darstellung zusammengeschlossen hat, verweisen zum einen abermals auf ein sicheres Stilgefühl. Sie dokumentieren jedoch zum anderen, daß Schöfferlin die antike Überlieferung als ›Steinbruch‹ betrachtete, aus dem man – unter Verfolgung gewisser methodischer Spielregeln – nach Belieben auswählen konnte. Gab die Überlieferung hier keine Anhaltspunkte, konnte Schöfferlin auch eigenständig gestalten, wie es sowohl in der – vermutlich – eigenständigen Rede des Tarquinius gegen Servius Tullius, aber auch in der Ausdeutung der Fabel des Menenius Agrippa deutlich wird. Bezugspunkt dieses ›methodischen‹

Vorgehens ist die Gegenwartszeit des Autors. Die postulierte Nutzanwendung historischer Studien und der Paxisbezug humanistischer Geschichtsschreibung werden hier in ihrer Ambivalenz deutlich.

4.4 Die Kürzung als grundlegende Bearbeitungstendenz

Als durchgängige Bearbeitungstendenz Schöfferlins hat sich im Verlauf der Textuntersuchung die Kürzung herausgestellt. Zu Beginn seiner geschichtlichen Darstellung erreichte Schöfferlin Kürze vor allem durch Rückgriff auf spätmittelalterliche Weltchroniken wie FE oder Schedel/Alt, die er mit der antiken Überlieferung kombinierte. Da in den spätmittelalterlichen Chroniken allenfalls die frühe römische Königsgeschichte, nicht jedoch die Geschichte der Ständekämpfe in breiterem Rahmen behandelt wurde, blieb deren Nutzung auf die Eingangskapitel seiner Geschichtsdarstellung beschränkt.

In den folgenden Partien seiner Darstellung bearbeitete Schöfferlin in der Regel seine beiden Hauptquellen, Livius und Dionys, eigenständig. In Hinblick auf diese eigenständige Bearbeitung der beiden in der Stillage sehr unterschiedlichen Quellen zeigt sich, daß Schöfferlin beide Quellen zu einer einheitlichen Darstellung zusammenschmelzen konnte. Wesentliche Voraussetzung dieser einheitlichen Darstellung ist die Kürzung als generelle Bearbeitungstendenz Schöfferlins.

Alois Brandstetter hebt in seiner Untersuchung der Prosaauflösungen von *Tristrant, Wilhelm von Österreich* und *Wigoleis vom Rade* die Summierung als Ergebnis der Kürzungen hervor;[497] als Instrumentarium der Prosaisierung begreift er Exzerpieren, Zusammenfassen und Summieren.[498] Alle Veränderungen der Prosaromane gegenüber ihren Vorlagen

---

497 Vgl. Alois Brandstetter: Prosaauflösung. Studien zur Rezeption der höfischen Epik im frühneuhochdeutschen Prosaroman. Frankfurt/Main 1971, S. 163 ff.
498 Vgl. Brandstetter 1971, S. 176.

laufen nach Brandstetter auf eine Vereinfachung, Homogenisierung und Linearisierung der Erzählungen hinaus.[499]

Auch Christoph Gerhardt begreift Kürzungswille und Kürzungspraxis als Tendenz der Zeit zur summa facti. Entscheidend für die Makrostruktur des Textes sei die Vorentscheidung des Autors zu kürzen oder zu längen oder zu einem gemischten Verfahren, weniger die Form der Bearbeitung, ob Vers zu Vers, Vers zu Prosa etc.[500] Dies gilt – bei allen Unterschieden zwischen der Bearbeitung antiker historiographischer Texte und Prosaauflösungen mittelalterlicher Versepen – grundsätzlich auch für Schöfferlins Bearbeitung der antiken Historiker.[501]

In der Textuntersuchung hat sich gezeigt, daß Schöfferlin seinen Erzählstoff sehr sorgfältig durchgearbeitet hat. Es ist davon auszugehen, daß Schöfferlin sich über die einzelnen Teile seiner Geschichtsdarstellung zunächst durch Sichten und eventuell auch durch Exzerpieren aus den ihm zugänglichen Quellen einen Überblick auf die jeweilige Überlieferung verschaffte. Diesem Überblick folgte in einer weiteren Phase die *inventio*, d.h. die Klärung des für Schöfferlin gegebenen Erzählziels, wobei in der Textuntersuchung hier der Bezug auf die Gegenwartszeit des Autors deutlich wurde.

Nach Klärung des Erzählziels (z.B. einer positiven Stilisierung Coriolans entgegen der antiken Überlieferung) legte Schöfferlin in der *dispositio* fest, welche Bestandteile der Überlieferung er für sein Erzählziel nutzen und wie er die einzelnen Elemente zu einem Gesamtbild koordinieren konnte. Neben seiner generellen Absage an heidnisches Brauchtum wurde nun vermutlich all das, was Schöfferlin in Hinblick auf sein Erzählziel nicht gebrauchen konnte, gestrichen; für die Coriolan-Erzählung z.B. dessen ausführliche Rede gegen den Schuldenerlaß oder die Hintergründe des römisch-volkischen Krieges bzw. der überwiegende Teil der livianischen Darstellung. Das Verbleibende wurde in der *elocutio*

---

499 Vgl. Brandstetter 1971, S. 136 f., S. 140.
500 Vgl. Christoph Gerhardt: Willehalm von Orlens. Studien zum Eingang und zum Schluß der strophischen Bearbeitung aus dem Jahre 1522. In: WW 3/85, S. 196–230, S. 201 ff.
501 Vgl. Brandstetter 1971, S. 148 f.

neu zusammengesetzt, wobei die eigenständige Komposition Schöfferlins in der vorgestellten Rede des Appius Claudius und der nachgestellten gemäßigten Coriolan-Rede ersichtlich wird. In diesem zweiten Arbeitsstadium setzte Schöfferlin sowohl *abbrevatio* als auch *amplificatio* ein, wobei er für letztere durchaus auf bislang in seiner Darstellung bewährte Muster zurückgriff, wie es in der Einfügung der sozialen Gerechtigkeit als Tugend Coriolans deutlich wurde.

Die Kürzungen, die er auf dieser zweiten Stufe vornahm, sind in der Regel Kürzungen, die einer strafferen Handlungsführung und der Konzentration auf die für ihn wesentlichen Elemente der Erzählung dienen. So wurden an der Virginia-Erzählung Kürzungen im Rahmen des Erzählvorgangs[502] herausgestellt, die in Schöfferlins gesamter Darstellung in unterschiedlicher Intensität durchgeführt wurden. Sie betreffen in der Regel Erzählstränge wie in der Virginia-Erzählung den historischen Ablauf des Umsturzes, den Schöfferlin offenbar als unnötiges Anhängsel an eine durchgeformte Erzählung empfunden hat.

Auch mit thematischen Wiederholungen hielt Schöfferlin sich zurück; so skizzierte er, nachdem er die Verbannung in der Coriolan-Erzählung ausführlich thematisiert hatte, die Verbannung des Camillus lediglich in aller Kürze und überging deren bei Livius doch detaillierte Motivation. Insbesondere dort, wo Schöfferlin Dionys einarbeitete, war er zu Verkürzungen gezwungen, um einen einheitlichen Darstellungsstil beibehalten zu können. So faßte er bei der Darstellung der Königsherrschaft des Servius Tullius die langen Reden seiner Vorlage in wenige Argumentationsstränge zusammen und auch in der Coriolan-Erzählung, die durch die Vielzahl der Reden im zweiten Erzählteil geprägt ist, findet sich gegenüber Dionys immer noch eine deutliche Verkürzung der Darstellung.

In den Erzählungen selbst findet sich die Schrittraffung als häufig genutztes kürzendes Stilmerkmal, die im Gegensatz zu der weniger genutzten Sprungraffung sich dem zeitdeckenden Erzählen annähert.[503]

---

502 Vgl. Roloff 1970, S. 43 ff.
503 Vgl. Lämmert 1991, S. 83 ff.

Der Autor schrieb hierbei auf einem hohen literarischen Niveau, wie es u.a. sowohl in der differenzierten Nutzung der für die Prosa der Zeit kennzeichnenden mehrgliedrigen Formeln als auch in den verschiedenen Stufen der Kommentierung deutlich wurde.

4.5 Zur Kapitelgestaltung

Die Kapitel werden in der RH durch Kapitelüberschriften ausgewiesen. Die Überschriftengestaltung im Schöfferlin-Teil weist zwei Formen auf: zum einen relativ lange Satztitel zumeist mit ›Wie‹-Eingang, in der ersten Zeile meistens in Auszeichnungsschrift gedruckt und in der Regel von einem Holzschnitt begleitet. Zum anderen jedoch finden sich auch kurze Überschriften, häufig mit ›Von‹-Eingang, nicht von einem Holzschnitt gefolgt, nicht in Auszeichnungsschrift gedruckt, zur Hervorhebung mit Paragraphenzeichen versehen, das dazu dient, die Reden gesondert auszuweisen und Erzähleinschnitte zu markieren.

Die Länge der Überschriften im Schöfferlin-Teil schwankt zwischen einer aus drei Wörtern bestehenden Überschrift und Satztiteln, die einen Umfang von fünf und mehr Druckzeilen haben. In Hinblick auf den verlegerischen Anteil an der Textgestalt nimmt Röll an, daß Schöfferlins Manuskript zwar unvollendet, das Erhaltene aber schon in fertigem Zustand gewesen sei, so daß Schöffer Schöfferlins Werk fast unredigiert abdrucken konnte. Anhand seiner Beobachtungen am Text, insbesondere in Hinblick auf die gedoppelte Überschrift zu Servius Tullius, fügt Röll einschränkend hinzu, daß »einzelne Überschriften [...] allerdings umformuliert oder auch Zusätze der Druckerei« sein dürften.[504] Die Über-

---

504 Röll 1990, S. 98 ff. stützt diese Vermutung auf eine graphemische Untersuchung der Überschriften einerseits und der Registerpartien andererseits sowohl im Schöfferlin- als auch im Wittich-Teil, wobei er auch die Formung der Überschriften berücksichtigt. Seine Ergebnisse hierzu lassen sich wie folgt zusammenfassen: 1. Die Überschriften im Schöfferlin-Teil sind dem Text graphemisch so nahe, daß sie – von einigen Ausnahmen abgesehen – von Schöfferlin stammen müssen. Die Überschriften zeigen wie Schöfferlins Fließtext keine Spuren der nhd. Diphthongierung, die die

schriften im Schöfferlin-Teil – so Röll – seien dem Text Schöfferlins graphemisch so nahe, »daß sie – von vereinzelten Ausnahmen abgesehen – von Schöfferlin selbst stammen müssen«.[505]

Im folgenden seien aus dem von mir untersuchten Textcorpus die Fälle vorgeführt, die m.E. für Eingriffe des Verlegers/Korrektors in die Kapitelgestaltung sprechen. Die Darstellung der Herrschaft des Tullus Hostilius nimmt in der RH fünf Kapitel ein, die den Regierungsantritt und eine einleitende Charakterisierung des dritten römischen Königs, den Kampf der Horatier und Curiatier, das Verbrechen des Publius Horatius, Gerichtsverhandlung und Freispruch, den Frieden mit Alba sowie den Verrat des Mettius Fufetius und dessen Bestrafung schildern. Die Ermordung der Schwester durch Publius Horatius und die Gerichtsverhandlung sind in der RH in ein eigenständiges Kapitel gefaßt (RH VIIIv), das von einem Holzschnitt begleitet wird. Der Kapiteleingang jedoch beginnt mit dem einfachen Demonstrativpronomen *die*, das an den letzten Satz des vorangehenden Kapitels anschließt[506] und aufgrund seiner deiktischen Funktion ohne diesen Anschluß als Kapitelanfang nicht verständlich ist (»Die zugen darnach mit grossem tryumph gen ‖ rom vnnd beleiteten Oraciū biß in syns vatters huß«, RH VIIIv). Die enge Zusammengehörigkeit der beiden Textpassagen und die semantische Unklarheit des am Kapitelanfang stehenden Pronomens legen die Vermutung nahe, daß hier ein ursprünglich fließender Text von seiten des Verlegers/Korrektors unterbrochen wurde, weil ein Holzschnitt an einer prominenten Stelle unterzubringen war. Die Gestaltung der Überschriften

Registerpartien und der Wittich-Teil ausweisen. In Hinblick auf die Konsonantengraphen verweist Röll auf -t (Schöfferlin) vs. -th (Register) sowie auf -d (Schöfferlin) vs. -dt (Register) in Finalstellung. 2. In Hinblick auf die Formung der Überschriften hat die Hinzufügung eines Holzschnittes vermutlich gelegentlich dazu geführt, den favorisierten Überschriften-Typ mit einem ›Wie‹-Eingang einzuführen; daneben seien für Schöfferlin kurze Überschriften mit ›Von‹-Eingang charakteristisch, für Wittich ›Was‹-Eingang.

505 Röll 1990, S. 98.
506 RH VIIIv: »damit erlangt / er den römern den sig / die hettē ein groß fronlocken / vnd ‖ ward Oratius von in gekrönt / vnd von dem küng Tullo erlich begabt«.

zu den Horatiern[507] kann diese Vermutung zusätzlich stützen. Auch hinsichtlich der beiden letzten Kapitel zu Tullus Hostilius scheinen mir Zweifel angebracht zu sein, ob die in der Mainzer Ausgabe realisierte Kapitelgestaltung dem Autorwillen entsprach.

So ist auffällig, daß Mettius ein eigenes Kapitel zugedacht wurde, nachdem Schöfferlin ihn wenige Zeilen zuvor in die Darstellung eingeführt hatte. Der Kapitelanfang schließt durch das demonstrative Adjektiv *sollich* (RH IXv) auch hier unmittelbar an das Voranstehende an; das letzte Drittel des Textes ist der Behandlung der unterlegenen Albaner gewidmet und gehört inhaltlich noch zum voranstehenden Kapitel, das eine relativ kurze Überschrift hat, die nicht in Auszeichnungsschrift erscheint und nicht von einem Holzschnitt begleitet ist. Der Holzschnitt in dem letzten Kapitel stellt die Bestrafung des Mettius dar; er war – ohne nähere Erläuterungen – nicht unter der Überschrift des voranstehenden Kapitels zu präsentieren, da sich diese auf die Behandlung Albas und nicht auf die Figur des Mettius bezog. Auch hier halte ich es für wahrscheinlich, daß die beiden Kapitel ursprünglich zusammengehörten und aufgrund eines vorliegenden Holzschnitts bei der Einrichtung des Drucks getrennt wurden.

Die Königsherrschaft des Tarquinius Priscus stellte Schöfferlin in vier Kapiteln dar. Das letzte Kapitel steht unter falscher Überschrift und dürfte somit vom Leser eher als Vorgeschichte zur Regentschaft des Servius Tullius aufgefaßt worden sein.[508] Während man in der Straßburger

---

507 Während im Text Oracij und Oracius/Oratius als Namen erscheinen, findet sich in den Überschriften Horacier und Horacius.

508 RH XII: »*Von Tarquinio Prisco dem funfften küng.*«; es folgt ein Holzschnitt, der einen König zu Pferd umgeben von Liktoren zeigt. Die folgende Überschrift RH XIIv: »*Wie er (!) Tarquinius der küng wider die latinen vnd sa ∥ binen vn darnach wider die tuscaner vnd die stet in tuscia krieget vnd sie bezwang.*«, es folgt ein Holzschnitt mit einer Kampfesszene; RH XIIIv: » § *Wie Tarquinius strydt mit den von Etruria.*« – es folgt kein Holzschnitt. Das vierte Kapitel, das die Ermordung des Tarquinis beinhaltet steht fälschlicherweise unter der Überschrift »*Von Servio Tullo dem sechsten küng zů Rom*«, die nicht von Schöfferlin stammt, vgl. Röll 1990, S. 98. Es folgt ein aus zwei Druckstöcken zusammengesetzter Holzschnitt.

Ausgabe 1507 auf diese Überschrift verzichtete, behielten die Schöffer die Überschrift bis einschließlich 1530 bei und änderten erst 1533 in eine zum Kapiteltext passende Überschrift.[509]

Das durch spezifische Überschrift ausgewiesene Lucretia-Kapitel beginnt mit einer zehnzeiligen Offenbarungsrede der Lucretia. Der Kapiteleinschnitt scheint willkürlich zu sein; das bebilderte Kapitel beginnt mit dem einfachen Demonstrativpronomen *die* und einer unmittelbar angeschlossenen indirekten Rede.

Auch im zweiten Untersuchungsteil zu den Ständekämpfen finden sich Eingriffe in die Kapitelgestaltung. In der Coriolan-Erzählung nehme ich Eingriffe des Verlegers an, insofern als nach einer die Gesamterzählung skizzierenden Überschrift,[510] die einem Holzschnitt voransteht, die folgenden Kapitel in kurzen Überschriften, jeweils mit Paragraphenzeichen, aber ohne beigefügten Holzschnitt, die einzelnen Etappen des Geschehens um Coriolan wiederholen.

In der Darstellung der Rede des Zunftmeisters Canuleius ist die dem Kapitel voranstehende Überschrift fehlerhaft, insofern als der Zunftmeister hier G. Cornelius und nicht – wie im Kapiteltext – Gaius Canuleius genannt wird.

Auch in der Virginia-Erzählung sind Eingriffe des Verlegers zu konstatieren: den Kapiteleinschnitt nach der Rede des Vaters im Heer führe ich nicht auf Schöfferlin zurück, da das Kapitel mit einer direkten Rede des Virginius an die Soldaten endet, auf die zu Beginn des folgenden Kapitels unmittelbar Bezug genommen wird (»⟨m⟩*It sollichen wortē*

---

509 Vgl. Röll 1990, S. 98, Änderung in »Wie Tarquinius Priscus durch zůrichtung der sön Ancij Martij / von zweyen jüngling erschlagen ward.«

510 Vgl. RH XXXI: »*Wie Marcius Coriolanus der romer von den zunfft* ‖ *meister der statt Rom verwyßet in zwytracht / sich zů der Römer fynd den volscen* ‖ *in hilff begabe / vñ mit grosser macht für rome zoch vnd die statt herttiglich belegert /* ‖ *wie er ouch durch mangfeltig bottschaft abzuziehen ersucht vñ nicht bewegt / son-* ‖ *der zů ledst mit flehe vnnd bitt syner můtter syner hußfrowen / vnd ander edel* *Röme* ‖ *rin von dannen vß dem feld getedigt ward.*«. Der folgende aus zwei Druckstöcken zusammengesetzte Holzschnitt zeigt rechts die Szene ›Coriolan vor den Frauen‹, links eine Ansammlung von bewaffneten Männern, die zuvor den Auszug der plebs aus Rom symbolisierten.

bewegt Virginius dz gantz ‖ hör«, RH XLVv). Es lag kein inhaltlicher Grund für die Aufspaltung der Virginia-Erzählung in zwei Kapitel vor, sondern ein formaler: es waren zwei Holzschnitte unterzubringen.

In den Kapiteln zu Furius Camillus ist es ebenfalls zu Änderungen der Kapitelgestaltung gekommen. Die Überschrift des dem Camillus-Kapitel voranstehenden Kapitels, die die Einnahme der Stadt Veji durch Camillus vorwegnimmt, ist inhaltlich fehlerhaft, insofern erst unter der Überschrift »§ Von Furio Camillo« (RH L) die Eroberung Vejis berichtet wird. Die Ereignisse um den frevelhaften Lehrer aus Falisco erscheinen in der RH unter eigener Überschrift, die vor einem die kurze Erzählung illustrierenden Holzschnitt steht. Die Kapiteleinteilung sowie die ausführliche Überschrift zu der Episode um den Lehrer,[511] die summarisch den Inhalt des Kapitels wiedergibt, führe ich nicht auf Schöfferlin zurück, wofür auch die Schreibung *radt* spricht. Der Stellenwert der Erzählung wird durch die vermutlich durch den vorliegenden Holzschnitt bedingte eigenständige Fassung in ein Kapitel erhöht.

Abschließend möchte ich vorführen, daß die Formulierung langer Kapitelüberschriften in Zusammenhang mit dem Bildprogramm steht und für Schöfferlins Autograph eine weitere Art der Untergliederung unterhalb der Kapitelebene anzunehmen ist, die Rückschlüsse auf die in der Ausgabe realisierte Kapitelgestaltung zuläßt.

Im Rahmen der Camillus-Erzählung findet sich unter der Überschrift » § Wie die Latini von den Römern vumbschlu- ‖ gen / vnnd vil krieg die Camillus all erobert.« (RH LVIv) ein relativ langes Kapitel (RH LVIv–LVIIIIr), in dem mehrere Kriege des Camillus präsentiert werden.

Das Kapitel ist nicht bebildert. Unterhalb der Kapitelüberschrift

---

511 RH Lv: »*Wie Furius Camillus im lager vor der Statt Falisco* ‖ den schůlmeister / so im dy kinder der obristen von der stat in das hör gefůrt vnd ge- ‖ lybert hett / vnd dardurch hoffet ein groß belonung von dem houptman zu bekom- ‖ men nicht annemen noch hören wolt / Sonder den selben gefencklich vnd gebunden / ‖ den iungen knaben ergebe widerumb zufüren / vn̄ inen mit růtthen die er inen darzu ‖ gebē hette befelhe thete zuhowē vn̄ ire vetter der geschicht [gesicht] zuberichtē / durch solliche wol ‖ dat beyde radt vnd gemeyn bewegt wurden / sich in gehorsami der Römer zů geben.«.

gliedern Paragraphenzeichen sowie die Randaushebung »Oratio« den Text. Paragraphenzeichen und Randaushebung markieren in zwei Fällen den Beginn von Reden; in einem Fall markiert das Paragraphenzeichen den Neueinsatz der Erzählung um die Ereignisse im Prenestiner Krieg (RH LVIIIr). Dem Neueinsatz der Erzählung wird durch signalisiert Paragraphenzeichen, das dem Namen des Krieges (»§ Prenestiner krieg«) vorangestellt wird: die Herausstreichung des Krieges bezeichnet einen vom Autor markierten Erzähleinschnitt, dem jedoch nicht der Status eines Kapitels zukommt, da das unmittelbar anschließende Demonstrativ-pronomen *die* (die Prenestiner) ohne das Vorangehende unverständlich ist. Solche mit Paragraphenzeichen versehenen Einschnitte finden sich im Camillus-Teil Bl. Lr, Bl. LIv, Bl. LIIIr.

Bl. Lr steht der Erzähleinschnitt mit Paragraphenzeichen unmittelbar am Kapitelende; es folgt eine siebenzeilige Überschrift, die von einem Holzschnitt gefolgt ist. Bl. LIv findet sich ein ähnlicher Erzähleinschnitt, dem jedoch Kapitelcharakter zugebilligt wurde, obgleich das folgende Kapitel – ohne Bebilderung – sich kaum auf die ›Kapitelüberschrift‹ bezieht. Gegen Ende des kurzen Kapitels findet sich wiederum ein Paragraphenzeichen, das einen Neueinsatz der Erzählung, die Botschaft der Clusier, anzeigt. Unmittelbar darauf folgt eine neunzeilige Kapitel-überschrift, gefolgt von einem Holzschnitt, die partiell den voranstehenden Erzähleinschnitt wiederholt. Bl. LIIIr steht der Erzähleinschnitt ebenfalls unmittelbar am Kapitelende und bezeichnet einen neuen Erzählstrang, der inhaltlich mit dem Text des folgenden Kapitels zusammenhängt; das Folgekapitel ist jedoch durch eine siebenzeilige Überschrift abgesetzt, die von einem Holzschnitt gefolgt ist. Der Neueinsatz des Kapitels ist für sich genommen unverständlich; er steht mit dem vorhin genannten Erzählein-schnitt in Zusammenhang.

Angesichts der angeführten Fälle ist fraglich, ob Schöfferlins Auto-graph und die im Druck realisierte Kapitelgestaltung übereinstimmen. Die langen Überschriften unterbrechen Fließtext; sie sind als Bildbeischriften aufzufassen, zumal diese in der Anfangszeit des Buchdrucks in der Regel oberhalb des Bildes standen.[512] Die Länge der Überschriften kann des weiteren mit dem Bekanntheitsgrad der jeweiligen Erzählung in Zusammenhang stehen. Dies ist zum einen damit zu belegen, daß längere Überschriften von drei Druckzeilen und mehr im Schöfferlin-Teil nicht in der Darstellung der Königsherrschaft, sondern erst mit Beginn der Darstellung der Republikgeschichte die Regel werden.

Meine These ist, daß unterhalb der Gliederung des Gesamtwerks in drei Bücher die Kapitelgestaltung auch auf den Verleger/Korrektor der Ausgabe zurückgeht, der sich für die Gestaltung der RH auf die Grundkonzeption: Kapitelüberschrift (Bildbeischrift), Holzschnitt, Kapiteltext festgelegt hatte. Die kürzeren, nicht von einem Holzschnitt begleiteten Kapitelüberschriften mit Paragraphenzeichen und ›Von‹-Eingang gehen auf Schöfferlin zurück. Die Paragraphenzeichen markieren jedoch auch Erzähleinschnitte bzw. Teilresümees, die unterhalb der Kapitelgliederung vom Autor zur Strukturierung seines Textes verwendet wurden. Die langen Überschriften von vier Zeilen und mehr sind Bildbeischriften, die den eingefügten Holzschnitt beschreiben. Diese Funktion wird insbesondere dann deutlich, wenn sie sich auf Einzelheiten des nachstehenden Holzschnitts beziehen. Ich halte es für wenig wahrscheinlich, daß Schöfferlins Autograph Bebilderungvorschläge oder gar Bildkonzepte enthielt, wie dies beispielsweise für Hartmann Schedels Weltchronik gilt, wo Autor, Verleger und Illustrator schon von Anfang an im Verbund arbeiteten, und der Autor klare Vorstellungen über das Bildprogramm entwickelt hatte.[513]

512 Vgl. Ernst-Peter Wieckenberg: Zur Geschichte der Kapitelüberschrift im deutschen Roman vom 15. Jahrhundert bis zum Ausgang des Barock. Göttingen 1969 (Palaestra 253), S. 38.
513 Vgl. Rudolf Pörtner: Nachwort zur Schedelschen Weltchronik. In: Die Schedelsche Weltchronik. Dortmund 1978, S. 597–609, S. 605 f.

5 Zusammenfassung der Ergebnisse

Entgegen der im deutschen Humanismus gegebenen Bevorzugung der nationalen Geschichte hatte der in Italien promovierte Jurist und bei Graf Eberhard im Bart tätige Rat Bernhard Schöfferlin – wohl in Absprache mit Graf Eberhard – nach 1493 begonnen, auf der Grundlage der ihm zugänglichen Überlieferung eine Darstellung der frühen römischen Geschichte zu verfertigen, die entsprechend dem humanistischen Grundgedanken der *historia magistra vitae* die Leser und Leserinnen bei der individuellen und sozialen Lebensbewältigung unterstützen sollte. Die Bedeutung der römischen Geschichte für das Heilige Römische Reich deutscher Nation wurde zum einen über die Translationentheorie vermittelt, die das zeitgenössische Reich als Fortsetzung des römischen Imperiums begriff. In der Wahl seines Gegenstandes dürften den Autor zum anderen auch der hohe Stellenwert Roms in der abendländischen Kultur sowie die von ihm herausgestellte Exzeptionalität der antiken Historiographie beeinflußt haben.

Das Werk selbst konnte von Schöfferlin nicht mehr in dem geplanten Umfang realisiert werden. Nach seinem Tode im Jahre 1501 gelangte das Manuskript auf bislang unbekanntem Weg nach Mainz. Von einem Kollegen Schöfferlins am Reichskammergericht, Ivo Wittich, um eine Übersetzung der bis dahin bekannten Teile der vierten Dekade ergänzt, ging das Werk mit zahlreichen Holzschnitten ausgestattet im Verlag Schöffer in Druck. Die in der ersten Ausgabe Mainz 1505 realisierte Graphie der vorliegenden Teile Schöfferlins legt nahe, von einem weitgehend abgeschlossenen Manuskript auszugehen; mit Sicherheit haben wir mit der Editio princeps 1505 einen Text vorliegen, der – mit Ausnahme der Kapitelgestaltung – dem Autorwillen weitestgehend entspricht.

Die aus diversen antiken aber auch zeitgenössischen Quellen gearbeitete deutschsprachige Darstellung, die in den beiden von Schöfferlin stammenden Teilen von der Romgründung bis hin zum Ende des Zweiten Punischen Krieges reicht, war ein großer Bucherfolg und beeinflußte ihrerseits die volkssprachliche Literatur der Folgezeit, die die frühe römische Geschichte zum Gegenstand wählte. Die RH war als erste umfassende deutschsprachige Darstellung der frühen römischen Geschichte nach überwiegend antiken Quellen Ausgangspunkt einer sich ausbildenden literarischen Reihe, die wissenschaftlich noch nicht erfaßt ist; sie prägte das zeitgenössische Bild der römischen Antike in Deutschland in bislang noch nicht erforschtem Ausmaß. Im Zuge meiner Textuntersuchung kann ich die Nutzung der RH durch Jakob Ayrer, Hans Sachs, Heinrich Bullinger, Ludwig von Eyb und Aventinus nachweisen.

In der vorliegenden Arbeit habe ich mich anhand ausgewählter größerer Textpartien mit Schöfferlins Geschichtswerk beschäftigt. Hierbei standen sowohl das von Schöfferlin vermittelte Geschichtsbild als auch die formende Bearbeitung der Überlieferung im Vordergrund meines Interesses.

In seiner programmatischen Vorrede, die dem Geschichtswerk voransteht, zeigte sich Schöfferlin mit den Grundpostulaten humanistischer Historiographie vertraut. Nach seiner hier formulierten Überzeugung ist eine geschichtliche Darstellung vor allem dann lehrreich, wenn sie über die bloße Reihung von Fakten hinaus die Gründe und Ursachen menschlichen Handelns freizulegen sucht, wobei eine innerweltliche Betrachtungsweise vorherrscht. Dies wurde von mir nicht wie bislang als Festschreibung des Wahrheitspostulats der Geschichtsschreibung gewertet, sondern als bewußte Abwendung von einer universalhistorischen Darstellungsweise interpretiert, wie sie Schedel/Alt noch kurz vor der RH zeigten. Diese Abwendung von einem die historischen Ereignisse lediglich reihenden Darstellungsstil sicherte für Schöfferlin die Nutzbarkeit geschichtlicher Studien.

Als Quellen seiner Darstellung nutzte Schöfferlin das Geschichtswerk des Livius sowie – soweit die Überlieferung reichte weitgehend gleichberechtigt – die AR des Dionys von Halikarnaß, vermutlich in der lateinischen Übersetzung von Birago, als Leitquellen. Ludwigs Auflistung der antiken Quellen ist nach meiner Untersuchung dahingehend zu ergänzen, daß Schöfferlin nicht nur für seine programmatische Vorrede, sondern auch für seine geschichtliche Darstellung auf mittelalterliche

Überlieferung und zeitgenössische humanistische Literatur zurückgegriffen hat, so auf die Chronik Frutolfs oder eine in der FE-Tradition stehende mittelalterliche Chronik, auf Schedel/Alt, auf Petrarcas *De viris illustribus*, auf das Ehebüchlein Albrechts von Eyb, eventuell auch auf Heinrich Steinhöwels Bearbeitung von Boccaccios *De claris mulieribus*.

Dies ist für einen der humanistischen Programmatik mit dem Glaubenssatz *ad fontes* im Grundsätzlichen verpflichteten Autor bemerkenswert. Mittelalterliche und zeitgenössische Quellen wurden jedoch nicht genannt, während Schöfferlin seine antiken Quellen gelegentlich anführte. Ein Bewußtsein von Quellenmethodik, etwa die Berücksichtigung der zeitlichen Schichtung der Quellen, ist somit in Ansätzen erkennbar, auch wenn der Autor sich in seiner geschichtsschreiberischen Praxis nicht danach richtete.

Der Rückgriff auf zeitgenössische Quellen erfolgte häufig dort, wo die antike Überlieferung in der Darstellung menschlichen Handelns und in der Darstellung zwischenmenschlicher Beziehungen mit der Sichtweise des Autors nicht mehr übereinstimmte. Dem entspricht die Annahme, daß es Schöfferlin vorrangig um exemplarische Wissensvermittlung ging, die den Bezug zur Gegenwart herstellen sollte. Umdeutungen der antiken Überlieferung sind daher auch an historisch-politisch weniger markanten Punkten der geschichtlichen Darstellung gegeben. Dies schließt insbesondere Änderungen im Bild der antiken Heroine ein.

Das von Schöfferlin vermittelte Geschichtsbild wurde anhand der Darstellung der frühen römischen Königszeit und der frühen Ständekämpfe im Vergleich mit den Quellen untersucht. Hierbei wurden Umdeutungen der geschichtlichen Überlieferung sichtbar, die entgegen Ludwigs ersten Einschätzungen nicht als marginal anzusehen sind, sondern in ihrer Gesamtheit ein Bild der frühen römischen Geschichte konstituieren, das weder der livianischen Darstellung noch der des Dionys entspricht. Die Untersuchung zeigte den Text durchgängig im Spannungsverhältnis zwischen antiker Überlieferung und zeitgenössischen Themen.

Im Zentrum des von Schöfferlin aus der Überlieferung neu zusammengesetzten Bildes der frühen römischen Geschichte steht der das Gemeinwesen vorbildlich führende Regent, sei er König oder Diktator oder

Feldherr genannt, als dessen hervorragende Eigenschaften Friedensliebe und Gerechtigkeit, hier vor allem Gemeinwohlgerechtigkeit bzw. die Förderung des sozialen Friedens, gelten. Die über die Überlieferung hinausgehende Betonung der Gemeinwohlgerechtigkeit ist in Zusammenhang mit dem zeitgenössischen Ideal des Friedenskaisers zu sehen und kann somit als eine auf die Gegenwartszeit bezogene politische Utopie Schöfferlins gewertet werden. Das von Schöfferlin entworfene Bild des idealen Herrschers formulierte hierbei Normen, an denen auch die zeitgenössischen Regenten gemessen werden konnten. Die zu Beginn der Darstellung hervorgehobene Problematik geteilter Herrschaft führe ich auf die besonderen Gegebenheiten in der Grafschaft Württemberg zurück.

Die römische Geschichte wurde in eine Vielzahl von einzelnen Erzählungen aufgelöst, an denen derer der Autor vorrangig exemplarische Tugenden oder Verwerflichkeiten der historischen Handlungsträger aufzeigen konnte. Die Hochschätzung von Friedensliebe und Gerechtigkeit ist im mittelalterlichen Bild des *rex iustus* verankert; die Betonung der Gemeinwohlgerechtigkeit ist im Bezug zur zeitgenössischen politischen Diskussion (Reformatio Sigismundi) zu sehen und verweist auf vorreformatorisches Gedankengut.

Superbia in den Varianten *hochmůt* (Königszeit) und *übermůt* (Republikzeit) führt den herrscherlichen Lasterkatalog an; der beständige Vorwurf gegenüber der Gemeinde ist der des Wankelmuts und politischer Undankbarkeit gegenüber ihren herausragenden politischen Führern. Entgegen mittelalterlicher Anschauung bewertete der Autor Arbeit positiv; die Bewertung von Zorn als einer natürlichen Reaktion auf Kränkung entspricht antikem Verständnis und kontrastiert mit entsprechenden christlichen Bewertungsmaßstäben, die ira unter die Todsünden einreihen. Das Erzählthema Liebe/Leidenschaft wurde vom Autor weitgehend aus der geschichlichen Darstellung herausgehalten, wie die Ummotivierung in der Lucretia- und der Virginia-Erzählung zeigte.

Ein zeitgeschichtliches Funktionspotential der Geschichtsschreibung Schöfferlins wurde insbesondere in der Darstellung der Ständekämpfe deutlich. Die Analogiebildungen zwischen der spätmittelalterlichen Situation in den Städten und den historischen Auseinandersetzungen gingen über die Terminologie hinaus und bedingten eine spezifische Anbindung der frühen römischen Ständekämpfe an die gesellschaftlichen Gegebenheiten im Spätmittelalter. Die Auseinandersetzungen zwischen Plebejern und Patriziat nahm Schöfferlin – wie die Agrippa-Fabel belegt – vor dem Hintergrund der spätmittelalterlichen Bürgerkämpfe wahr; die Darstellung der historischen Ereignisse wurde aus der Gegenwartszeit des Autors gespeist. Das erzählerische Interesse Schöfferlins richtete sich nicht primär auf die historischen Auseinandersetzungen zwischen Patriziern und Plebejern, sondern auf die in spätmittelalterlichen Städten gefährdete Harmonie zwischen den unterschiedlichen Bevölkerungsgruppen, wobei die sozialen Unterschiede und ihre Auswirkungen etwa in Hinblick auf die politische Repräsentation der Gemeinde im Rat nicht in Frage gestellt wurden. Hier wird die auch für den italienischen Humanismus angeführte Begrenztheit des sozialen Engagements bei den in der Regel gesellschaftlich privilegierten humanistischen Autoren deutlich.

Ludwigs Einschätzung, der Autor habe über Livius hinausgehend ein besonderes Interesse an der sozialen Notlage der Bevölkerung, ist vor dem Hintergrund meiner Textuntersuchung zu modifizieren. Das besondere Augenmerk des Autors lag auf der herzustellenden und zu bewahrenden sozialen Harmonie innerhalb des Gemeinwesens, dessen hierarchische Gliederung er jedoch akzeptierte. Die soziale Notlage der Bevölkerung nahm Schöfferlin primär als unerwünschten Störfaktor dieser harmonischen Ordnung wahr. Die sozialen und politischen Forderungen der Plebejer, vertreten durch die Zunftmeister, erscheinen ebenfalls als Störfaktoren der sozialen Harmonie.

Die politische Neuordnung lehnte Schöfferlin explizit ab, da die Plebiszite eine Verlagerung der politischen Macht zugunsten der Gemeinde mit sich brachten. Die Bedeutungslosigkeit des Zunftmeisteramtes hob Schöfferlin vor allem in Krisensituationen hervor, so in der Virginius-Rede vor den Soldaten oder in der Camillus-Erzählung. Die Sympathien des Autors lagen sichtlich nicht bei den Plebejern und der Gemeinde, sondern bei der patrizischen Führungsschicht, die erheblich positiver als in der Überlieferung vorgegeben gezeichnet wurde. Im

Blickfeld des erzählerischen Interesses steht mit der Republikzeit die Verfassungsentwicklung des römischen Gemeinwesens, insbesondere das Spannungsfeld zwischen der natürlichen Neigung der Menschen zur Freiheit und der notwendig und positiv bewerteten Beschneidung dieses Freiheitswunsches durch die menschliche Vernunft, wie eine Sentenz zu Beginn der Republikgeschichte herausstellte. Das Thema der politischen Freiheit erscheint in der Darstellung der Ständekämpfe in vielfältigen Variationen: als Recht auf freie Meinungsäußerung, als Recht zur freien Eheschließung, als Argument für die Aufhebung der Schuldknechtschaft, als Argument für die Entmachtung der Decemvirn, in der Manlius-Rede als Argument für die plebejische Revolution. Der Autor zeigte es bewußt als zweischneidiges Argument in positiver und negativer Bewertung. Deutlich positiv bewertet wurde hierbei das Appellationsrecht des Volkes sowie das Recht auf wohldurchdachte politische Äußerungen; deutlich negativ bewertet wurden die Plebiszite, die jedoch im zeitgenössischen politischen Verständnis als Mittel der politischen Willensbildung auch nicht in Frage kamen. Häufig machte Schöfferlin seine Leser und Leserinnen auf das Manipulationspotential, das mit der Freiheitsthematik verbunden ist, aufmerksam, exemplarisch verdeutlicht in der Manlius-Erzählung. In der dritten Dekade trat diese Thematik aufgrund des Vorrangs der außenpolitischen Themen in den Hintergrund.

Nationale Interessen Schöfferlins, die den deutschen Humanismus sowie die deutsche humanistische Historiographie prägten, wurden in genealogischen ›Richtigstellungen‹ oder in Kommentierungen sichtbar, die Mißstände insbesondere in Italien aufzeigen. Auch berufliche Interessen des Autors gingen in die Darstellung ein, so vor allem bei Gerichtsszenen.

Kultisches und religiöses Brauchtum fielen für die Darstellung Schöfferlins aufgrund seiner in der Vorrede formulierten Vorentscheidung weitgehend aus; den römischen Götterglauben nutzte er gelegentlich in ›ironischer‹ Brechung.Die Geschichtsmächtigkeit Gottes, zentrales Thema der mittelalterlichen Geschichtsbetrachtung, drängte Schöfferlin weitgehend zugunsten innerweltlicher Deutungsschemata zurück. Explizit formuliert findet man sie in Zusammenhang mit dem drohenden Untergang Roms, der – nach mittelalterlicher Weltreichelehre – den Weltuntergang symbolisierte. Christliche Bewertungsmaßstäbe wurden nicht durchgängig sichtbar; gelegentlich, wie beispielsweise in der Kommentierung des Brudermordes, dominierte die politisch-funktionale Bewertung, die für Machiavelli später Grundlage seiner Betrachtung des livianischen Werkes bilden sollte. Die Fortuna-Problematik deutete Schöfferlin zwar in Hinblick auf die göttliche *providentia dei*, doch wird die Verantwortlichkeit des Menschen gegenüber Gott und den Mitmenschen deutlich herausgestellt.

Schöfferlin übernahm nicht die annalistische Darstellungsweise, die Livius im allgemeinen bot; Daten erscheinen nur an markanten Punkten der geschichtlichen Darstellung – im Gegensatz zu den mittelalterlichen Bemühungen um eine exakte Chronologie waren sie dem Autor offenbar nicht wichtig. Die weitgehende ›Zeitlosigkeit‹ seiner Darstellung förderte den Nachvollzug in Hinblick auf die Gegenwartszeit des Autors.

In der Ausgabe Mainz 1505 lassen sich unterhalb der Gliederung des Gesamtwerks in drei Bücher zwei unterschiedliche Gliederunsgprinzipien nachweisen: die Gliederung durch den Autor in Kapitel und Erzähleinschnitte; die Gliederung durch den Verleger, der sich auf die Konzeption Überschrift – Holzschnitt – Kapiteltext festgelegt hatte und diese auch entgegen der Autorintention realisierte.

Als generelle Bearbeitungstendenz erscheint die Kürzung gegenüber der Überlieferung; sie ist in Hinblick auf die gelungene Verschmelzung der Darstellungen von Livius und Dionys Voraussetzung für Schöfferlins einheitlichen Darstellungsstil. Die Kürzung ist hierbei von unterschiedlicher Intensität und läßt Rückschlüsse auf die Arbeitsweise des Autors zu.

Szenische Darstellungsmuster wurden breit genutzt, wie es die Vielzahl der Reden in Schöfferlins Geschichtswerk zeigt. Hierbei setzte der Autor die drei Redegenera sowie die direkte und die indirekte Rede in ihren vielfältigen Möglichkeiten ein. Sowohl in den Reden als auch in den Erzählungen finden sich eine Vielzahl von Sentenzen, die als Stützen der Argumentation dienten. In der szenischer Darstellung wurde mit der Figurenreaktion über die Überlieferung hinausgehend ein Stilmittel verwendet, das der in der neuer Erzählforschung behandelten ›Reflektorfigur‹ entspricht und die Mittelbarkeit des Erzählens verdeckt. In der Figurenreaktion setzte Schöfferlin häufig auch Gebärdensprache ein.

Die Kommentierung seiner Erzählungen, durch Tempuswechsel abgesetzt, bot dem Autor die Möglichkeit, zum Erzählten Stellung zu nehmen, das Lesepublikum in der historischen Bewertung zu leiten sowie Alternativen zum Erzählten oder zur gegebenen gesellschaftlichen Praxis zu entwerfen. An herausragenden Stellen (Marcus Manlius, Furius Camillus) finden sich Hinweise auf eine emphatische Beteiligung des Autors an dem Erzählten. Als weitere Möglichkeit der Kommentierung nutzte Schöfferlin im Rahmen der Erzählungen auch das Beiwort.

Das von Schöfferlin entworfene Bild der römischen Geschichte spiegelte diese in Hinblick auf die Gegenwartszeit des Autors wider; ein Bewußtsein von der Eigenständigkeit der historischen Epoche und der Zeitgebundenheit ihrer Konflikte ist nicht erkennbar.

Der von mir in der Agrippa-Fabel aufgezeigte Bezug zur reformatorischen Programmatik konnte im Rahmen dieser Arbeit ebensowenig untersucht werden wie die zeitgenössische literarische Rezeption in ihren unterschiedlichen Schattierungen. Beide Arbeitsfelder verdienen m.E. eine weitere Untersuchung. In Zusammenhang hiermit wäre die Frage nach der Verwendung der RH als Schulbuch im Unterricht, die für das lutheranische Straßburg nachgewiesen ist, zu prüfen. Auch sollte Schöfferlins Text stärker mit anderen frühneuzeitlichen Prosadarstellungen verglichen werden, als es mir auf dieser Bearbeitungsstufe möglich war. Ein sowohl sprachwissenschaftlicher als auch literaturwissenschaftlicher Vergleich zwischen dem Text der Editio princeps und dem Text der nachfolgenden Ausgaben erscheint mir nicht zuletzt aufgrund der Bedeutung der Werkes sinnvoll.

6 Literaturverzeichnis

6.1 Primärliteratur

Albrecht von Eyb, *Ehebüchlein*: Deutsche Schriften des Albrecht von Eyb. Hrsg. von Max HERRMANN. Bd. 1. Das Ehebüchlein. Hildesheim, Zürich 1984 (Nachdr. d. Ausg. Berlin 1890; Schriften zur germanischen Philologie 4).

Augustinus, *De civ. dei*: Sancti Aurelii Augustini Episcopi: De civitate dei libri XII. Hrsg. von Emanuel HOFMANN. New York, London 1970 (Nachdr. d. Ausg. Prag u.a. 1899; Corpus scriptorum ecclesiasticorum latinorum 30).

Aventin, *Baierische Chronik*: Johannes Aventinus. Baierische Chronik. Hrsg. von Georg LEIDINGER.Düsseldorf, Wien ²1975 (Nachdr. d. Ausg. Jena 1926).

Ayrer, *Servis Tullius*: Tragedi, vierdter Theil, vonn Servij Tullij regiment vnnd sterben, darinnen der schönen Lucretia Histori begriffen. In: Jakob Ayrer: Dramen. Hrsg. von Adelbert von KELLER. Bd. 1. Hildesheim, New York 1973 (Reprograph. Nachdr. d. Ausg. Stuttgart 1865; StLV 76). S. 272–355.

Heinrich Bullinger, *Lucretia*: Heinrich Bullinger, Hans Sachs: Lucretia-Dramen. Hrsg. von Horst HARTMANN. Leipzig 1973.

Dionys, *AR*: Dionysii Halicarnassei originum sive antiquitatum Romanorum libri (X cum XI imperfecto), übersetzt durch Lappus Birago Flor., Treviso: Bernhardinus Delvere 1480 (Mikrofilm).

The Roman Antiquities of Dionys of Halicarnassus. With an english translation by Earnest CARY on the basis of the version of Edward Spelman. 7 Bde. London 1968ff. (The Loeb classical Library 319).

FE: Ekkehardi Chronicon Universale. Bearb. von G. Waitz. In: MGH. SS. 6, S. 1–16, S. 33–265.

Florus: Florus Oeuvre. 2. Bde. Hrsg. von Paul JAL. Paris 1967.

Heinrich von Beringen, *Schachgedicht*: Das Schachgedicht Heinrichs von Beringen. Hrsg. von Paul ZIMMERMANN. Tübingen 1883 (StLV 166).

Kaiserchronik: Die Kaiserchronik eines Regensburger Geistlichen. Hrsg. von Edward SCHRÖDER. Dublin, Zürich 1969 (Nachdr. d. Ausg. Hannover, Leipzig 1892; MGH Dt. Chroniken I,1).

Konrad von Ammenhausen, *Schachzabelbuch*: Das Schachzabelbuch Kunrats von Ammenhausen. Nebst den Schachbüchern des Jakob von Cessole und des Jakob Mennel. Hrsg. von Ferdinand VETTER. Frauenfeld 1892 (Bibl. älterer Schriftwerke der deutschen Schweiz. Ergänzungsbd.).

265

Livius, *a.u.c.*: Tite-Live. Histoire romaine. Hrsg. von Jean BAYET u.a. [10]Paris 1971ff.

Ludwig von Eyb, *Wilwolt*: Die Geschichten und Taten Wilwolts von Schaumburg. Hrsg. von Adelbert von KELLER. Stuttgart 1859 (StLV 50).

Machiavelli, *Discorsi*: Niccolò Machiavelli: Discorsi sopra la prima deca di Tito Livio. Politische Betrachtungen über die alte und die italienische Geschichte. Übersetzt u. eingeleitet von Friedrich von Oppelen-Bromkowski. 2. durchges. Aufl. hrsg. von Erwin FAUL. Köln 1965. (Klassiker der Politik. Neue Folge 2).

Otto von Freising: *Chronik*: Ottonis Episcopi Frisingensis Chronica sive Historia de duabus civitatibus. Hrsg. von Adolf HOFMEISTER. Hannover und Lippstadt 1912 (Scriptores rerum germanicarum in usum scholarum 45).

Petrarca, *De viris illustribus*: Francesco Petrarca. De viris illustribus. Bd. 1. Hrsg. von Guido Martellotti. Florenz 1962 (Edizione nationale delle opere di Francesco Petrarca II).

Petrarca, *De remediis*: Franciscus Petrarcha: Von der Artzney bayder Glück / des guten vnd widerwertigen. (Heinrich Steiner 1532). Hrsg. u. kommentiert von Manfred LEMMER. Hamburg 1984.

RH: ROmische Historie vß Tito liuio gezogen. Exemplar der Stadtbibliothek Trier 1/83. 4°.

Reuchlin, *Demosthenes*: Reuchlins Verdeutschung der ersten olynthischen Rede des Demosthenes (1495). Hrsg. von Franz POLAND. Berlin 1899 (Bibliothek älterer deutscher Übersetzungen 6).

Schedel/Alt, *Chronik*: Die Schedelsche Weltchronik. Nach der Ausgabe von 1493. Mit einem Nachwort von Rudolf Pörtner. Dortmund 1978 (Die bibliophilen Taschenbücher 64).

Steinhöwel, *De claris mulieribus*: Textausgabe: Boccaccio De claris mulieribus deutsch übersetzt von Stainhöwel. Hrsg. von Karl DRESCHER. Tübingen 1895 (StLV 205), S. 170–173.

Vegio, *Aeneissupplement*: Das Aeneissupplement des Maffeo Vegio. Hrsg. von Bernd SCHNEIDER. Weinheim 1985.

6.2 Sekundärliteratur

ALFEN, Klemens; FOCHLER, Petra; LIENERT, Elisabeth: Deutsche Trojatexte des 12.-16. Jahrhunderts. Repertorium. In: Die deutsche Trojaliteratur des Mittelalters und der Frühen Neuzeit. Materialien und Untersuchungen. Hrsg. v. Horst Brunner. Wiesbaden 1990, S. 7–197.

ALPERS, Klaus: Livische Figuren, Planeten-Götter und Wilde Männer. Historisch-archivalische Beiträge zu Lüneburger Kunstwerken. In: Lüneburger Blätter 23/1977, S. 41–69.

ANGERMEIER, Heinz: Die Reichsreform 1410–1555. Die Staatsproblematik in Deutschland zwischen Mittelalter und Gegenwart. München 1984.

ARENS, Karoline: Die Sprache in den deutschen Drucken Johann Schöffers. Ein Beitrag zur Geschichte der neuhochdeutschen Schriftsprache. (Diss.) Marburg 1917.

BARNER, Wilfried: Humanismus an Rhein und Neckar. In: Literatur im deutschen Südwesten. Hrsg. v. Bernhard Zeller u. Walter Scheffler. Stuttgart 1987, S. 13–27.

BARON, Frank: Peter Luder. In: ²VL, Bd. 5, 1985, Sp. 945–959.

DERS.: Peter Luder. In: Deutsche Dichter der Frühen Neuzeit (1450–1600). Ihr Leben und Werk. Hrsg. v. Stephan Füssel. Berlin 1993, S. 83–95.

BARON, Hans: Das Erwachen des historischen Denkens im Humanismus des Quattrocento. In: HZ 147/1933, S. 5–20.

BAUER, Erika: Zweigliedrigkeit und Übersetzungstechnik. In: Würzburger Prosastudien II. Untersuchungen zur Literatur und Sprache des Mittelalters. Fs. Kurt Ruh. Hrsg. v. Peter Kesting. München 1972 (Medium Aevum 31), S. 175–192.

BAYRLE-SICK, Norbert: Gerechtigkeit als Grundlage des Friedens. Analyse zentraler politisch-moralischer Ideen in Antonio de Guevaras Fürstenspiegel. Nach der Übersetzung des Aegidius Albertinus. In: Politische Tugendlehre und Regierungskunst. Studien zum Fürstenspiegel der frühen Neuzeit. Hrsg. v. Hans-Otto Mühleisen u. Theo Stammen. Tübingen 1990 (Studia Augustana 2), S. 9–69.

BENNEWITZ, Ingrid: Lukretia, oder: Über literarische Projektionen von der Macht der Männer und der Ohnmacht der Frauen. Darstellung und Bewertung von Vergewaltigung in der *Kaiserchronik* und im *Ritter vom Thurn*. In: ›Der frauwen buoch‹. Versuche zu einer feministischen Mediävistik. Hrsg. v.Ingrid Bennewitz. Göppingen 1989, S. 113–134.

BERNSTEIN, Eckhard: Die Literatur des deutschen Frühhumanismus. Stuttgart 1978.

BETTEN, Anne: Grundzüge der Prosasyntax. Stilprägende Entwicklungen vom Althochdeutschen zum Neuhochdeutschen. Tübingen 1987.

BILLANOVICH, Giuseppe: Petrarch and the textual tradition of Livy. In: Journal of the Warburg and Courtauld Institutes. Vol. 14 /1951, S. 137–209.

BOEHM, Laetitia: Der wissenschaftstheoretische Ort der historie im früheren Mittelalter. Die Geschichte auf dem Weg zur Geschichtswissenschaft. In: Speculum historiale. Geschichte im Spiegel von Geschichtsschreibung und Geschichtsdeutung. Fs. Johannes Spörl. Hrsg. v.Clemens Bauer, Laetitia Boehm u. Max Müller. Freiburg, München 1965, S. 663–693.

BORNECQUE, Henri: Die Reden bei Livius (frz. Originalbeitrag 1933). In: Wege zu Livius. Hrsg. v. Erich Burck. Darmstadt 1967 (WdF 132), S. 395–414.

BORST, Otto: Geschichte der Stadt Eßlingen. Eßlingen ²1972.

BRANDSTETTER, Alois: Prosaauflösung. Studien zur Rezeption der höfischen Epik im frühneuhochdeutschen Prosaroman. Frankfurt/Main 1971.

BREISACH, Ernst: Historiography. Ancient, Medieval and Modern. London 1983.

BUCK, August: Zur Lage der Renaissance- und Humanismusforschung in Vergangenheit und Gegenwart (1978). In: August Buck. Studia humanitatis. Gesammelte Aufsätze 1973–1980. Hrsg. v. Bodo Guthmüller, Karl Kohut, Oskar Roth. Wiesbaden 1981, S. 38–47.

DERS.: Überlegungen zum gegenwärtigen Stand der Renaissanceforschung (1980). In: Guthmüller/Kohut/Roth 1981, S. 68–93.

DERS.: Machiavelli. Darmstadt 1985 (EdF 226).

DERS.; PFISTER, Max: Studien zu den ›volgarizzamenti‹ römischer Autoren in der italienischen Literatur des 13. und 14. Jahrhunderts. München 1977 (Abhandlungen der Marburger gelehrten Gesellschaft 1/1977).

BURCK, Erich: Die Erzählungskunst der Titus Livius. Zweite um einen Forschungsbericht vermehrte Aufl. Berlin, Zürich 1964.

DERS.: Wege zu Livius. Darmstadt 1967 (WdF 132).

DERS.: Die Gestalt des Camillus (1964). In: Burck 1967, S. 310–328.

DERS.: Livius als augusteischer Historiker. In: Burck 1967, S. 96–143.

DERS.: Wahl und Anordnung des Stoffes; Führung der Handlung (Originalbeitrag 1966). In: Burck 1967, S. 331–351.

BURGER, Heinz Otto: Renaissance - Humanismus - Reformation. Deutsche Literatur im europäischen Kontext. Berlin, Zürich 1969 (Frankfurter Beiträge zur Germanistik 7).

BURMEISTER, Karl-Heinz: Das Studium der Rechte im Zeitalter des Humanismus im deutschen Rechtsbereich. Wiesbaden 1974.

CHAPEAUROUGE, Donat de: Selbstmorddarstellungen des Mittelalters. In: Zeitschrift für Kunstwissenschaft 14/1960, S. 135–146.

DAXELMÜLLER, Christoph: Narratio, Illustratio, Argumentatio. In: Exempel und Exempelsammlungen. Hrsg. v. Walter Haug und Burghart Wachinger. Tübingen 1991 (Fortuna vitrea 2), S. 77–94.

DEMPF, Alois: Die Politik des Thomas von Aquin. In: Respublica Christiana. Politisches Denken des orthodoxen Christentums im Mittelalter. Sacerdotium ac imperium. John of Salisbury, Thomas von Aquin, Wilhelm von Ockham, Konzilstheoretiker. Hrsg. v. Peter von Sivers. München 1969. (Geschichte des politischen Denkens 1506), S. 73–102.

DIECKHOFF, Reiner: Zur republikanischen Thematik im häuslichen Bereich des 16. und 17. Jahrhunderts in Köln. In: Der Name der Freiheit. 1288-1988. Aspekte der Geschichte von Worringen bis heute. Handbuch zur Ausstellung des Stadtmuseums in der Josef Haubrich-Kunsthalle Köln. Hrsg. v. Werner Schäfke. Köln 1988, S. 422–425.

EBERHARD, Winfried: ›Gemeiner Nutzen‹ als oppositionelle Leitvorstellung im Spätmittelalter. In: Renovatio et reformatio. Wider das Bild vom ›finsteren‹ Mittelalter. Fs. Hödl. Hrsg. v. Manfred Gerwing u. Godehard Ruppert. Münster 1985, S. 195–214.

EHLERT, Trude: Deutschsprachige Alexanderdichtung des Mittelalters. Zum Verhältnis von Literatur und Geschichte. Frankfurt/Main, Bern, New York, Paris 1989 (Europäische Hochschulschriften, Reihe I, Bd. 1174).

ENGELS, Odilo: Geschichte, Historie. Begriffsverständnis im Mittelalter. In: Geschichtliche Grundbegriffe. Historisches Lexikon zur politisch-sozialen Sprache in Deutschland. Hrsg. v. Otto Brunner, Werner Conze u. Reinhart Koselleck. Bd. 2. Stuttgart 1975, S. 610–624.

ERNST, Fritz: Eberhard im Bart. Die Politik eines deutschen Landesherrn am Ende des Mittelalters. Darmstadt 1970 (Reprograph. Nachdr. d. Ausg. Stuttgart 1933).

FOCHLER, Petra: Fiktion als Historie. Der trojanische Krieg in der deutschen Literatur des 16. Jahrhunderts. Wiesbaden 1990 (Wissensliteratur im Mittelalter 4).

FROMM, Hans: Eneas der Verräter. In: Fs. Walter Haug und Burghart Wachinger. Hrsg. v. Johannes Janota, Paul Sappler, Frieder Schanze, Konrad Vollmann, Gisela Vollmann-Profe u. Hans-Joachim Ziegeler. Bd. 1. Tübingen 1992, S. 139–163.

GÄRTNER, Kurt: Die Tradition der volkssprachigen Weltchronistik in der deutschen Literatur des Mittelalters. In: 500 Jahre Schedelsche Weltchronik. Akten des interdisziplinären Symposions vom 12./14. April in Nürnberg. Hrsg. v. Stephan Füssel. Nürnberg 1994 (Pirckheimer-Jahrbuch 1994), S. 57–71.

GALINSKY, Hans: Der Lucretia-Stoff in der Weltliteratur. Breslau 1932 (Sprache und Kultur der germanisch-romanischen Völker 3).

GERHARDT, Christoph: Willehalm von Orlens. Studien zum Eingang und zum Schluß der strophischen Bearbeitung aus dem Jahre 1522. In: WW 3/1985, S. 196–230.

GERL, Hanna-Barbara: Einführung in die Philosophie der Renaissance. Darmstadt 1989.

GERLACH, Annette: Das Übersetzungswerk Dietrichs von Pleningen. Zur Rezeption der Antike im deutschen Humanismus. (Diss.) Frankfurt/Main, Berlin, Bern, New York, Paris, Wien 1993 (Germanistische Arbeiten zu Sprache und Kulturgeschichte 25).

GOETZ, Hans-Werner: Die ›Geschichte‹ im Wissenschaftssystem des Mittelalters. In: Franz Josef Schmale: Funktionen und Formen mittelalterlicher Geschichtsschreibung. Eine Einführung. Mit einem Beitrag von Hans-Werner Goetz. Darmstadt 1985 (Die Geschichtswissenschaft), S. 165–213.

GOEZ, Werner: Die Anfänge der historischen Methoden-Reflexion in der italienischen Renaissance und ihre Aufnahme in der Geschichtsschreibung des deutschen Humanimus. In: AKG 56/1074, S. 25–48.

GOLDAMMER, Kurt: Der göttliche Magier und die Magierin Natur. Religion, Naturmagie und die Anfänge der Naturwissenschaft vom Spätmittelalter bis zur Renaissance. Mit Beiträgen zum Magie-Verständnis des Paracelsus. Stuttgart 1991 (Kosmosophie 5).

GRUNDMANN, Herbert: Geschichtsschreibung im Mittelalter. In: Deutsche Philologie im Aufriß. Hrsg. v. Wolfgang Stammler. Bd. 3. Zweite überarb. Aufl. Berlin 1967, Sp. 2221–2286.

GUMBEL, Hermann: Deutsche Sonderrenaissance in deutscher Prosa. Strukturanalyse deutscher Prosa im 16. Jahrhundert. Hildesheim 1965 (Reprograph. Nachdr. d. Ausg. Frankfurt/Main 1930).

HAHN, Reinhard: Meistergesang. Leipzig 1985.

HALBFAS, Franz: Theorie und Praxis in der Geschichtsschreibung bei Dionys von Halikarnaß. (Diss.) Münster 1910.

HAMM, Berndt: Von der spätmittelalterlichen reformatio zur Reformation: der Prozeß normativer Zentrierung von Religion und Gesellschaft in Deutschland. In: Archiv für Reformationsgeschichte 84/1993, S. 7–82.

HAMPE, Klaus: Fortuna im Mittelalter. In: AKG 17/1927, S. 20–32.

HAVERKAMP, Alfred: ›Innerstädtische Auseinandersetzungen‹ und überlokale Zusammenhänge in deutschen Städten während der ersten Hälfte des 14. Jahrhunderts. In: Stadtadel und Bürgertum in den italienischen und deutschen Städten des Spätmittelalters. Hrsg. v. Reinhard Elze u. Gina Fasoli. Berlin 1991 (Schriften des italienisch-deutschen Historischen Instituts in Trient 2), S. 89–126.

HEITMANN, Klaus: Fortuna und virtus. Eine Studie zu Petrarcas Lebensweisheit. Köln, Graz 1958.

HEMPEL, Wolfgang: ›übermuot die alte ...‹. Der superbia-Gedanke und seine Rolle in der deutschen Literatur des Mittelalters. Bonn 1970 (Studien zur Germanistik, Anglistik, Komparatistik 1).

HENN, Volker: ›Dye historie is ouch als eyn spiegell zo vnderwijsen dye mynschen ...‹. Zum Welt- und Geschichtsbild des unbekannten Verfassers der Koelhoffschen Chronik. In: Rheinische Vierteljahresblätter 51/1987, S. 224–249.

HOLZBERG, Niklas: Willibald Pirckheimer. Schwierigkeiten humanistischer Tätigkeit in der Reichsstadt. In: Literatur in der Stadt. Bedingungen und Beispiele städtischer Literatur des 15. bis 17. Jahrhunderts. Hrsg. v. Horst Brunner. Göppingen 1982 (GAG 343), S. 143–166.

HONEMANN, Volker: Die Stadtschreiber und die deutsche Literatur im Spätmittelalter und der frühen Neuzeit. In: Zur deutschen Literatur und Sprache des 14. Jahrhunderts. Dubliner Colloquium 1981. Hrsg. v. Walter Haug, Timothy R. Jackson u. Johannes Janota. Heidelberg 1983 (Reihe Siegen. Beiträge zur Literatur- und Sprachwissenschaft 45), S. 320–353.

HUBER, Rudolf: Alttübinger Bilder. Die Gerechtigkeitsdarstellungen im Rathaus, Die kleine Gerichtsstube, Der alte Karzer der Universität. Tübingen ohne Jahr.

ISENMANN, Eberhard: Die deutsche Stadt im Spätmittelalter. 1250-1500. Stadtgestalt, Recht, Stadtregiment, Kirche, Gesellschaft, Wirtschaft. Stuttgart 1988.

JOACHIMSEN, Paul : Frühhumanismus in Schwaben. In: Ders. Gesammelte Aufsätze zu Renaissance, Humanismus und Reformation; zur Historiographie und zum deutschen Staatsgedanken. Ausgewählt und eingeleitet von Notker Hammerstein. Aalen 1970, S. 149–247.

KESSLER, Eckhard: Das Problem des frühen Humanismus. Seine philosophische Bedeutung bei Coluccio Salutati. München 1965.

DERS.: Petrarca und die Geschichte. Geschichtsschreibung, Rhetorik, Philosophie im Übergang vom Mittelalter zur Neuzeit. München 1978 (Humanistische Bibliothek; Reihe I, Bd. 25).

KIRCHGÄSSNER, Bernhard: Wirtschaft und Bevölkerung der Reichsstadt Eßlingen im Spätmittelalter. Nach den Steuerbüchern 1360–1460. Eßlingen 1964 (Eßlinger Studien 9).

KIRCHHOFF, Karl-Heinz: Die Unruhen in Münster/Westf. 1450–1457. In: Städtische Führungsgruppen und Gemeinde in der werdenden Neuzeit. Hrsg. v. Wilfried Ehbrecht. Köln, Wien 1980 (Städteforschung, Reihe A, Bd. 9), S. 153–312.

KIRSOPP MICHELS, Agnes: The Drama of the Tarquins. In: Latomus 10/1951, S. 13–24.

KLESCZWESKI, Reinhard: Wandlungen des Lucretia-Bildes im lateinischen Mittelalter und in der italienischen Literatur der Renaissance. In: Livius. Werk und Rezeption. Fs. Erich Burck. Hrsg. v. Eckard Lefèvre u. Eckart Olshausen. München 1983, S. 313–335.

KLINGNER, Friedrich: Livius. In: Wege zu Livius. Hrsg. v. Erich Burck. Darmstadt 1967, S. 48–67.

KLOTZ, Alfred: Livius. In: RE 13,1, Sp. 818ff.

KNAPE, Joachim: ›Historie‹ in Mittelalter und früher Neuzeit. Begriffs- und gattungsgeschicht liche Untersuchungen im interdisziplinären Kontext. Baden-Baden 1984 (Saecula spiritalia 10).

DERS.: Dichtung, Recht und Freiheit. Studien zu Leben und Werk Sebastian Brants 1457- 1521. Baden-Baden 1992 (Saecula spiritalia 23).

KNAPP, Fritz Peter: Historie und Fiktion in der spätscholastischen und frühhumanistischen Poetik. In: Fs. Walter Haug und Burghart Wachinger. Hrsg. von

Johannes Janota, Paul Sappler, Frieder Schanze Konrad Vollmann, Gisela Vollmann-Profe u. Hans-Joachim Ziegeler. Bd. 1. Tübingen 1992, S. 47–61.

KÖLMEL, Wilhelm: Aspekte des Humanismus. Münster 1981 (Aevum christianum 14).

KORNHARDT, Hildegard: Exemplum. Eine bedeutungsgeschichtliche Studie. (Diss.) Göttingen 1936.

KOTHE, Irmgard: Dr. Ludwig Vergenhans und andere Württemberger an der Universität Ferrara. In: Württ. Vjh. 42/1926, S. 270–281.

KRÜGER, Karl Heinrich: Die Universalchroniken. Turnhout 1976 (Typologie des sources du moyen âge occidental 16).

LÄMMERT, Eberhard: Bauformen des Erzählens. Stuttgart ⁸1991.

LANDFESTER, Rüdiger: Historia magistra vitae. Untersuchungen zur humanistischen Geschichtstheorie des 14. bis 16. Jahrhunderts. Genf 1972 (Travaux d'humanisme et renaissance 132).

LAUSBERG, Heinrich: Elemente der literarischen Rhetorik. Eine Einführung für Studierende der klassischen, romanischen, englischen und deutschen Philologie. München ⁵1976.

LHOTSKY, Alphons: Das römische Altertum im Geschichtsbilde des Mittelalters. In: Ders.: Historiographie, Quellenkunde und Wissenschaftsgeschichte. Wien 1972 (Alphons Lhotsky. Aufsätze und Vorträge 3), S. 9–25.

DERS.: Apis Colonna. Fabeln und Theorien über die Abkunft der Habsburger. Mit einem Exkurs zur Cronica Austriae des Thomas Eberndorfer In: MÖIG 55/1944, S. 171–245.

LIEBERTZ-GRÜN, Ursula: Das andere Mittelalter. Erzählte Geschichte und Geschichtser kenntnis um 1300. Studien zu Ottokar von Steiermark, Jans Enikel, Seifried Helbling. München 1984 (Forschungen zur Geschichte der älteren deutschen Literatur 5).

LÖSER, Freimut; STÖLLINGER-LÖSER, Christine: Verteidigung der Laienbibel. Zwei programmatische Vorreden der österreichischen Bibelübersetzer der ersten Hälfte des 14. Jahrhunderts. In: Überlieferungsgeschichtliche Editionen und Studien zur deutschen Literatur des Mittelalters. Fs. Kurt Ruh. Hrsg. v. Konrad Kunze, Johannes G. Mayer u. Bernhard Schnell. Tübingen 1989, S. 245–313.

LUDWIG, Walther: Burgermeister und Schöfferlin. Untersuchungen zur Adelsbestätigung der Brüder Paul und Johann Stephan Burgermeister von Deizisau. In: Eßlinger Studien 25/1986, S. 69–131.

DERS.: Der Sohn des Grafen Eberhard im Bart von Württemberg heiratete eine Schöfferlin. In: Eßlinger Studien 26/1987, S. 37–45.

DERS.: Römische Historie im deutschen Humanismus. Hamburg 1987 (Joachim-Jungius-Ges. Sbb. 5/1).

DERS.: Südwestdeutsche Studenten in Pavia 1451-1500. In: Zeitschrift für württembergische Landesgeschichte 48/1989, S. 97–111.

DERS.: Erasmus und Schöfferlin – vom Nutzen der Historie bei den Humanisten. In: Humanismus und Historiographie. Hrsg. v. August Buck. Weinheim 1991 (Rundgespräche und Kolloquien), S. 61–88.

MANDT, Hella: Tyrannis, Despotie. In: Geschichtliche Grundbegriffe. Historisches Lexikon zur politisch-sozialen Sprache in Deutschland. Hrsg. v. Otto Brunner, Werner Conze u. Reinhart Koselleck. Bd. 6. Stuttgart 1990, S. 651–705.

MANZ, Franz: An Mechthilds Musenhof. In: Der Sülchgau. Hrsg. v. Sülchgauer Altertumsverein. 11/1967, S. 33–40.

MARTIN, Paul M.: L'idée de royauté à Rome. De la Rome royale au consensus républicain. Clermont-Ferrand 1982.

MEIER, Christian: Die Entstehung der Historie. In: Geschichte - Ereignis und Erzählung. Hrsg. v. Reinhart Koselleck u. Wolf-Dieter Stempel. München 1973 (Poetik und Hermeneutik V), S. 251–305.

MERTENS, Dieter: Jakob Wimpfeling. In: Literaturlexikon. Autoren und Werke deutscher Sprache. Hrsg. v. Walther Killy. Bd. 12. Gütersloh, München 1992, S. 341–342.

MEYER, Herbert: Eberhards Stellung innerhalb des deutschen Früh-Humanismus. In: Graf Eberhard im Bart von Württemberg im geistigen und kulturellen Leben seiner Zeit. Stuttgart 1938, S. 25–44.

MELVILLE, Gert: Zur ›Flores-Metaphorik‹ in der mittelalterlichen Geschichtsschreibung. Ausdruck eines Formungsprinzips. In: HJb 90/1970, S. 65–80.

MITGAU, Hermann: Geschlossene Heiratskreise sozialer Inzucht. In: Deutsches Patriziat 1430- 1740. Büdinger Vorträge 1965. Hrsg. v. Hellmuth Rössler. Limburg/Lahn 1968 (Schriften zur Problematik der deutschen Führungsschichten in der Neuzeit 3), S. 1–25.

MÖLLER, Bernd: Deutschland im Zeitalter der Reformation. Göttingen 1977 (Deutsche Geschichte 4).

MOHR, Wolfgang: Lucretia in der Kaiserchronik. In: DVjs 26/1952, S. 433–446.

MÜLLER, Jan-Dirk: Gedechtnus. Literatur und Hofgesellschaft um Maximilian I. München 1982 (Forschungen zur Geschichte der älteren deutschen Literatur 2).

DERS.: Der siegreiche Fürst im Entwurf des Gelehrten. Zu den Anfängen des höfischen Humanismus in Heidelberg. In: Höfischer Humanismus. Hrsg. v. August Buck. Weinheim 1989 (Mitt. d. Komm. f. Humanismusforsch. 16), S. 17–50.

MÜLLER, Johannes: Schwert und Scheide. Der sexuelle und skatologische Wortschatz im Nürnberger Fastnachtspiel des 15. Jahrhunderts. Bern, Frankfurt/Main, New York, Paris 1988 (Deutsche Literatur von den Anfängen bis 1700, Bd. 2).

MUHLACK, Ulrich: Geschichtswissenschaft im Humanismus und in der Aufklärung. Die Vorgeschichte des Historismus. München 1991.

NELLMANN, Eberhard: Wolframs Erzähltechnik. Untersuchungen zur Funktion des Erzählers. Wiesbaden 1973.

NOE, Alfred: Der Einfluß des italienischen Humanismus auf die deutsche Literatur vor 1600. Ergebnisse jüngerer Forschung und ihre Perspektiven. Tübingen 1993 (Internationales Archiv für die Sozialgeschichte der deutschen Literatur, 5. Sb.).

OHLY, Friedrich: Sage und Legende in der ›Kaiserchronik‹. Untersuchungen über Quellen und Aufbau der Dichtung. Darmstadt ²1968 (Nachdr. d. Ausg. Münster 1940; Forschungen zur deutschen Sprache und Literatur 10).

PAPST, Wilfried: Quellenkritische Studien zur innerrömischen Geschichte der älteren Zeit bei T. Livius und Dionys von Halikarnaß. (Diss. masch.) Innsbruck 1969.

DERS.: Cn. Marcius Coriolanus – Einzelkämpfer oder Gruppenrepräsentant. Ein Beitrag zur quellenkritischen Liviuslektüre. In: Der altsprachliche Unterricht, Reihe 20/1977. Heft 5, S. 73–81.

PEIL, Dietmar: Untersuchungen zur Staats- und Herrschaftsmetaphorik in literarischen Zeugnissen von der Antike bis zur Gegenwart. München 1983 (MMS 50).

DERS.: Der Streit der Glieder mit dem Magen. Studien zur Überlieferungs- und Deutungsgeschichte der Fabel des Menenius Agrippa von der Antike bis ins 20. Jahrhundert. Frankfurt, Bern, New York 1985 (Mikrokosmos 16).

PÖRKSEN, Uwe: Der Erzähler im mittelhochdeutschen Epos. Formen seines Hervortretens bei Lamprecht, Konrad, Hartmann, in Wolframs ›Willehalm‹ und in den Spielmannsepen. Berlin 1971 (Philologische Studien und Quellen 58).

PÖSCHL, Viktor: Die römische Auffassung der Geschichte (1959). In: Geschichtsdenken und Geschichtsbild im Altertum. Hrsg. v. José Alonso-Núñez. Darmstadt 1991, S. 177-199.

POKORNY, Erwin: Der Beginn deutscher Livius-Illustrationen. (Diss. masch.) Wien 1990.

PRELLER, Hugo: Geschichte der Historiographie unseres Kulturkreises. Materialien, Skizzen, Vorarbeiten. Bd. 1. Aalen 1967.

PRESS, Volker: Die territoriale Welt Südwestdeutschlands 1450-1650. In: Die Renaissance im deutschen Südwesten zwischen Reformation und Dreißigjährigem Krieg. Eine Ausstellung des Landes Baden-Württemberg 1986. Hrsg. v. Badischen Landesmuseum Karlsruhe. Bd. 1. Karlsruhe 1986, S. 17–61.

PROKSCH, Constance: Klosterreform und Geschichtsschreibung im Spätmittelalter. (Diss.) Köln, Weimar, Wien 1994 (Kollektive Einstellungen und sozialer Wandel im Mittelalter. Neue Folge 2).

REIBSTEIN, Ernst: Volkssouveränität und Freiheitsrechte. Texte und Studien zur politischen Theorie des 14.-18. Jahrhunderts. Bd I. Hrsg. v. Claus Dieter Schott. Freiburg/München 1972 (Orbis Academicus, Sb. I/1).

REINHARD, Wolfgang: Die Anfänge der Reformation in Nürnberg. In: Nürnberg und Italien. Begegnungen, Einflüsse und Ideen. Hrsg. v. Volker Kapp u. Frank-Rutger Hausmann. Tübingen 1991 (Erlanger romanistische Dokumente und Arbeiten 6), S. 9–23.

RHEIN, Stefan: Reuchliniana II. Forschungen zum Werk Reuchlins. In: WRM 13/1989, S. 23–44.

DERS.: Johannes Reuchlin. In: Deutsche Dichter der Frühen Neuzeit (1450–1600). Hrsg. v. Stephan Füssel. Berlin 1993, S. 138–155.

RITTER, Gerhard: Die Heidelberger Universität im Mittelalter. Ein Stück deutscher Geschichte. Heidelberg 1986 (Nachdr. d. Ausg. Heidelberg 1936).

DERS.: Petrus Antonius Finarensis. In: AKG 26/1935, S. 89–103.

RÖLL, Walter: Bernhard Schöfferlins Vorrede zum ersten Teil der ›Römischen Historie‹. In: ZfdA 117/1988, S. 210–223.

DERS.: Die Erfolgsgeschichte eines frühen Bestsellers. ›Römische Historie‹ von 1505 in ganz Europa verbreitet. In: forschung 4/89, S. 13–15.

DERS.: Die Mainzer Offizin Schöffer und die Drucklegung der ›Römischen Historie‹ 1505. In: Gutenberg-Jahrbuch 1990, S. 89–117.

DERS.: Schöfferlin, Bernhard. In: Literaturlexikon. Autoren und Werke deutscher Sprache. Hrsg. v. Walther Killy. Bd. 10. Gütersloh, München 1991, S. 350–353.

DERS.: Bernhard Schöfferlin. In: ²VL, Bd. 8., 1992, Sp. 810–814.

DERS.: Die Druckgeschichte der ›Römischen Historie‹ Bernhard Schöfferlins in Umrissen. In: ›Von wyßheit würt der mensch geert …‹. Fs. Manfred Lemmer. Hrsg. v. Ingrid Kühn und Gotthart Lercher. Frankfurt/Main 1993, S. 205–225.

DERS.: Die Wirkungsgeschichte der ›Römischen Historie‹ (maschinenschriftlich).

ROLOFF, Hans-Gert: Stilstudien zur Prosa des 15. Jahrhunderts. Die Melusine des Thüring von Ringoltingen. Wien 1970 (Literatur und Leben. Neue Folge 12).

DERS.: Thomas Naogeorg und das Problem von Humanismus und Reformation. In: L'humanisme allemand (1480-1540). XVIIIᵉ Colloque international de Tours. München, Paris 1979 (Humanistische Bibliothek; Reihe I, Bd. 28), S. 455–475.

RUBLACK, Hans-Christoph: Grundwerte in der Reichsstadt im Spätmittelalter und in der frühen Neuzeit. In: Literatur in der Stadt. Bedingungen und Beispiele städtischer Literatur des 15. bis 17. Jahrhunderts. Hrsg. v. Horst Brunner. Göppingen 1982, S. 9–36.

RUH, Kurt: Poesie und Gebrauchsliteratur. In: Poesie und Gebrauchsliteratur im deutschen Mittelalter. Würzburger Colloquium 1978. Hrsg. v. Volker Honemann, Kurt Ruh, Bernhard Schnell u. Werner Wegstein. Tübingen 1979, S. 1–13.

SAPPLER, Paul: Heinrich von Württemberg. In: ²VL, Bd. 3, 1981, Sp. 923–924.

SAYCE, Olive: Prolog, Epilog und das Problem des Erzählens. In: Probleme mittelhochdeutscher Erzählformen. Marburger Colloquium 1969. Hrsg. v. Peter F. Ganz u. Werner Schröder. Berlin 1972, S. 63–72.

SCHESCHKEWITZ, Jürgen (Hrsg.): Geschichtsschreibung. Epochen – Methoden – Gestalten. Düsseldorf 1968.

SCHIFFER, Werner: Theorien der Geschichtsschreibung und ihre erzähltheoretische Relevanz (Danto, Habermas, Baumgartner, Droysen). Stuttgart 1980 (Studien zur Allgemeinen und Vergleichenden Literaturwissenschaft 19).

SCHILLING, Michael: Rota Fortunae. In: Deutsche Literatur des späten Mittelalters. Hamburger Kolloquium 1973. Hrsg. v. Wolfgang Harms und L. Peter Johnson. Berlin 1975. S. 293–313.

SCHMALE, Franz Josef: Funktionen und Formen mittelalterlicher Geschichtsschreibung. Eine Einführung. Mit einem Beitrag von Hans-Werner Goetz. Darmstadt 1985 (Die Geschichtswissenschaft).

SCHMID, Wolfgang: Kölner Renaissancekultur im Spiegel der Aufzeichnungen des Hermann Weinsberg (1518–1597). Köln 1991 (Veröffentlichungen des Kölner Stadtmuseums 8).

SCHMIDT, Gerhard F.: Konrad von Ammenhausen. In: ²VL, Bd. 5, 1985, Sp. 136–139.

SCHREINER, Klaus: ›Discrimen veri ac falsi‹. Ansätze und Formen der Kritik in der Heiligen- und Reliquienverehrung des Mittelalters. In: AKG 48/1966, S. 1–53.

SCHRÖCKER, Alfred: Die deutsche Nation. Beobachtungen zur politischen Propaganda des ausgehenden 15. Jahrhunderts. Lübeck 1974.

SCHULLER, Wolfgang: Die griechische Geschichtsschreibung der klassischen Zeit. In: Geschichtsbild im Altertum. Hrsg. v. José Miguel Alonso-Núñez. Darmstadt 1991 (WdF 631), S. 90–112, (Originalbeitrag 1987).

SCHULZE, Winfried: Vom Gemeinnutz zum Eigennutz. Über den Normenwandel in der ständischen Gesellschaft der frühen Neuzeit. In: HZ 243/1986, S. 591–626.

SCHWARTZ, Eduard: Dionys von Halikarnaß. In: RE 5,1, Sp. 934–961.

SCHWENK, Rolf: Vorarbeiten zu einer Biographie des Niklas von Wyle und zu einer kritischen Ausgabe seiner ersten Translatze. Göppingen 1979 (GAG 227).

SILLER, Max: Dietrich von Pleningen. Des Senece Trostung zú Marcia. Eine schwäbische Übersetzung aus dem frühen 16. Jahrhundert. Text, Glossare, Untersuchungen. Diss. masch. Innsbruck 1974.

SOTTILI, Agostino: Wege des Humanismus. Lateinischer Petrarchismus und deutsche Studentenschaften italienischer Renaissance-Universitäten. In: From Wolfram and Petrarch to Goethe and Grass. Studies in Literature in honour of

Leonard Forster. Hrsg. v. Dennis H. Green, Leslie P. Johnson u. Dieter Wuttke. Baden-Baden 1982 (Saecula spiritalia 5), S. 125–149.

DERS.: Nürnberger Studenten an italienischen Renaissance-Universitäten mit besonderer Berücksichtigung der Universität Pavia. In: Nürnberg und Italien. Begegnungen, Einflüsse und Ideen. Hrsg. v. Volker Kapp u. Frank-Rutger Hausmann Tübingen 1991 (Erlanger romanistische Dokumente und Arbeiten 6), S. 49–103.

SPRANDEL, Rolf: Chronisten als Zeitzeugen. Forschungen zur spätmittelalterlichen Geschichtsschreibung. Köln, Weimar, Wien 1994 (Kollektive Einstellungen und sozialer Wandel im Mittelalter. Neue Folge 3).

STÄLIN, Christoph Friedrich von: Württembergische Geschichte. Bd. 3: Schwaben und Südfranken. Schluß des Mittelalters, 1269-1496. Aalen 1975 (Neudr. d. Ausg. Stuttgart 1856).

DERS.: Württembergische Geschichte. Teil 4: Schwaben und Südfranken vornehmlich im 16. Jahrhundert. Stuttgart 1975 (Nachdr. d. Ausg. Stuttgart 1873).

STANZEL, Franz K.: Theorie des Erzählens. Göttingen [4]1989 (UTB 904).

STAUBACH, Nikolaus: Pragmatische Schriftlichkeit im Bereich der Devotio moderna. In: FMSt 25/1991, S. 418–461.

STRUVE, Tilman: Utopie und gesellschaftliche Wirklichkeit. Zur Bedeutung des Friedenskaisers im späten Mittelalter. In: HZ 225/1977, S. 65–95.

DERS.: Pedes rei publicae. Die dienenden Stände im Verständnis des Mittelalters. In: HZ 236/1983, S. 1–48.

STUDT, Birgit: Fürstenhof und Geschichte. Legitimation durch Überlieferung (Diss.) Köln, Weimar, Wien 1992 (Norm und Struktur. Studien zum sozialen Wandel in Mittelalter und früher Neuzeit 2).

SUCHOMSKY, Joachim: Delectatio und utilitas. Ein Beitrag zum Verständnis mittelalterlicher ironischer Literatur. Bern, München 1975 (Bibliotheca Germanica 18).

THEIL, Bernhard: Literatur und Literaten am Hof der Erzherzogin Mechthild in Rottenburg. Zs. für württembergische Landesgeschichte 42/1983, S. 125–144.

THUM, Bernd: Öffentlich-Machen, Öffentlichkeit, Recht. Zu den Grundlagen und Verfahren der politischen Publizistik im Spätmittelalter (mit Überlegungen zur sog. ›Rechtssprache‹). In: LiLi 10/1980. S. 12–69.

TRIER, Jost: Stilistische Fragen der deutschen Gebrauchsprosa. Perfekt und Imperfekt. In: Germanistik in Forschung und Lehre. Vorträge und Diskussionen des Germanistentages in Essen 21.-25. Oktober 1964. Hrsg. v. Rudolf Henß u. Hugo Moser. Berlin 1965, S. 195–208.

TÜMPEL, Christian: Bild und Text. Zur Rezeption antiker Autoren in der europäischen Kunst der Neuzeit (Livius, Valerius Maximus). In: Forma et subtilitas.

Fs. Wolfgang Schöne. Hrsg. v. Wilhelm Schlink u. Martin Sperlich. Berlin 1986, S. 198–218.

ULMSCHNEIDER, Helgard: Ludwig von Eyb. In: ²VL, Bd. 5, 1985, Sp. 1006–1015.

VOLLMANN, Benedikt Konrad: Renaissance und Humanismus. In: Das 16. Jahrhundert. Europäische Renaissance. Hrsg. v. Hildegard Kuester. Regensburg 1995 (Eichstätter Kolloquium 2), S. 19–31.

WAHRENBURG, Fritz: Funktionswandel des Romans und ästhetische Norm. Stuttgart 1976.

WALSH, P.G.: Die literarischen Methoden des Livius (Originalbeitrag 1961). In: Wege zu Livius. Hrsg. v. Erich Burck. Darmstadt 1967 (WdF 132), S. 352–375.

DERS.: Die religiösen, philosophischen und moralischen Vorstellungen (1961). In: Wege zu Livius. Hrsg. v. Erich Burck. Darmstadt 1967 (WdF 132), S. 486–507.

WEHRLI, Max: Geschichte der deutschen Literatur vom frühen Mittelalter bis zum Ende des 16. Jahrhunderts. Stuttgart 1980 (Geschichte der deutschen Literatur von den Anfängen bis zur Gegenwart 1).

WEIGAND, Rudolf: Vincenz von Beauvais. Scholastische Universalchronik als Quelle volkssprachiger Geschichtsschreibung. (Diss.) Hildesheim, Zürich, New York 1991 (Germanistische Texte und Studien 36).

WEINMAYER, Barbara: Studien zur Gebrauchssituation früher deutscher Druckprosa. Literarische Öffentlichkeit in Vorreden zu Augsburger Frühdrucken. München 1982 (MTU 77).

WEINRICH, Harald: Tempus. Besprochene und erzählte Welt. Stuttgart 1964.

WENZEL, Horst: Exemplarisches Rittertum und Individualgeschichte. Zur Doppelstruktur der ›Geschichten und Taten Wilwolts von Schaumburg‹ (1446-1510). In: Geschichtsbewußtsein in der deutschen Literatur des Mittelalters. Tübinger Colloquium 1983. Hrsg. v. Christoph Gerhardt, Nigel F. Palmer u. Burghart Wachinger. Tübingen 1985, S. 62–174.

WIEACKER, Franz: Privatrechtsgeschichte der Neuzeit unter besonderer Berücksichtigung der deutschen Entwicklung. Göttingen ²1967.

WIECKENBERG, Ernst Peter: Zur Geschichte der Kapitelüberschrift im deutschen Roman vom 15. Jahrhundert bis zum Ausgang des Barock. Göttingen 1969 (Palaestra 253).

WOLF, Jürgen: Konrad Bollstatter und die Augsburger Geschichtsschreibung. Die letzte Schaffensperiode. In: ZfdA 125/1996, S. 51–86.

WORSTBROCK, Franz-Josef: Zur Einbürgerung der Übersetzung antiker Autoren im deutschen Humanismus. In: ZfdA 99/1970, S. 45–81.

DERS.: Über das geschichtliche Selbstverständnis des deutschen Humanismus. In: Historizität in Sprach- und Literaturwissenschaft. Hrsg. v. Walter Müller-Seidel in Verbindung mit Hans Fromm u. Karl Richter. München 1974, S. 499–519.

DERS.: Johannes Gottfried. In: ²VL, Bd. 3, 1981, Sp. 141–143.

DERS.: Niklas von Wyle. In: ²VL, Bd. 6, 1987, Sp. 1016–1035.

DERS.: Niklas von Wyle. In: Deutsche Dichter der Frühen Neuzeit (1450–1600). Ihr Leben und Werk. Hrsg. v. Stephan Füssel. Berlin 1993, S. 35–50.

WUTTKE, Dieter: Conradus Celtis Protucius. In: Deutsche Dichter der Frühen Neuzeit 1450–1600). Hrsg. v. Stephan Füssel. Berlin 1993, S. 173–199.

ZOEPFFEL, Renate: Griechische Geschichtsschreibung. In: Geschichtsschreibung. Epochen - Methoden - Gestalten. Hrsg. v. Jürgen Scheschkewitz. Düsseldorf 1968, S. 29–44.

6.3 Hilfsmittel

DWb: Deutsches Wörterbuch. Begr. von Jacob u. Wilhelm Grimm. Leipzig 1854ff. Neubearb. Stuttgart/Leipzig 1965ff.

Lexer: Mittelhochdeutsches Handwörterbuch. Hrsg. v. Matthias Lexer. 3 Bde. Stuttgart 1970 (Reprograph. Nachdr. d. Ausg. Leipzig 1872).

Paul/Moser/Schröbler: Hermann Paul. Mittelhochdeutsche Grammatik. Hrsg. v. Hugo Moser u. Ingeborg Schröbler. ²¹Tübingen 1975 (Sammlung kurzer Grammatiken germanischer Dialekte. A. Hauptreihe 2).

6.4 Abkürzungen

AKG: Archiv für Kulturgeschichte.

BMC British Museum. General catalogue of printed books to 1955.

DVJs: Deutsche Vierteljahresschrift für Literaturwissenschaft und Geistesgeschichte.

FMSt: Frühmittelalterliche Studien.

HZ: Historische Zeitschrift.

LiLi: Zeitschrift für Literaturwissenschaft und Linguistik.

MÖIG: Mitteilungen des Instituts für österreichische Geschichtsforschung.

RE: Paulys Realencyclopädie der classischen Altertumswissenschaften.

VL: Die deutsche Literatur des Mittelalters. Verfasserlexikon.

WRM: Wolfenbütteler Renaissance Mitteilungen.

WW: Wirkendes Wort.

ZfdA: Zeitschrift für deutsches Altertum und deutsche Literatur.

7 Register

7.1 Personenregister

7.2 Sachregister

ARBEITEN UND EDITIONEN ZUR MITTLEREN DEUTSCHEN LITERATUR (AuE)*
Neue Folge

Herausgegeben von Hans-Gert Roloff. *1998 ff.*

NICODEMUS FRISCHLIN (1547-1590)

Poetische und prosaische Praxis unter den Bedingungen des konfessionellen Zeitalters. Tübinger Vorträge, hrsg. von Sabine Holtz und Dieter Mertens. - *AuE 1. 1999. 618 S. 13 Abb. Br. ISBN 3 7728 1832 3.* Lieferbar

D. Mertens: Vorwort - *V. Press:* Württemberg, Habsburg und der deutsche Protestantismus unter Herzog Ludwig (1568-1593) - *M. Rudersdorf:* Orthodoxie, Renaissancekultur und Späthumanismus. Zu Hof und Regierung Herzog Ludwigs von Württemberg (1568-1593) - *A. Schindling:* Institutionen gelehrter Bildung im Zeitalter des Späthumanismus - *V. Schäfer:* Universität und Stadt Tübingen zur Zeit Frischlins - *G. Brinkhus:* Das Buchwesen zur Zeit Frischlins - *D. Stievermann:* Der Fall des Dichters Nicodemus Frischlin als sozialgeschichtliches Exempel - *C. Bumiller:* Im Schatten des *größeren* Bruders. Eine psychohistorische Studie zum Geschwisterverhältnis von Nicodemus und Jakob Frischlin - *H. Cancik:* Crusius contra Frischlinum. Geschichte einer Feindschaft - *R. J. W. Evans:* Frischlin u. der ostmitteleuropäische Späthumanismus - *B. Bauer:* Nicodemus Frischlin und die Astronomie an der Tübinger Universität - *J. Baur:* Nicodemus Frischlin und die schwäbische Orthodoxie - *W. Barner:* Nicodemus Frischlins *satirische Freiheit* - *W. Kühlmann:* Akademischer Humanismus und revolutionäres Erbe - Zu Nicodemus Frischlins Rede ›De vita rustica‹ (1578) - *S. Wollgast:* Frischlin als junger Müntzer? Zu einer Polemik - *G. Hess:* Deutsch und Latein bei Frischlin. Imitatio und Abweichung - *F. Rädle:* Frischlin und die Konfessionspolemik im lateinischen Drama des 16. Jahrhunderts - *R. E. Schade:* Nicodemus Frischlins ›Phasma‹ (1592). Eine Dokumentation zu den Übersetzungen - *D. Price:* Die (Ohn-)Macht des Wortes: Humanistische Gesellschaftskritik in Frischlins ›Susanna‹ - *J. Leeker:* Frischlins Cäsar-Stücke im Spiegel der Tradition - *H.-G. Roloff:* Die wissenschaftliche Frischlin-Edition.

CHRISTIANE CAEMMERER
Siegender Cupido oder Triumphierende Keuschheit

Deutsche Schäferspiele des 17. Jahrhunderts dargestellt in einzelnen Untersuchungen. *AuE 2. 1998. 526 S. Br. ISBN 3 7728 1831 5.* Lieferbar

Ab 1600 werden auch in Deutschland Schauspiele publiziert, in denen Schäfer über die Liebe reden. Die vorliegende Studie zeigt, daß es sich bei den Schäferspielen von Dach, Gryphius, Stieler, Harsdörffer, Birken, Anton Ulrich, Hallmann u.a. um eine Textgruppe handelt, die sich mit ihren traurigen Verwicklungen und ihrem guten Ausgang als wichtige dritte Möglichkeit zwischen Lust- und Trauerspiel innerhalb des literarischen Kanons der Zeit erweist.

SEBASTIAN BRANT
Kleine Texte

Kritische Edition. Band 1, Teil 1 und 2: Kleine Texte, eingeleitet und hrsg. v. Thomas Wilhelmi. Band 2: Noten zur Edition von Thomas Wilhelmi. - *AuE 3. 1998. Zus. 855 S. 8 Abb. Ln. ISBN 3 7728 1874 9, -1875 7, -1876 5.* Lieferbar

Sebastian Brant (1457-1521) kennt man gemeinhin als Autor des 1494 in Basel publizierten ›Narrenschiffs‹. Zu seiner Zeit war Brant aber auch bekannt und berühmt als hervorragender Jurist, gewandter Politiker (Straßburger Stadtschreiber und Berater Kaiser Maximilians) und Verfasser zahlreicher lateinischer und deutscher Gelegenheitsgedichte sowie als Übersetzer, Bearbeiter, Herausgeber und enger Mitarbeiter der Basler Drucker und Verleger (Amerbach, Petri, Furter, Froben und vor allem Bergmann von Olpe). Die vorliegende Ausgabe umfaßt 469 kleinere Texte. Die meisten dieser Texte werden hier zum ersten Mal kritisch und in ungekürzter Fassung ediert, und groß ist die Zahl der bislang weitgehend oder gänzlich unbekannten Texte: lateinische Poesie, lateinische und deutsche Gelegenheitsgedichte verschiedenster Art, Vorreden, Briefe, deutsche Übersetzungen und Bearbeitungen mittelalterlicher Prosa und Poesie.

SEBASTIAN BRANT
Fabeln

Hrsg. von Bernd Schneider. - *AuE 4. Ca. 592 S. Ca. 140 Abb. Ln. ISBN 3 7728 1877 3.* Sommer 1999

Die Ausgabe bietet zum ersten Mal in einer modernen, quellenkritischen Edition die Texte (Fabeln, Facetien, historische Exempel, Sprichwörter und Sentenzen, Berichte über Raritäten, Anomalien und Monstrositäten sowie Rätsel), die Sebastian Brant 1501 für den zweiten Teil seiner Bearbeitung des Steinhöwelschen ›Aesop‹ aus antiken und humanistischen Quellen kompiliert hat. Dem lateinischen Text sind eine moderne deutsche Übersetzung sowie Abbildungen aller Holzschnitte der Ausgabe von 1501 beigegeben. Im Nachwort werden Brants Absichten und Methoden bei der Kompilation dieser Texte, die Frage nach den Textvorlagen sowie das Verhältnis von Holzschnittillustration und Text untersucht.

BRIGITTE STUPLICH
Zur Dramentechnik des Hans Sachs

AuE 5. 1998. 363 S. Br. ISBN 3 7728 1932 X. Lieferbar

Hans Sachs (1494-1576) hat ein umfassendes Dramenwerk von mehr als 120 Komödien und Tragödien hinterlassen. Der Dichter wird zwar als Fastnachtspielautor gewürdigt - nicht aber als Dramatiker. Die vorliegende Arbeit zur Dramentechnik des Hans Sachs ist ein wichtiger Schritt, die Gesamtkonzeption seines dramatischen Werkes neu zu erschließen. Die Autorin betrachtet Sachsens Werk im Kontext des dramatischen Schaffens im 16. Jahrhundert. Ausgehend von der Strukturierung der Dramen bietet der Band Einblicke in die Umsetzung des Dramentextes in Bühnenaktion. Die Kommunikation der Akteure, die Ausgestaltung der Figuren und ihre dramatische Handlung zeugen vom individuellen Gestaltungswillen des Dramatikers. Die eigenständige Dramentechnik des Hans Sachs wird in Einzelanalysen ausgewählter Komödien und Tragödien überzeugend dargestellt.